教师教育系列教材

学前心理学

李京蕾　国云玲　张莉娜　编　著

清华大学出版社
北　京

内 容 简 介

本书结合学前心理学研究的最新成果，全面系统地介绍了0~6岁学前儿童在感知、注意、记忆、思维、言语、动作、情绪情感、个性、社会性等方面的心理发展规律和特点，并针对学前儿童不同发展阶段的关键特征，提出相应的养育或教育建议，同时特别介绍了学前儿童常见的心理健康问题和应对策略。

本书共分为13章，内容丰富、结构合理、思路清晰、语言流畅，兼顾理论性与实用性，适合作为师范类学前教育专业基础教材，也可供幼儿教师及学前儿童家长学习或参考。

图书在版编目(CIP)数据

学前心理学/李京蕾，国云玲，张莉娜编著．—北京：清华大学出版社，2018(2024.9重印)
(教师教育系列教材)
ISBN 978-7-302-51345-2

Ⅰ．①学…　Ⅱ．①李…　②国…　③张…　Ⅲ．①学前儿童—儿童心理学—师资培训—教材
Ⅳ．①B844.12

中国版本图书馆CIP数据核字(2018)第229127号

责任编辑：陈冬梅
封面设计：刘孝琼
责任校对：李玉茹
责任印制：杨　艳
出版发行：清华大学出版社
网　　址：https://www.tup.com.cn，https://www.wqxuetang.com
地　　址：北京清华大学学研大厦A座　　**邮　　编：**100084
社 总 机：010-83470000　　**邮　　购：**010-62786544
投稿与读者服务：010-62776969, c-service@tup.tsinghua.edu.cn
质量反馈：010-62772015, zhiliang@tup.tsinghua.edu.cn
课件下载：https://www.tup.com.cn, 010-62791865
印 装 者：三河市人民印务有限公司
经　　销：全国新华书店
开　　本：185mm×260mm　　**印　张：**18.5　　**字　数：**446千字
版　　次：2018年12月第1版　　**印　次：**2024年9月第5次印刷
定　　价：49.80元

产品编号：073549-01

前　言

习近平总书记在中国共产党第二十次全国代表大会上的报告中明确指出，要办好人民满意的教育，全面贯彻党的教育方针，落实立德树人根本任务，培养德智体美劳全面发展的社会主义建设者和接班人，加快建设高质量教育体系，发展素质教育，促进教育公平。本教材在编写过程中深刻领会党对高校教育工作的指导意见，认真执行党对高校人才培养的具体要求。

前联合国秘书长科菲·A.安南曾说："每个儿童都应该有一个尽可能好的人生开端；每个儿童都应该接受良好的基础教育；每个儿童都应有机会充分挖掘自身潜能，成长为一名有益于社会的人。"学前教育是基础教育的奠基阶段，是国民教育体系的重要组成部分，学前教育的质量不仅关乎个体身心的全面健康发展，而且对义务教育质量、国民素质的整体提高都具有极其重要的奠基作用。

本书正是适应我国早期教育发展的需要，全面系统地介绍了 0~6 岁学前儿童在感知、注意、记忆、思维、言语、动作、情绪情感、个性、社会性等方面的心理发展规律和特点，为早期教育和学前儿童的健康发展提供心理学依据。

本书的特色在于，以普通心理学的知识体系为主线，以学前儿童心理发展的典型案例为导引，揭示学前儿童不同心理现象发展的关键期和不同年龄阶段心理发展的特点，并提出相应的教育建议，在内容上把普通心理学、社会心理学、儿童发展心理学、教育心理学和学前教育学等学科知识进行有机的整合。在形式上，通过增加"案例导读""拓展阅读"版块，增加可读性，拓展知识广度与深度，同时提升了对实践的指导价值。"拓展阅读"可扫右侧二维码。

拓展阅读.docx

本书适合作为师范类院校学前教育专业本、专科学生的教材；也可供其他幼儿教育工作者从事教育教学实践和科研工作时参考；同时，对于广大学前儿童的家长、从事相关工作的家政人员等，本书亦具有一定的指导意义。

本书由李京蕾、国云玲、张莉娜编著，具体的编写分工如下：李京蕾负责编写第一章、第二章、第三章、第十三章；张莉娜负责编写第五章、第八章、第十章、第十二章；国云玲负责编写第四章、第六章、第七章、第九章、第十一章；最后由李京蕾负责全书统稿。

由于作者的水平所限，书中难免存在缺点和不妥之处，诚挚地希望专家、同行及读者朋友对本书的不足之处给予批评指正，以便修订完善。

编　者

目录

第十三章　学前儿童的心理健康 260

谁要能看透孩子的生命，就能看到堙埋在阴影中的世界，看到正在组织中的星云，还在酝酿的宇宙。儿童的生命是无限的，它是一切……

——罗曼·罗兰

第一章 学前心理学概述

本章学习目标

- 了解学前心理学的学科性质。
- 掌握学前心理学的研究方法。
- 理解学前心理学的基本理论。

核心概念

学前心理学(preschool psychology) 心理发展(mental development) 研究方法(research methods) 研究范式(research paradigm)

案例导读

美琪是一位新手妈妈，女儿苗苗刚过百天，漂亮可爱，美琪一方面沉浸在初为人母的喜悦中，另一方面又担心自己不了解孩子，让孩子受委屈。比如孩子一哭，她就非常紧张，不知道孩子在想什么、需要什么。美琪很想了解自己可爱的宝宝，可是又不知道该用什么方法。有时看到苗苗可爱的样子能忘掉所有的烦恼，有时又因不确定孩子成长发育是否正常而忧心忡忡……

学前心理学将会带你进入0～6岁儿童的心理世界。

第一节 学前心理学的研究内容和任务

一、学前心理学的研究内容

学前心理学是研究从受精卵开始到入学前，儿童心理与行为发生、发展的特点和规律的科学。研究者一般会把学前期划分为五个阶段：胎儿期(受精卵至出生前)；新生儿期(出生至 1 个月)；乳儿期(1~12 个月)；婴儿期(1~3 岁)和幼儿期(3~6 岁)。

学前儿童心理学以学前儿童的各种心理现象与行为作为研究对象。那么什么是心理呢？心理是心理现象或心理活动的简称。我们每天都在经验和感受着各种心理活动，比如早上清脆的闹铃声把我们叫醒，我们“看”到天已大亮，“听”到窗外的鸟叫声，“闻”到了饭香，感觉肚子“饿”了，赶快起来洗漱吃饭。“想起”作业还有道题没做出来，于是重新“思考”，百思不得其解，内心“郁闷”。这时好朋友打来电话，约你晚上去吃饭 K 歌，你“性格”开朗，好热闹，最大的“兴趣”就是唱歌，但想到马上要考试了，决定“克制”出去放松的冲动，晚上继续复习。终于，你在考试中取得了优异的成绩，并获得一等奖学金，你“开心”极了……

上面提到的“听”“闻”“饿”是感知觉；“想起”是记忆；“思考”是思维；“郁闷”“开心”是情绪；“克制”是意志品质；“性格”和“兴趣”则是个性。

具体来说，学前心理学的研究内容可以概括为以下几个方面。

(一)学前心理发展的基本理论问题

学前儿童心理发展的基本理论问题主要是探讨学前儿童心理发展的趋势、影响因素以及各种因素如何相互作用等问题。学前儿童的心理现象从无到有、从简单到复杂，其发展过程呈现出较强的规律性。而影响学前儿童心理的因素又是多方面的，从客观因素到主观因素，都对学前儿童心理的发展起着重要的促进或制约作用。

(二)学前儿童心理发展的年龄特征

学前儿童心理发展的年龄特征是指在一定的社会和教育条件下，在学前儿童心理发展的各个年龄阶段中所形成的一般的、典型的和本质的特征。不同年龄阶段儿童的心理特点是不一样的，如同样是提问题，婴儿一般喜欢问“是什么”，而年龄较大的孩子不仅要问“是什么”，还要问“为什么”。

(三)学前儿童心理过程的发展

心理过程包括感知觉、记忆、想象、思维、情绪情感、意志等内容。学前儿童并不是一出生就具备了人类的各种心理过程，而是随着他们生理的成熟逐渐发展起来的，而且学前儿童心理过程的发展带有一定的顺序和发展方向。这一部分主要是探讨学前儿童各种心理过程发生发展的趋势和特点。而“注意”虽然不是一个独立的心理过程，却伴随在所有的心理过程中。没有“注意”，任何心理过程都无法维持下去。因此，对学前儿童注意的研究也是研究学前儿童心理过程发展的一个十分重要的内容。

(四)学前儿童个性和社会性的发展

学前儿童的个性开始形成，在气质、性格、能力、自我意识等方面已表现出一定的倾向性；同时亲子交往和同伴交往是学前儿童社会化的重要途径，是学前阶段儿童最重要的社会关系。对其发展趋势和规律性的探究有助于培养儿童良好的个性，促进其心理健康成长。

二、学前心理学的研究任务

学前心理学的任务可以形象地用 3W(What、When、Why)来表示。

(一)What，描述或揭示学前儿童心理发展过程的共同特征与模式

儿童各种心理过程的发展是有一定的顺序和方向性的，这些顺序和发展方向带有客观规律性，各个年龄阶段会有规律地呈现各自特有的、与其他年龄阶段不同的、典型的心理特征。学前心理学家通过观察、调查等方法收集儿童各种心理现象发生、发展的基本情况，描述儿童心理发展的事实，探讨其心理发展的特点和规律，进而建立学前心理学完整的概念体系。

(二)When，描述或揭示这些特征与模式发展变化的时间顺序

学前儿童并不是一出生就具备了人类的各种心理过程，而是随着年龄的增加不断发展的。尽管就每一个儿童而言，其发展速度、发展的优势领域、最终达到的发展水平等可能不同，但儿童各种心理过程的发生、发展是有一定时间顺序的，如大部分儿童都是在 2 个月左右会抬头，3~4 个月会翻身，5~6 个月会坐，8~9 个月会爬。

(三)Why，分析这些特征与模式的影响因素和内在机制

如果说前两个任务是“知其然”，那么这个任务就是要“知其所以然”。心理学家会探究儿童心理发展变化的原因是什么，需要具备哪些条件，影响儿童心理发展变化的因素有哪些，这些因素是如何相互影响的。

三、学习学前心理学的意义

(一)学习学前心理学的理论意义

1. 有助于建立科学的世界观

学前心理学是心理学的分支。科学的心理学对人的心理现象的研究，证实了辩证唯物主义关于物质第一性、意识第二性的基本命题，证实了世界的物质性，即世界上除了运动的物质之外，再没有其他任何东西。人的心理是高度完善的物质——脑的产物。心理学理论是宣传无神论的有力支柱，是破除唯心主义偏见和迷信观念的强大武器。学习学前心理学知识，有利于幼儿教育工作者树立正确、科学的世界观。

2. 有助于树立正确的儿童观

进入儿童的世界，你就会发现孩子的内心充满了特殊的东西。儿童与成人是不一样的。他们的心理特点是属于他们自己的。3~4 岁的孩子与 5~6 岁的孩子心理活动是不一样的，当然他们同小学生也不一样。学前心理学会让我们明白，幼儿有许多可爱的特点，我们不能用成人的标准去要求幼儿。学习学前心理学会让幼儿教育工作者能够正确地看待儿童，正

确地对待儿童、尊重儿童，形成正确的儿童观。

(二)学习学前心理学的现实意义

1. 有助于了解学前儿童心理发展的基本规律和特点

学前心理学揭示了学前儿童认识过程的特点和规律，这为教师组织幼儿园的各项活动、选择适当的教学方法提供了心理学依据；为教师了解学前儿童的情绪情感和意志提供了行之有效的方法；又为教师在对待不同年龄段幼儿行为问题时提出针对性措施提供了理论依据。幼儿教育工作是以了解幼儿的心理特点为基础的。例如，3 岁左右的幼儿还不太会和别人一起玩儿，常常可以看见他们在一起玩沙土，但各玩各的，彼此没有什么联系。根据这种特点，对 3 岁左右的孩子合作性的活动不能要求过高，而应着重于引导和培养。幼儿教育在选择教育内容和方法时，要以幼儿的心理特点和规律为依据。

2. 有助于更好地对学前儿童进行因材施教

幼儿心理发展存在着个别差异性，了解幼儿的这一特点，能够使教师真正地从每个幼儿的特点出发，与幼儿进行积极而有效的交往，引导他们良好地发展。例如，了解学前儿童修改心理形成的规律，可以帮助幼儿教师更好地培养学前儿童良好的性格，使其形成良好的思想品质和行为习惯；对不同能力的幼儿，可以在活动时提出不同的难度要求，调动学前儿童学习的兴趣和积极性；对不同气质类型的学前儿童，更应该有目的地运用不同的方法，有针对性地发展其心理品质，提高幼儿教育的效果。

3. 有助于引导幼儿的心理健康发展

学前心理学的知识还可以帮助幼儿教师预见学前儿童心理发展的前景，发现心理发育不良的儿童并给予适当的教育治疗，从而有意识地引导学前儿童心理健康地发展。

4. 有助于做好幼儿教育工作

学前心理学为今后更好地从事幼教工作和开展幼教研究打好基础。通过学习学前心理学，幼儿教师不仅能应用心理学知识去从事教育、教学工作，而且有可能在这个基础上亲自参与心理学的研究工作。教师与幼儿朝夕相处，最有机会观察到他们的活动情况，也有条件收集各种研究学前心理所需的资料，为研究工作提供第一手原始素材。教师也最有可能发现幼儿在集体生活中反映出来的亟须解释和解决的心理现象，为心理学研究的课题提供线索，使理论研究与实践活动更紧密地结合起来，从而对实践活动起到更大的指导作用。

第二节　学前心理学的研究原则和方法

一、学前心理学的研究原则

学前心理学研究既要保证科学性和有效性，也要考虑伦理性和道德性。具体来说，研究学前心理学应遵循下列原则。

(一)客观性原则

在研究学前心理时，应该如实地记录幼儿的行为，做到全面性和完整性，避免片面性。要对研究数据进行真实记录，不能随意编造数据或弄虚作假。对研究结果的分析和解释要切实准确，不能随意发挥或者夸大其词。

(二)系统性原则

学前儿童的心理是由多个成分组成的系统结构。在研究学前儿童心理时，要考虑到各个心理成分之间的相互关系，避免孤立地看待问题。特别是当我们解释幼儿的某个心理行为特征时，既要考虑其内在的生理和心理机制，又要考虑其外在的教育和社会环境。

(三)发展性原则

学前儿童的心理是不断发展变化的动态系统，必须从这种发展变化中去研究它的规律，避免孤立静止地看问题。

(四)教育性原则

学前心理学研究的根本目的在于为科学地进行幼儿教育提供依据。因此，研究时要考虑研究的意义和价值，而不能漫无目的地为做研究而研究。此外，还要考虑到幼儿生长和发展的社会和教育环境。

(五)保护性原则

学前心理学的研究必须遵循一定的伦理道德规范。与物理、化学等自然科学的研究不同，学前心理学研究的对象是活生生的人，而且这一群体处在生理和心理发展都不成熟的儿童早期，因此在进行研究时，一定要注意幼儿的感受，不能强迫幼儿参与研究，更不能为了研究而对幼儿身心造成伤害。

二、学前心理学的研究方法

学前心理学的研究方法很多，主要有以下几种。

(一)观察法

观察法是指研究者通过感官和辅助仪器，有目的、有计划地对处于自然情境下的学前儿童在日常生活、游戏、学习和劳动过程中的表现，包括其语言、表情和行为，并根据观察结果分析儿童心理发展的规律和特征的方法。在研究中，人们除了借助自己的眼睛、耳朵去观察和感知外，还可以运用照相机、监控器、录像机等现代技术手段来进行观察。

观察法是研究幼儿心理活动的基本方法。因为学前儿童的心理活动具有突出的特征，所以通过对他们外部言行的观察，可以了解他们的心理活动。借助观察法，可以克服研究对象在各种能力、反应方式和特点等方面的局限，能比较客观、有效地观测他们的行为。许多儿童心理研究都是利用观察法。如达尔文就曾对自己的孩子进行了长期系统的观察，并根据观察记录写成了《一个婴儿的传略》。书中记录了婴儿的动作、表情的发展，观念的发展等情况。例如，书中记录道：婴儿出生后第 7 天明显出现打哈欠等反射动作；45 天前后能见他微笑；4 个月表现出双手配合动作；第 5 个月开始出现观念联合；第 13 个月出现道德情感；到两岁零三个月，有害羞表现等。再比如，在《一个儿童发展的顺序》中，陈鹤琴以儿子陈一鸣为对象，对其身心发展进行了长达 808 天的连续观察和文字、摄影记录，观察记录的内容包括幼儿动作、感知、记忆、思维、能力、情绪、意志、言语、知识、绘画、道德等各方面的发展状况，共记录了 354 项有重要意义的事件，描述细微详尽，并且专章分类记录了动作发展、学习、道德发展等各个方面的观察实录及分析。

根据观察者是否直接参与观察对象的活动，可将观察法分为参与观察和非参与观察。参与观察是指研究者置身于学前儿童中，参与儿童的各种活动，从内部收集资料的一种方法。非参与观察指研究者不直接参与儿童的活动，只以旁观者的身份观察记录儿童的各种活动，获取所需资料的一种方法。

运用观察法研究学前儿童心理时应注意以下几个问题。

(1) 观察前观察者要做好准备。

(2) 观察时尽量使儿童保持自然状态。

(3) 对儿童观察记录要求详细、准确、客观，不要带任何主观偏见。

(4) 儿童的行为不稳定，观察应扣除偶然性，观察的次数要多。

另外，还要考虑到各种误差，如观察者的期望效应、观察仪器设备的干扰等。

观察法最大的优点在于以下几方面。

(1) 它能通过观察直接获得资料，无须其他中间环节。因此，观察的材料比较真实。

(2) 在自然状态下观察儿童，能获得生动的资料。

(3) 观察具有及时性的优点，能捕捉到儿童正在发生的现象。

(4) 观察能收集到一些无法言表的儿童活动资料。

运用观察法进行研究也有一些局限性，主要表现在如下方面。

(1) 受时间限制。

(2) 受观察对象的限制。

(3) 受观察者本身的限制。

(4) 观察者只能观察表面现象，不能直接观察到本质。

(5) 观察者不适用于大面积调查。

(二)实验法

实验法是一种有控制的观察。研究者根据一定的研究目的，事先拟定周密的设计，把与研究无关的因素控制起来，在一定的条件下引发出被研究者的某种行为，从而研究一定条件与某种行为之间的因果关系。实验法是一种较严格的、客观的研究方法，在心理学中占有重要的地位。实验法可分为实验室实验和自然实验法两种。

1. 实验室实验法

实验室实验法是在特殊装备的实验室内，利用专门的仪器设备进行心理研究的方法。实验室实验法在研究初生婴儿时广泛运用。心理学家们为了研究婴儿的某种心理现象，设计了特殊的装置，如为了研究婴儿的深度知觉而设计的“视崖”等。

实验室实验法最主要的优点是能严格控制实验条件，通过特定的仪器探测一些不易观察到的情况，获得有价值的科学资料，例如，利用微电极技术研究新生儿对语音和其他声音刺激的辨别能力。但实验室条件往往使学前儿童产生不自然的心理状态，而且难以研究较复杂的心理现象。

运用实验室实验法研究学前儿童心理时，应考虑到下列几点。

第一，学前儿童心理实验室内的布置应尽量接近学前儿童的日常生活环境，同时要避免无关刺激引起被试的分心。例如，把不必要的物品放在离儿童较远的地方，防止其随手拿起来玩儿。在一般情况下，无关人员不得进入实验室，可以通过观察窗观察。

第二，对学前儿童的实验室实验可通过游戏等学前儿童熟悉的活动进行。对于年龄较小的学前儿童，要用直接兴趣去激发其努力完成实验任务的动机。因为他们的竞争心尚未发展，且还没有形成力争获得优良成绩的愿望和习惯。

第三，实验开始前要有较多的准备时间，使学前儿童熟悉环境和熟悉主试，从怕生、不愿意参加实验或过度兴奋等非正常心理状态转入自然状态。对不易进入实验的学前儿童，实验者必须掌握一些技巧，诱导其接受实验。

第四，对学前儿童的实验指导语，要用简明的语言和肯定的语气。学前儿童对语言的理解能力发展不足，若指导语过长，或者一次布置的任务过多，会使学前儿童抓不住要领。学前儿童易受暗示，指导语最好不用商量的语气，如问是否愿意等，而要从正面引导学前儿童接受任务。布置任务后要准确查明学前儿童是否明了实验要求，可以让他做一些预备性练习。有时需要具体示范帮助学前儿童理解任务。

第五，实验进行过程应考虑到学前儿童的生理状态和情绪背景。学前儿童处于疲劳、困倦、饥饿及身体其他方面不适状态时，不要勉强让其参加实验。实验过程中要尽可能使学前儿童集中精力，保持注意。实验时间应比较短，一般应在学前儿童的兴趣消失前完成。实验者对实验应有充分准备，不但要做好各种物质准备，而且要在操作技术上做好准备，实验过程中动作要迅速利落。因此，在实验中主试操作不熟练是不允许的，因为这样不能得出科学的结论。

第六，实验记录应考虑到学前儿童表达能力的特点。要准确地记录学前儿童所说的原话，不要用成人语言代替。学前儿童常用动作和各种表情手段来补充或辅助其语言表述，所以对学前儿童的这些非语言表达方式也应记录。

2. 自然实验法

自然实验法是在儿童的日常生活、游戏、学习和劳动等正常活动中，创设或改变某种条件，以引起并研究儿童心理的变化。例如，研究不同年龄阶段学前儿童观察力的发展，可以采取正常的教学形式，向不同年龄段的幼儿提供相同的实物或图片，请他们讲述。然后根据记录分析整理，从中找出各年龄阶段学前儿童观察力的基本特点，以发现幼儿观察力发展的趋势。

自然实验法的实验情境整体上是自然的，因此被试往往可以保持正常的状态，实验获得的结果也比较真实，这与观察法相同。但其与观察法的不同之处在于主试可以对某些条件进行控制，避免自己处于被动的地位。所以说，它兼具观察法和实验法的优点。正因如此，自然实验法和观察法一样，成为研究学前儿童心理的主要方法。自然实验法的不足在于：由于强调在自然的活动条件下进行实验，难免出现各种不易控制的因素。此外，一般而言，自然实验法中对条件的控制不如实验室实验法那么严格。

(三)调查法

调查法是指根据一定的目的和要求，以提问题的方式了解学前儿童个体或团体的心理和行为的方法。在研究学前儿童心理时，可以向学前儿童本人做调查，也可以向熟悉儿童的家长、老师等人做调查。调查法包括口头调查和书面调查两种类型，口头调查也叫访谈法，书面调查也叫问卷法。

1. 访谈法

访谈法是指研究者根据一定的研究目的，直接询问研究对象的看法、态度，或让他们做一个简单演示，并说明为什么这样做，以了解他们的想法，从中分析其心理特点。

使用访谈法的一个有趣的例子是访谈幼儿园的小朋友。研究者设计了 24 个问题来评价他们对男性和女性的刻板印象的了解情况。每个问题都是一个小故事，里面有典型的描写男性的形容词(如攻击性、强有力、粗暴)或典型的描写女性的形容词(如情绪性、易激动)，孩子的任务是指出每个故事中所描述的是男性还是女性。研究者发现，幼儿园的孩子常常能区分故事中所指的是男性还是女性，而那些 5 岁的孩子已经具备了有关性别角色刻板印象的不少知识。这些结果显示，如果连幼儿园的孩子在思考问题时都已有了性别角色刻板印象的话，则性别角色的刻板印象一定开始得相当早。

使用访谈法研究学前儿童心理时应注意以下几个问题：首先，访谈的形式要根据访谈对象灵活选择。一般来说，建议对儿童访谈时采用个别访谈，这样可以避免儿童因模仿他人而产生的数据偏差。如果访谈对象是熟悉儿童的成人，则可采用集体的形式。其次，访谈的内容一定要围绕研究目的展开，研究者需事先做好准备，制订谈话计划，拟定访谈提纲。再次，研究者应掌握一定的访谈技巧，既要保证问题的内容在儿童回答的能力范围之内，又要注意提问的方式能够激发儿童回答的动机和兴趣。最后，要及时准确地记录谈话内容，以便后期整理分析。

2. 问卷法

问卷法是根据研究目的，以书面形式将要收集的材料列成明确的问题，让被试者回答。更为常用的是将一个问题回答范围的各种可能性都列在问卷上让被试选择，研究者根据被试的回答分析整理结果。

运用问卷法研究学前儿童的心理，调查的对象主要是与学前儿童有关的成人，他们被邀请按拟定的问卷进行书面回答。问卷法也可以用于年龄较大的幼儿。但因幼儿识字量非常有限，对幼儿的问卷调查一般也采用口头问答的方式。

问卷法的优点是可以在较短的时间内获得大量资料，节约时间和经费；操作简单易行；可以自由地表达意见，使调查结果更为可靠；所得资料便于统计，较易得出结论。问卷法的不足在于，编制问卷比较复杂，问卷的题目需要进行信度、效度检验，如果问题表达不准确，便不能得到真实的回答；抽样需要认真考虑样本的代表性；对于虚假回答难以辨别，导致所得结果可能会不可信。另外，儿童心理的复杂情况有时难以从一些问卷题目上充分反映出来，因此，不能高估由此得出的统计结论。

(四)测验法

测验法是根据一定的测验项目和量表来了解儿童心理发展水平的方法。一般采用标准化的项目，按照预定程序，对儿童心理发展的某个方面进行测量，并将测量的结果与常模进行比较，从而确定儿童心理发展水平或特点。测验主要用来查明幼儿心理发展的个别差异，也可用于了解不同年龄幼儿心理发展的差异。

在运用测验法研究学前儿童心理时应注意以下几点。

第一，由于学前儿童的独立工作能力差，模仿性强，因此对学前儿童的测验都是用个别测验，不宜用团体测验。

第二，测验人员必须经过专门训练，不仅要掌握测验技术，还应掌握对学前儿童工作的技巧，以取得幼小儿童的合作，使其在测验中表现出真实的水平。

第三，学前儿童的心理尚不成熟，其心理活动的稳定性差。因此，切不可仅凭一次测验的结果判断某个儿童的发展水平。一般来说，几次测验中被测儿童总体成绩好的便能说明其发展水平较差，或者是受测时存在其他因素的干扰。总之，判断某个儿童的发展水平和状况，还应用多种方法从多方面进行考察。

测验法的优点是比较简便，在较短时间内能够粗略地了解儿童的发展状况；测验表的编制十分严谨，结果处理方便，可以直接进行对比研究；同时量表的种类较多，可以适应不同研究目的的需要。测验法的不足主要在于其使用灵活性差；对施测者的要求较高；对结果难以进行定性分析；儿童测试的成绩可能受练习、测验经验的影响。另外，测验法无法反映儿童思考的过程和方式；测验题目很难同时适用于不同生活背景的儿童。

(五)作品分析法

由于学前儿童很难用文字的形式来表达自己内心的想法，所以他们常常将其融入自己的作品(如绘画、手工等)中，研究者可以通过分析儿童的这些作品来了解其心理活动，这就是研究学前儿童心理时常用的一种方法，即作品分析法。

分析幼儿的作品可以了解其心理活动，但需要注意的是，运用此法时不能单纯地只分析儿童的作品，还应关注其创作过程中一些辅助的语言、动作、表情等，因为学前儿童的很多作品成人只靠看是很难理解的，常常需要通过儿童的解释来真正了解其真实的心理活动。

三、学前心理学的研究范式

由于儿童的心理现象充满了复杂性，因此研究儿童心理现象只使用一种方法是不够的，通常需要综合使用多种方法。常用的研究范式包括纵向研究、横向研究和聚合交叉研究。

(一)纵向研究

纵向研究是指在较长的时间系列内对被试个体或同一被试组群进行定期的、系统的考查，以了解儿童心理随时间进程而发生的连续变化。纵向研究的时间不定，可长可短，短可只有几周、几个月，长可至几年、几十年甚至一生。例如，前面说过陈鹤琴先生就曾以自己的儿子陈一鸣为研究对象，连续进行了为期 808 天的跟踪研究，以揭示儿童身心发展的特点和规律。

纵向研究的优点是可以比较详细系统地了解学前儿童心理发展的连续性，便于揭示量变、质变现象，以探明儿童心理发展各阶段之间的关系。它的缺点在于样本少而缺乏代表性；被试在追踪过程中容易流失；由于时间较长，会因环境变迁而出现某些新的变量；同一测量方法反复应用会导致重复效应；耗费人力、物力和财力，时间成本较高。

(二)横向研究

横向研究是指在同一时间内，对不同发展阶段儿童的心理发展水平进行测量比较，以了解儿童的各种心理在不同阶段的发展变化情况。如研究 3~6 岁儿童观察力的发展，可在 3 岁、4 岁、5 岁、6 岁的儿童中选取部分样本，分年龄进行测查，根据结果分析儿童的观察力随年龄增长而变化的情况。与纵向研究相比，横向研究最大的优点就是成本低，省时省力，可以在短时间内测量许多被试，获得大量数据资料。但是横向研究也有它的缺点，由于被试来自不同年龄段，所以只能说明儿童心理随年龄变化的一般发展趋势，难以说明影响发展变化的因果关系，难以反映个体心理发展的具体进程。

拓展阅读

请扫描前言中的拓展阅读二维码。

(三)聚合交叉研究

聚合交叉研究是将纵向研究和横向研究结合起来，在横向研究的基础上进行纵向研究。一般是先从横向抽取不同年龄组进行横向研究，然后按一定的时间间隔对同一批被试进行所需次数的重复测查，使之又成为纵向研究，从而使横向研究与纵向研究结合在一起。聚合交叉研究既保持了纵向研究和横向研究的优点，又弥补了二者的不足，因而适应性更强，在目前发展心理学的研究中得到了广泛的应用。

第三节　学前心理学的基本理论

婴儿时期的心理发展关乎人一生的成长，幼年时的经历会在人的心灵深处留下深深的印记。有的心理学家认为，如果一个成年人难以戒除烟瘾，可能与他在 1 岁前口唇受到的刺激不足有关，有的人在社会生活中表现出不讲规则，具有破坏性、残忍、龌龊等人格特点，可能是因为 3 岁前大小便习惯训练不当造成的。也有的心理学家认为，利用环境和教育可以把儿童塑造成任意一种我们所期望的人。关于婴儿心理发展的动力，各家各派的观点有相同的方面，也有完全不同的地方，这是由婴儿心理研究的复杂性带来的。前人的种种观点为我们未来的研究提供了极大的帮助，下面我们将心理学家们的精彩观点呈现出来，供读者思考。

一、精神分析理论

精神分析理论是西方影响很大的心理学理论，由奥地利医生西格蒙德·弗洛伊德创立于 19 世纪末。精神分析理论是从治疗人的心理障碍过程中发展起来的，重视探索人的动机和行为的根源，尤其重视婴幼儿时期的经验对心理发展所产生的影响。

(一)弗洛伊德的心理性欲理论

弗洛伊德早期从事神经专科临床治疗和神经学研究，在临床实践和研究中，他提出了人的意识层次理论和人格结构理论。后来，弗洛伊德进一步提出了人的精神活动的能量来源于人的本能，本能是推动个体行为的内在动力等理论观点。

1. 意识层次理论

弗洛伊德认为，人的欲望、冲动、思维、幻想、判断、决定、情感等心理活动会在不同的意识层次里发生和进行，这里的意识层次包括意识、潜意识、下意识三个层次。人的心理活动有些是能够被自己觉察到的，只要我们集中注意力，就会发觉内心有一个个观念、意象或情感不断流过，这种能够被自己意识到的心理活动叫作意识；而一些本能的冲动、被压抑的欲望或生命力却在不知不觉的潜在境界里发生，因不符合社会道德和本人的理智，无法进入意识被个体所觉察，这种潜伏着的无法被觉察的思想、观念、欲望等心理活动被称为潜意识；下意识则是介于意识与潜意识之间的中间层次，一些不愉快或痛苦的感觉、意念、回忆常被压抑保留在下意识这个层次，一般情况下，不会被个体所觉察，但是当个体的控制能力松懈时，比如醉酒、催眠状态或梦境中，偶尔会暂时出现在意识层次里，让个体觉察到。

2. 人格结构理论

弗洛伊德认为人格由三部分组成，即本我、自我和超我。本我是人格结构中最原始的成分，包含生存所需的基本欲望、冲动和生命力，具有很强的生物性。本我按“快乐原则”行事，它不理会社会道德、外在的行为规范，它唯一的要求是获得快乐，避免痛苦，本我的目标乃是求得个体的舒适、生存及繁殖，它是无意识的，不被个体所觉察。自我是人格结构中自己可意识到的执行思考、感觉、判断或记忆的部分，自我的机能是在现实条件下寻求本我中欲望、冲动和生命力的满足，同时又要保护整个机体不受伤害，自我遵循“现实原则”为本我服务。超我是人格结构中的理想成分，它是个体在成长过程中通过内化道德规范、社会及文化环境的价值观念等形成的，其作用主要在于监督、批判及管束自己的行为。超我的特点是追求完美，所以它与本我一样是非现实的，超我大部分也是无意识的，超我遵循的是“道德原则”，它要求自我按现实社会可接受的方式去满足本我。

3. 性本能及儿童发展阶段理论

弗洛伊德认为推动人的心理和行为产生的能量来源于人的本能，其中性欲是推动个体行为最重要的本能之一，在弗洛伊德眼里，性欲有着广义的含义，是指人们追求一切快乐的欲望，他根据儿童在不同年龄阶段性欲发展的水平和满足的方式把心理和行为的发展分为口唇期、肛门期、性器期、潜伏期和生殖期五个阶段。虽然弗洛伊德的许多理论观点从提出之日起就引起了热烈的争论，但他关于意识层次、人格结构、性本能、心理和行为发展阶段等理论为当代婴儿心理发展研究提供了独特的视角，特别是儿童早期经验对终生发展影响的理论对婴幼儿早期教养具有重要的启示。

(二)埃里克森的心理社会发展理论

埃里克·埃里克森 1902 年出生于德国法兰克福，青年时跟随弗洛伊德的女儿安娜·弗洛伊德研习精神分析的理论和方法，1933 年，埃里克森移居美国，此后他除了从事精神分析外，还长期致力于人类学研究。作为新精神分析学派的代表人物，埃里克森反对弗洛伊德过分强调潜意识中本我的作用，反对人的生物本能论。埃里克森非常重视自我的主动建构作用，强调社会文化环境对个体心理发展的影响。

1. 自我概念

弗洛伊德认为自我是本我和超我之间的传递者，而埃里克森则认为自我执行许多重要的建构功能。自我是人格中一个相当有力的、独立的组成部分，并不是被动地受制于本我的推动和超我的约束，自我是个体过去经验和现在经验的综合体，能够把人的内部发展和社会发展综合起来，引导心理能力向合理的方向发展，能够建立人的自我认同感和满足人主动控制外部环境的愿望。

2. 人格终生发展理论

弗洛伊德认为人格在 6 岁左右超我出现的时候就基本形成了，埃里克森则认为人格在人的一生中都在不断地发展。他将人生的发展分为八个阶段，每一阶段对人格发展都至关重要，人生发展在每个阶段都会面临一对危机，要顺利进入下一个发展阶段，就必须解决好当前面临的危机。

(1) 婴儿期(0~1.5 岁)：信任感与不信任的冲突。

这个阶段的儿童非常弱小，对成人的依赖性最大。如果他们的母亲能以慈爱和惯常的方式来满足他们的需要，他们就会形成基本信任感；如果母亲拒绝他们的需要或以非惯常的方式来满足他们的需要，儿童就会形成不信任感。对受到适当的爱和关注的儿童来说，世界是美好的，人们是充满爱意的，是可以接近的，是可以信任的。而缺少关爱和照顾的儿童在一生中对他人都会是疏远的和退缩的，不相信自己，也不相信别人。在这一阶段，母亲对婴儿的影响尤为重要。

(2) 儿童期(1.5~3 岁)：自主性与害羞感的冲突。

1 周岁以后，儿童掌握了大量的技能，如爬、走、说话等，大多数儿童在这个阶段产生了“自主性”的意识，他们感到自己是有能力的，是独立的，有了强烈的个人操控感。有充分的机会获得自主感的婴儿今后能够自信地应对生活中的挑战。如果不允许婴儿进行探索，婴儿不能获得个人控制感和对外界施加影响的体验，他们就会产生一种羞怯感和怀疑的感情，对自己感到不确定，变得依赖于他人。在这一阶段，父母是否让婴儿有充分的独立活动和操控的机会将影响婴儿今后自主感和自信心的发展。

(3) 学龄初期(3~5 岁)：主动与内疚的冲突。

在这一时期，如果幼儿表现出的主动探究行为受到鼓励，幼儿就会形成主动性，这为他将来成为一个有责任感、有创造力的人奠定了基础。如果成人讥笑幼儿的独创行为和想象力，那么幼儿就会逐渐失去自信心，这使他们更倾向于生活在别人为他们安排好的狭窄圈子里，缺乏自己开创幸福生活的主动性。在这一阶段，家人对儿童的影响非常重要。

(4) 学龄期(6~12 岁)，勤奋与自卑的冲突。

这一阶段，大多数儿童进入小学学习，儿童所追求的是学习或活动的成就及其成就所得到的认可与赞许。如果儿童能够完成任务，获得成功体验，得到赞许或奖励，就会促进乐观、进取与勤奋人格的形成；反之，就会产生自卑感，形成自卑的人格。这一阶段，教师和同伴对儿童的影响十分关键。

(5) 青春期(12~18 岁)：自我同一性与角色混乱的冲突。

这是一个迅速发展的阶段，是儿童走向成熟的交叉点，青少年开始提出这样一个重要问题：“我是谁？”如果对这一问题的回答是成功的，他们的自我认同感就形成了，他们对个人价值能独立作出决定，理解自己是什么样的人，接受并欣赏自己。如果青少年不能形成良好的自我认同感，就会出现角色混乱。这一阶段，社会中的同伴对青少年的影响很大。

(6) 成年早期(18~25 岁)：亲密感与孤独感的冲突。

这一阶段是建立家庭生活的阶段，青年男女已经具备较强的能力，在共同完成任务的活动中，如果能与他人建立起友谊与爱情，就会产生与他人同甘共苦、相互关怀、共同承担义务的亲密感。如果一个人不能与他人分享快乐与痛苦，不能相互关心与帮助，不能与他人进行思想情感的交流，就会陷入孤独寂寞的苦恼之中。这一阶段，情人、配偶及一些较亲近的朋友对个人的人格发展至关重要。

(7) 成年期(25~65 岁)：生殖感与停滞感的冲突。

进入中年，人们开始关心下一代。父母们发现，他们通过对孩子的教育，丰富了自己的生活。没有子女的成年人通过与年轻人的接触也会感到这种生活的丰富。还有一些父母在孩子发展中不能展示自己的潜力，他们对教育孩子充满厌烦，对生活感到不满。没有形成这种繁衍感的成年人会陷入一种停滞感中，它表现为空虚感和对人生目标的怀疑。

(8) 成熟期(65 岁以上)：完美感与绝望感的冲突。

如果前面七个阶段积极成分多于消极成分，就会在老年期汇集成完美感，回顾一生觉得这一辈子过得很有价值，生活得很有意义。相反，如果消极成分多于积极成分，就会产生失望感，感到自己的一生失去了许多机会，走错了方向，想要重新开始又感到为时已晚，痛不胜痛，于是产生了一种绝望的感觉。

埃里克森的人格终生发展理论，为不同年龄段的教育提供了理论依据和教育内容，任何年龄段的教育失误，都会给一个人的终生发展造成障碍。当然也强调了良好的早期教育不仅能促进婴儿的健康发展，更能影响个体一生的发展。

二、行为主义理论

行为主义理论是由美国心理学家华生于 20 世纪初创立的，它是西方心理学的主要理论流派之一。行为主义理论的发展经历了两个时期：早期行为主义时期(1913—1930)和新行为主义时期(1930 年以后)。

(一)华生的传统行为主义理论

美国心理学家华生是行为主义心理学派的创始人。他主张心理学应该研究可以直接观察到的行为，而不是看不见摸不着的意识和精神；他反对用内省方法，而主张用观察和实验的方法，他的主要实验方法就是条件反射法。他提出了 S-R 模式，认为有什么样的刺激，就有什么样的反应，心理学研究的目标是为了“预测人的行为，并控制人的行为”。

1. 华生否认行为来自遗传

首先，行为发生的心理学模式是刺激(S)-反应(R)，从刺激可以预测反应，从反应也能推测刺激，人的行为是由刺激引起的，刺激来自客观而不是遗传，因此行为不可能取决于遗传；其次，遗传能够给个体带来生理构造上的差异，但是并不能证明生理机能上的差异来自遗传；最后，心理学研究是以控制行为为目的的，而遗传是不能控制的，因此，遗传的作用越小，控制行为的可能性就越大。

2. 华生认为环境和教育是行为发展的唯一条件

首先，华生提出一个重要论断，就是生理构造上的差异以及幼年时期训练上的差异足以说明个体后来行为上的差异。其次，华生提出了教育万能的观点，他认为，一个正常人如果具备合适的环境和受训练的机会，便可获得任何能力，胜任任何职业。他提出了著名的论断：“请给我一打强健而没有缺陷的婴儿，让我把他们放在特定的世界中抚养，我可以担保，在这些婴儿中随便挑出一个来，都可以训练其成为任何专家——无论他的能力、嗜好、趋向、才能、职业及种族是怎样的，我都能任意训练他成为一名医生，或是律师，或是艺术家，或是商界首领，甚至训练成一名乞丐或窃贼。”最后，华生认为行为学习的基础是条件反射，学习的决定条件是外部刺激，外部刺激是可以控制的，所以不管多么复杂的行为，都可以通过控制外部刺激而形成。

3. 华生关于儿童情绪发展的理论

华生认为个体有三种原始的情绪即恐惧、愤怒和亲爱，这三种情绪反应是遗传而来的本能反应，新生儿出生时就具有，以后的复杂情绪都是在这三种原始情绪的基础上形成的条件反射。

华生把可以直接观察的行为作为心理学研究的对象，使心理学获得了与其他自然科学所共有的客观性，从而在研究对象和方法上具有自然科学的特征。他扩大了心理学研究的领域，促进了心理学的应用。但是华生的行为主义理论却否定了意识，贬低了生理和遗传的作用，否定了脑和神经中枢的地位，片面强调环境和教育的作用，忽视了人的主观能动性。这些观点使他受到了许多心理学家的批评，也使他的学说在一定程度上陷入困境。

拓展阅读

请扫描前言中的拓展阅读二维码。

(二)班杜拉的社会学习理论

美国心理学家阿尔伯特·班杜拉是社会学习理论的创始人，他认为人的行为，特别是复杂行为都是后天习得的，行为习得过程有刺激与反应的联结式的学习，还有观察学习。

班杜拉所关心并研究的是后一种行为的习得过程。

1. 观察学习

观察学习是班杜拉社会学习理论的基本概念，就是通过观察他人(榜样)所表现出来的行为及其结果而进行的学习，它不同于传统行为主义的刺激与反应的联结式学习。刺激与反应的联结式学习是通过直接经验获得行为反应模式的过程，班杜拉把这种行为的习得称为“通过反应的结果所进行的学习”，即我们所说的直接经验的学习。例如，桑代克的尝试错误学习、巴甫洛夫的条件反射式学习和传统行为主义的刺激与反应的联结式学习均属于这一类；观察学习的学习者则不必直接地作出反应，也不需要亲自体验强化，学习者只是通过观察他人在一定环境中的行为，并观察他人接受一定的强化就能完成学习。班杜拉将它称为“通过示范所进行的学习”，即我们所说的间接经验的学习。

2. 替代强化

斯金纳认为行为学习中的强化方式有三种，即直接强化、替代强化和自我强化。直接强化是指通过外界因素对学习者的行为直接进行干预，刺激与反应的联结式的学习中就主要依靠的是直接强化；替代强化是指观察者看到榜样或他人受到强化，从而使自己也倾向于做出榜样的行为，如果一个婴儿看见他的同伴推倒另一个同伴抢到了自己想要的玩具，这个婴儿就可能在以后尝试使用这种方法，这就是替代强化；自我强化则是指个体自身的行为达到了自己预定的目标时，个体会用自我肯定的方法对自己的行为作出反应，所以我们有时会看到一个婴儿会为自己某一行动的成功欢呼雀跃。

3. 自我效能感

班杜拉认为自我效能感是指个体对自己是否有能力为完成某一行为取得成功所进行的推测与判断。当人确信自己有能力进行某一活动时，他就会产生高度的“自我效能感”，并会去进行那一活动。例如，学生不仅知道注意听课可以带来理想的成绩，而且感到自己有能力听懂教师所讲的内容时，才会认真听课。人们在获得了相应的知识、技能后，自我效能感就成为行为的决定因素。

班杜拉的社会学习理论为我们研究儿童的攻击性行为、亲社会行为等社会性特征的形成提供了崭新的视角。

三、认知发展理论

认知发展理论是瑞士心理学家让·皮亚杰提出来的。皮亚杰早年对动物如何适应环境抱有浓厚的兴趣，并在 1918 年取得了动物学领域的博士学位。同时，皮亚杰的另一个兴趣是认识论，也即探讨知识的起源的一种哲学分支。在后来的研究中，他将自己的兴趣合而为一，开始研究儿童认识的发生、发展，期望从儿童思维发展的过程中探究出人类认识发展的规律。皮亚杰心理学的理论核心是“发生认识论”，他认为，人类的知识不管多么高深、复杂，都可以追溯到人的童年时期，甚至可以追溯到胚胎时期。

(一)图式

图式是皮亚杰理论体系中的一个核心概念，图式是指个体对世界的知觉、理解和思考的方式。我们可以把图式视为心理活动的框架或组织结构。图式是认知结构的起点和核心，或者说是人类认识事物的基础。因此图式的形成和变化是认知发展的实质。人的认识图式不是一成不变的，它有发生和发展的过程。主体所具有的第一个图式是遗传获得的图式。以这一图式为依据，儿童不断和客观外界发生相互作用，在这种相互作用中，非遗传的后天图式逐渐从低级阶段向高级阶段发展，这也就是图式的建构过程。

(二)制约儿童心理发展的因素

皮亚杰认为制约儿童心理发展的因素有四个，即成熟、物理环境、社会环境、平衡。

1. 成熟

成熟是指机体的成长，特别是指神经系统和内分泌系统的不断成熟。成熟是认知发展的重要条件，他为新的行为模式和思维方式的形成提供了可能性。例如，婴儿期出现的眼手协调，是建构婴儿动作图式的必要条件。不过，如果要使这种可能性成为现实，则必须通过机能的练习和获得一定限度的习得经验，才能显现成熟对认知发展的作用。

2. 物理环境

物理环境即“个体对物体做出动作的练习和习得经验”，个体在这种动作练习中得到的经验不同于社会环境中得到的社会经验。皮亚杰把这种经验分为两类：一是物理的经验，指个体作用于物体，获得关于物体特性的经验。二是逻辑书里的经验，指个体作用于物体，理解动作与动作之间相互协调的结果。在皮亚杰看来，知识来源于动作(动作起着组织或协调作用)，而非来源于物体。

3. 社会环境

社会环境包括社会生活、文化教育和语言等诸多方面，即人与人之间的相互作用和社会文化的传递。它和物理环境一样，要能对主体发展发挥影响，就必须建立在它们能被主体同化的基础上。所以学习已有的社会经验可能会加速或阻碍社会环境对儿童心理发展的影响。

4. 平衡

平衡是皮亚杰的理论中最独特的观点之一，因为几乎所有学习理论和发展理论都认识到成熟和经验所起的作用，而皮亚杰则提出了儿童心理发展过程中起自我调节作用的平衡过程，他认为平衡或自我调节是心理发展的决定因素，由于平衡调和了成熟、物理环境和社会环境，个体才有可能以一种有组织的方式，把接收到的信息联系起来，从而引起认知图式的一种新建构，使认知得到发展。

皮亚杰的认知发展理论具有丰富的辩证法思想，体现在认识的发展观、发展的阶段及认识过程是持续建构的过程、强调主客观的相互作用等思想中，他的基本理论和实验研究对现代儿童心理学、发展心理学和教学改革具有广泛的影响，受到世界心理学界的普遍重视。

四、社会文化历史理论

维果茨基是苏联卓越的心理学家，主要研究儿童发展与教育心理，着重探讨思维和语言、儿童学习与发展的关系问题。维果茨基同皮亚杰一样强调儿童是积极主动地探索世界的，所不同的是他认为儿童的高级心理机能即随意的心理过程并不是人自身所固有的，而是在与周围成人或年长同伴的交往过程中习得和发展起来的，是受人类的文化历史所制约的，这就是他的社会文化历史理论。他由于在心理学领域作出的重要贡献而被誉为“心理学中的莫扎特”，他所创立的社会文化历史理论不仅对苏联而且对西方心理学产生了广泛的影响。

(一)人的心理发展与动物有着本质的区别

1. 人的心理发展主要受社会文化历史发展规律的制约

维果茨基认为，人的心理发展受劳动实践的制约，人的心理活动与劳动活动都是以工具为中介的。人与动物不同，动物通过身体以直接的方式适应自然，而人发明了劳动工具，通过劳动工具间接地适应自然并改变自然。劳动工具本身不属于心理，也不能进入人的心理结构，但是在使用工具的物质生产基础上产生的人与人之间相互交往的方式和社会文化发展的产物——各种符号系统，从根本上改变了人的心理结构，形成了人类特有的、高级的心理机能。在人的生产工具中凝结着人类的间接经验——社会文化知识经验，从而使得人类的发展不再受生物进化规律的制约，而受社会文化历史发展规律的制约。

拓展阅读

请扫描前言中的拓展阅读二维码。

2. 儿童心理发展直接受到所处环境的社会文化影响

维果茨基所说的“文化”主要指儿童所处社会环境中人们的信仰、价值观、传统和风俗习惯等。在不同的文化影响下，儿童的心理发展水平和发展阶段是不一样的，因而从儿童发展的角度来看，文化是有“优劣”的。一些跨文化研究结果表明，不同文化背景下，儿童的身心素质发展水平具有显著的差异。

(二)教学与发展的关系

1. “最近发展区”思想

维果茨基的另一个重大贡献就是提出了“最近发展区”的概念。最近发展区是与现有发展水平相对而言的，现有发展水平是儿童已经形成的心理机能的发展水平，最近发展区则是指儿童当前尚未达到但是只要给予支持或经过儿童自身的努力就可以达到的发展水平。最近发展区是介于儿童“能为”与“可能为”之间的一个发展区，这个发展区对儿童来说是“最近的”。

2. 教学应当走在发展的前面

根据最近发展区的思想。维果茨基提出了“教学应当走在发展的前面”，教育者要清楚把握儿童的现有发展水平，找到儿童达到最近发展区需要解决的各种问题，走在心理机能形成的前面。维果茨基的最近发展区思想能够帮助教育者正确地把握婴儿教育的时机。

五、关键期(或敏感期)理论

当代心理学研究中，不少学者提出了儿童发展的关键期或敏感期的理论，比较具有代表性的是意大利儿童教育家蒙特梭利提出的敏感期理论。

(一)关键期

所谓关键期是指特定能力和行为发展的最佳时期，在这一时期，个体对形成这些能力和行为的环境影响特别敏感，所以也称为敏感期。在关键期内，机体对环境影响极为敏感，对微细刺激即能发生反应。有的研究者因而改称其为敏感期。研究者还发现，在关键期的开始及结尾阶段，机体对环境的敏感度较低，在中间阶段最高。但若缺乏某种影响，便会引起发展方面的变异。

关键期这一概念的引用，应推到奥地利动物习性学家 K. Z. 洛伦茨的研究。洛伦茨发现刚出生的小鸡、小鹅有印刻现象。他指出，个体印刻现象只能在个体生命中一个短暂的“关键期”发生，个体在这时刻所印刻的对象，可以使该个体对它接近并发生偏好，而且不会被忘却，由此形成了一种对它的永久约束性的依恋。洛伦茨的研究引起心理学界对关键期的注意，并进行大量研究。其中比较主要的是探索并提出儿童各方面发展的关键期。例如，有的研究者发现人类胚胎最容易受到损害的关键期是怀孕后 6 周以内，即主要器官发育时期。一切先天缺陷都发生在妊娠的关键性的头三个月内。有的研究者提出，大脑发展的关键期为出生后 5~10 个月。在这一时期，如果疏忽或缺乏良好的环境教育，会使发展受到损害。此外，对儿童语言及心理其他方面的发展也曾提出关键期问题。

(二)蒙特梭利有关儿童发展敏感期理论

意大利著名儿童教育家玛利亚·蒙特梭利毕生从事儿童心理、教育的研究和实践工作，留下了丰富的著作，其中关于 0~3 岁儿童心理发展与教育的主要有《童年的秘密》《发现儿童》《有吸收力的心智》等。蒙特梭利在长期与儿童的相处和教育实践中提出的“精神胚胎期”“有吸收力的心智”“儿童心理发展存在敏感期”等理论。

1. 精神胚胎期

蒙特梭利认为“人似乎有两个胚胎期，一个是在出生前，与动物相似；另一个是在出生以后，只有人才有”。婴儿出生后第一阶段的心理发展如同其出生前在胚胎期的生理发育，“所有的儿童在出生时是非常相似的，他们以一种相同的方式，按照同一的规律发展”，于是，蒙特梭利把这一时期称为“精神胚胎期”。这种“精神胚胎期”是婴儿今后发展的前提。

2. 有吸收力的心智

儿童出生后的心理发展非常迅速，而且刚出生儿童的心理发展具有与成人或年龄稍长儿童的心理发展不相同的特点。成人获取知识是通过有意识的主动学习来完成的，而婴儿则是利用他们的天赋能力来吸收环境中的信息，在获取知识的同时促进大脑的发育。

3. 儿童发展敏感期

蒙特梭利通过长期的研究和实践，提出了婴幼儿心理发展的多个敏感期。

(1) 语言敏感期(0~6 岁)。

(2) 秩序敏感期(2~4 岁)。

(3) 感官敏感期(0~6 岁)。

(4) 对细微事物感兴趣的敏感期(1.5~4 岁)。

(5) 动作敏感期(0~6 岁)。

(6) 社会规范敏感期(2.5~6 岁)。

(7) 书写敏感期(3.5~4.5 岁)。

(8) 阅读敏感期(4.5~5.5 岁)。

(9) 文化敏感期(6~9 岁)。

敏感期是自然赋予幼儿的生命助力，如果在敏感期内在需求受到妨碍而无法发展，就会丧失学习的最佳时期，日后若想再学习此项事物，尽管付出了更大的心力和时间，成果也不显著。而如何运用这股动力，帮助孩子更完美地成长，正是成人的职责。

本 章 小 结

学前心理学是研究从受精卵开始到入学前，儿童心理与行为发生发展的特点和规律的科学，旨在描述或揭示学前儿童心理发展过程的共同特征与模式；描述或揭示这些特征与模式发展变化的时间顺序；分析这些特征与模式的影响因素和内在机制。

学前心理学研究要遵循客观性原则、系统性原则、发展性原则、教育性原则、保护性原则。主要研究方法包括观察法、实验法、调查法、测验法、作品分析法。常用的研究范式包括纵向研究、横向研究和聚合交叉研究。

不同的研究者从不同的视角出发研究学前心理现象，提出了不同的理论学说。影响力较大的有精神分析理论、行为主义理论、认知发展理论、社会文化历史理论、关键期(敏感期理论。

【推荐阅读】

[1] 朱智贤．儿童心理学．北京：人民教育出版社，2009

[2] [美]谢弗(Shaffer D．R.)等．发展心理学：儿童与青少年．邹泓等译．北京：中国轻工业出版社，2009

[3] 文颐．婴儿心理与教育(0~3 岁)．北京：北京师范大学出版社，2015
[4] 陈国眉．学前心理学．北京：北京师范大学出版社，2015

思 考 题

1. 学前心理学的研究内容和任务是什么？
2. 为什么要学习学前心理学？
3. 怎样理解学前心理学的研究原则？
4. 学前心理学的各种研究方法都有哪些优缺点？

学前心理学

微信扫天下　课程掌中观

第一章.pptx

婴儿不为任何事物驱使——一切力量皆为他驱使。

——拉尔夫·活尔多·爱默生

对于孩子，你能期待的第一件和最基本的事就是他是个孩子。

——阿明·格拉姆斯

第二章　学前儿童心理发展的规律

本章学习目标

- 掌握学前儿童心理发展的基本特点和规律。
- 理解遗传与生理成熟因素、环境与教育因素以及个体心理的内部矛盾在儿童心理发展中的作用。
- 明确心理年龄特征的概念，掌握学前儿童在不同年龄阶段心理发展的主要特征。

核心概念

遗传(genetic)　生理成熟(physiological maturity)　环境(environment)
教育(education)　心理年龄特征(psychological age characteristics)

案例导读

在一次幼儿园的开放日，强强妈妈和果果妈妈一起观看孩子们的游戏活动，发现同样是 5 岁的男孩儿，强强喜欢拿着飞机、汽车，和几个小朋友一起在地上跑来跑去；果果却一个人静静地玩拼图。果果妈妈觉得强强的性格好，强强妈妈觉得果果比强强更聪明。为什么孩子之间会存在差异？5 岁时的表现真的就能决定谁更聪明、谁的性格更有优势吗？

这一章将为您揭示学前儿童心理发展的特点和规律。

第一节　学前儿童心理发展的特征

一、学前儿童心理发展的基本特点

(一)心理发展的迅速性

变化迅速是学前儿童心理发展的一个明显的特点，也是学前儿童心理发展的一般规律之一。成人心理的变化相对比较缓慢，相差几岁的成人，心理特点差别不那么明显。老朋友多年不见，相遇时经常会说："你还是那个样子，没多大变化。"儿童则不然，他们的变化可说是名副其实的日新月异。例如，初生的婴儿只会啼哭，十天半月之后，当你把他抱起来的时候，他已经"知道"要准备吃奶。将近四个月的孩子可以同陌生的你玩得咯咯地笑，但是，过一两个月再去看他时，他可能怕你，哭着躲开——他会认生了。孩子三个月刚会翻身，六个月就会坐了，八个月就能到处爬了，到一周岁就能开始走路了，三岁时就会连蹦带跳了。

(二)心理发展的连续性与阶段性

1. 心理发展的连续性

儿童心理的发展是一个不断进行矛盾运动的过程，是一个不断从量变到质变的发展过程。从纵向方面看，儿童所有的心理活动，都是这样一个由量变到质变、由低级到高级的连续不断的发展过程。儿童心理发展的连续性表现在前后发展之间不是没有联系的，先前的较低级的发展是后来较高级的发展的前提。儿童心理时刻都在发生量的变化，而量变和质变又处于辩证的统一过程之中。例如，儿童每天都在感知新事物，听到成人教他说出的词，这些知识经验在孩子头脑中日积月累，开始他可能只表现为听懂词，但是，到了一定时期，他就开始说出词，产生了语言发展中的质变。

2. 心理发展的阶段性

从总体上来看，儿童心理发展的全过程是一个连续不断的由量变到质变的过程。量变是事物数量上的变化，是不显著的变化。质变是事物根本性质的变化，是事物由旧质向新质的"突变"，是由事物的量变达到一定程度所引起的，是量变的必然趋势。儿童心理的发展，当它处在量变阶段，在较短的时间内，没有突然的变化，所以，尽管成人与自己的孩子朝夕相处，往往发现不了孩子的变化。但是从较长的一段时间来看，儿童心理随着量变的积累，到一定程度，便发生"质变"，表现出一些带有本质性的重要差异。这些显著的差异使儿童心理发展呈现出"阶段性"。例如，直观行动思维、具体形象思维、抽象逻辑思维，属于儿童思维发展的不同阶段。

儿童心理发展的连续性和阶段性不是绝对对立的，而是辩证统一的。儿童心理发展一般采取渐变的形式，在原有的质的特征占主要地位时，已经开始出现新的质的特征的萌芽，而当新的特征占据主要地位之后，往往仍有旧的特征的表现，各发展阶段之间一般不出现突然的中断。例如，幼儿思维的典型特征是具体形象性，但是幼儿小班仍然保留着直观行动思维的特征，在幼儿大班就已经开始抽象逻辑思维的萌芽，具体形象思维并不是幼儿期突然出现的，也不是幼儿期思维的唯一形式。

(三)心理发展的不均衡性和整体性

1. 发展的不均衡性

高速发展是学前儿童心理发展的总趋势和一般规律，但学前儿童心理发展又不是等速前进的。学前儿童心理发展的不均衡性表现在下列方面。

(1) 不同阶段发展的不均衡。

我们知道，儿童年龄越小，发展的速度越快，这是学前儿童心理发展的规律。新生儿的心理可以说是一周一个样；满月以后，是一个月一个样。可是周岁以后，发展速度就缓慢下来，两三岁以后的儿童，相隔一周，前后变化一般不那么明显了。

(2) 不同方面发展的不均衡。

学前儿童心理活动的各个方面并不是均衡发展的。例如，感知觉等认识过程在出生后迅速发展，单纯的感知觉能力很快就会达到比较发达的水平，而思维的发生则要经过相当长的孕育过程，两岁左右才真正发展起来，到学前阶段末期，仍处于比较低级的发展阶段——只有逻辑思维的萌芽。

(3) 不同儿童心理发展的不均衡。

不同的学前儿童虽然年龄相同，心理发展的速度却往往有所差异。例如，有的孩子刚刚 1 岁就会说话，有的孩子已经 2 岁了还不开口。有的孩子 2 岁就会从 1 数到 100，而许多 3 岁的孩子还数不清楚。但是，所有这些都是正常儿童，而且早晚会具备基本的心理活动能力，只是在发展速度上存在个别差异而已。

2. 发展的整体性

虽然学前儿童心理发展的各个方面在速度上是不均衡的，发展有先有后，但是，从横向来看，同一时间片断中，发展的各个方面并不是孤立进行的。各认识过程的发展之间、认识过程与情感意志过程的发展之间、认识过程的发展和个性形成与发展之间都有着密不可分的联系。后面我们还会详细分析学前儿童某种心理过程的发展对其他心理发展方面的作用。特别是在个性形成过程中，更体现出发展的整体性。

二、学前儿童心理发展的总趋势

学前儿童心理的发展是学前儿童在活动中心理结构不断改造、日趋完善、日趋复杂化的过程。心理学家通过长期的、大量的研究，揭示出学前儿童心理发展历程的一般趋势：从简单到复杂，从具体到抽象，从被动到主动，从零乱到成体系。

(一)从简单到复杂

儿童最初的心理活动只是非常简单的反射活动，以后越来越复杂化。这种由简单到复杂的发展趋势，具体表现在以下两个方面。

1. 从不齐全到齐全

我们知道，儿童的各种过程和特性在初生的时候并不是完全齐备无缺的，而是在发展过程中先后出现、逐渐齐全的。例如，出生几天的孩子还不能集中注意力；出生几个月的孩子虽然能听、能看，但不会认人，6 个月左右才开始认生；1 岁半以前还没有想象活动，也谈不到人类特有的思维；2 岁左右开始真正掌握言语，与此同时，逐渐出现想象和思维。各种心理活动出现和形成的秩序服从由简单到复杂的发展规律。待各种心理过程都已齐全并形成个性时，儿童的心理就比最初复杂得多。

2. 从笼统到分化

儿童最初的心理活动是笼统而不分化的。无论是认知活动或迅速情绪态度，发展的趋势都是从混沌或暧昧到分化和明确。也可以说，最初是简单和单一的，后来逐渐复杂和多样化。例如，新生儿不但对碰到他嘴唇的东西有吸吮反应，对一切碰到他脸颊附近的东西也作出吸吮反应，后来，婴儿逐渐不作出这种笼统的反应，只在东西碰到嘴唇时才动嘴吸吮了。又如，最初孩子的情感只有愉快和不愉快之别，后来，逐渐分化为喜爱、高兴、快乐和痛苦、嫉妒、畏惧等复杂而多样的情感。

(二)从具体到抽象

儿童的心理活动最初是非常具体的，以后越来越抽象，越来越概括化。从认识过程来看，最初出现的是感觉。感觉是最简单的认识活动，是对物体的某个个别属性的反映。例如，看到苹果的红色，是对苹果的颜色这一个别属性的反映；摸到瓶子是硬的，也只是对瓶子的软硬这一个别属性的反映。在感觉之后出现知觉，知觉是对物体的各种属性的整体反映，具有一定的概括性。例如，对一个苹果的知觉，就不只是看到它的颜色，而且通过手摸、鼻嗅、嘴尝等，把苹果的香气、滋味等属性综合起来，知觉到那是一个苹果而不是西红柿。知觉只是对事物的外部特征或属性的一种概括的反映，和思维相比，知觉仅仅是低级的或最初的概括。知觉之后出现的思维，是对事物的本质属性的概括的、间接的反映。例如，前一天晚上睡得很香，没有听到风雨声，第二天早上起来，看到窗外的房顶和地上到处都湿漉漉的，通过先前多次感知下雨的经验概括“下雨地必湿”，可以推断昨晚下过雨。这就是人脑对下雨这一现象的间接的、概括的反映，带有明显的抽象概括性。

儿童思维过程本身的发展，也遵循由具体到抽象这一发展趋势。2~3 岁儿童的思维非常具体，认为“儿子”只能是小孩，至于“长了胡子的叔叔是老师的儿子”，对他来说是不可思议的。整个学前期儿童的思维都处于具体形象阶段，直到学前末期也只能有抽象思维的萌芽。从儿童情绪发展的过程看，最初引起情绪活动的，也是非常具体的事物(如黑暗等)，以后才是较抽象的事物(如害怕老师批评，说自己“不听话”等)。

(三)从被动到主动

儿童心理活动最初是被动的，心理活动的主动性是后来才逐渐发展起来并逐步提高的。儿童心理的这种由被动向主动发展的趋势主要表现在以下两个方面。

1. 从无意向有意发展

儿童心理最初是无意的(或称不随意的)。所谓无意的心理活动，是指直接受外来影响支配的心理活动。例如，小朋友正在听课，忽然一只猫窜了进来，大家都会不由自主地寻找猫的踪迹，这就是一种无意的心理活动——无意注意。有意的心理活动，是指由自己的意识(目的、动机等)控制的心理活动。例如，小朋友在画一幅画，妈妈喊他吃饭，他还是要把画画完，这就是意志活动的表现，有意识的心理活动——有意注意。

儿童心理活动是由无意向有意发展的。新生儿的原始反射是本能活动，是对外界刺激的直接反应，完全是无意识的。稍后，出现有目的方向的活动，但幼小儿童一般还不能意识到自己心理活动的目的。到了幼儿期，儿童出现自己能意识到的、有明确目的的心理活动，然后发展到不仅意识到活动目的，还能够意识到自己的心理活动进行的情况和过程。例如，大班幼儿不仅能知道自己要记住什么，而且知道自己是用什么方法记住的。这也就是说，儿童的注意、记忆、情感等心理活动最初都是无意的，以后向着有意的(或称随意的)心理活动的方向发展，出现有意注意、有意记忆等；最初各种心理活动以无意性为主，后来发展到以有意性为主，即由自己的意识控制的心理活动为主；最初没有意志活动，后来逐渐形成意志，心理活动的自觉性也在不断提高。

2. 从主要受生理制约到自己主动调节

幼小儿童的心理活动在很大程度上受生理的制约或局限。例如，几个月以内的孩子，其快乐和不安主要决定于生理上的需要是否得到满足；两三岁的儿童注意力不集中、稳定性差，主要是由生理上的不成熟所致。随着儿童生理的成熟，它对心理活动的制约和局限作用渐渐减少，心理活动的主动性逐渐增强。四五岁儿童(如在某些作业中)注意力非常不集中，有时(如在他自发的游戏中)又能长时间坚持集中注意力。在生理发育达到足够成熟时，儿童心理发展的方向甚至包括心理发展的速度都和儿童心理活动本身的主动性有密切关系。

(四)从零乱到成体系

儿童心理活动最初是零散混乱的，心理活动之间缺乏有机联系，而且非常容易变化。例如，七八个月的婴儿离开妈妈时，很伤心，当妈妈的身影刚刚消失，阿姨和他玩一个诱人的玩具时，他立即破涕为笑。幼小儿童一会儿哭，一会儿笑；一会儿说东，一会儿说西；一会儿摆积木，一会儿又去画画……都是心理活动没有形成体系的表现。正因为没形成体系，心理活动非常容易变化。儿童心理发展的方向是心理活动逐渐组织起来，形成整体，有了系统性，有了稳定的倾向，出现了个人特有的个性。例如，有的孩子喜欢汽车，不论何时何地，他的兴趣都首先集中在汽车上。

以上列举的是儿童心理发展趋势的几个侧面、几条发展线索，它们之间有着密切的联系，决不是简单并行的。心理活动体系(即个性)的形成和心理活动的抽象概括化及主动性的发展是分不开的，同时也体现了心理活动的复杂化。后面我们还会详细介绍这些发展趋势在心理发展的各个方面和各个发展阶段的具体表现。

第二节　影响学前儿童心理发展的基本因素

儿童心理发展过程既受其自身内部因素的制约，又受外部因素的影响。内部因素主要包括生物因素和心理因素；外部因素主要包括环境和教育因素。下面逐一进行分析。

一、遗传与生理成熟因素

(一)遗传的概念

遗传是指遗传物质从上代传给下代的现象。遗传物质是指亲代与子代之间传递遗传信息的物质，即脱氧核糖核酸(DNA)。在我们的每个细胞中都存在着 DNA 这种遗传物质。DNA 组成很小的单元，称为基因(genes)。大量的基因聚在一起形成杆状结构，称为染色体。人类是由于染色体里的基因的作用，把遗传物质由上一代遗传给下一代的。

遗传是一种生物现象，通过遗传可以传递祖先的许多生物特征。所谓生物特征主要是指有机体的解剖生理特征，如机体的结构、形态、感官和神经系统的特征等。其中对心理发展具有最重要意义的是脑的结构和机能特征。

(二)遗传的作用

遗传对学前儿童心理发展的作用主要表现在以下两个方面。

1. 遗传为学前儿童心理发展提供可能性

人类在进化的过程中，形成了高度发达的大脑和神经系统，这是人的心理活动最基本的物质前提。研究表明，黑猩猩即使在最好的训练和精心照顾下，其心理水平仍然很低，因为它只有动物的大脑和神经系统，而没有人的大脑和神经系统。这也就决定了它的心理水平永远也达不到人的心理水平。因为心理活动是大脑的机能，有了大脑，人的心理活动才能产生。正常的大脑和神经系统是学前儿童心理发展的基础。先天缺乏大脑两半球的无脑畸形儿常常只能活几个小时或几天，即使能多活一些时间，也一定会由于精神发育障碍而呈白痴状态。

人类通过基因遗传给后代一个足以与外界环境发生反应的生理结构和机能，这些生理结构和机能使得个体可以通过学习获得有关自然和人类社会的知识经验，从而更好地适应环境甚至改造环境。但如果遗传基因受损或变异，则会导致低能儿或人格异常。例如，1990 年墨森(Mosen)关于遗传工程学的研究表明，染色体结构异常，可导致智力落后和行为异常。如果第 21 对染色体多了一个，即为唐氏综合征，是先天愚型。这类孩子智力严重缺陷，样子呆傻，严重者生活不能自理，智商大部分为 25~45。这些都说明遗传为儿童心理发展提供了可能性。

2. 遗传为学前儿童心理发展的个别差异奠定了基础

心理研究发现，遗传素质的不同是造成个别差异的重要基础，它决定了儿童心理不同发展的可能性。由于遗传素质不同，每个儿童出生时，他的心理发展已经存在不同的可能性，具有各自心理发展特点的基础。

(1) 遗传因素影响着个体智力、能力的发展。

英国心理学家西里尔·伯特(Cyril Burt)为研究遗传与环境对人智力的影响进行了一系列的调查。他的调查结果表明，同卵双生子有近乎相同的智力，而在一起长大的、没有血缘关系的儿童，其智力的相关性很小。有血缘关系的儿童，其智力的相关性则依其家族谱系的亲近和生活方式的接近而增高，其中，同卵双生子的相关性最高。

拓展阅读

请扫描前言中的拓展阅读二维码。

(2) 遗传影响儿童的气质类型。

遗传因素为个体提供了不同的生物动力，从而导致人的体质与神经系统类型的差异，表现在能力的强度、速度、分配、转化和生成方面，这就形成了不同的原始气质。例如，同样的新生儿，有的安静、哭声小、容易安抚，有的好动、哭声大、不易安抚；有的孩子喜欢接受新鲜事物，如对新食物的兴趣大；而有的孩子则更恋旧，对新食物明显没有热情，更迷恋熟悉的味道。

托马斯(A. Thomas)和切斯(S. Chess)对儿童的气质进行了 20 多年的研究，发表了《气质与儿童行为异常》《气质与气质的发展》等有影响的著作。他们发现，新生儿 1~3 个月就有明显、持久的气质特征，不大容易改变，一直持续到成年。他们指出："在许多儿童中这些气质的原始特征往往在以后的 20 多年发展阶段中保持着。"这也充分说明了气质方面的差异更多地受到来自遗传的影响。

关于学前儿童的气质类型将在本书第十一章详述。

(三)生理成熟的作用

生理成熟是指生理发展，即个体生长发育的水平。它依赖于个体种族遗传的成长程序，有其发展的规律性。生理成熟制约着个体心理发展的年龄特征和个别差异。当某种生理结构和机能达到一定成熟水平时，如果环境给予及时的相应刺激，某种心理品质就会形成和发展。例如，3~4 岁为幼儿气质发展的关键期，在个体发展中大脑的最简单皮质区(第一级区)没有什么重大发展，但是比较复杂的皮质区(第二级区和第三级区)却发展得非常迅速，这些从机能上来说最重要的部分，3~3.5 岁特别猛烈地增长，4 岁内抑制强度开始有明显的发展，3~4 岁幼儿神经过程的兴奋强度、抑制强度都有很大发展，幼儿对外界信息加工的能力、反应强度、自我调节水平及复杂的整合作用都有明显提高，4~5 岁幼儿自我控制开始迅速发展。5 岁为幼儿大脑发展的加速期，5~6 岁幼儿的分类能力、抽象概括能力得以发展，逻辑思维开始萌芽。

生理成熟速率对人的心理也会有一定的影响。马森 P. H. Massen 和琼斯 M. C. Jones 曾对 33 位 17 岁男青年做了主题统觉测验(TAT)，其中 16 位是早熟者，17 位是晚熟者。研究结果表明，晚熟者更多地感到自己的不足，认为自己受人排挤和支配，依赖性强，容易与父母对抗。1987 年李丹研究指出，早熟者表现出独立、自信，在与人相处中能承担成人角色。

拓展阅读

请扫描前言中的拓展阅读二维码。

二、环境与教育因素

(一)社会环境使遗传所提供的心理发展的可能性变为现实

社会环境，首先指人类生活的环境，它不同于动物生活的环境，人的后代如果不生活在社会环境里，那么虽然遗传提供了发展婴儿心理的可能性，这种可能性却不会变成现实。野兽哺育长大的孩子虽然具有人类遗传素质，却不具备婴儿的心理。典型的例子如印度狼孩卡玛拉和阿玛拉，法国的阿威龙野男孩，以及近年来发现的印度 10 岁男狼孩巴斯卡尔等，他们都不会直立行走，不能学会说话，没有人类的动作和情感。直立行走和说话本来是人类的特征，但是，对每一个具体婴儿来说，遗传只提供了直立行走和说话的可能性，没有人类的社会环境，这种可能性不能变为现实性。许多正常婴儿似乎是自然而然地学会走路和说话的，其实都是社会生活环境影响的结果，不过有时不被人察觉而已。具备正常遗传因素的婴儿，其心理发展受到环境的重大影响，甚至是决定性的影响。

(二)社会环境影响学前儿童心理发展水平和方向

儿童心理发展与动物心理发展有本质的不同，动物发展靠本能，靠成熟，靠个体的直接经验，而儿童发展主要靠学习，靠文化传递，靠群体经验，靠社会生活条件和教育的影响，这是因为儿童不仅是一个自然实体，更是一个社会实体。

1. 社会生产力的发展水平影响儿童心理的发展

近百年来特别是近几十年来，人类在改变自然界方面的极大发展，即生产力的飞速发展，使新一代的智力也有很大发展。1983 年，新西兰教授弗林研究发现，在过去半个世纪中，所有发达国家年轻人的智商指数均出现了持续增长。例如，1932—1978 年，美国年轻人的 IQ 平均指数提高了 14 点。这一发现受到了广泛的关注，被称为“弗林效应”。然而，连弗林教授本人都觉得不可思议的是，根据主流理论，智商指数主要是由遗传基因决定的，而人类不可能在这么短的时间里获得如此快的“进化”，社会经济水平的提升(基础重复劳动保证生存的时间减少，高效率高认知工作比例上升)才是主要原因。近年来人们也公认，新生婴儿比以前能干了，幼儿也比过去聪明，这些都是当代社会生产力发展的反映，现代儿童生活环境的多样化和复杂化是前辈在儿时望尘莫及的。

社会生产越发达，教育对儿童心理发展的作用越明显。因为儿童的心理发展主要依靠掌握前人的经验，而不能仅仅依靠自己的直接经验。社会生产方式越复杂，需要掌握的间接知识越多。教育正是通过组织和选择信息，指引并促进儿童通过学习而得到心理发展的。

因此，社会生产力的发展并非直接作用于儿童心理发展，而是通过影响国民经济生活，影响科学文化和教育水平，从而影响到儿童心理的发展水平。

2. 社会文化影响个体心理的发展

不同的社会文化，特别是文化价值观念会影响儿童心理的发展。1995 年，杨丽珠等采用时间取样观察法，以录像对中美 150 名学前儿童在游戏中的社交和认知类型进行比较研究①，结果发现，中美学前儿童社交和认知能力发展进程具有一致性，游戏行为发展模式具有一致性；但是中美学前儿童游戏的方式和内容、社交和认知水平存在显著的差异。研究者分析认为这主要是中美不同的价值观念所至。美国的个人主义和实用主义价值观引导美国儿童进行更多的个体、平行游戏和实践游戏；而中国的集体主义价值观则引导儿童更多地进行合作、象征和规则游戏。研究证实了在个体心理发展过程中不同文化背景的制约性。

(三)具体社会生活条件和教育条件是形成学前儿童个别差异的最重要条件

家庭的在同一个社会里，儿童所处的环境是千差万别的。如果说，世界上除了同卵双生子外，没有任何两个婴儿具有相同的遗传模式，那么，可以毫不夸张地说，环境的多样性更超过遗传模式的多样性。儿童成长的微观环境，其主要载体是家庭和幼儿园。

1. 家庭的作用

在学前儿童心理发展的微观环境和教育因素中，家庭的影响是最直接的，也是最为重要的。1991 年史慧中等人对我国十省(市、自治区)幼儿所处家庭环境与幼儿个性发展水平的关系的调查结果表明：家庭不仅对散居幼儿的个性发展具有决定性的作用，而且对幼教机构中的幼儿个性发展影响颇大，幼教机构的幼儿样本组在个性发展方面的家庭独自量占总贡献量的比重为 70%。在家庭环境中，家庭结构、家庭氛围、家庭教养方式、孩子在家庭中的地位等，都是形成学前儿童个别差异的重要条件。

家庭结构指的是家庭中成员的构成及其相互作用、相互影响的状态，以及由这种状态形成的相对稳定的联系模式。我国目前家庭的主要类型可概括为三大类：一是核心家庭，即两代人家庭；二是主干家庭，即三代或四代人家庭；第三类是特殊家庭，包括离散家庭、单亲家庭和重组家庭。1990 年吴凤岗等人就幼儿的独立性、自制力、敢为性、合群性、聪慧性、情绪特征、自尊心、文明礼貌及行为习惯九个方面比较了两代人家庭和三代人家庭幼儿个性发展的差异，发现两代人家庭的幼儿个性发展水平和个性的九种品质均好于三代人家庭的幼儿，而且 4 岁以后差异显著。何思忠、刘苓(2008)的研究发现，相对于核心家庭及主干家庭中的儿童，单亲家庭中儿童个性更加冷漠、孤僻、敌意、好攻击、是非感差，情绪不稳定。

但是家庭结构的形式并不直接影响儿童个性的形成，家庭精神环境和父母的个性特征对儿童个性的形成和发展有重大影响。研究发现，单亲家庭儿童情绪不稳定与其父母的不良情绪密切相关，而不是家庭缺损所致的必然和直接的结果。提示父母应不断提高自身素质，完善自身的人格特征，单亲父亲/母亲在家庭缺损的环境中应尽快地调整好自己的情绪状态，改善亲子关系和养育方式，创造良好的家庭精神环境，以培养儿童健全的人格，使

① 杨丽珠、邹晓燕、朱玉华. 学前儿童在游戏中社交和认知类型发展的研究——中美跨文化比较. 心理学报，1995(1)：80-94

其健康成长。

家庭教养方式是指父母在养育孩子过程中使用的一贯的一系列态度与方法。一般可以分为溺爱型、权威型(民主型)、放任型和专制型。那仁格日乐(2012)研究发现：父母的教养方式对幼儿社会性发展的影响非常大，父母民主的教养方式有利于幼儿的社会性发展，而父母的溺爱、放任、专制及不一致的教养方式会造成幼儿同伴关系不良、具有侵犯性、独立性差、不遵守社会规则等不良品质的出现，不利于幼儿的社会性发展①。舒曾等人(2016)的研究也发现，母亲专制教养方式与幼儿创造性人格呈显著负相关，母亲民主教养方式与幼儿创造性人格呈显著正相关②，如表 2.1 所示。

表 2.1　母亲教养态度与孩子性格的关系

母亲的态度	孩子的性格
支配	消极、缺乏主动性、依赖、顺从
干涉	幼稚、胆小、神经质、被动
娇宠	任性、幼稚、神经质、温和
拒绝	反抗、冷漠、自高自大
不关心	攻击、情绪不稳定、冷酷、自立
专制	反抗、情绪不稳定、依赖、服从
民主	合作、独立、温顺、社交

有时家庭的影响表现得很微妙，即使是在一起长大的同卵双生子，也有可能因出生的顺序引起成人的不同要求，从而导致心理上的差异，尽管这些差别与其他婴儿相比要小得多。据加拿大的布莱兹报告，一家同卵生 5 姐妹的性格、能力有很大的差别：老大严肃自信，最得姐妹喜爱；老二表现出一定的社交领导才能；老三似乎很自得；老四有点儿反复无常，不可捉摸；老五则需要别人照顾，依赖性极大。造成这些差别的原因，主要是外界(父母)对每个在 5 姐妹中处于不同地位的孩子有不同的要求。

2. 托幼机构的作用

托幼机构(幼儿园和托儿所)通过有目的、有计划、有系统的教育，在影响幼儿心理发展的各因素中主导地位。托幼机构有明确的教育目的与教育内容。教育教学的水平越高，对幼儿心理发展的主导作用就越大，就越能促进幼儿心理向教育所指导的方向发展。相反，如果教育不当，不仅不能促进幼儿心理的正常发展，反而会抵制或摧残幼儿心理的发展。

幼儿教师通过创设良好的物质和心理环境，设计并实施适合幼儿年龄特点的课程，根据每个幼儿不同的需要、兴趣、学习方式和智能因材施教，构建良好的师幼互动关系，注重与家庭和社区的合作，幼儿心理将会得到有效、健康、和谐及个性化的发展。此外，进入托幼机构后，幼儿逐渐疏远了与父母的交往关系而更多地走到同龄同伴关系中去。在与同伴相互作用的过程中，发展着一种崭新的人际关系——同伴关系。有研究表明，4 岁以后，

① 那仁格日乐. 幼儿社会性发展与父母教养方式的关系研究. 内蒙古师范大学，2012

② 舒曾. 母亲养育压力对幼儿创造性人格的影响：教养方式的中介作用. 心理发展与教育，2016(3)：276～284

同伴对幼儿的吸引力已经赶上成人，良好的同伴交往关系直接影响着儿童的社会化进程、自我意识、社会技能和健康人格的发展。

三、个体自身的心理因素

遗传和环境是儿童心理发展的条件，前者为儿童的心理发展提供可能性，后者可以使可能性变为现实性。但是，发展的条件还不是发展的根本原因。我们知道，儿童从出生开始就不是消极被动地接受环境的影响，而是能动地反映外部世界。随着心理的发展和个性的形成，儿童的能动性越来越大。虽然环境因素在各种条件中起主导作用，但是它们绝不能机械地决定个体心理的发展，而只能通过儿童心理发展的内部因素来实现。

(一)个体自身的心理因素是相互影响的

儿童的心理活动包括许多成分，这些成分之间是相互联系的。例如，儿童的兴趣和爱好影响其坚持性和能力的发展，在有趣的游戏和活动中，幼儿的坚持性有明显的提高。幼儿学钢琴，爱好弹琴的很快就掌握了一些基本技能，不喜欢的则学习起来特别费力或始终学不会。又如，性格和气质也影响幼儿心理活动的积极性。反应快、易冲动的儿童较喜欢去完成多变的任务。安静、迟缓的儿童有耐心，能够坚持较长时间做细致的工作。性格开朗的幼儿受指责后能很快忘掉，其活动积极性不易被挫伤，而性格内向的幼儿受批评后会长时间闷闷不乐，活动积极性明显降低。

同样的道理，记忆特点不同，幼儿能力会有差异；创造力的表现不同，自信心会有差异，等等。因此，在相同环境中成长的儿童，会因其自身某方面心理因素的不同而导致更多的差异性。

(二)个体心理的内部矛盾是推动儿童心理发展的根本动因

1. 什么是个体心理的内部矛盾

个体心理的内部矛盾是指，在儿童主体和客观事物(客体)相互作用的过程中，亦即在儿童不断积极活动的过程中，社会和教育向儿童提出的要求所引起的新的需要和儿童已有心理水平或心理状态之间的矛盾。

个体心理的内部矛盾可以概括为两个方面，一方面是新的需要，另一方面是已有的心理水平或心理状态。

需要总是表现为对某种事物的追求和倾向，它是矛盾中比较积极活跃的一面。需要是由外界环境和教育引起的。随着儿童的成长和生活条件的变化，外界对儿童的要求也不断变化。客观要求如果被儿童接受，就变成儿童的主观需要。也只有当客观要求被儿童理解成为其主观需要时，才能提高个体反映的积极性。

心理水平或心理状态是指已有的完整心理结构，是过去反映活动的结果，即在遗传素质和生理发展的基础上，在过去生活活动过程中形成的对社会生活条件、社会要求的反映。完整的心理结构是一个十分复杂的整体，包括心理过程，即认识、情感、意志过程的发展水平；个性货币性、个性特征的发展水平；心理状态，即注意、态度等的水平。

2. 个体心理的内部矛盾是儿童心理发展的动力

儿童新的需要总是与已有心理水平有矛盾，当新的需要产生时，已有心理水平无法满足，个体就要进行学习。例如，1 岁以前的婴儿还不会说话，但是在与成人接触的过程中，成人不断地使用语言进行交流，也促使婴儿产生了表达简单愿望的需要。表达愿望的需要与不会说话之间的矛盾促使他们学说话。当他们掌握了一些简单的词语时，就是发展到了新水平。这之后又不断产生更多、更好、更清晰地表达自己愿望的需要，而原有的言语水平又很难让人理解，于是儿童不断地学习新的词语、掌握语法规则，以解决现实中的矛盾，在矛盾不断产生、解决、再产生、再解决的过程中，儿童的言语水平得到发展。

个体心理的内部矛盾并不是完全对立的，二者之间又是相互依存的。一方面，个体新的需要是在个体已有的心理水平上产生的，已有心理水平是新需要产生的基础；另一方面，一定的心理水平的形成又依存于相应的需要。没有需要，儿童就不会去学习任何知识技能，心理水平也就不能提高。在包办代替过多的家庭里，儿童的依赖性强，独立生活能力发展水平低，就是因为他们缺乏这方面的需要。

儿童心理内部矛盾的双方就这样相互斗争、相互转化，在新的水平上达到统一，使得个体的心理得以发展。因此可以说，儿童心理发展的内部矛盾是促进个体心理向前发展的动力。

第三节　学前儿童心理发展的年龄特征

儿童心理发展的各个年龄阶段有其各自的特征。本节将简要介绍各年龄阶段的主要特征，这将有助于我们在和不同年龄儿童接触时，针对他们的特征进行教育，同时，这也将为本课程后面的学习奠定基础。在后面学习学前儿童心理各个方面发展的知识时，能够注意到各个心理发展特征在各年龄阶段的整体性和相互联系。

一、儿童心理年龄特征

儿童心理年龄特征是指在一定的社会和教育条件下，在儿童发展的各个不同的年龄阶段中所形成的一般的、典型的、本质的心理特征。这里主要包含两层含义：第一，儿童心理年龄特征是指儿童心理的年龄阶段特征，与年龄有一定的关系。因为儿童生理的发展要遵循自然成熟的规律，具有一定的方向性；儿童心理的发展需要以生理成熟为基础，也具有一定的顺序性，且不可逾越、不可逆转。但是儿童心理是在成人的教育影响下，在儿童自己的活动中，通过掌握社会知识经验、技能技巧来发展的，不同的环境和教育条件会影响儿童心理的发展。如果离开正常的人类生活环境，即使生理年龄增长，心理发展速度也会骤减甚至停滞，像狼孩儿、猪孩儿等就是最好的例证。一般说来，儿童年龄较小，生理年龄特征对儿童心理发展的制约性相对较大；反之，儿童年龄较大，生理年龄特征对儿童心理发展的制约性相对较小。因此，心理年龄特征受生理年龄影响，但并不完全由生理年龄所决定。第二，儿童心理年龄特征是指某一阶段儿童所具有的那些一般的、典型的、本质的心理特征。例如，从思维特点上来看，乳儿是前言语思维，婴儿是直觉行动思维，幼儿是具体形象思维；又如，从情绪上来看，0~1 岁儿童是情绪泛化阶段，1~5 岁儿童是情绪分化阶段，5 岁以上儿童是情绪系统化阶段。但是儿童心理年龄的阶段特征不是彼此割裂的，而是具有一定的连续性，最初可能带有上一个年龄阶段的某些特点，后期也可能带有下一个阶段的特征。比如 3、4 岁幼儿的思维过程中往往需要借助手的操作来完成，带有直觉行动思维的成分，而 5、6 岁幼儿能够借助表象学习抽象的数字，说明抽象思维开始萌芽。

在年龄特征问题上，要正确处理一般性与个别性、典型性与多样性、本质与非本质特征的辩证关系。不能用一般性否定个别性、用典型性否定多样性、用本质特征否定非本质特征。更不能反过来用个别性否定一般性、用多样性否定典型性、用非本质特征来否定本质特征。例如，智力测验或行为量表往往以“常模”代表某个年龄阶段儿童的发展水平，事实上，“常模”有助于说明群体的行为，了解儿童心理发展的大体速度和特征，但不完全适用于每一个个体。

二、学前儿童心理发展的年龄阶段特征

(一)新生儿期(0~1 个月)

1. 惊人的本能——非条件反射

新生儿期是儿童发育的关键时期。过去，人们以为孩子刚出生时什么也不会，可是，近年来的研究材料发现，儿童先天带来了应付外界刺激的许多本能。天生的本能表现为无条件反射，它们是不学而能的。这一时期，神经系统通过反射使儿童表现出由基因设定的运动模式，使其适应新的环境和需要。

新生儿主要的反射有两种类型。一类称为生存反射，因为它们与新生儿的生存有关。一个典型的例子就是呼吸。孩子出生时的啼哭使呼吸系统开始工作，为红细胞输送氧气，并从肺部排除二氧化碳。觅食、打喷嚏、打嗝的反射也都是属于生而能之的生存反射。第二类称为原始反射，对新生儿的生存没有实际意义，它们在人类进化的历史上可能是有意义的。这类反射由皮层下结构控制，随着更高层次的神经发育，在 1 岁内逐渐消失。如抓握反射，在儿童 4 个月左右消失。如果过了一定年龄还继续出现原始反射，反而是婴儿发育不正常的表现。新生儿主要的反射类型如表 2.2 所示。

表 2.2 新生儿主要的反射类型

反射类型	描　述
生存反射	
呼吸反射	呼气/吸气，红细胞摄入氧气并排出二氧化碳
觅食反射	触摸婴儿的脸颊，转向触摸的方向寻觅乳头，使婴儿转向乳房或奶瓶的方向
吸吮、吞咽反射	将乳头放入嘴中可触发，使婴儿获得营养
眨眼和瞳孔反射	合眼或眨眼；瞳孔扩大或收缩而保护眼睛
原始反射	
达尔文反射	又称抓握反射，紧握触碰手掌的物体。在 4 个月左右消失

续表

反射类型	描　述
摩罗反射	又称惊跳反射，巨大的噪声或突然的震动导致手臂前伸，随即转为抱握姿势。在4~6个月时消失
巴宾斯基反射	物体轻触脚掌时脚趾扇状外翻，然后蜷曲。在1岁左右消失
击剑反射	又称强直性颈部反射。当新生儿仰卧时，把他的头转向一侧，他立即伸出该侧的手臂和腿，做出击剑的姿势。在7个月左右消失
游泳反射	让新生儿俯伏在水里，他会本能地抬起头，同时用四肢做出协调的游泳动作。在6个月左右消失

无条件反射是建立条件反射的基础。儿意的各种心理活动，即用以应答外界环境刺激的条件反射，是在无条件反射的基础上建立的。

2. 心理的发生——条件反射的出现

虽然儿童出生时已有多种无条件反射，但是，无条件反射对适应人间生活有极大的局限性。因为，第一，无条件反射的种类或数量毕竟很有限；第二，无条件反射只能对固定的刺激做出固定的反应，不足以应付外界变化多端的刺激。

条件反射的出现，使儿童获得了维持生命、适应新生活需要的新机制。无条件反射只是本能活动、生理活动，而条件反射既是生理活动，又是心理活动。条件反射的出现，可以说是心理的发生。

儿童出生后的第一个条件反射性吸吮动作出现在 2 周左右。如果妈妈每次给孩子喂奶都是把他抱在怀里，经过多次强化，被抱起来喂奶的姿势和奶头在嘴里吃奶的无条件反射相结合，新生儿就形成了对吃奶姿势的条件反射，即抱成那种特定的姿势，就意味着将要有奶吃了，因而当他被抱起来的时候，他就立即做出吃奶的条件反射。同样，不吃奶而用奶瓶吃奶的孩子，经过多次喂奶，他只要看见奶瓶，就想到吃奶。而不用奶瓶吃奶的孩子，就不会产生对奶瓶的条件反射。

由此可见，孩子从新生儿期开始，就在各种生活活动中学习、发展各种心理能力。正因如此，从孩子出生时起，就要注意对他的教育。一般来说，在满足需求、能引发舒适体验的刺激下形成的条件反射能使孩子产生趋向式的动作反应；相反，在不符合需要或引发痛苦体验的刺激下形成的条件反射往往引起孩子逃避式的行为反应。例如，每天给新生儿洗脸，轻柔地用温水洗，他会安静地、愉快地和大人配合。给他洗手时，他的小手往往握成拳头，如果这时成人粗暴地强迫他洗手，几次以后他就“学会”怕洗手，只要见到洗手的准备姿势，就大哭起来。因此，不要到孩子长大了才责怪他不爱清洁，这是从小形成的。

3. 认知的萌芽——感知觉和注意的发生

感知觉是低级的心理过程。新生儿一出生后就已经具备视觉、听觉、嗅觉、味觉、触觉。他们对信息的接受和处理能力超过我们的预期。

触觉是所有感觉中发育最成熟的，尤其是口唇区域的触觉格外灵敏，促进了新生儿的营养获取。前面列举的大多数反射都是通过触觉激发的。

新生儿的味觉也很敏锐。有研究发现，出生后 2~3 天的新生儿对蔗糖水吸的时间长，吸时停顿次数少，停顿时间短，表现出对甜味的偏好。新生儿也能辨别奶的味道。如果在医院吃的是某种品牌奶粉冲成的奶，回家后只接受这种奶，拒绝别的奶。

新生儿的嗅觉比味觉稍有逊色，但从出生起，对不同气味也有反应。新生儿从出生后 6 天左右开始，就能够敏锐地嗅出妈妈的奶的气味。

新生儿在出生时便已具备了良好的视觉功能，但其视敏度尚不完善，视觉效果类似成人的近视眼。在婴儿视觉偏好研究中，人们发现他们更爱看颜色鲜艳的东西和轮廓清楚的东西，还最爱看人，特别是对活跃的、微笑的、说话的、眨眼的或大笑的人脸观察得更持久①。

新生儿的听力也已经相当完善，出生后 2~3 天的新生儿会对某些声音做出把头转向声源的动作。他们爱听柔和的声音和优美的乐曲，最爱听人的声音，特别是母语和母亲的声音。

视觉和听觉的集中是注意发生的标志。明显的注意发生出现在大约 2~3 周时。这时孩子可以对出现在眼前的人脸或手注视片刻。再大一点儿的孩子，会用双眼跟随慢慢移动的物体，但如果物体移动出他的视野，就不再去看。同样在出生后 2~3 周时，听到拖长的声响，孩子会停止一切活动，安静下来，直到声音停止。到出生后第 4 周，成人对孩子说话，孩子也会有同样的反应。

注意的出现，表明孩子不是被动地接受外界刺激，而是对外界的刺激会做出选择性反应，他注意某些东西，同时不注意另外的东西。人生最初的这种选择性反应，正是人的心理对客观世界有能动性反应的原始表现。

(二)乳儿期(1~12 个月)

1. 身体动作迅速发展

桑德拉·安塞尔莫(Sandra Anselmo)曾说，“直到青春期前，再没有第二个一年会有如此巨大的变化。婴儿的变化是按照天和周，而不是月或年来计算的。”

确实，周岁以内儿童几乎每天都在尝试新技能，在不断的坚持和努力下，仅仅 1 年的时间，他们就从被动地接受外界刺激逐渐发展到可以主动探索这个多姿多彩的世界。乳儿期儿童大动作的发育可大致概括为：二抬、三翻、六会坐、七滚、八爬、九扶立、周会走，这些身体动作的发展，使儿童开始摆脱成人的怀抱，扩大了活动范围，开阔了眼界，满足了好奇心，促进了孩子认知的发展、情绪的发展以及人际交往的发展。

2. 手眼协调动作开始发生，手指功能分化

手眼协调动作，是指眼睛的视线和手的动作能够配合，手的运动和眼球的运动协调一致，也就是能够抓住所看见的东西。

手眼协调动作发生于婴儿早期。孩子刚出生时，动作是混乱的，到 2~3 个月时，手偶然碰到被子或别的东西时，他可能去抚摸或拍拍它。3~4 个月时，会被动地抓住东西，这时已不是本能的抓握动作，但是，也还不能有意识地抓住东西。大约 4 个月时，婴儿看见挂在眼前的玩具，喜欢伸手去抓，但是，他的手不能准确地达到目标。这时，手的动作还不能同视线协调起来。婴儿 4~5 个月以后，手眼协调的动作发生了。

---

① [美]唐娜·威特默等. 儿童心理学(0~8 岁儿童的成长). 北京：机械工业出版社，2015. 112

手眼协调动作的发展对手部动作发展提出了更高的要求。3~4 个月时，婴儿只能用整个手大把抓东西，到 7 个月左右，出现五指分工，即大拇指和其他四指的动作逐渐分开，而且活动时采取对立的方向，而不是五指一把抓。这样抓东西抓得更紧，可以按照物体的不同形状、大小或所在位置等变换手的姿势，拿起以前不能抓起来的东西。五指分工动作和眼手协调动作是同时发展的，这是人类拿东西的典型动作。

除了五指分工动作以外，乳儿期手的动作发展还表现在双手配合、摆弄物体和重复动作三个方面。儿童手抓握动作发展的意义在于：①抓握动作是婴儿主动地探索和认识周围事物的表现；②为认识发展奠定了基础；③开始操作工具，使动作具有间接性。

3. 言语开始萌芽

满半岁以后，婴儿喜欢发出各种声音。和以前不同的是，他可以比较清楚地发出许多重复的、连续的音节，如“ba-ba-ba”“ma-ma-ma”，好像是叫爸爸妈妈，其实不代表任何意义。他还可以发出一些包含不同音节的连续声音，如“a-jie-lu-bi”等，听起来像说话，其实不是说话。7 个月的孩子就会用“wu-wu”“ai-ai”等不同的声音招呼别人。9~10 个月以后的婴儿，能够听懂一些词，并按成人说的去做一些动作，例如，成人说：“欢迎”，他拍拍手；说“谢谢”，他拱拱手。将近 1 岁的孩子会用单词招呼别人，例如，看见爸爸妈妈回家，会喊“爸爸”“妈妈”。虽然 1 岁左右的孩子所能说出的词还极其有限，但可以看出言语发展的萌芽。

4. 开始认生，建立依恋关系

5~6 个月的孩子开始认生，对亲人和陌生人会表现出不同的反应。人们发现 3~4 个月的孩子谁抱都可以，但是 5~6 个月的孩子陌生人抱就会大哭不止，挣扎着要离开，要找妈妈。认生是儿童认知发展和社会性发展过程中的重要变化。它一方面明显地表现了感知辨别能力和记忆能力的发展，即能区分熟悉的人和陌生人，能够清楚地记得不同的人脸；另一方面，也表现了儿童情绪和人际关系发展上的重大变化，出现了对人的依恋和对熟悉程度不同的人的不同态度。此后亲子之间的感情日益加深，依恋关系日益发展。许多事例说明，6 个月之前的孩子离开亲人困难较少，而将近 1 岁时离开亲人，分离焦虑就相当明显。

(三)婴儿期(1~3 岁)

这个时期也称为先学前期，是真正形成人类心理特点的时期，表现在儿童在这个时期学会走路，开始说话，出现思维；有了最初的独立性，这些都是人类所特有的心理活动。因此可以说，人的各种心理活动都是在这个时期才逐渐齐全的。

1. 学会直立行走

满周岁的孩子，只是开始迈步。在学步车里，他可以自如地走动。但是，如果要求他独立迈步，他总是有些害怕，要成人伸出双手保护，或者牵着一只手。1 岁以后，孩子逐渐可以离开父母的牵引或物体的支撑，完全依靠自己的力量独立行走。

独立行走是学前儿童发展的一个重要的里程碑。它的意义在于：①儿童身体的移动由被动转为主动，使活动具有一定的主动性；②主动行走可以扩大认知范围；③增加了与周围人的交往机会。

1 岁半以后。孩子不但会走路，而且学习上下楼梯，起先是手脚并用，向上爬楼梯或台阶；往下走时，先把脚放下，再全身趴下。2 岁左右。孩子能够原地跳，学会跑，到处钻。还能学会扔球和踢球，不摔跤。弯下腰去从地上捡起东西，不摔跤。当然，这时的动作仍然比较笨拙。

2. 使用工具

1 岁以后，孩子逐渐能够准确地拿各种东西。1 岁半左右的孩子，已不是拿着任何东西都只会敲敲打打，单纯摆弄。他已经会根据物体的特性来使用，这就是把物体当作工具来使用的开端。2 岁半以后，孩子能够自己用小毛巾洗脸，拿起笔来画画。

2~3 岁的儿童能够学会各种动作。不仅能使双手协调，而且能使全身和四肢的动作协调起来，比如，端着盛了水的玻璃杯或瓷碗从一个房间走到另一个房间，不会摔破杯子或洒了水。

使用工具在儿童的心理发展中具有重要的意义：①提高了儿童独立生活的能力；②促进了儿童动作协调性的发展，增加了动作的敏捷性、随意性；③为儿童进入幼儿园学习、掌握复杂的知识技能做好了准备。

需要注意的是，2~3 岁的儿童具备使用工具的能力，并不意味着仅靠生理的自然成熟就可以实现，而是需要通过提供使用工具的机会来培养的。例如，在托儿所 1 岁半至 2 岁的孩子能够很好地自己吃饭，可是在家里很多 3 岁的孩子还要家长喂，这实际上是教育造成的差异。

3. 言语和思维真正发生

人类所特有的言语和思维活动是在 2 岁左右开始真正形成的。

1 岁前只是言语发生的准备阶段。1 岁到 1 岁半是理解语言阶段，主要掌握接受性语言，即理解而并不一定能被表达的语言。这时孩子能听懂许多话，但是说出的不多，有的孩子基本上不开口说话，就是因为这个原因。1 岁半以后，儿童能够运用表达性语言，即可以口头交流的语言。这时孩子有一个似乎是突然开口的时期，他们可以用两三个词语组成的句子表达自己的意思。2 岁儿童大约可以掌握 200~300 个词语，并且喜欢模仿成人说话。而到了 3 岁，儿童的词汇量增长到 800~1000 个，而且与成人交往时已经能够运用合乎日常语法的简单句，这表明儿童已经初步具备了表达自己思想的能力。

人类典型的认识活动是思维。思维也是在这个时期出现的。这时孩子出现了最初的概括和推理。比如，能够把性别不同、年龄不同的人加以分类，主动叫“爷爷”“奶奶”或“哥哥”“姐姐”。这个时期儿童的思维是非常具体的，而且总是和活动联系在一起。比如，一个孩子对爸爸说“爸爸，你辛苦了！”原来他只要看见别人系上围裙，就说“你辛苦了”，而不是真正理解“辛苦”的含义。因此，对这个年龄的孩子，要结合具体事物给他讲道理，切忌简单粗暴。

与此同时，想象也开始发生。2 岁左右，孩子已经能够拿着物体进行想象性活动，出现游戏的萌芽。比如，拿着一块长形的小积木。他会放在头上擦，想象着用梳子梳头。这时也出现了最初的绘画活动，比如，画出一个近似圆形的东西，说是“大饼”。

至此，儿童的认识过程，从感知到思维，都已形成，因此我们说，婴儿期是人的认识活动逐渐齐全的时期。

4. 出现最初的独立性

孩子 1 岁以前比较顺从、听话，到 2 岁左右，往往“不听话”了。比如，他要自己走路，不要成人抱；他会在路上捡小石子或小树枝当玩具，这都是孩子出现独立性的表现。

独立性的出现是开始产生自我意识的明显表现。2 岁左右的孩子能够区分“我”和他人，在语言上逐渐分清“你”“我”。在行动上要“自己来”。这时家长应该尊重孩子的独立愿望，促进其独立自信的个性特征的形成。

独立性的出现是儿童心理发展上非常重要的一步，也是人生头 2~3 年心理发展成就的集中表现。它表明，儿童心理具备了人类的一切特点：直立行走，使用工具，用语言交际，能进行思维和想象，有了自我意识。人类正是由于有了这些特点，才能够有极大的主观能动性。儿童出生时固然已不同于动物，但只有发展到这个阶段，才真正开始形成人类的全部心理机能。在这个阶段，注重教育的内容和教育技巧，对孩子的心智发展具有重要的意义。

(四)幼儿期(3~6)岁

从 3 岁到 6 岁，是进入小学之前的时期，称为学前期，又因为这是进入幼儿园的时期，因此也称为幼儿期。从儿童心理发展来看，1~3 岁，高级心理过程逐渐出现，是各种心理活动发展齐全的时期，而 3~6 岁，则是心理活动形成系统的奠基时期，是个性形成的最初阶段，在这 3 年里，心理发展有明显的变化，每年有新的特点。

1. 3~4 岁

3~4 岁是孩子初入幼儿园的年龄。在幼儿园一般称为小班，他们的特点突出表现在以下几个方面。

(1) 认识活动依靠行动。

3~4 岁儿童的认识活动是非常具体的，往往依靠动作和行动进行。思维是认识活动的核心，3~4 岁儿童的表现是先做再想，不会想好了再做。例如，让小班幼儿把几个图形拼成图画，他们拿到图形后立即行动，如果让他们先想一想再动手拼，他们做不到。孩子在拼的过程中，往往是无意中拼出某种形状，才有所发现地说出如“小孩骑马”的话。在这个过程中，孩子是通过自己的动作和行动创造出一定的具体形象，然后根据所看到的、直接感知到的形象回答问题的，这就是他们思维的特点，即所谓直觉行动思维。

3~4 岁幼儿在听到别人讲述或自己讲述时，也往往离不开具体动作。讲述幼儿园里发生的事情时，他们常常会站起来用手比画着说。

3~4 岁幼儿的注意也和行动紧密联系。当注意看图书中某个人物时，常常用手去指点。

(2) 心理活动受情绪左右。

3~4 岁幼儿心理活动的情绪性极大，常常为一件微不足道的小事而哭起来。这时对他讲道理往往收效不大，只能用行动使他安静下来。比如拿毛巾给他擦擦脸，用抚爱的声调说话，让他感到亲切，情绪上渐渐不再对立或者暂时转移注意力。等他完全冷静下来以后，才能对他进行说理教育。

情绪性的故事常常能够打动小班幼儿。比如，有位老师讲了一个故事：“昨天晚上王老师做了一个梦，梦见好多小椅子来到我身边，有的哭着说‘王老师，今天一个小朋友用力把我摔在地上，摔得我的腿好疼呀，哎哟，哎哟！’有的小椅子伤心地对我说‘王老师，我长着四条腿，可是小朋友让我两条腿着地，我好累好难受呀！’还有的小椅子很难过地对我说，‘王老师，请您告诉小朋友，小椅子是他们的好朋友，他们学本领时坐在我身上，吃饭时坐在我身上，他们玩累了，还要坐在我身上休息，我多辛苦呀！王老师，求求您，告诉小朋友，让他们爱护我们吧！’小椅子说着就呜呜地哭起来……”幼儿听着故事，有的眼圈红了，有的流下眼泪。孩子们还对老师说：“老师我轻轻地搬小椅子。”“老师，我不拉小椅子。”“老师，我让小椅子的腿都着地。”……有的孩子不小心碰倒了小椅子，还对它说：“对不起。”

3~4 岁幼儿的认识过程主要受情绪及外界事物所左右而不受理智支配。例如，在注意方面，小班幼儿容易被一些色彩鲜明和形象生动的物体所吸引，而不能去注意一些他所不感兴趣的事情。在记忆方面也是如此。小班幼儿常常是在无意中记住一些事物，而记不住成人要求他记的事情。小班幼儿的行动往往没有明确目的，根据成人要求去行动时往往不能有始有终，中途遇到吸引他的事情，就放弃原来的行动。常常有这样的事情，孩子在吃饼时，忽然发现自己把饼咬成一条小船的样子，就高兴地喊“小船”，并到处找人看他的小船，把吃饼的事情忘记了。

(3) 爱模仿。

3~4 岁儿童模仿性非常突出。3 岁前儿童已经会模仿，但常常受能力的限制，模仿的对象较少。3~4 岁幼儿的模仿现象显得较多。比如，看见小朋友在玩球，他就想玩球；看见别人戴帽子，他也要戴帽子。由于模仿的特点，小班的游戏常常出现好几个相同的角色。比如，开汽车，一辆车上同时有好几个司机在开车，甚至没有乘客，小班孩子不在乎，反而玩得很高兴。因此，在幼儿园小班，同样的玩具要有足够的数量。

模仿是 3~4 岁幼儿的主要学习方式，他们往往通过模仿掌握别人的经验。小班幼儿常常不自觉地模仿父母、老师和亲近的成人，以至谈话的声调、姿势、常用词语等都和接近的成人相似。如果老师看见饭菜里有胡萝卜，皱起眉头，孩子也都不想吃胡萝卜。老师要是当众表扬某个小朋友坐得直，小班幼儿就都立即直起腰来。在这个年龄，良好的行为习惯常常是通过模仿学习并巩固下来的。利用模仿这种年龄特征对孩子进行教育，即以身作则，是不花钱、不花太多时间的最有效的教育方法。

(4) 最初步的生活自理。

3 岁以后，孩子逐渐学会最初步的生活自理，他的身躯和手的基本动作已经比较自如，能够掌握各种粗动作和一些精细动作，如能跳能跑、能用勺子吃饭。他能够自己进餐，控制大小便，在成人的帮助下自己穿衣。更重要的是，他已基本上能够用语言向别人表达自己的思想和要求，不需要成人过多地猜测他的意思。他也能和小朋友一起玩游戏。因此，3 岁以后孩子可以进入幼儿园参加集体生活。

上幼儿园是孩子生活的一个重大变化。以前，他只是和亲人接触，生活范围很小，上幼儿园以后，他要扩大生活范围，接触更多的成人和许多同龄人，并且大部分时间和他们一起生活。幼儿园生活和家庭里又有很大的不同。因此，为了孩子顺利地入园，家长应该帮助他做好各种准备，使他能顺利地适应这种转变。

生活范围扩大和进入幼儿园，引起了幼儿心理发展上的各种变化，其认识能力、生活能力、人际交往能力都迅速发展。

2. 4~5 岁

4~5 岁是学前中期，也是幼儿园中班年龄。4 岁以后，儿童心理发展出现较大的质变。主要表现在认识活动的概括性和行为的有意性明显地开始发展。具体表现在如下方面。

(1) 更加活泼好动。

正常儿童都是好动的。4~5 岁儿童这种特点更为突出。

幼儿好动是有他的生理原因的。幼儿的骨骼肌肉系统比较柔软，有弹性，脊柱的弯曲还没有定型。肌肉收缩力差，长时间保持同一姿势，就会使有关肌肉群负担过重，而各种活动交替进行，则可以使骨骼肌肉各部位有张有弛，轮流休息，活动还可以使骨骼肌肉系统得到充分的血液供给，得到更多的营养，促使其发展。另外，活动主要依靠大脑神经系统的调节。幼儿大脑的成熟程度不够，兴奋过程的活动胜于抑制过程。因此，不能长时间使某些部分神经细胞处于抑制状态，要较多地变换姿势和动作。

幼儿的认识活动依靠动作和行动。他们见到新鲜的东西，总是要伸手去拿、去摸；能够放到嘴里的东西，总要去咬咬、尝尝；或者把东西放在耳边听听，凑过鼻子去闻闻。总之，幼儿不停地积极运用他的各种感觉器官，不停地看、听、摸、动，表现出来的现象，就是不停地动。

同时，4 岁以后的孩子在身心发展上都比以前成熟，他们不那么容易疲劳，能积极参加各种活动，因此让孩子多运动，既可以帮助他们强健体魄，又能消耗其过剩的精力。另外，在活动体验中学习也有助于促进其认识能力的发展。

(2) 思维具体形象。

具体形象性是学前儿童(幼儿期)思维的典型特点，这种特点在中班尤为突出。小班幼儿主要依靠动作和行动进行思维，中班则主要依靠表象，即事物在头脑中的具体形象。比如，中班幼儿计算时，虽然可以不用手指去直接点着物体逐个地数，但是在头脑中必须有具体的形象。他会一边点头一边数，用在头脑中点数物体的动作来代替原先用手指去点数的动作。他不能脱离物体的形象去思维，不能用抽象的数概念“几加几”去解答算题。中班儿童的思维方式是非常具体的，如果问：床、桌子、椅子、被子这四样东西，哪三样应该归在一起？他们大多数回答说：床、被子和椅子，因为被子放在床上，椅子放在床旁边，这是他们的生活习惯。他们也就是按这种实际逻辑进行思维的，还不能按概念(如家具)进行概括。

中班幼儿理解成人的语言也常常依靠自己的具体生活经验。有些事情大人以为孩子理解了，其实他是一种非常具体的理解，和成人的理解相差很远，而孩子之间就比较容易沟通。例如，一个孩子看见妈妈不小心把饭粒撒在地上了，他说：“妈妈，你撒掉了多少辛苦！”原来，他学过古诗“谁知盘中餐，粒粒皆辛苦”，他把饭粒称作“辛苦”。

中班幼儿思维的具体形象性也影响到其记忆、注意等心理活动，幼儿记忆具体形象材料的效果比抽象的材料好，他们容易注意具体形象，而较难对抽象的语言讲述集中注意。有一位幼儿跟着母亲去听人讲课，他自始至终目不转睛地看着讲课人，以致妈妈都感到奇怪，心想：“他今天怎么那么专心听？”在回家的路上，他告诉妈妈：“那个人嘴里有一只金色的牙，他讲话的时候牙齿一闪一闪的，真好玩！”他注意的还是具体形象。

(3) 开始接受任务。

小班幼儿还不能理智地接受任务要求，中班则开始能够接受严肃的任务，因此，对幼儿布置实验任务一般都只能从中班开始。比如，要求幼儿“看见红灯按电建，看见绿灯就不要按”，3 岁幼儿不能根据要求去做，而 4 岁以后则能够执行命令。

4~5 岁幼儿的有意注意、有意记忆、有意想象等过程都比 3 岁幼儿有较大的发展。在坚持行为的实验里可以看到，4~5 岁的坚持行为发展最为迅速，其增长程度比 3~4 岁和 5~6 岁都大。

在日常生活中，4 岁以后的幼儿对自己所担负的任务已经出现最初的责任感，因此可以分配给他一些任务，如睡觉前把衣服放好，起床后自己穿衣、洗脸、刷牙等，还可以让其担任各种值日任务，为集体服务，假日在家里也可以安排他做一些固定的家务，如拿碗筷，擦桌椅、洗手绢等。

(4) 开始自己组织游戏。

学前儿童都喜欢玩，但是小班孩子还不太会玩，需要成人陪着玩、领着玩，4 岁左右是儿童玩游戏蓬勃发展的时期，中班幼儿不但爱玩，而且会玩，他们能够自己组织游戏，自己规定主题。他们还会分工，安排角色。中班幼儿游戏的情节也比较丰富，内容多样化。比如搭积木时，搭好了“动物园”，还玩起关于动物园的角色游戏，在游戏中不但反映日常生活的事情，还经常反映电视里的故事情节。

中班幼儿在游戏中能结成同龄人的伙伴关系。他们用更多的时间和小朋友相处，可见，从这个年龄开始，幼儿的人际关系发生了重大的变化，从主要与成人的人际关系开始向与同龄伙伴的人际关系过渡，当然，这时的同伴关系还只是最初级的，结伴对象很不稳定，成人的影响仍远远大于小朋友之间的影响。

3. 5~6 岁

5~6 岁是学前晚期，即幼儿园大班年龄，也是儿童即将进入小学的年龄。这个时期的突出特点如下所述。

(1) 好问、好学。

儿童都很好奇，但是 5 岁以后儿童的好奇心比前深刻些了。他不再满足于表面现象，而要追根问底。如果说，4 岁儿童的活跃主要体现在身体的活动上，那么，5 岁儿童的活跃主要不是停留在身体的活动上，而是体现在智力活动的积极性上。

一般情况下，5~6 岁儿童有强烈的求知欲和认识兴趣。他们经常提出各种各样的问题，不像过去那样只问“是什么”，而是没完没了地问“为什么”。在日常活动中，大班幼儿什么都问，有时候使成人感到为难。比较有效的方法是成人创造各种条件让孩子自己动手动脑去寻找答案。回答这个年龄孩子的问题，既需要一定的知识，更需要技巧。要鼓励孩子提问题，而不是对他表示厌烦。

5~6 岁的孩子喜欢学习。他们喜欢动脑筋，做计算题、编故事、编谜语、下棋等都是他们喜欢的活动。每当学到一些新知识或解答一些智力活动问题时，他们会感到满足。

有时候，孩子的好奇心和求知欲可能会被大人误读为“淘气”。比如，许多孩子想知道电视里的那些人是怎么进去的？变形金刚为什么会变形？为此，他们会拆开一些玩具或其他物品。成人应该多理解孩子行为背后的意义，可以通过一些安全的小实验帮助孩子解答疑问，满足其探索的欲望。

(2) 抽象思维能力开始萌发。

大班幼儿的思维仍然是具体的，但是明显地出现抽象逻辑思维的萌芽。5~6 岁儿童能够根据概念分类。例如，在实验里对一些画有车、船、桌、椅、苹果、梨等的图片，5~6 岁儿童能够按交通工具、家具、水果等概念分类。

大班幼儿在日常生活中喜欢运用自己学会了的一些概念。比如，在家里找到相框、门、镜子等“长方形”，这是把概念从实物中抽象出来了。5 岁以后，幼儿知道“车子”包含“卡车”；5 岁半以后，幼儿对于像“这里车子多还是卡车多”一类的问题能够做出正确的回答，他们懂得“合起来多，分开来少”。可见，这个年龄已经掌握了部分和整体的关系，即逻辑思维的基本成分。

5~6 岁儿童对因果关系也有所理解。比如，他们能够懂得物体浮沉的原因，如“针是铁的，所以会沉，火柴是木头的，就会漂”。5~6 岁儿童在讲述中能够运用一些“因为……所以……”这一类的连接词，能够连贯地、条理清楚地独立进行讲述。

当然 6 岁前的儿童的逻辑思维还是初步的。对于一些需要经过多层次分析逻辑的事情，他们还是力不能及。同时，由于知识经验的限制，他们推断的结论也常常发生错误。比如，一个 5 岁多的孩子羡慕邻居的家具，问妈妈：“为什么叔叔和阿姨家的东西都那么漂亮呢？”妈妈回答说：“因为叔叔和阿姨刚结婚，他们的东西都是新的。”孩子接着问：“妈妈，那你和爸爸为什么不结婚呢？”

(3) 开始掌握认知方法。

5~6 岁儿童出现了有意地自觉控制和调节自己心理活动的能力，在认知活动方面有了方法。比如，在观察图画时，5 岁后儿童已能够学会按照一定的方向或路线(如从上到下、从左到右)依次扫视。这样，他们观察的效果比年幼的学前儿童好，较少出现偶然性和遗漏。

在注意活动中，5~6 岁幼儿能够采取各种方法使自己不分散注意力。比如，自觉地把眼睛盯着需要注意的东西，把双手放在身旁，或两手掩着耳朵以防止杂音干扰，等等。

大班儿童也会运用各种方法进行有意记忆。比如，一边听任务，一边默默地跟着念，用自己的重复帮助记忆。在识记图片时，暗暗地用手指的活动去帮助。在识记字形或其他不熟悉的形状时，自行作各种联想，使无意义的形状带有一定的意义，以帮助记忆。用思维解决问题时，大班幼儿会事先计划自己的思维过程和行动过程。如果别人催促他赶快回家，他会说：“等一等，让我想一想。”

大班幼儿也会用一定的方法控制自己的行动。比如，在一个实验里，幼儿面对着诱人的东西，但是实验者要求先不去碰它，允诺如果能等试验者回来，就能得到奖品。结果，大班幼儿运用了许多种方法，使自己不被诱惑物所吸引。有的孩子把背朝向诱惑物，有的趴在桌上打瞌睡，有的唱起歌来，等等。

(4) 个性初具雏形。

5~6 岁的儿童对事物已经开始有了自己比较稳定的态度，个人兴趣爱好有所显露，对人对事表现出相对稳定的行为方式。比如，在自由活动中，有的幼儿总是去玩球，有的总是去玩“娃娃家”，有的总是去看书，还有几个总是凑到一起讲故事。在游戏的过程中，有的孩子会主导游戏的方向，有的孩子习惯于服从，还有的孩子总是一个人玩儿。有的孩子总是积极地回应他人发出的信息，表现比较大胆、自信，而有的孩子则总是表现得比较退缩、回避。

总之，5~6 岁的幼儿个性已经开始形成，他们的各种心理活动已经有了互相的紧密联系。先前的心理活动和先前形成的态度会影响后来的心理活动和态度。因此，对大班的幼儿，成人更需要自觉地关注他们的心理。

同时，要看到这个年龄段的孩子的个性只是初具雏形，其可塑性很强，要针对每个孩子的特点，培养其良好的个性。

本章小结

学前儿童的心理发展有其自身的规律和特点。其主要特点表现为：心理发展的迅速性；心理发展的连续性和阶段性；心理发展的整体性和不均衡性。这些特点通过儿童心理年龄特征得以体现。

学前儿童心理发展历程的一般趋势：从简单到复杂，从具体到抽象，从被动到主动，从零乱到成体系。

学前儿童心理发展受到多种因素的影响和制约。其中，遗传因素为学前儿童心理发展提供了可能性；环境因素则将心理发展的可能性变为现实；个体心理的内部矛盾是推动儿童心理发展的根本动因。

【推荐阅读】

[1] 孙杰，张永红. 幼儿心理发展概论. 北京：北京师范大学出版社，2014

[2] 刘梅. 儿童发展心理学. 北京：清华大学出版社，2010

[3] 文颐. 婴儿心理与教育(0~3 岁). 北京：北京师范大学出版社，2015

[4] [美]唐娜·威特默(Donna S.Wittner)等. 何洁等译. 儿童心理学(0~8 岁儿童的成长). 北京：机械工业出版社，2015

思考题

1. 学前儿童心理发展有哪些主要特征？
2. 怎样理解学前儿童心理发展的总体趋势？
3. 生物因素、遗传和教育因素分别在儿童心理发展过程中起着何种作用？
4. 为什么说个体心理的内部矛盾是推动儿童心理发展的根本动因？
5. 什么是儿童心理年龄特征？学前儿童心理发展的各年龄阶段有哪些主要特征？

学前心理学

微信扫天下　课程掌中观

第二章.pptx

幼儿不可能坐着静静地进行理性思考——他们是为不停的活动而生的。要让孩子快乐，就给他一件事做。

——露西·盖奇

第三章　学前儿童心理发展的基础

本章学习目标

- 了解学前儿童身体发育和神经系统发展的情况。
- 理解动作在学前儿童心理发展中的意义。
- 掌握学前儿童动作发展的总体规律。
- 掌握学前儿童大动作、精细动作和生活自理动作的发展特点。
- 掌握学前儿童动作训练的原则和科学理念。

核心概念

生理成熟(physiological maturity)　先天反射性动作(congenital reflex action)
大运动动作(gross motor)　精细动作(fine motor)

案例导读

元元和妞妞都 1 岁半了，两家是邻居。一天，元元妈带元元去妞妞家作客，吃饭的时候，妞妞妈拿来婴幼儿座椅，让妞妞坐在里面，把盛在小木碗里的饭菜放在她面前，让妞妞拿着勺子自己吃饭。妞妞边吃边掉，妈妈也不管她。元元妈看不过去了，说："孩子这么小就让她自己吃饭，洒得到处都是，吃到饭都凉了，浪费不说，也不怕孩子得病，快喂喂她吧！"妞妞妈坚持让孩子自己吃饭，说从小锻炼孩子的生活自理能力有助于孩子健康成长。元元妈说了句，"心真狠"，只好去喂自己家孩子了。真的是妞妞妈心狠吗？到底该不该让孩子自己吃饭呢？

实际上这是一个与儿童动作发展有关的问题。本章将介绍学前儿童心理发展的先决条件——生理发展与动作发展。

第一节 学前儿童生理的发展

生理发展指的是个体生长发育的水平，也叫生理成熟。它依赖于个体种族遗传的成长程度，有其自身的规律性。当某种生理结构和机能达到一定成熟水平时，如果环境给予及时的相应刺激，某种心理品质就会形成和发展。如果生理发展未达到相应的水平，即使进行严格的训练，心理的发展也会受到极大的限制。

美国儿科医生、儿童心理学家格赛尔做过的爬梯子实验说明，儿童的发展依赖于成熟的水平。在未达到生理成熟之前，训练的效果是有限的；而达到生理成熟后，训练儿童掌握某种技能就会产生良好的效果。生理成熟为儿童心理发展提供了必要的准备状态。

一、学前儿童身体的发育情况

人的生命的真正起点是精子和卵子结合，形成受精卵。儿童在出生前，在母体内过了大概 10 个月的安全、寄居生活，从一个受精卵开始，逐步形成一个完整的胎儿。妊娠初 8 周为胚胎发育期，初具人体外形和各个器官的基本结构。从第 8 周至出生称为胎儿期。

从出生到满月称为新生儿期，这是儿童从胎内生活转变为胎外生活的阶段。在此阶段，新生儿经历了解剖生理学的巨大变化，经历了生存方式和生存环境的巨大变化。一方面，从生理上的寄居生活转变为独立生活。胎儿期儿童过着一种安全舒适的寄居生活，一切新陈代谢功能多由母体代劳；而在出生之后，开始与外界直接发生关系，他们必须独立地进行生理活动来维持生命。与此同时，一个全新的生活空间展示在儿童面前，这就引起了儿童主体适应客观现实、独立调节自身行为的需要，为儿童身心的发展提供了直接的基础。新生儿最突出的解剖生理特点是软弱、娇嫩、但发育迅速。新生儿的体形为头大、身长、四肢短。随着年龄的增长，身体各部分才逐渐协调起来。

1 个月至 1 岁的孩子正是吃母乳的时期，叫乳儿期，也是发展最快的时期。乳儿的身体发育最旺盛，尤其以出生后头 6 个月最为迅速。从外部指标来看，出生后头几个月，身高平均每月增长 3 厘米以上，半年以后有所减缓。而体重增长更加明显，出生后 1 年内体重 3 倍于出生体重。乳儿的骨骼、肌肉系统发育也很快，但骨化过程未完成，骨骼仍易变形，肌肉也容易疲劳。

婴儿期则是指 1~3 岁的时期，又称为先学前期。婴儿的身体发育虽然比乳儿期减慢了，但与以后时期相比还是十分迅速的。身高平均每年增长 8~10 厘米，体重增长的速度也很可观。同时，婴儿的全身骨骼肌肉仍比较嫩弱，骨骼还在继续骨化，仍具有弹性大、易弯曲的特点；骨骼系统布满血管，组织不很坚实；骨骼的纤维组织基本是由软骨组成。大肌肉已经发展，但耐力还较差，易疲劳；小肌肉远未发展，因此一般还不能从事精细和灵活性、准确性高的动作。与此同时，婴儿的内脏器官有了一定的发展。正常婴儿的心率在 100 次/分钟以上，3 岁时降为心率在 100 次/分钟，但与成人相比仍很快，因此不适宜剧烈运动，以免加重负担。总之，婴儿的身体各系统还很柔弱，不耐劳。

3~6 岁是儿童进入幼儿园的时期，称为幼儿期。这个时期儿童的生理发展速度很快，因此新陈代谢比较旺盛，但由于身体的生物机体的机能发育还不成熟，对外界的适应能力以及疾病的抵抗能力多较弱。儿童的骨骼更强硬了些，但是骨化过程远未完成，弹性非常大，可塑性强。但肌肉发育还处于不平衡阶段。大肌肉发育得早，已比较发达，而小肌肉发育还不完全，一些较精细的动作尚不能完成。幼儿的心肺功能较成人而言也要差，儿童的心肺体积比例大，心脏的收缩力差，肺的弹性较差，对空气的转换量较少，所以呼吸时频率很快。幼儿身体中血色素含量也比成人多，但是儿童身体血液中水的成分较多，凝血物质少，淋巴细胞较多，嗜中性白细胞较少，易感染各种传染病。

二、学前儿童神经系统的发展

儿童出生后，身体各项机能发展不平衡，与其他器官与组织相比，脑和神经系统的发育相对来说还是比较早的。

新生儿的脑和神经系统的结构初具雏形，但神经系统还很不完善。神经纤维的长度和分支也不发达，神经纤维还未髓鞘化。新生儿的神经系统功能的不完善主要表现在：保护性抑制明显，神经兴奋与抑制转换过程转换不明显，神经系统的调节功能差。

乳儿期是儿童机体各器官继续快速生长发育、机能继续快速增长的时期。在神经系统结构方面，由于脑细胞的体积和神经纤维的增长，使脑的重量不断增加。脑细胞数目的多少和儿童智力发展水平的高低密切相关，因此，要注意各种营养素特别是蛋白质的摄入量，使儿童的智力得到正常的发育。脑细胞的体积显著变大，保证皮质细胞形成联系的神经突触，树突的分支显著增多，轴突变长，无论在数量或长度上都在不断增加，并且以不同的方向向皮质隔层加深，使得大脑皮层的厚度增加，因而脑重增加，皮层的沟回也增多和加深了，这就为形成更为复杂的条件反射提供了物质的前提和可能性。同时，乳儿的神经纤维开始了髓鞘化过程。神经纤维的髓鞘化是脑内部成熟的重要标志，保证了神经冲动沿着一定的通道迅速准确地传导。在神经系统机能方面，主要表现在皮质兴奋机能增强，皮质抑制机能发展，逐渐形成无条件抑制和有条件抑制。皮质抑制机能是儿童认识外界事物和调节控制自身行为的生理前提，其发展为儿童更准确地反映客观事物、形成有意动作提供了可能性。

婴儿的神经系统的结构和机能仍在继续发展。婴儿的脑发育比身体发育快，神经纤维不断增长，突触联系不断增多，神经突触的数量不断提高；神经纤维联系的髓鞘化过程迅速进行，条件反射形成的速度与巩固程度也不断提高。而婴儿的神经系统机能的发展主要表现在皮质抑制机能和第二信号系统的发展上。内抑制的发展使婴儿大脑皮质的分析综合活动日益精确，对生理活动和行为活动的调节作用有所增强，使得乳儿期抑制过程远弱于兴奋过程的状况有了初步的改善。同时，第二信号系统的形成与发展使婴儿的心理具有了抽象概括和自觉能动性，并且，儿童借助词的作用逐渐形成多级的、复杂的条件反射。这种多级的条件反射锁链便成为儿童心理日趋复杂化的生理基础。

幼儿的脑重逐渐达到成人脑重的 90%以上，幼儿神经纤维的分支继续增长、增多，为形成复杂、众多的暂时神经联系提供了物质基础。神经系统髓鞘化基本完成，为儿童神经传导更加迅速、准确提供了生理基础。更重要的是，幼儿的整个脑皮质已经达到了相当的成熟程度。随着幼儿脑结构的成熟，脑的机能也跟着发展。主要表现为：大脑皮层兴奋与抑制过程的加强，使幼儿逐渐学会有意识地控制自己的行为，减少盲目性和冲动性，为培养良好的学习习惯、形成优良的个性品质提高了条件，也为幼儿精确地认识事物能力的发展提供了生理基础。另外，条件反射明显发展，第二信号系统作用加强，两种信号系统的协调活动进一步发展。

学前儿童神经系统结构和机能的发展为儿童心理的发展提供了坚实的生理基础。

第二节 学前儿童动作的发展

动作是个体的基本能力，人们生活的每时每刻都几乎伴随着各式各样的动作。婴幼儿动作能力是其所有能力中最早产生和最基本的能力，它像构筑大厦的基石一样，为其他能力的发展奠定了基础，并使纷繁杂的心理世界得以建立。

一、动作发展在学前儿童心理发展中的作用

动作本身是个体早期发展的重要领域，并受到发展心理学研究者的广泛关注。20 世纪 70 年代后，人们开始探讨儿童心理发展的内在机制，发现儿童动作发展的里程碑阶段(学会爬、走)恰好是其心理发展的重大转折时期。这种时间上的“巧合”绝不是偶然的。董奇等人(1997)认为，从心理的起源与发展来看，动作对于个体早期心理的发展有着广泛而深刻的影响。

(一)个体心理的起源与动作密切相关

从发生认识论的角度来看，认识并不源于个体与生俱来的简单感知觉，感知的源泉和思维的基础只能是动作。主体要认识客观外界就必须对客体施加动作，在实施动作的过程中主体与客体相互作用、相互改变。通过与物质环境的交互作用，主体可以获取物理经验和数理逻辑经验；通过与社会环境的交互作用，主体可以获得社会经验，认识人的主观世界。个体心理发展的真正原因乃是主体通过动作对客体的适应。

从个体智力的最初表现形式——感知运动智力的发生、发展过程中，我们可以清楚地看到动作在个体心理发展中的重要意义。个体与环境最早实现的平衡是以最初的动作——先天性无条件反射为中介的。为了适应外在环境，先天性无条件反射不断重复出现，经过“再认同化”“认识同化”“泛化同化”三个层次的发展，最后根据反射练习的结果而形成新的动作习惯。在动作习惯和知觉的形成阶段(1~4 或 4.5 个月)，婴儿开始形成某些经典性和操作性条件反射，出现由不同动作联结而成的新的动作方式，但此时尚缺乏目的性。在有目的的动作形成阶段(4.5~9 或 10 个月)，婴儿开始对自己动作所导致的结果感兴趣，并会为自己感兴趣的结果重现而重复相应的动作，表明个体行为的“手段”与“目的”开始分化，智力的最初形式——感知运动智力始见端倪。在动作范型之间、手段与目的之间的协调阶段(9、10~11、12 个月)，动作作为个体实现目的之手段的功用性进一步明确，动作目的与方法之间开始协调，已有动作范型开始可以组合起来以达到新的目的。随后，婴儿能够通过偶然的尝试发现新的动作方式(11、12~18 个月)，在实施动作的过程中获得对客观外

界的最初认识。由此可见，在个体思维、智力的发生过程中，动作起着决定性的作用。

(二)动作在婴幼儿心理的内化过程中起着关键性的作用

在心理发展初期，外显动作是婴儿认识活动的主要工具；向客体施加动作，并根据动作的结果进一步调整动作方式，是婴儿认识客体的基本途径。随着婴儿与客观外界进行有效交往的动作不断丰富、复杂、熟练化，到 18~24 个月，婴儿开始形成心理表征能力，他们可以对自己的动作及客观事物进行内部表征，开始了心理的内化过程。此时，婴儿可以通过在头脑中组合动作范型来构成达到目的的新动作，而不需要外显的试误动作。值得特别指出的是，尽管此时婴儿在解决问题时无须完全依赖外显的试误动作，但是动作仍然具有不可替代的重要性。这一方面是由于婴儿内部心理活动得以进行的工具是动作性再现表象，也就是说，婴儿是通过动作组织、再现外界事物的特征和过去经验的；另一方面，在很长一段时间内，当面临新问题时，婴儿仍然需要求助于外显动作，通过与客体直接的相互作用解决问题、扩展认识。据此，笔者认为，动作是个体心理不断内化的基础，并为个体内化的心理活动提供丰富的素材，使个体心理的内化过程得以持续进行。

(三)动作是儿童能动性的基本表现形式，在个体早期心理发展中起着重要的建构作用

具体来说，动作在个体早期心理发展中的建构功能主要体现在以下四个方面。

其一，动作对于大脑的发育具有反向促进作用。过去人们在对大脑与动作关系的认识上，主要强调大脑的结构发展对于动作这一机能的决定作用，认为动作的发展变化是大脑结构变化的结果。但是，脑科学与动作的神经心理研究的最新成果告诉我们，大脑(结构)与动作(功能)之间存在着双向作用。B. 伯恩斯坦、G. 艾德尔曼等人的有关研究表明，婴儿早期动作活动的结果必然导致大脑感知运动控制系统的重组，通过感知系统和运动系统的共同作用产生范畴化、记忆和总体适应功能。从当前脑与神经科学的新成果来看，我们有理由认为，虽然结构变化可以带来机能的改变，但是机能的发展同样可以引发、转换、建构出新的结构。动作不断练习、丰富、提高，可以促进大脑在结构上的完善，从而为个体早期心理的发展奠定良好的基础。

其二，动作使个体对外部世界的各种刺激及其变化更加警觉，并使感知觉精确化。I. 考夫曼、J. 吉布森、艾德尔曼等人的研究表明，是婴儿自发的动作活动，才使其有可能形成精确的大小、形状、深度、方位等空间知觉，通过以动作为中介的大量与环境的交互作用，个体才能从充斥环境的无限量信息中自动抽取有用的确切信息，从而准确地进行感知。笔者认为，个体的动作虽然直接表现为肌肉、骨骼、关节的有规律、有顺序的屈伸，但其同时也涉及视、听、触等感知觉。动作越高级、复杂、完善，则越需要感知觉与动作器官的协调、配合，因此，动作的练习也在一定程度上锻炼着感知觉；此外，动作的实施往往会引起主体与客体相对关系与各自状态的不断变动，这在客观上可以促使婴儿对外界信息保持敏感，并使得婴儿从动作结果的反馈中不断充实、修正、扩展对外界的感知。

其三，动作使得婴儿的认知结构不断改组和重建。动作是婴儿认知结构的奠基石。这不仅意味着个体的心理起源于动作，而且表明个体早期心理要不断向前发展还需要动作不断复杂化、高级化。J. 皮亚杰、J. 布鲁纳等指出，主体对客体的动作是婴儿心理的丰富来源和必备工具。笔者认为，动作首先可以为个体提供认识经验，扩大其认识范围，使个体

有更多的机会从事物不断变化的外在表现中鉴别出不变的特性，进而获取对事物本质的认识。不仅如此，动作还可以不断为个体创造经历新问题、新挑战的情境，并使个体在协调、组合原有动作，形成新的更复杂、更灵活、更有效动作的基础上实现心理结构的突破与重建。可见，动作既可以促使个体认知结构的内涵不断充实，还可以通过提供新经验来引起个体原有认知结构与新的环境刺激间的冲突、不协调，为打破原有认知结构并促其向新结构转换提供了现实的可能性。

其四，动作改变着个体与物理环境、社会环境的互动模式，使个体从被动接受环境信息变为主动获取各种经验，这既促进了个体自主性、独立性的发展，同时也深刻地影响着个体的社会交往特点，进而对个体的情绪、社会知觉、自我意识等产生影响。玛勒等人认为，动作可使婴儿对自我效能产生新的认识，促进自我的分化与发展，促进家庭内情感交流方式与系统的重组。人们在研究中注意到，婴儿在会爬后，自我独立探索的范围扩大，开始改变原有的那种以与母亲等成人为依恋对象、以身体接触为主要方式的近侧安全感，此时，婴儿必须发展与母亲交往的新形式，从而形成新的安全感。这就导致了会爬行的婴儿在依恋、社会性参照能力等方面表现出与同年龄不会爬行婴儿的不同特点。

讨论动作在个体早期心理发展中起着重要作用并不意味着动作本身是最重要的。相反，动作的重要作用可能更多地体现在它扩大了个体与周围环境交往的范围，使个体能够多角度、深入地探索其周围的物质世界与社会环境，从而给个体带来大量新的经验，即，经验的丰富与扩展才是真正重要的因素。

(四)动作发展对学前儿童心理功能的发展具有多方面的影响

1. 动作发展是促进学前儿童认知协调发展的重要因素

儿童刚出生时的感知觉经验的积累来源于视觉、听觉、味觉、嗅觉、肤觉以及本体的运动觉和平衡觉等。婴儿抬头、翻身、坐、爬、站、走、跑、跳、抚摸、抓握、拍打、投掷等动作能力的发展，使他们获得越来越大的感知空间和越来越多的感知觉信息来源，使他们获得了越来越丰富的感知觉经验，在运用各种动作的活动中，更促进了儿童在头脑中对各种感知觉信息进行综合的能力。

婴儿在使用各种动作的身体运动过程中扩大了活动空间，频繁的信息交换对于记忆的输入、输出和储存功能提出了更高的要求，也提供了更多运用和锻炼的机会。特别是作为人类区别于其他动物的手部动作的发展，在儿童心理发展中具有无比重大的意义。

儿童约从出生后第三个月起，一种不随意的手的抚摸动作就开始出现了。他无意地抚摸被褥、抚摸亲人、抚摸玩具或抚摸自己的小手。到第五个月左右，由于抚摸动作的不断重复，同一个动作总是引起同一个结果，这就形成了反映事物关系的稳固的感觉——运动表象，这就成为一种“学会了”的动作，从而使动作带上了一定的随意性，以后，当他看见亲人或玩具的时候，他不但会发出快乐的声音，而且要伸出手来抓抓摸摸。这样，儿童开始把手作为认识的器官来感知外界事物的某些属性。

儿童动作的重复是由定向反射来强化的，因为儿童通过每一个动作，都会发现事物的新的方面或新的因素。而成人的言语的强化、组织作用也越来越明显。

儿童从出生后下半年开始，手的动作有了进一步的发展。第一，儿童逐步学会拇指与其余四指的对立的抓握动作，这是人类操作物的典型方式。随着这种操作方式的发展，手才有可能从自然的工具(跟动物的肢端一样，五指不分)逐步变成使用或制造工具。第二，儿童在抓握动作过程中，逐步形成眼和手，即视觉和动觉联合的协调运动，这就发展了儿童对隐藏在物体当中的复杂的属性和关系进行综合分析的能力，从而发展了儿童的知觉和具体思维的能力。

手的动作继续发展下去，情况就越来越复杂了。从在两只手跟眼的合作下玩弄一个物体，到同时玩弄两种物体，到用种种不同的方式来玩弄各种物体，例如，把小盒子放在大盒子里，用小棒敲击铃铛等，儿童就进一步认识了事物的各种关系和联系。

儿童在 2 岁左右出现了一些新的心理活动，把当前的事物虚拟地看作另一种事物，即出现了想象。如一个 1 岁 8 个月的孩子把一个肥皂盒向前推动，边推边说“嘀嘀、嘀嘀……”，这就是最初的想象；儿童在摆弄玩具时，有时拼合，有时拆分，头脑中开始了最原始的分析和综合；儿童还逐渐学会在实际的行动中尝试解决自己遇到的困难和问题，例如，儿童够不到放在桌子上的玩具，他会搬来一把椅子然后爬上去取玩具，这是儿童逐渐开始运用思维的表现。儿童的想象和思维都具有明显的直觉行动性，即思维和想象都必须依靠动作才能进行，动作一停止，思维和想象便不再进行下去。可以说，动作是婴幼儿进行思维和想象必不可少的重要“工具”。

2. 动作发展是促进学前儿童自我意识产生和发展的重要条件

在摆弄各种玩具、生活材料的精细动作和爬、坐、走、跑、跳等粗大动作中，婴儿逐渐将自己同其他事物区分开，认识了自己的身体，认识了自己的能力，认识了自己同周围人的关系等，建立起最初的主体和客体概念，能够自如地控制和运用自己的肢体，从而切实地了解自己的存在和力量，尽管这种了解还是无意识的，但是它对儿童今后自我意识、自我评价的恰当发展有重要影响。动作的不断发展促进了婴儿的自我认知(本体感觉)、自我体验、自我监控的发展，促进了婴儿“去自我中心化”①。

婴儿动作的缺乏协调和逐步协调，是婴儿期自我中心化和去自我中心化的根本原因。

3. 动作发展是促进婴儿情感和社会性发展的重要因素

随着动作的发展，婴儿活动的空间不断增大，接触的人、事、物越来越多，越来越复杂，促进了婴儿的社会性需求的产生和发展，有利于婴儿掌握与人交往的规则，学习社会交往的技能。实验研究证明：给予婴儿更多的爬行机会，亲子之间有更多、更复杂的交流，有助于亲子关系的发展。

二、学前儿童动作发展的规律

儿童的动作主要包括先天反射性动作(如定向反射、抓握反射、吸吮反射等)、自发动作

① 自我中心是儿童倾向于从自己的立场和观点去认识事物，而不能从客观的、他人的立场和观点去认识事物。但儿童又不会停留在自我中心状态，在动作协调的基础上，儿童逐渐学会区分主体与客体，逐渐意识到自我，并尽可能找到自我在世界中的地位，因而能够在自我与世界、自我与他人之间建立相互联系。这就是去自我中心化的过程，实际上也是意识客观化的过程。

(如踢腿、摇头、手指屈曲等)、大运动动作(简称大动作，如翻滚、爬行、走、跑、跳等)和精细动作(如抓握、使用工具、眼手协调等)。其中反射性动作是不随意动作，其余均为随意动作。

儿童动作的发展不是杂乱无章的，而是遵循一定的序列，表现出普遍的规律性。儿童动作发展的规律主要表现为以下几个方面。

(一)由上到下

婴儿身体发育和最早的有组织的动作发展，先是头部的动作(如吸吮反射、眼睛追随物体的动作、转动头部等)，然后是手部动作(如把玩手、抓握玩具、够东西等)，再次才是躯干的动作(如翻身、坐、爬)，最后是足、腿和脚的动作(如站、走)。从动作发展的协调性来看，颈、肩、上肢等身体上部的肌肉发育先于腿、脚等身体下部肌肉的发展，因此也称首尾原则。

(二)由大到小

婴儿身体的大肌肉的发展先于小肌肉的发展。从大肌肉、大幅度的粗动作开始，逐步发展到小肌肉精细的动作。如先发展好抬头、翻身、坐、站、走等后，才慢慢发展抓握、伸够、书写、使用筷子等较为精细的动作。即首先出现头部动作、躯体动作、肢体动作等，以后再发展灵巧的手部的精细动作以及手眼协调等。

(三)由整体到部分再到整体

刚出生不久的婴儿先天反射尚未消失，大脑中枢神经系统尚未发展，他们对外界的动作反应是未分化的“整体的活跃反应”，全身性的乱动，笼统的、散漫的、普遍性的、无方向地移动，分不出手脚或是哪个部位受到刺激。在以后的几个月里甚至一年以后，随着神经系统和肌肉的成熟以及婴幼儿自身的反复练习，才逐步分化为局部的、准确的、专门化的动作。婴幼儿渐渐学会控制身体局部的小肌肉群动作。比如把毛巾放在 2 个月大的婴儿脸上，会引起全身性乱动；5 个月的婴儿有了比较定向的动作和反应，但双手朝毛巾方向乱抓；到了 8 个月，婴儿便能轻松地拉下毛巾。在抓握物体时，婴幼儿也是先用整个手掌抓握，然后才学会用拇指和食指捏起东西。在婴儿获得了对各部分的小肌肉群动作控制之后，又学会把这些小动作“归并”到一起，整合成为更加复杂的整体动作。例如，婴儿在学会控制头部、颈部、手臂的动作后，在这些已经分化了的动作的基础上整合协调产生了坐的动作，这是更高一级的整体动作。H. 沃纳(1948)把这个过程称为“分级整合”。动作发展就是从大肌肉群动作到小肌肉群动作、从未经分化的混沌的整体动作到分化了的整体动作的不断分化、不断整合的过程。

(四)由中央到四周

儿童动作的发展表现出从中央开始，由近及远、由中央到外周依次进行。先出现头、肩、躯干，后出现肘、腕、臂、腿、膝、踝等肢体动作，最后是手指、脚趾等肢体末梢的动作。如婴儿先看到物体，产生念想，然后移动肩、腰、腿、膝等躯干，再伸出臂触碰物体，后而用腕和手指或脚踝、脚趾等抓碰物体。

(五)由不随意到随意

儿童动作的发展总是从先天的无意识的反射动作到随意的、有控制的技能动作发展,从刻板模式化的动作向越来越灵活的方向发展。

拓展阅读

请扫描前言中的拓展阅读二维码。

三、婴幼儿基本动作的发展

婴幼儿动作的发展主要包括先天性反射动作、大动作的发展和精细动作的发展。先天性反射是种族发生发展过程中建立并遗传下来的一些基本动作能力，是人类一生动作发展的最早形式，对个体的生存和发展有着重要意义(先天性反射在第二章已经讲过)。本章重点研究婴幼儿大动作和精细动作的发展。

(一)大动作的发展

反射动作只是人类个体最初的运动形式。个体在出生大约 4 周后，出现了更高级的脑皮层控制的初步自主动作。根据所涉及的全身各部位的活动，可以将其分为有关个体全身大肌肉活动的大动作(将其命名为粗动作)和主要涉及手部小肌肉活动的精细动作技能。

从大动作的发展过程而言，个体首先具备的是头部和躯干部分的基本自主控制能力，随后爬、走等自主位移动作的发展也相继趋于完善，最后才发展起跑、跳及其他技巧性粗动作技能，这些自主动作不仅是儿童神经肌肉系统发育成熟的重要标志，也是个体适应生存、实现自身发展所必不可少的条件。

1. 头颈和躯干控制的发展

头颈部的控制和身体的控制是最早出现的自主运动，也是更复杂动作发展的基础。

(1) 头颈部控制。

人类自主动作的获得是从头部开始的。刚出生时，头颈部只存在一些先天反射性动作。到出生第一个月末，随着神经、肌肉系统的发育，脑皮层控制的有意识的(或者说自主控制的)头颈部运动逐渐显现。2~3 个月时，婴儿能在俯卧时自主地向左右转头。3 个月时，婴儿通常能在坐和站立的状态下自主将头竖直。近 5 个月时，婴儿能在俯卧状态下将头抬起。虽然头部活动并不完全是身体大幅度的运动，但对婴儿来说，这是他们扩大视线范围、拓展可探索环境的最早途径：头部自主控制能力使婴儿在逐渐获得直立姿态的复杂过程中，能较全面地审视周围的环境状况，了解自己的身体位置，为身体控制的进一步发展创造了条件。

(2) 躯干控制。

婴儿获得头部控制能力后，开始由上至下地发展躯干部分的自主控制能力。这一发展过程大约在婴儿出生后 2 个月开始，此时婴儿已经能在手臂的帮助下俯卧抬胸。需要指出的是，在此之前，有时婴儿也会偶尔地利用手臂支撑抬起胸部，但在此过程中，手臂的支撑并不是完全有意识的，其发挥的作用也是有限的，因此这并不表明婴儿已经能有效地自主控制手臂的运动。在俯卧抬胸的动作之后，大约在婴儿出生 3 个月后出现了翻身(由仰卧转为俯卧)动作。婴儿自主控制的翻身动作模式最初一般显示为仰卧翻身，逐渐地，躯干控制模式发展得更为全面、灵活。首先表现为头部的姿势不仅可以由仰改为俯，也可以自主地由俯转为仰。紧接着，肩部、躯体上部、躯体下部的自主控制运动也进一步得到完善。约 8 个月时，婴儿既能仰卧翻身，也能俯卧翻身。在翻身动作之后，婴儿发展起来的一个重要动作即独立坐。3 个月大的婴儿在外力的帮助下已经能够扶坐。随着腰部控制能力的发展，5 个月大的婴儿坐立时已不需要腰部支撑物的帮助。但由于背的下半部和腹部的控制力较差，婴儿必须用手抓住外物以维持坐姿的平衡。7 个月时，不管是在仰卧还是俯卧状态下，婴儿都可以自己独立坐起来。在近 8 个月时，婴儿可以在不需要任何帮助的情况下，独立坐直。自主坐立能力的获得更进一步解放了婴儿的双手，使婴儿的手眼协调能力和双手协调自主控制动作在此基础上得到迅速发展(Rochat，1992)。

另一种重要的初步自主动作是直立姿势。在非直立的状态下，儿童双手的使用是受限制的，无法用双手够取物体或使用工具，直立姿势使儿童的双手能够解放出来去从事更有自主选择性的够、抓、放等活动。直立姿势获得的最重要标志是独立站立姿态的获得。约 9 个月时，婴儿开始表现出将自己由坐的姿态向上拉的倾向，婴儿经常想让自己扶着其他物体站起来。因此可以观察到，婴儿常常会在家具的附近尝试着自己站起来，并偶尔伸手去扶一下家具来维持身体的平衡。到 1 岁时，婴儿通常都能独立站直，这是行走动作发展的前提。头颈、腰、腹等部位自主控制能力的发展，为个体自主位移能力的获得提供了重要的基础。

2. 爬行动作的发展

随着个体翻身动作的日益熟练及手部和腿部力量的提高，出现了最早的自主位移动作——爬行，这是个体在俯卧状态下的重要自主运动形式。从婴儿爬行时其躯干与地面的距离而言，可分为腹地爬和手膝爬两种姿势。一般而言，婴儿刚开始学习爬行时为腹地爬，表现为婴儿的胸腹部着地，先将手伸向前方的地面，然后用手臂弯曲的力量拖动身体前进，腿几乎不发挥作用。由于爬行动作发展初期腿向前蹬的力量不够，并且婴儿的手向前推的力量往往大于往后拖的力量，婴儿还可能出现向后退爬的阶段(Gesell & Ames，1940)。但这种移动方式存在的时间非常短暂。随着手臂力量的发展，婴儿的肩部和胸部离开了地面，并且已经能利用腿部弯曲的力量有目的地向前移动，但在爬行中仍用腹部作为支撑点，即表现为腹地爬的姿势。在 7~9 个月时，随着腿的有效使用和手部力量的增强，婴儿逐步由腹地爬向手膝爬发展，表现为腹部逐渐离开地面以及腿部力量参与爬行过程。当婴儿的躯体上抬到一定高度时，腿就可以在躯干下方弯曲，更有力地蹬地爬行。婴儿的身体姿势最终发展为除去四肢外的整个身体都离开地面悬空。在此之后，婴儿的爬行运动逐渐发展得更为自主和成熟，成为探索环境、与环境互动的有效活动方式。相对而言，腹地爬所要求的身体平衡控制是较小的，上下肢的动作也相对不受约束。因此对婴儿来说，腹地爬的姿势比较容易。但是由于腹部蹭地，因此爬行速度较受限制，而腹部蹭地也可能引起婴儿的不适感，手膝爬时，婴儿的腹部完全离开地面呈现悬空的状态，需要更强的臂部力量以及动作协调水平，但是位移的速度相对较快，也没有腹地爬过程中由于摩擦而产生的不适感，因此手膝爬是对婴儿能力要求更高、也是更为有效的俯卧姿势的位移方式。从婴儿爬行时两侧对称性的角度，还可以将婴儿的爬行模式分为两种。一种为同侧爬行模式，指婴儿在爬行时身体同侧的肢体与对侧的肢体交替运动，即婴儿左手运动的同时左腿也运动，然后再换为右手和右腿的同时运动。另一种为对侧爬行模式，指婴儿爬行时身体一侧的上肢与对侧的下肢同时运动。对侧爬行模式是较为有效的爬行方式，一般在对侧爬行之前会出现同侧爬行的姿势，但约有20%的婴儿只具有同侧爬行而没有对侧爬行的经验(Cratt，1979)。近年来的研究证明，婴儿的爬行动作在开始的时间以及姿势上都存在很大的个体差异性，个体本身的多种因素都会对婴儿的爬行动作产生重大的影响。首先，因为爬行动作的发展与必须支撑推动婴儿的重力有密切联系，婴儿腹地爬和手膝爬开始的时间与其身体发展状况相关，体形瘦小一些的婴儿倾向于比肥胖婴儿更早开始爬行动作。其次，挪威学者贝娅特等认为，因为婴儿总是运用双臂推动身体前进，必须具备足够的臂部力量以克服来自躯干与地面摩擦及躯干本身重力的阻碍，所以臂部力量的差异是影响爬行动作发展的因素之一。再次，个体动机是影响婴儿爬行动作发展的另一个重要因素，腹地爬过程中婴儿必须以很强的动机来克服腹部与地面摩擦而产生的不适感。有研究显示，随着手膝爬姿势的获得，大多数婴儿都逐渐发展起更高的用手和膝盖移动的动机。最后，Vereijken 和 Denny(1998)的研究表明，练习也是婴儿爬行动作迅速提高的重要影响因素之一。当婴儿的爬行经验(包括个体主动进行的爬行活动和客观任务所要求的爬行动作)达到一定程度时，手膝爬的技巧性就会得到大大提高。Vereijken 和 Denny 还发现，这种爬行经验并不局限于某种特定的爬行姿势，即一种姿势的练习经验可以部分迁移到其他动作姿势中去。此外，练习还可以增强婴儿的臂力，提高腹部对阻力的克服能力，增强手和膝盖在爬行活动中克服重力的能力。

总之，爬行动作是个体发展过程中获得的第一个自主位移动作。婴儿在空间环境中的自由移动，一方面，扩大了婴儿接触和探索环境的范围，增加了与环境互动的机会，从而有利于他们解决问题能力的发展；另一方面，婴儿在爬行中通过自己的努力去达到目的，这种目的性行动使婴儿的运动技能和意志都得到了锻炼。但由于婴儿发展的个体差异性，在实际的爬行动作发展中，不同个体的爬行姿势及其发展过程都各不相同。比如，有的婴儿只出现腹地爬；有的婴儿只表现出手和膝盖爬的姿势；有的婴儿甚至在学会行走之前都不会表现出爬行动作。

拓展阅读

请扫描前言中的拓展阅读二维码。

3. 行走动作的发展

行走是成熟个体高度自动化的动作技能之一，婴儿直立姿势的获得为行走的发展提供了可能。一般来说，婴儿在周岁过后就能发展起独立行走的动作。但此时需要注意的是，虽然婴儿也可以发展起独立行走动作，但是他们的行走动作与成人的有很大区别。因为从生理发展的成熟程度来看，行走动作与神经系统的成熟、躯体平衡能力的发展、肢体控制能力的发展、肢体肌肉的强壮程度、视动协调能力等因素密切相关(Thelen，Ulrich & Jensen，1989；Bril & Breneire，1992)，而婴儿在这些方面的能力与成人相比有很大的不足。从行走的形态学角度看，婴儿为维持独立行走中的身体平衡，其行走动作具有以下特点：步子快而小，脚趾向外张开，全脚掌着地(而不是像成人那样只是脚趾和脚跟着地)，手臂抬到较高的位置摆动，行走中两腿的分开程度较大，这些与成人行走的成熟模式相比均存在很大的差别。为达到成熟和高度自动化的行走模式，一般而言，个体需要经历以下四个阶段的行走动作模式的发展过程(Wickstrom，1977)。

阶段一：约 12~14 个月

总体表现：身体僵硬，行进时身体不平稳，儿童尽力想保持身体平衡，有明显的左右摇晃的动作。

下肢：步子很小，腿抬得很高，膝盖弯曲厉害，脚重重着地，着地时前腿膝关节弯曲，脚尖先着地。脚趾分开受力平衡。

上肢和躯体：躯干从臀部处向前倾，手臂在肘部弯曲，并且正好处于稍高于腰的地方，手臂紧张，处于高度防备状态。

阶段二：约 2 岁

总体表现：较少有明显的肌肉紧张表现，行进时也比前一阶段要平稳一些。

下肢：两脚之间分开的距离与两肩同宽。大步行走时，每条腿的运动及步长的一致性都有所增加。夸张的“高抬腿”动作消失了。先迈出的那条腿在落地时膝关节不再摇晃。已经出现从脚跟到脚尖的着地动作，没有明显的脚尖着地的现象。

上肢：手臂放在身体的两侧，但仍有一些左右摇摆的现象。

阶段三：约 4~5 岁

总体表现：成熟的运动模式中所应有的因素都已经出现。腿部动作连贯，每步只有轻微的颠簸。

下肢：在前腿脚跟到脚尖的着地过程中，身体重心移动自如，而膝关节轻微的弯曲使前腿的伸展和自立动作自如产生。前腿在支持阶段中膝关节稳定，即腿是直的。帮助身体重心移动时，胯部有轻微的扭动。

上肢：当前腿迈出时，同侧手臂向相反方向摆动(对侧运动)，但手臂的同步动作在这一阶段没有得到很好的发展。

阶段四：约 7 岁以后

成熟模式：成熟的行走模式有节奏且流畅，步长保持一定，手臂和腿随着身体的扭动在两侧做方向相反的运动。一条腿的摆动紧跟另一条腿，两脚的间距小，只有很少的脚尖点地的动作。

行走是儿童自主位移动作发展的必要阶段，也被认为是神经系统、肌肉组织进一步成熟和儿童心理发展的具有里程碑意义的动作。行走进一步解放了个体的双手，使精细动作有机会得到进一步发展。同时，使儿童的活动范围进一步扩大，主动探知环境的愿望进一步得到增强，有利于儿童心理能力的发展(见表 3.1、表 3.2)。

表 3.1　3 岁前儿童动作发展的常模年龄和顺序

(以达到 70%的年龄为标准)(月龄)

顺序	大动作	常模年龄	细动作	常模年龄	适应性	常模年龄
1	俯卧抬头稍起	1.2	握住拨浪鼓一会即掉	1.0	能辨别味道	1.0
2	抱直头转动自如	3.3	玩弄手	2.5	随物转视线 90°	1.6
3	俯卧抬头与床面呈 45°	3.6	抓住胸前玩具	4.7	看见大人激动	2.8
4	俯卧抬头与床面呈 90°	3.8	抱住奶瓶	5.5	随物转视线 180°	3.2
5	仰卧翻身	4.2	将奶瓶奶头放入口中	5.8	听见声音找声源	3.2
6	扶腋下站立	4.7	能拿起面前玩具	6.2	把玩具放入口	3.8
7	扶坐竖直	4.9	积木在手中传递	6.4	抓住玩具注视	3.9
8	独坐前倾	5.2	拇指和食指抓握	6.9	注视两手	3.9
9	独坐	6.5	拇指食指捏米花	8.9	可抓住近处玩具	4.8
10	扶双手站	7.7	撕纸	9.1	手中玩具掉了两只眼睛跟着找	4.8
11	自己会爬	9.3	拾取东西	10.1	手拿一个玩具注意第二个	5.7
12	从卧位坐起	9.7	把球放入瓶中	12.3	伸手抓一块积木再抓第二块	6.6
13	扶双手走步	9.8	搭积木 2~4 块	12.9	双手拿玩具又注意其他玩具	7.0
14	扶一手站立	10.1	拿柄摇拨浪鼓	13.2	手握积木击桌	7.3
15	扶物能蹲	11.1	从瓶中倒出小球	13.2	模仿成人拍手	7.8
16	扶一手走	11.8	双手端碗	17.1	用两块积木在手中对击	8.4
17	独站片刻	11.9	搭积木 5~7 块	20.9	手眼动作协调	9.3

表 3.2　从出生到 3 岁儿童智能发展各个项目的常模年龄(月)

顺序	大运动		精细动作——适应性	
	项目	年龄	项目	年龄
1	俯卧拳头	1.5	跟至中线	1.0
2	俯卧、头抬 45°	2.1	跟过中线	1.5
3	坐、头稳定	2.8	跟 180°	2.2
4	俯卧、头抬 90°	2.9	抓住拨浪鼓	2.7
5	俯卧抬胸手臂能支持	2.9	两手握在一起	3.2
6	腿能支持一点重量	3.6	注意葡萄干	3.8

续表

顺序	大运动		精细动作——适应性	
	项 目	年 龄	项 目	年 龄
7	翻身	3.7	伸手够东西	5.6
8	不支持的坐	4.5	将方积木在手中传递	5.6
9	扶东西站	6.4	坐着拿两块积木	5.8
10	拉物站起	7.0	把弄小丸并拿到手	6.3
11	能自己坐下	8.6	坐着会找线球	6.4
12	扶家具可走	8.7	拇一他指抓握	7.9
13	能站瞬间	9.4	将手中拿的方积木对敲	8.6
14	独站	9.9	拇一食指抓握	10.5
15	弯腰再站起来	11.5	从瓶中倒出小丸——按示范	13.7
16	走得好	12.0	搭两层塔	13.9
17	走、能向后退	13.7	自发地乱画	14.6
18	会上台阶	15.7	从瓶中倒出小丸——自发地	17.7
19	举手过肩扔球	17.5	搭四层塔	17.8
20		18.2	搭八层塔	23.5
21	踢球	18.6	模仿画直线	26.9
22	双足并跳	23.9	模仿搭桥	28.9
23	独脚站 1 秒钟	28.0	会挑出较长的线段	33.9
24	跳远	27.8	模仿画“O”形	35.4
25	独脚站 5 秒钟	33.3		
26	独脚站 10 秒钟	38.1		

(二)精细动作的发展

个体手部的精细动作能力，指个体主要凭借手以及手指等部位的小肌肉或小肌肉群的运动，在感知觉、注意等多方面心理活动的配合下完成特定任务的能力，它对个体适应生存及实现自身发展具有重要的意义。处于发展早期的儿童面临多种发展任务(如写字、画画和够取物体等)，精细动作能力既是这些活动的重要基础，也是评价儿童发展状况的重要指标。

1. 手的动作开始形成

掌握了坐和爬的动作，有利于手的动作发展。从半岁到 1 岁，儿童的手日益灵活，其中最重要的是，五指分工动作发展起来了。所谓五指分工，是指大拇指和其他四指的动作逐渐分开，而且活动时采取对立的方向，而不是五指一把抓，五指分工动作和眼手协调动作是同时发展的，这是人类拿东西的典型动作。3~4 个月的孩子在抓东西的时候，主要不是用手指的动作，而是把整只手弯起来，好像一个大钩子。这时，大拇指和其他四指的动作处于相同方向，一起大把抓。7 个月左右，孩子在拿东西的时候，五指分工动作已经逐渐灵活。这样不仅能够把东西抓得比较紧，而且可以按照物体的不同形状、大小或所在位置等，变换手的姿势，可以拿起以前不能抓起来的东西。

除了五指分工动作以外，半岁以后，手的动作的发展还表现在以下几个方面。

双手配合：半岁以后，孩子开始用两只手配合着拿东西，能够把一只手里拿着的东西放在另一只手里。6 个月以后，如果孩子右手拿着一块积木，再把另一块积木放在他前面，他会把先前手里拿着的积木丢下，或者用右手拿着积木去敲打旁边的这块积木，而不会用左手去拿，似乎在他的左右手之间有一个“神秘的中线屏障”。

摆弄物体：这时期婴儿的手已不是无意乱动，而是开始针对物体来活动，喜欢把东西搬来搬去，敲打或摇晃。这时期孩子抓住玩具也喜欢送到嘴里咬。

重复连锁动作：到了 1 岁末，婴儿喜欢拿着物体做重复的动作。如果让他在小床上玩，他会把小玩具扔到地上，然后要成人来捡，你捡起来，交给他，他又扔下。他喜欢的是这种动作。有一个 7 个月的孩子，伸手去拿小盒子的盖子，把它盖上，再拿下，又盖上。如此反复，连续 24 次。另一个孩子，反复把一个小玩具杯子放在一个圆盒子里，再拿出来，持续 15 分钟。成人认识到这种年龄特征，不会去责怪他，而是耐心地和他玩。儿童的思维正是在这个过程中发展起来的。

抓握动作是最基本的手部动作之一，是各种复杂的工具性动作发展的基础。

动作发展领域的研究者应用特定工具在实验室里对抓握动作进行研究，总结出抓握动作发展过程的阶段性特征(Halberson，1931)。Halberson 设计了一个 1 英寸大小的红色立方体作为实验工具，通过观察记录不同年龄阶段的儿童抓握这个红色立方体的动作特征，来描述和分析婴儿在出生 16~52 周后抓握动作的发展过程。他认为，任何阶段的抓握动作都包括四种连续的动作过程：①视觉搜索物体；②接近物体；③抓住物体；④放开物体。以此描述婴儿动作的连续发展。

2. 自主够物行为

在所有的运动技能中，自主够物在婴儿认知发展中起着最重要的作用，因为它开拓了婴儿探求环境的全新途径。婴儿通过抓握物体、翻转物体以及在松开物体后观察会发生什么情形等方式，习得了大量的有关物体的情景、声音以及感觉。

我们将婴儿的够物分为：前够物和自主够物。

前够物：将婴儿以竖直的姿势搀扶时，他们会伸直手臂向着前面的物体，即为前够物。由于新生儿不能控制自己的手臂和手，所以他们很难顺利地和物体相接触。和新生儿的反射作用一样，前够物最终会在 7 周左右时消退。

自主够物：大约在 3 个月左右时，自主性够物出现并且在准确性方面逐步提高了。这种年龄的儿童够黑暗中发光的物体和够光明中的物体一样有效率，表明早期够物并不需要对婴儿的手臂和手作视觉上的引导。相反，它是由本体感所控制，这种感觉是由我们体内刺激所发出的一种运动和定位感受。因此，视觉就从基本的够物动作上被解放出来去关注更为复杂的运动协调。婴儿到 5 个月大时，如果物体被移出他们的够物范围，他们会很敏感地减少够物行为。在 8 个月大时，他们能够到方向不断变化着的移动物体。

不同的婴儿进行第一次够物动作时存在很大的个体差异，但是每个婴儿总是通过将当前运动和那些任务需求的动作联系和协调起来的途径来构建独具自己特色的够物动作。婴儿一旦会够物了，就开始修饰自己的抓握的本性。到 8~11 个月大时，够物和抓握动作已经得到了很好的锻炼，以至于这些动作进行得很平稳顺畅，而且无须做出什么努力。因此，注意力就被分配到更广泛的事情中去。

3. 绘画和写字动作

绘画和写字都是手部运用笔类工具进行活动的技能，是儿童重要的发展任务和能力要求之一。

(1) 握笔的姿势和动作。

儿童的绘画和书写是以灵活使用笔类工具为前提的。2~6 岁是迅速发展握笔动作技能的时期。儿童最初抓握笔的姿势表现出“手掌向上的抓握动作”，即儿童在抓握笔时候掌心向上，手掌和手指一起活动来抓握笔。用这种笨拙的握笔动作形式，儿童很难进行有目的的绘画和写字。随着他们在绘画和书写活动中偶然性的尝试以及教师和家长的正确指导，“手掌向上的抓握动作”逐渐被“手掌向下的抓握动作”所取代，拇指和其他四指开始在绘画和书写技能中起到越来越重要的作用。

(2) 绘画技能的发展。

大多数儿童在 15~20 个月时开始出现无规则、无目的地乱涂乱画的行为。虽然这种最初的尝试可能只是偶然出现的，但是因为受到动作的视觉效果和家长的赞誉等强化，绘画动作发生的频率逐渐上升。随着手部动作控制能力的发展以及练习经验的增多，儿童从最初的漫无目的地涂抹到开始有目的地画画，绘画动作的速度开始放慢，手的动作也不再表现出紧张而变得自然。

研究者观察发现，儿童绘画大致可分为 4 个阶段(Kellogg，1969)：第一，乱涂阶段。主要是获得绘画所必需的手眼协调能力。第二，组合阶段。主要是图形的出现和混合，儿童开始学会描绘螺旋、十字等基本几何图形，大约 2 岁的儿童能画出一系列的螺旋和圆圈，在动作的协调控制能力和目的性加强后，儿童能对正方形、长方形、三角形等基本图形进行较为精确的临摹和绘画。在此之后，开始出现简单的组合，如几个几何图形的绘画。第三，集合阶段。这一阶段出现的不仅是混合了几个简单图形的较为复杂的图形，而是几个图形、图像的组合。例如，同时有人物和图像的图片。第四，图画阶段。发展到这一阶段，儿童在绘画中所混合的图形的数量增多，图画的内容也更为复杂，儿童的绘画动作更为精确、复杂。

(三)自理动作的发展

基本的生活自理能力是家庭和社会对婴幼儿提出的早期重要发展任务之一，包括穿衣、洗漱、进食等基本技能，而其中穿衣、洗漱、进食等还包括了多种类型的动作。

对成人来说比较简单的生活自理动作，对于正在发展中的婴幼儿却要付出极大的努力，到达一定发展水平后才能做到。例如，儿童穿衣服的技能，只有当动作技能的控制协调能力发展到一定水平之后，儿童才能使身体各部分进入相对应的衣服空间里去。儿童要把一只手伸到袖子的尽头或者把一条腿伸到裤管里都不是简单的任务，需要视动整合能力和灵活的双手活动进行协助。不同自理动作的发展对个体能力的要求是不一样的。因此其发展过程也各有差异。各种生活自理动作技能的可能出现时间见表 3.3。

表 3.3　幼儿生活自理动作技能获得时间表

动作技能名称	获得时间(月)
拿稳勺子不打翻	24
在帮助下穿衣服	32
穿鞋	36
解开够得到的纽扣	36
扣上纽扣	36
独立进餐，几乎不洒食物	36
从水罐中倒水	36
洗手、洗脸并擦干	42
独立穿衣服	43
系鞋带	48
刷牙	48

(摘自[美]Keogh. J. & Suhden, D. *Movement Skill Development*. New York: Macmillan Publishing Compny,1985. 77)

在考察生活自理能力时需要注意的是，由于个体的生活自理能力比其他动作能力更多地受到社会习俗、文化传统、父母抚养方式等环境因素的影响，因此表现出相当大的个体差异性。

拓展阅读

请扫描前言中的拓展阅读二维码。

四、学前儿童动作的训练

前面我们了解了婴幼儿大动作、精细动作和生活自理动作的发展特点和规律，这些研究为训练婴幼儿提供了理论的指导。我们可以对照婴幼儿各种动作发展的顺序，有目的、有计划地进行训练，训练中要遵循以下几个原则。

第一，循序性、量力性原则。训练时必须根据儿童自身的特点，循序渐进地进行，一步一步地由简单到复杂、由低级到高级进行。

第二，经常性、反复性原则。任何一次训练都不是一次就能完成的，而是需要多次反复才能定型。

第三，及时强化和及时反馈原则。当孩子做出正确姿势和动作时要及时给予强化，如口头表扬等。

第四，积极性原则。要使儿童对训练感兴趣，并积极参与其中，要对儿童充满爱心，尊重他、爱护他，在成功和进步时表扬孩子，使儿童在愉快中接受训练。

培养婴幼儿的动作技能要注意以下几个方面。

(一)根据动作发展特点适时进行训练

儿童的动作发展是有一定规律的，成人应该了解其发展规律，有针对性地进行训练。

例如，我们常说的“三翻、六坐、七骨碌、八爬、九打滚”，就是婴儿大动作发展的顺序，我们可以在婴儿动作发展的关键时期为其提供良好的环境和机会，使其动作的发展能得到科学的训练。

(二)充分让儿童自主活动

我们经常会看到这样的情境，父母看到孩子笨拙地吃饭、穿衣就着急，毫不犹豫地代替孩子做好一切。科学证明，大脑控制着整个人体的活动，人的各种活动也能促进大脑机能的成熟和发展。大脑有 5 亿个神经细胞用以控制协调人体的活动，其中控制手的大约有 20 万个神经细胞。当孩子双手活动时，指头上的神经细胞能随时将信息传入大脑，大脑将视觉、听觉等诸方面的感知信息进行综合、加工、处理，并不断发出神经指令，协调手的动作。在这个过程中，手和大脑都得到了锻炼和发展，心灵手巧自然就形成了。著名教育家苏霍姆林斯基说过：“手使脑得到发展，使它更加聪明，脑使手得到发展，使它变成思维的工具和镜子。”成人要为婴幼儿的自主活动创造条件和机会，孩子能自己做的事情，成人就不要代替，这样，从一周岁起，孩子就可以学会自己吃饭、漱口、洗手，然后自己洗脸、刷牙、穿衣、脱衣、收拾玩具、修补图书等。许多事情孩子都能学会，也都能做好。

(三)鼓励孩子尽情地游戏

让儿童在游戏中尽情地玩耍，父母不要干涉，外在的强制会扭曲孩子内在的发展。剪纸、折纸、捏泥、搭积木、利用废旧物制作玩具等游戏能充分体现手脑并用，能够促进儿童思维能力和创造能力的发展。

(四)注意培养婴幼儿的双手协调能力

右手与左脑神经联系紧密，左手与右脑神经联系紧密。锻炼右手，可以间接开发左脑；锻炼左手，可以间接开发右脑。大多数人大脑的开发不平衡，一般人右手灵活，左脑发达，抽象思维能力强，但忽视左手的活动，从而闲置了右脑。其实，右脑蕴藏着巨大的能量，长久不开发利用，使人类的好多潜能不能够被挖掘和利用。

但是双手都能熟练使用的人很少。据专家说，猴子是双手并用的动物，猴子虽较人类低能，但是，它们却能随意使用双手进食或运动。相比之下，人类的左手功能还不如猴子。人们不禁要问，左手和右手都历经同样的岁月，构造本身亦无差异，然而它们在动作和功用上却有这么大的差距，其原因何在呢？回答只能说是自幼的训练偏差造成的。

若能自婴儿时期即给予双手训练，长大后便可变成双手都能使用得极为自然的人，头脑也会更加聪明。

本 章 小 结

学前儿童心理的发展以生理发展和动作发展为基础。儿童骨骼肌肉、内脏器官的发育，特别是神经系统结构和机能的发展，为儿童心理的发展提供了坚实的生理基础。

动作对于个体早期心理发展有着广泛而深刻的影响。主要表现为：①个体心理的起源与动作密切相关。②动作在婴幼儿心理的内化过程中起着关键性的作用。③动作是儿童能动性的基本表现形式，在个体早期心理发展中起着重要的建构作用。④动作发展对学前儿童心理功能的发展具有多方面的影响。

学前儿童动作发展的规律主要表现为：由上到下、由大到小、由整体到部分再到整体、由中央到四周。学前儿童动作的发展主要包括：先天性反射动作、大动作的发展和精细动作的发展。

对照婴幼儿各种动作发展的顺序，有目的、有计划地进行训练，有助于促进学前儿童动作的发展水平。训练中要遵循几个原则：循序性与量力性原则、经常性与反复性原则、及时强化和及时反馈原则、积极性原则。

培养婴幼儿的动作技能要注意以下几个方面：①根据动作发展特点适时进行训练；②充分让儿童自主活动；③鼓励孩子尽情地游戏；④注意培养婴幼儿的双手协调能力。

【推荐阅读】

[1] 董奇，陶沙. 动作与心理发展. 北京：北京师范大学出版社，2004

[2] Greg Payne，耿培新，梁国立主编. 人类动作发展概论. 北京：人民教育出版社，2008

[3] 但菲. 婴幼儿心理发展与教育. 北京：人民出版社，2008

[4] [美]Papalia，Olds，Feldman. 孩子的世界——从婴儿期到青春期. 北京：人民邮电出版社，2013

思 考 题

1. 为什么说生理成熟是学前儿童心理发展的基础？
2. 动作发展在学前儿童心理发展中有何作用？
3. 如何理解爬行在儿童心理发展中的意义？
4. 儿童动作发展的规律是什么？
5. 结合学前儿童的动作发展谈一谈为什么要培养儿童的生活自理能力？
6. 怎样促进学前儿童动作的发展？

观察是智慧的最重要的能源。儿童需要理解和识记的东西越多，他在周围自然界和劳动中看到的各种关系和相互联系就应当越多。

——苏霍姆林斯基

第四章 学前儿童感知觉的发展

本章学习目标

- 掌握感觉、知觉、感受性、观察力的含义及其相关基础理论知识。
- 熟悉学前儿童感知觉发展的特点。
- 掌握学前儿童观察力培养的要点。

核心概念

感觉(sensation) 知觉(perception) 视敏度(visual acuity) 方位知觉(orientation perception) 空间知觉(space perception) 时间知觉(time perception) 观察力(observational ability)

案例导读

6个月的娇娇，看见了东西，往往抓住后就放进嘴里；2岁的丽丽，在地上捡起一些物体，也要往嘴里送……

上述案例表明，婴儿早期已经出现了口腔触觉，而且通过口腔触觉认识物体，口腔触觉作为探索手段早于手的触觉探索；在相当长的时间内，婴儿仍然以口腔的触觉探索作为手的触觉探索的补充，手的触觉是通过触觉认识外界的主要渠道。

第一节 感知觉概述

感知觉是学前儿童认识世界、了解周围环境的重要途径，婴儿出生后就开始调动自己的所有感官来感受周围的环境。他们能分辨明亮和黑暗，能分辨图形之间的差异，有着非常好的听力，喜欢探究。学前儿童用自己的感知能力了解着周围的一切，他们通过看一看、听一听、闻一闻、尝一尝、摸一摸……等行为去寻找、去尝试、去探究，以获得对周围世界的认识，积累丰富的感知经验。儿童的许多感知能力在学前期已经达到较高的水平，并为其他心理过程的发展奠定了良好的基础。

一、什么是感觉和知觉

(一)什么是感觉

感觉是人脑对直接作用于感觉器官的客观事物的个别属性的反映。每个人都生活在一个丰富多彩的世界里，当我们认识某种事物时，先将事物的颜色、声音、硬度、气味、味道等个别属性通过感觉器官反映到人脑中，使大脑获得各种外部信息，从而产生相应的外部感觉。感觉不仅反映事物的外部属性，还反映自身的机体状态，如饥饿、疼痛、干渴等内部信息，从而产生相应的内部感觉。

(二)什么是知觉

知觉是人脑对直接作用于感觉器官的客观事物的整体的反映。任何客观事物，其个别属性都不是孤立存在的，而是由多种属性有机结合起来构成一个整体。例如，人们对苹果的颜色、形状、气味等多种个别属性的信息进行综合，加上经验的参与，就形成了“苹果”的整体映象，这种信息整合的过程就是知觉。知觉不仅能反映个别属性，而且通过各种感觉器官的协同活动，按事物的相互关系或联系整合成事物的整体，从而形成该事物的完整映象。

(三)感觉和知觉的关系

感觉和知觉既有联系又有区别。

感觉和知觉都是人脑对直接作用于感觉器官的客观事物的反映。只有当客观事物直接作用于我们的感觉器官并引起我们感官的活动时，我们才会产生感觉和知觉。一旦客观事物在我们的感官所及的范围内消失，我们的感觉和知觉也随之停止。

感觉是对事物个别属性的反映，知觉是对事物整体的反映，但是如果没有对事物个别属性反映的感觉，就不可能有反映事物整体的知觉。因此，感觉是知觉的基础，知觉是感觉的深入和发展；感觉越精细、越丰富，知觉就越正确、越完整。在现实生活中，人们一般都是以知觉的形式直接反映客观事物的，感觉只是作为知觉的组成部分而存在于知觉之中，很少有孤立的感觉存在。

感觉是对客观事物个别属性的反映，而知觉是对客观事物整体的反映。感觉是一种生理、心理活动，而知觉纯粹是一种心理活动；感觉的产生来自感觉器官的生理活动及其客观刺激物的物理性质，而知觉的产生是在感觉的基础上，对刺激物的各种属性加以综合和解释，表现出人的主观因素的参与；感觉受感觉器官的生理特性及外界刺激物的物理特性的影响，而知觉受一个人的兴趣、爱好、价值观和知识经验的影响。

二、感觉和知觉的功用

(一)感知觉是认识的开端，是获得知识的源泉

人对客观世界的认识从感知觉开始。人类的知识无论是来自自身经历的直接经验，还是通过阅读书本得到的间接经验，都是先通过感知获得的。人类的知识无论多么复杂，也

都是建立在通过感知而获得的感性知识的基础上。

(二)感知觉是一切心理现象的基础，也是个体与环境保持平衡的保障

感知觉是比较简单的心理过程，但它却给高级的复杂的心理过程提供了必要的基础，没有感知觉，外部刺激就不可能进入人脑中，因此，人就不可能产生记忆、想象、思维等高级的心理过程。感知觉不仅为记忆、思维、想象等提供了材料，也是动机、情绪、个性特征等一切心理活动的基础。没有感知觉，也就没有人的心理。当人的感觉被剥夺或感知觉缺损不能正常感知时，人的心理就会出现异常，人们就会出现严重的心理障碍甚至难以生存。“感觉剥夺”实验就是最好的证明。在感觉剥夺实验中，人在感觉完全隔绝的情况下，记忆、思维、言语能力都出现了不同程度的障碍，甚至还产生了幻觉与强迫症状，使正常的心理活动受到破坏。由此可见，感知觉对于维护人的正常心理、保证人与环境的平衡起着极为重要的作用。

三、感觉和知觉的种类

(一)感觉的种类

感觉的种类是根据感受器的特点以及它所反映的最适宜刺激物的不同而划分的，可以把感觉分为两大类：外部感觉和内部感觉。外部感觉的感受器位于人体的表面或接近表面的地方，主要接受来自体外的适宜刺激，反映体外事物的个别属性，主要有视觉、听觉、嗅觉、味觉、肤觉等。内部感觉的感受器位于肌体的内部，主要接受肌体内部的适宜刺激，反映自身的位置、运动和内脏器官的不同状态，包括运动觉、平衡觉和肌体觉。

(二)知觉的种类

根据不同标准，可以把知觉进行不同的分类。

(1) 根据知觉过程中起主导作用的分析器，可以把知觉分为视知觉、听知觉、嗅知觉、味知觉和肤知觉等。

(2) 根据知觉对象不同，可以把知觉分为物体知觉和社会知觉，物体知觉主要是对物的知觉，主要有空间知觉、时间知觉和运动知觉。社会知觉是对人的知觉，主要包括对他人的知觉、自我知觉和人际关系的知觉。

四、感知觉对学前儿童发展的影响

感觉和知觉在学前儿童心理发展中占据重要的位置，是学前儿童其他心理过程发展的基础和前提。

(一)感觉和知觉是人生最早出现的认识过程

感觉和知觉都属于认知活动的低级形式。现代儿童心理学研究证明，新生儿已经具备人类的基本感觉和知觉，如视觉、听觉、触觉、味觉等，并且新生儿已经有了对身体位置

和机体状态变化的感觉等。感觉和知觉是人生最早出现的认识过程，以后才相继出现记忆过程及与记忆相联系的表象，再进一步发展为最简单的思维以及最初的想象。

(二)两岁前儿童依靠感觉和知觉认识世界

婴儿在言语形成之前主要依靠感觉和知觉认识世界，并获得感性认识。在人生头一年，婴儿是依靠视觉、听觉、肤觉等和外界接触的。2 岁以前，也是依靠从感官得来的信息，对周围世界做出反应。瑞士著名心理学家让·皮亚杰把儿童从出生到两岁称为认知发展的“感知运动阶段”，认为这是认知发展的第一个阶段。在这个阶段，儿童依靠从感官得来的信息对环境刺激做出反应，如果儿童不能用感官接触到某个客体，即不能看到、听到或接触到，儿童就不去寻找该客体，即认为它不存在。

(三)幼儿期感知觉仍然占据重要位置，并影响其他心理过程的发展

幼儿期，儿童对世界的认识仍处于感性认识阶段，幼儿是借助于颜色、形状、声音和动作来认识世界的。3 岁后，幼儿的思维虽然已经有所发展，但是其思维是紧紧依靠知觉形象的。比如，同样数量的一堆珠子，如果集中堆在一起，幼儿会认为较少，而如果把珠子分散开来，幼儿就会认为较多。这就是因为思维受直接的知觉所左右。

幼儿的记忆也直接依赖于知觉的具体材料。对直接感知的、形象的材料，幼儿记忆的效果比对抽象的语词好得多。

幼儿的情绪和意志行为也常常受知觉的影响。幼儿常有“破涕为笑”的表现。正在伤心时，看见了使他高兴的事物，他的情绪立即变为高兴。幼儿眼前没有诱惑物时，他可以坚持某种行为，但如果眼前有诱惑物，就不能坚持了。

感知觉是学前儿童探索世界、认识自我的第一步，也是以后各种心理产生和发展的基础。

拓展阅读

请扫描前言中的拓展阅读二维码。

第二节　学前儿童感觉的发生和发展

在学前儿童心理发展的过程中，感觉是发展得最早、也是发展得最好的一种心理现象。

一、视觉

(一)视觉敏锐度

视觉敏锐度是指精确地辨别细致物体或处于具有一定距离的物体的能力，即发觉一定对象在体积和形状上最小差异的能力，也就是我们通常所说的视力。

1. 新生儿的视觉敏锐度

对新生儿和婴儿的视觉敏度，使用不同的测查方法可以得出不同的结论。20 世纪初，医学书籍在描述新生儿能力时还普遍认为，“婴儿刚生下来时既盲又聋，而且要过很多周以后才能注视物体”(Haith，1990)。美国心理学家范兹(Fantz，1961)首创婴儿“视觉偏爱”这一新的方法，使视觉领域的研究成果发生了惊人的变化，人们惊奇地发现婴儿比我们想象的要“能干得多”。现代大量研究表明，新生儿具有一定的视觉分辨和视觉记忆能力。对视觉最早产生的时间的研究，近年来也取得了一定的突破。

中、日两国专家通过实验进一步发现，视觉最初发生的时间应当在胎儿中晚期，4~5 个月的胎儿即有了视觉反应能力以及相应的生理基础，4~5 个月的胎儿已能对视觉刺激产生灵敏的反应。

新生儿已经有了明显的视觉活动。在自然条件下，当新生儿在安静觉醒的时候，妈妈把他抱成半卧的姿势，让他的脸朝正前方，这时爸爸拿着一个颜色鲜艳的红球在孩子眼前正中间的位置慢慢地颤动，来逗引孩子。孩子的目光能够慢慢地跟着红球移动。如果红球从中线的位置向孩子脸部的上前方移动，他有时也会轻微地抬起头来，眼睛向上移动，视线追随着红球。新生儿视觉的最佳视距在 20 厘米左右，相当于母亲抱着孩子喂奶时，两人脸对脸之间的距离。

2. 学前儿童的视觉敏锐度

一项测量婴儿视觉敏锐度的研究表明：

(1) 出生后 6 个月以内是视觉发展的敏感期。

(2) 出生后 4 个星期的婴儿，其视力为 20/60，即在 20 英尺处才能看见有正常视力的成人在 60 英尺处看见的东西。

(3) 出生后 8 个星期的婴儿，视力已达 20/100。

(4) 出生后 5~6 个月，视力可达 20/20，相当于常用视力表的 1.0，即成人的正常视力。

另外，不同的研究所得的结果有所不同。我国有的研究指出：1~2 岁，视力为 0.5~0.6；3 岁，视力可达 1.0；4~5 岁后，视力趋于稳定。

据英多维茨卡娅的报告(1955)，幼儿看清圆形图上裂缝所需要的平均距离，4~5 岁为 207.5 厘米，5~6 岁为 270 厘米，6~7 岁为 303 厘米。如果把 6~7 岁幼儿视觉敏度的发展程度作为 100%，则 5~6 岁为 90%，而 4~5 岁为 70%，这意味着 6~7 岁比 4~5 岁提高 30%，比 5~6 岁提高 10%。可见随着年龄的增长，婴幼儿的视觉敏度在不断发展。

(二)颜色视觉

颜色视觉是用视觉区分颜色细微差别的能力，也叫做辨色能力。

1. 婴儿颜色视觉的发展

婴儿对颜色的感觉发生得很早。研究表明，婴儿出生后第三个月开始区分红绿两种光刺激，但不稳定，到第四个月比较稳定。

我国的多数研究是在较大婴儿阶段进行的。一项较完整的研究是李忠忱(1990)以自己女儿为被试，从 11 个月开始的追踪研究。结果表明：11 个月的婴儿能准确地分辨红、绿、蓝、黄4色；13个月能认识和准确地指出红、绿、蓝、黄、黑、白6种颜色，能听懂6色的名称；16个月能说出6色名称；18个月开始认识紫、棕、橙、粉红、浅绿、浅黄、灰色；24个月能说出七种颜色。这一结果提前了早些时候的一些研究结果，如只有30%的2岁婴儿能正确地匹配红、白，黄色积木和95.8%的2岁半被试能正确地匹配红、黄、绿、紫、蓝、白、黑、橙8种颜色的积木(张增慧，1984)。由此可见，无论是国外研究还是国内的少量研究，对婴儿的颜色知觉的揭示有越来越提前的趋势。但是，婴儿最初的知觉，特别是用习惯化这样的方法所测量的结果与用婴儿的动手或口语辨别的测量方法所得的结果是完全不同的。换言之，由于实验技术的进步，所测量的婴儿最初的颜色知觉辨别能力的年龄已大大提前。

2. 幼儿颜色视觉的发展

到了幼儿阶段，颜色视觉的发展主要表现在区别颜色细微差别的能力继续发展。此时，幼儿对颜色的辨别往往与颜色的名称结合起来。

3岁儿童还不能认清基本颜色，不能很好地区别各种颜色的色调，如蓝和天蓝、红和粉红等，对颜色的明度和饱和度也不敏感。

4岁儿童区别各种色调细微差别的能力逐渐发展起来。4岁儿童开始认识一些混合色，按范样选取明度和饱和度相同图片的正确率只有40%。

5岁儿童不仅注意色调，而且注意到颜色的明度和饱和度，能够辨别更多的混合色。

6~7岁区别色调明度和饱和度细微差别的能力有了进一步的提高。6岁儿童按明度和饱和度范样选取正确率为80%，7岁可达90%。

天津幼儿师范学校曾对3~7岁幼儿进行颜色辨认能力的综合研究。实验结果表明，3~4岁幼儿已能初步辨认红、橙、黄、绿、天蓝、蓝、紫7种颜色，各年龄组幼儿按照范例正确选择颜色的百分率都很高。但是，按颜色名称正确选择的百分率稍低，自己正确说出颜色名称的百分率更低。幼儿最容易掌握的颜色名称是“红”，其次是“黄”（“绿”），而随着年龄的增长，对颜色名称的掌握会不断提高。

二、听觉

学前儿童通过听觉辨别周围事物，欣赏音乐，学唱歌。特别是通过听觉学说话、学知识，听觉对学前儿童来说意义重大。

(一)胎儿对不同声音的反应

生理心理学的研究表明，胎儿听觉感受器在6~7个月时已基本成熟，对声音有所反应。大的声音刺激，像汽车的喇叭声等，会引起胎儿的运动反应。北京大学医学部附属人民医院等单位协作研究发现，胎儿可以听到传入宫内的音乐声波，而且对传入宫内的舒缓轻柔的音乐与强节奏迪斯科音乐有完全不同的反应。舒缓的音乐对胎儿更有安抚作用，胎儿能听着舒缓音乐安静入睡。而强节奏的突发中、低频打击乐的声音对胎儿有引发惊吓反射的作用。由此可见，胎儿对不同的声音刺激会有不同的反应，应根据其特点，为孕妇创造好的声音环境，多听安静舒缓的音乐，避免过多的噪声刺激，将有利于胎儿听觉的发展。

(二)新生儿听觉的发生

自从一百年前德国儿童心理学家普莱尔提出“一切婴儿刚刚生下时都耳聋”的看法以来，关于新生儿何时开始有听觉的问题至今尚有争议。但是，现代的许多研究已经推翻了这一结论，一项对 42 名出生 24 小时内的新生儿(男女各半)用类似蟋蟀叫的唧唧声音刺激，结果是：一次刺激便引起反应的有 19 名(占 45.23%)，二次刺激引起反应的有 16 名(占 38.08%)，三次刺激才有反应的有 5 名(11.9%)，其余 2 名须经 4~5 次刺激方能引起反应(占 4.7%)。引起的听觉反应包括眨眼、嘴动、睁眼、皱脸、头扭动、有哭相、眼珠转动、哭闹。经听觉临床测试表明，83.31%被试对听觉刺激反应较快，只有 16.69%的新生儿反应较慢。

新生儿已经出现了听觉上的偏好，新生儿最愿意听母亲的声音，曾经有位医生做过一个实验，他让一个出生 1~2 天的新生儿在高速度吸吮时能听到母亲的声音，而在低速度吸吮时能听到父亲的声音，结果，被试的 12 个孩子中有 11 人高速度地吸吮。反过来试验，让新生儿低速度吸吮时能听到母亲的声音，而高速度吸吮时则听见父亲的声音。有意思的是，新生儿很快就学会了用低速度吸吮了。这再次表明，新生儿更喜欢听妈妈的声音。

(三)学前儿童听觉的发展

婴儿出生后 3 个月内，听觉的发展主要是皮层下脑干各级听觉中枢的反射性听觉反应。3 个月后，由于外周和中枢各级听觉系统迅速发育，有意义的听觉活动逐渐发展。6 个月的婴儿能够敏感地识别母亲的声音。7 个月以后，婴儿听觉的发展主要与语言的发展联系起来。随着婴幼儿年龄的增长，特别是在学习语言、接触音乐环境和接受听觉训练的过程中，学前儿童的听觉迅速发展起来。

1. 视听协调发展

婴儿的视觉和听觉在出生后迅速发展，而且婴儿早期即表现出视—听协同活动。在几乎全部对声音刺激的检测中，均发现婴儿在听到声音时会将头转向声源，这意味着婴儿调整头部位置使双眼平行地对着声源。但是应当指出，声音定向是由于一个声源发出的声音作用于双耳的时间是有差异的(声源往往偏离婴儿正面或者后背)，因此，主体才能够觉察声音来自偏离身体的侧位方向。幼小婴儿的头颅较小，双耳间距也较小，声音到达两耳的时间差小于成人，导致新生儿辨认声源的定向也有困难。但是，婴儿仍然倾向于对声音进行视觉定向。当声音刺激和视觉刺激出现在不同方位时，婴儿则倾向于注视声音刺激来源的方向。而且，只要声音、图像刺激来源方向一致，婴儿注视的时间就更长。这一点似乎证明，婴儿已经达到能够区分视、听刺激是否协调一致的水平。例如，4~7 个月的婴儿对说话声音与面部口唇运动相一致的人的面孔注视时间比声、像运动不一致的注视时间更长。

2. 语音感知

学前儿童对人类的语声非常敏感，作为影响他们听觉系统早期发展的一个重要因素，人类的声音对婴儿来说有着特殊的重要意义。研究表明，人类的口头言语的某些特点对婴儿起着独特的作用。婴儿对人的语声的可变频率及其复杂结构似乎非常偏爱。每一个母亲在孩子出生后都会在日常生活中自然而然地与孩子进行语言上的交流，婴儿对母亲的高频率、语调夸张、似唱歌节律、缩短的音节和重复性用词等(Papousek & Bornstein，1985)特殊的“婴声儿语”非常敏感，2 个月的婴儿可以辨别不同人的说话声以及同一个人带有不同情感的语调。例如，同样一段文章由两个人读，婴儿有不同的反应；而同一个人用生硬的、愤怒的语调，或者用愉快的、柔和的语调读，婴儿的反应也会有变化。4 个月的婴儿即显示出对成人的“儿语”注意倾听，并显得非常愉快，而对成人间的对话则无此反应。而且在成人语调改为低频和改变速度时，婴儿就不那么被吸引。婴儿的积极的反应刺激使母亲更愿意与婴儿进行交流和“对话”，使婴儿在与母亲的交流中学习语言，掌握母语。

到了幼儿阶段，儿童对言语的听觉能力继续发展，对语言的听觉的敏感性和分辨能力都在不断发展，但言语是非常复杂的，幼儿有时仅仅感知到词的声音，还不一定能辨别语音。但随着年龄的增长，言语听觉明显地发展起来，幼儿中期儿童可以辨别语音的微小差别，到幼儿晚期，几乎可以毫无困难地辨明本族语言的各种语音。

3. 音乐感知

最新胎儿研究成果表明，5~6 个月以后的胎儿已经具有音乐感知的能力。例如，受过音乐胎教的婴儿出生后，能够辨别出其在胎儿期听到过的音乐，这“熟悉”的音乐使婴儿表现出相对的安静、愉快和安全感(刘泽伦，1990)。

幼儿对音乐的感受能力和表现能力都得到了进一步的发展，幼儿能对不同的音乐做出相应的反应，能够有较好的音乐的节奏感、音乐的理解能力和表现能力，而且研究发现，婴幼儿早期的音乐训练可以提高儿童对音乐的敏感性，对成人后的音乐能力的发展具有一定的作用。

三、触觉

触觉是肤觉和运动觉的联合，是皮肤受到机械刺激时产生的感觉。肤觉感受器位于皮肤下毛囊神经末梢和两种触觉小体。对皮肤的触摸因力的强度不同而产生不同的触觉和压觉。触觉还包括温度觉和痛觉。触觉在婴幼儿认识世界中占有的地位比成人重要，特别是对于两岁前的儿童，因为婴儿往往是依靠触觉认识世界和了解事物的性质，也依靠触觉实现与母亲身体的接触，建立良好的依恋关系。不管是婴儿还是幼儿，看到东西都不免要抓在手里，婴儿还要放入口中进行“尝试”，幼儿则放在手里进行摆弄。那么这些都要靠触觉来完成，或者靠触觉和视觉、听觉等的协调活动来达到对事物探究的目的。同时触觉也是父母与婴儿之间相互影响的一种基本途径。

(一)触觉的发生

有研究表明，儿童生时就有触觉反应，先天的无条件反射，如吸吮反射、防御反射、抓握反射等，都可以说是触觉的反应(陈帼眉，1989)，这种说法无疑是正确的。但近年来的一些研究认为，胎儿在第 49 天时就已经具有初步的触觉反应(朱智贤，1989)。对人工流产胎儿的研究发现，2 个月的胎儿即可对细发尖的刺激产生反应活动。胎龄 4~5 个月时，触及胎儿的上唇或舌头，就会产生嘴的开闭活动，好像是在吸吮。用胎儿镜进行研究还发现，如果用一根小棍触碰胎儿的手心，他的手会握紧手指，碰他的脚板则会引起脚趾动或膝、髋屈曲。总之，国内外有关实验报告均表明胎儿在 4~5 个月时已初步建立了触觉反应(刘泽伦，1991)。

新生儿已有明显的触觉反应，新生儿依靠面部的触觉，能感觉到奶头接触到面颊，于是开始发出吸吮反射。同样，新生儿通过手的触觉，感觉到有东西在手掌里，于是把东西紧紧地抓住。在生活中也常常可以看到，尿布湿了，新生儿哭闹，这也是触觉发展的表现。

(二)口腔感觉

新生儿的口腔触觉十分灵敏，科学实验经常以婴儿的吸吮反应作为建立条件作用和操作条件作用的指标。美国罗恰特(Rochat，1983)对 1~4 个月婴儿的口腔触觉进行了实验研究。他把婴儿那种有明显节奏的吸吮活动同其他无规律(无节奏)的口腔活动区分开来，并把后者称为“口腔探索活动”。罗恰特发现，虽然这种口腔探索活动随着年龄增长而增加，但与触觉经验也有着明显的正相关。1 个月的婴儿已能凭口腔触觉辨别不同软硬性的乳头，4 个月的婴儿则能同时辨别不同形状和软硬程度的乳头。艾伦(Allen，1982)及其同事对 3.5 个月的婴儿口腔触觉进行研究后发现：他们已能辨别物体的形状和质地，对熟悉的物体产生吸吮去习惯化，这表明婴儿口腔触觉此时已能区别不同的物体。

另外，美国布鲁纳和卡尔敏斯(Bruner & Kalmins，1973)对 5~12 周婴儿的吸吮活动进行的实验表明，这时期的婴儿可以由口腔触觉建立条件反射活动。因此他们认为，由于这一时期婴儿的其他探索活动尚未发展，所以婴儿的口腔触觉探索活动实质上是一种学习方式，用它可以建立起工具性条件反射。科普(Kopp，1974)对 8~9 月婴儿的探索行为进行分析研究后发现：当婴儿面前呈现某个新物体时，他会有三种不同的反应，即摆弄手中的物品并观看新物体、口腔活动、用新物体撞桌面或在桌面上划动，其中口腔活动出现的频率较高。在相当长的时间内，婴儿仍然以口腔的触觉探索作为手的触觉探索活动的补充。例如，6 个月的婴儿看见了东西往往抓住放进嘴里；1~2 岁的婴儿在地上捡起东西，也要往嘴里送。成人往往要禁止儿童这些行为，但婴儿仍要这样做，因为这是这个年龄阶段的儿童表现出的一种重要的探索方式。成人不应单纯地禁止而应考虑怎样保护儿童的健康和安全。

(三)手的触觉

手的触觉是通过触觉认识外界的主要渠道。儿童的触觉探索的另一个重要途径是通过手来进行的。儿童出生后就有了手的本能抓握，当用物体刺激新生儿的掌心时，儿童即出现抓握反射，这是一种先天的无条件反射。

婴儿手的真正的触觉活动大约出现在 5 个月左右，此时口部探索减少，手指和手的操作增加，对不同的物体采取不同的操纵方式。当婴儿接触到改变了的物体时，他们对新物体探究得更仔细，而手眼的协调动作的出现保证了婴儿手的探索活动更加准确。

积极主动地触觉探索，是在 7 个月左右发生的。当婴儿学会了眼手协调之后，他逐渐会用手去摆弄物体，把东西握在手里，挤它或把它转来转去。再大一些的婴儿能够用双手去转动物体，而且动作都有视觉相伴随。这时婴儿还可以从多个角度认识物体，视触觉协调真正起到探索的作用。

5~6 个月的婴儿不仅出现视觉和触觉的协调活动，还出现听觉和触觉的协调。有实验研究表明，让婴儿坐在黑暗的房间里，他们能够做到，在看不见玩具而只凭听见玩具发出的响声，伸手去抓住玩具。研究表明，5~6 个月的婴儿，其听觉对手的指导甚至比视觉记忆还准确。为了发展孩子的触觉，以及触觉与视觉、听觉的协调，应为孩子准备各种他能够用手抓住并摆弄的玩具，特别是能够发出声响的玩具。婴儿阶段的“触摸课程”成为现在人们进行婴儿教育的重要内容，而怎样发展婴儿的触摸，发展哪方面的触摸能力是我们从心理学的角度应该提示给大家的。

触觉的发展在整个学前阶段都发挥着重要的作用，是儿童了解事物性质的重要途径，即使到了幼儿阶段，仍然需要依靠触觉来了解周围的环境，认识外界事物的性质，并且触觉伴随在各种动作活动和认知活动之中。例如，在幼儿园里，教师经常要求幼儿运用多种感官参与到对事物的认识上，让幼儿看一看、摸一摸，来了解事物的属性。在幼儿阶段要充分利用孩子敏感的触觉能力，促进幼儿感知能力的发展。而触摸是婴幼儿建立依恋、发展认知的重要通道。

四、味觉

味觉是个体辨别物体味道的感知觉。物质溶解于水或唾液中，作用于口腔内舌的边缘、根部以及腭、咽和喉头黏膜的味觉感受器——味蕾，产生的兴奋传至大脑引起味觉。人的基本味觉大致可分为四种：酸、甜、苦、咸。其他味道都由这四种混合而成。味觉器官在胚胎期内已经形成。

新生儿的味觉十分敏感，因为它具有保护生命的价值。不同的味觉刺激会引起不同的味觉反应。新生儿“偏好”甜味。

人类味觉系统在婴儿和儿童期最发达，以后就逐渐衰退，这与味觉在人类种系演化进程中的趋势是一致的。

五、嗅觉

嗅觉即辨别物体气味的感觉，物体的气味作用于鼻腔上鼻道嗅黏膜上的嗅觉感受器——嗅细胞，刺激作用不经过丘脑直接传入脑内的嗅球。嗅觉是一种比较原始的感觉，许多动物借助于嗅觉来维持生命的传宗接代。人的嗅觉是种系发展中很古老的功能之一，在进化早期也曾具有重要的保护生存、防御危险的价值，但随着文明的发展，其作用日渐减弱，只和日常生活中感知事物的过程相关。

嗅觉器官在胎儿 30 天即在胎儿头部发生，称作鼻基板。7 周时嗅上皮即已固定在鼻腔上部。6 个月胎儿鼻孔拓通，嗅细胞开始接受刺激，嗅觉结构在 7~8 个月形成。

感觉的发展还有许多，如痛觉、温度觉、动觉等。新生儿对痛觉的感受性是很低的，随着年龄的增长，痛觉越来越敏感，以后逐渐增强。而且儿童对疼痛的反应与儿童的情绪有很大的关系，成人的暗示可以增强或减弱儿童对疼痛的反应。婴幼儿的感觉发展速度非常快，每一种感觉都在迅速地发展，并在婴幼儿的成长过程中发挥着重要的作用，帮助儿童获得大量的感觉经验，为婴幼儿知觉的发展奠定基础。

第三节 学前儿童知觉的发生和发展

一、空间知觉

空间知觉是由视、听、触和动觉联合活动整合而成的复杂知觉，是物体的形状、大小、远近、方位等空间特性在人脑中的反映。

(一)方位知觉

方位知觉是指个体对自身或物体所处位置和方向的反映，包括上下、前后、左右等。

婴儿出生后即有了对方向的定位能力，虽然婴儿两耳之间的距离比成人短，声音到达两只耳朵的时间差比成人小，但是，婴儿已经具有听觉定位能力。婴儿通过转头确定来自左右方向的声音刺激。

正常婴儿主要依靠视觉定位。婴幼儿方位知觉的发展主要表现在对上下、前后、左右方位的辨别。1 岁多刚刚会走路的孩子，已能辨别室内的方位，知道某些用品或食品所在的位置，也知道出门的方向。一个 1 岁半的孩子拿着一张照片翻来翻去，问他找什么，他叨咕：“脸，脸……”原来，照片上只有阿姨的背影。孩子把照片翻过去，想从反面找到阿姨的脸。

据我国的研究表明：3 岁儿童已能辨别上下方位，4 岁儿童已能辨别前后方位，5 岁开始能以自身为中心辨别左右方位，6 岁儿童能完全正确地辨别上下前后四个方位，但以自身为中心的左右方位辨别能力尚未发展完善。

幼儿方位知觉的发展早于方位词的掌握，幼儿从具体的方位知觉上发展到方位概念须经过较长一段时期，而方位知觉的发展是幼儿正确掌握方位词的基础。由于方位带有很大的相对性，因而教师要运用一些方法帮助幼儿掌握方位，可以把一些生活中的具体做法或实物与幼儿对方位的掌握结合起来。例如，幼儿只能掌握以自身为中心的左右，教师可以将右手与拿笔、使用勺子或筷子的手结合起来，向左或者向右转，可以说成转向靠门的一边，当教幼儿学习操或舞蹈时，教师要以幼儿的左右为基准。

方位知觉的发展是幼儿入学准备重要内容，因为学生学习活动中的读写算都需要精确的方位知觉。

(二)形状知觉

1. 婴儿形状知觉的发展

关于婴儿形状知觉的发展，范兹曾用人脸、报纸、靶心图、纯色红圆形、白色圆形和黄色圆形六种图形为实验材料，以初生 2~3 个月的婴儿为被试，采用偏爱方法，记录他们注视每种材料的时间。结果表明：①无论是 2~3 个月的婴儿，还是大于 3 个月的婴儿，对于人脸的注视时间最长，而且 2~3 个月的婴儿比大于 3 个月的婴儿更习惯看人脸。②2~3 个月的婴儿和大于 3 个月的婴儿对报纸和靶心图的偏爱程度一样。③2~3 个月的婴儿对于纯红色圆形和黄色圆形的偏爱程度低于大于 3 个月的婴儿。但是对于白色圆形，2~3 个月的婴儿对其注视的时间明显短于大于 3 个月的婴儿。

范兹又对此作了进一步的研究，实验材料同上一个研究，选择了出生只有48个小时的新生儿为被试。结果发现，该年龄的新生儿对人脸和靶心图的注视时间比对纯红色、白色和黄色圆形的长。这一结果表明：人类似乎天生就喜欢人脸和靶心图等形状。

2. 幼儿形状知觉的发展

对幼儿期形状知觉发展的研究，往往是通过让幼儿用眼或用手辨别不同几何图形进行的。我国学者的一些研究发现，幼儿的形状知觉发展得很快。天津幼儿师范学校曾做了3~7岁幼儿认识几何图形的实验研究。研究者要求幼儿从11种图形中按直观范例和按图形名称找出相应的几何图形。结果表明：随着年龄的增长，幼儿正确认识图形(包括正确选择和正确名称)的百分率逐步提高，而完成任务所用的平均时间则逐渐减少。幼儿按直观范例选择图形的正确百分率高于按图形名称正确选择的百分率，而能正确地说出图形名称的百分率最低。幼儿对各种图形的正确认识率以圆形最高(3岁100%通过)；正方形、等边三角形、半圆形、长方形次之(通过率为90%~96%)；梯形、菱形最低(通过率为76%~80%)。

丁祖荫等曾研究幼儿辨认12种物体平面形状的能力，发现幼儿辨认物体平面形状的能力随年龄增长而提高。幼儿辨认形状时配对最容易，指认次之，命名最难。幼儿掌握八种形状自易到难的次序是：圆形、正方形、三角形、长方形、半圆形、梯形、菱形和平行四边形。

婴幼儿形状知觉的发展特点提示我们，在教育过程中要考虑到婴幼儿形状知觉发展的规律和特点，由简到繁，由易到难，循序渐进地发展婴幼儿的图形知觉能力。

(三)大小知觉

大小知觉是个体对外界物体大小的反映。婴儿已具有对大小的判断能力并具有对物体大小知觉的恒长性。一个实验让6~12周的婴儿建立了看见某一块积木就转头的条件反射。训练时，积木距婴儿的距离为3英尺，其后，改变了积木与婴儿之间的距离。按说，距离变化后，物体在婴儿视网膜上形成的映象会发生变化，即变大或者变小了，可是，婴儿对距离变化的反应没有变化，照样转头，说明6周婴儿对积木大小的知觉已显示了知觉的恒长性。

儿童从2岁半到3岁，判别平面图形大小的能力急剧发展。

儿童触觉和动觉的共同活动和经验的积累，有利于幼儿对积木大小的知觉。3岁幼儿一般已能判别图形大小。4~5岁幼儿在判别积木大小时，要用手去逐块地摸积木的边缘，或把积木摞在一起进行比较，而且有的孩子能先找出物体的相应部分进行比较。5~6岁幼儿甚至有个别儿童能借助其他中介物作为比较的量尺来判别大小。6~7岁幼儿由于经验的增长，已经可以单凭视觉指出一堆积木中大小相同的。

一些研究还指出，幼儿判别大小能力的发展和教育条件密切相关，可通过日常生活和游戏，特别是积木活动，培养婴幼儿对大小的敏感性和判断能力。

(四)距离知觉

距离知觉是一种以视觉为主的复合知觉，包括前庭等其他感觉。

婴儿出生两天后对趋向自己的物体已有防御反应，当物体靠向婴儿时，婴儿会睁大眼睛，同时仪器显示，婴儿头向后退。物体再靠近时，婴儿会用手去挡，使物体不靠近自己的脸。但是，如果是用空气代替实物吹向婴儿，即没有视觉信息时，婴儿则没有防御反应。

如果用一个影子代替实物时，即视觉刺激较弱时，防御反射也减弱。由此说明，婴儿已具有以视觉为主的距离知觉。

有研究表明，婴儿对在自己面前经过但明显地不会碰到自己的物体，不但不发出防御反应，反而显示出对它的兴趣，而对趋近并可能碰到自己的物体，则产生防御反射，说明婴儿能够区分物体与自己的距离。

3 岁左右的幼儿距离知觉发展还不完善。这个年龄的孩子在走路时，经常不能准确地跨越沟和坎。幼儿在看图时，也往往反映出距离知觉发展的不足，他们分不清图画中重叠在一起的两个物体的远近，或常常以为掩盖者是大的，被掩盖者是小的。他们不知道实际上两个物体大小相同，只因掩盖者在近处，被掩盖者在远处。距离知觉的发展与经验有关。

深度知觉是距离知觉的一种，儿童对深度知觉是先天就具有的，还是通过后天学习获得的，这是一个有争论的课题。美国心理学家吉布森和沃克(E. L. Gibson & R. R. Walk，1960，1961)精心地设计了一种"视崖"实验。一块大的玻璃平台中间放有一块略高于玻璃的中央板。板的一侧玻璃上铺有一块格子形的图案布，因为它与中央板的高度相差不多，看起来似乎像个"浅滩"。在中央板的另一侧离玻璃几尺深的地面上也铺上同样格子形的图案布，使儿童造成一种错觉，这里似乎像"悬崖"。然后把 6.5~14 个月的婴儿放在中央板上，让孩子的母亲分别在"浅滩"和"悬崖"两边招呼孩子。实验结果表明，36 名被试中有 27 名愿意从中央板爬过"浅滩"来到母亲身边，只有 3 名"冒险者"爬过悬崖。大多数婴儿见到母亲在悬崖一边招呼时，不是朝母亲那边爬，而是朝离开母亲的方向爬，还有一些婴儿哭叫起来。这个实验表明，婴儿早就有了深度知觉，但还不能由此断定深度知觉是先天的，因为它很可能是在出生后的 6 个月中学会的。于是坎坡斯和兰格(J. J. campos & Sia. Langer，1970)采用更为灵敏的技术研究婴儿的深度知觉。他们的实验对象缩小到 2~3 个月甚至更小的婴儿，测定婴儿被放在"浅滩"和"悬崖"两边时的心率变化，结果发现这个年龄的婴儿被放在"悬崖"一边时，心跳速率就会减慢，而放在"浅滩"一边时，心率并未减慢，这很可能是由于婴儿把"悬崖"作为一种好奇的刺激来辨认。如果把 9 个月的婴儿放在"悬崖"一边，心率不是减慢而是加快了，因为经验已使他们产生了害怕的情绪。

二、时间知觉

时间是物质存在的一种形式，它是对客观事物运动的延续性和顺序性的反映。对于婴幼儿来说，时间是比较抽象的，没有直观的形象，看不见，也摸不着，很难感知它。

时间知觉没有专门的时间分析器，需要借助于直接反映时间流程的媒介物才能完成，如自然现象、生活规律、生理节奏等，而对于专门测定时间的仪表，婴幼儿掌握得比较晚。

婴儿掌握时间主要靠生理上的变化产生对时间的条件反射。婴儿往往是靠"生物钟"所提供的时间信息而产生时间知觉。婴儿会用哭声提示成人吃奶的时间到了，能够自己睡觉，自己醒来，这一切都是靠条件反射来完成的。

随着年龄的增长，儿童不仅具有依靠生物性的时间知觉，还有了与具体事物和事件相联系的时间知觉。幼儿主要是依靠生活中接触到的事物的现象和变化与时间建立起相对应的关系，形成时间知觉。幼儿认为妈妈送我去幼儿园就是早晨，接我回家就是晚上。另外幼儿还会根据日夜和季节的变化来判断时间，知道太阳升起来是早晨，太阳落山是晚上。北方的儿童会认为，穿背心、短裤是夏天，穿棉衣是冬天。幼儿逐渐能够通过钟表和日历认识时间，起初常常把钟表和日历上的字符形象化，并把它们与某种事情联系起来，知道

“日历上是红字的日子，妈妈和孩子都在家休息，到了黑字的时候妈妈要上班，孩子要上幼儿园。时钟上的小人站在一条直线上时是 6 点钟，该起床了”。到了中班，在成人的教育下，幼儿开始能够认识钟表和日历上的字符，能够认识整点。当成人说出具体时间时，孩子能够理解。

幼儿对时间的估计还不是很准确，皮亚杰曾对儿童的时间知觉做过实验研究，研究是这样进行的：给学龄前儿童看桌子上放着的两个机械蜗牛，实验者同时使两个蜗牛启动爬行，其中一个蜗牛爬得快，另一个蜗牛爬得慢。当快的蜗牛已经停止时，慢的蜗牛还在爬，可是最终仍未赶上快蜗牛。在这种情况下，儿童不能正确地再现究竟是哪个蜗牛先停下。大部分幼儿都说慢蜗牛先停止，因为它走的路程比较短。在皮亚杰的实验里，4.5~5 岁的儿童还不能把时间关系和空间关系区分开来；5~6.5 岁儿童开始把时间次序和空间次序分开，但仍不完全；7~8.5 岁儿童才最后把时间与空间关系分别开来。

我国也有过对时间知觉的研究(黄希庭，1963)，研究对象是 5~8 岁的儿童。研究结果表明，5 岁儿童时间知觉极不准确，并且极不稳定；6 岁儿童时间知觉基本上与 5 岁儿童相似，只是对短时距知觉的准确性和稳定性有所提高；7 岁儿童开始利用时间标尺，但主要利用外部时间标尺，能利用内部时间标尺的很少；8 岁儿童已能主动地利用时间标尺，时间知觉的准确性和稳定性开始接近成人。

黄希庭等(1979)进一步的研究表明，5 岁儿童还分不清空间关系和时间关系，往往用事物的空间关系代替时间关系；6 岁儿童已开始把时空关系分开，但很不完全，再现时距的准确度仍受到空间关系的影响，7 岁儿童已基本上把时空关系区分开来；8~9 岁时不仅能把时空关系区分开，还能较准确地再现时距，其结果基本上与皮亚杰的研究结果一致。该实验还发现，7 岁儿童可能是时间观念发生质变的阶段。

方格等曾研究了 4~7 岁和 5~8 岁儿童知觉时间的顺序，结果是：最早感知的是一日中的早中晚，然后是知觉一周内的时序，最后是认知一年四个季节的时序。4 岁儿童对认知一日的时序仍有困难；5~6 岁对认知一年内的时序有困难。儿童先认知时序的固定性，然后认知时序的相对性。

第四节　学前儿童观察力的发展及其培养

观察是有目的、有计划的、比较持久的知觉过程。观察是知觉的高级形式，是人从现实中获得感性认识的主动积极的活动形式。观察是人们学习知识、认识世界的重要途径，观察的全过程和注意、思维等心理活动密切联系。观察在人的学习、工作实践中具有重要的作用和意义，观察是获得知识的门户，一切科学实验，一切科学的新发现、新规律，都是建立在周密的、精确系统的观察基础之上的。巴甫洛夫一直把“观察、观察、再观察”作为座右铭，告诫学生“不会观察，就永远当不了科学家”。达尔文在总结自己的成就时曾说：“我既没有突出的理解力，也没有过人的机智，只是在观察那些稍纵即逝的事物，并对其进行精确的观察的能力上，我可能在众人之上。”

观察力就是分辨事物细节的能力，是智力结构的组成部分，它是经过系统的训练，逐渐培养起来的。3 岁前的儿童缺乏观察力。他们的知觉主要是被动的，是由外界刺激物特点引起的。而且，他们对物体的知觉往往是和摆弄物体的动作结合在一起的。

一、学前儿童观察力的发展

幼儿期是观察力初步形成的时期，幼儿观察的目的性、持续性、细致性和概括性等都在逐渐完善。

(1) 观察的目的性、幼儿初期，不善于自觉地、有目的地进行观察，不能接受观察任务，往往东张西望，或只看一处，或任意乱指。他们在没有其他刺激干扰的情况下，还能够根据成人的要求进行观察，但在其他因素干扰的情况下，容易离开既定的目的。幼儿中晚期观察的目的性逐渐增强，能根据任务有目的地观察，能够开始排除一些干扰，根据活动或成人的要求来进行观察。

(2) 观察的持续性。幼儿观察持续性的发展与观察目的性的提高密切联系。幼儿初期，观察持续的时间很短。在阿格诺索娃的实验中，三四岁幼儿持续观察某一事物的时间平均为 6 分 8 秒。五岁幼儿有所提高，平均为 7 分 6 秒，从六岁开始观察持续时间显著增加，平均时间为 12 分 3 秒。幼儿观察的持续时间随着年龄的增长而延长。

(3) 观察的细致性。幼儿初期，观察的细致性较差，只能观察到事物粗略的轮廓，只能看到面积大的和突出的特征。而中晚期观察逐渐细致，能从事物的一些属性来观察，如大小、形状、颜色、数量和空间关系等，不再遗漏主要部分。

(4) 观察的概括性。幼儿初期，在观察中得到的是零散、孤立的现象，这些不系统的信息使幼儿无法知觉到事物的本质特征。中晚期幼儿能够有顺序地进行观察，从而获得了对事物各个部分及各部分之间关系的比较完整的系统的印象，因此能比较顺利地概括出本质特征。

二、学前儿童观察力的培养

(1) 明确观察的目的和任务。幼儿观察具有目的性不强的特点，他们观察的目的任务往往需要成人帮助提出。观察的效果如何，取决于目的任务是否明确，观察的目的任务越明确，观察时的积极性就高，对某一事物的感知就越完整、清晰。相反，目的任务不明确，幼儿就会东瞧瞧、西望望，抓不住要观察的对象，得不到收获。

(2) 激发观察的兴趣。兴趣是入门的向导。教师在向幼儿提出观察的目的和任务时，要以生动的语言和饱满的情绪来感染幼儿，激发他们观察的兴趣、愿望；在观察过程中教师也要以良好的情绪和精神状态影响幼儿。同时，教师也要引导幼儿注意观察周围的事物，使幼儿对自然界、对社会生活产生浓厚的兴趣。

(3) 教给幼儿观察的方法。由于幼儿的经验和认识能力的限制，他们在观察客观事物时往往抓不住要点。因此，要教会幼儿观察的方法，即应该教会幼儿先看什么、后看什么、怎样去看，引导幼儿由近及远、由表及里、由局部到整体或由整体到局部、由明显特征到隐蔽特征，有组织、有顺序地进行观察。

(4) 运用多种感官观察。在观察过程中，启发幼儿运用多种感觉器官参与观察活动，这样有利于幼儿形成立体知觉形象，同时也有利于提高大脑皮层的分析综合活动的状态和活力。

本章小结

感觉是人脑对直接作用于感觉器官的客观事物的个别属性的反映，分为内部感觉和外部感觉。知觉是人脑对直接作用于感觉器官的客观事物的整体属性的反映。根据知觉过程中起主导作用的分析器不同，可以把知觉分为视知觉、听知觉、嗅知觉、味知觉和肤知觉等；根据知觉对象不同，可以把知觉分为物体知觉和社会知觉。物体知觉主要有空间知觉、时间知觉和运动知觉。感觉和知觉在学前儿童的心理发展中占据重要的位置，是他们其他心理过程发展的基础和前提。

学前儿童感知觉的发生发展主要表现为视觉、听觉、触觉，在胎儿期已经出现，而且出生后迅速发展；其他感知觉，如空间知觉和时间知觉等也随着学前儿童生理和心理的发展在不断地发展着。

观察是有目的、有计划、比较持久的知觉过程。幼儿期是观察力初步形成的时期，幼儿观察的目的性、持续性、细致性和概括性等都在逐渐完善。培养学前儿童的观察力应从以下几方面做起：首先，明确观察的目的和任务；其次，激发观察的兴趣；再次，教给幼儿观察的方法；最后，运用多种感官观察。

【推荐阅读】

[1] 高月梅，张泓．幼儿心理学．杭州：浙江教育出版社，2009

[2] 但菲，刘彦华．婴幼儿心理发展与教育．北京：人民教育出版社，2010

[3] 叶奕乾，祝蓓里．心理学．上海：华东师范大学出版社，2013

[4] [美]劳拉·E．贝克．儿童发展．吴颖等译．南京：江苏教育出版社，2002

思考题

1. 什么是感觉，感觉有哪几种类型？
2. 什么是知觉，知觉的特性有哪些？
3. 学前儿童感知觉的发展表现在哪些方面？
4. 结合实际阐述如何培养学前儿童的观察力。

学前心理学

微信扫天下　课程掌中观

第四章.pptx

注意是打开人们心灵的唯一门户，意识里的一切都必然要通过它。

——乌申斯基

最好的方法就是让学生聚精会神学习的方法。

——蒙台梭利

第五章　学前儿童注意的发展

本章学习目标

➢ 了解注意的概念、种类及其外部表现。

➢ 掌握学前儿童注意发展的特点。

➢ 理解培养学前儿童注意力的方法。

核心概念

注意(attention)　无意注意(involuntary attention)　有意注意(voluntary attention)

案例导读

在一个教学活动中，李老师正在给全班的孩子讲故事《拔萝卜》。芳芳总是不停地把头转向门口，并不认真听李老师讲故事。暗示了她几次都不见效果，于是李老师把芳芳叫到自己身边，看着她，以便让她安静地听故事，但芳芳还是不时回头看门口。李老师很奇怪芳芳今天的表现，后来妈妈来接芳芳才了解到，妈妈早上对芳芳说今天要带芳芳去外婆家，下午会很早就来接她，可是一直不见妈妈出现，所以她很焦虑，老师讲故事也听不进去。

案例中芳芳没有注意听讲，老师在上课时为什么没有真正把握孩子注意力不集中的原因？

第一节　注 意 概 述

一、注意的概念

注意是心理活动对一定对象的指向和集中，是伴随着心理过程的一种心理状态。

客观世界纷繁复杂，每时每刻都有大量的刺激作用于感觉器官。但是，人的感觉器官在某一时刻接受外界刺激的能力是有限的，不可能对所有的刺激都做出同样清晰的反应，因而人就要有选择地接受外界刺激，把心理活动指向并集中于选择的刺激，并对所选择的刺激进行精细的加工。人的意识的这种属性就是注意。

注意不是一种独立的心理过程，而是伴随着感觉、知觉、记忆、思维、想象等心理过程的一种心理状态。注意表现于人的心理活动中，是心理活动的共同特性。人的任何心理过程的开端，总是表现为其注意指向于这一心理过程所反映的事物。在心理过程开始之后，注意并不消失，它伴随着心理过程，保证着心理过程能顺利地进行，并使这种心理活动不断地深入。离开了心理过程也就不存在注意的现象。注意是人们获取知识、掌握技能、完成各种智力操作的重要条件，也是人们进行心理活动的一个必要的条件。只有在注意状态下人们才能有效地监控和调节自己的行为，从而顺利地完成活动，实现预定目的。日常所说的“聚精会神听课”“专心致志写作业”指的就是注意。

二、注意的特征

指向性、集中性是注意的两个基本特征。

(一)注意的指向性

注意的指向性是指由于感觉器官容量的限制，心理活动不能同时指向所有的对象，而只能选择某些对象，舍弃另一些对象。它表现出人的心理活动具有选择性。例如，我们在看电视、电影时，对于主要演员的一言一行都清清楚楚，可是要问某个群众演员在某个情节做了什么，估计绝大多数人是回答不上来的。这就是因为在看电视、电影时我们的注意是指向主要演员的。

(二)注意的集中性

注意的集中性是指心理活动能全神贯注地聚焦在所选择的对象上，不仅指离开一切与活动对象无关的东西，还包括对干扰活动对象的刺激进行抑制，以保证注意的对象能得到比较鲜明和清晰的反映。它表现在心理活动的紧张性和强度上。例如，学生在听自己喜欢的课时，总是比较长久地把心理活动保持在教师的讲述上，而对周围发生的事物视而不见、听而不闻。

三、注意的功能

注意作为一种复杂的心理活动和积极的心理状态，主要有以下三种功能。

(一)选择功能

注意的选择功能是指注意使心理活动选取有意义的、符合当前需要的刺激，排除或抑制无关的刺激，使心理活动具有一定的方向性。从这个意义上说，注意为人的认识活动设置了一道过滤机制，使人们能在纷繁复杂的刺激面前做出有意义的选择，为更好地生活和学习提供条件。

(二)维持功能

注意的维持功能是指注意能使选择后的大量刺激信息在意识中得以保持，以便人脑对其做进一步的加工，直到任务完成。如果选择的注意对象转瞬即逝，那么正常的心理活动就无法进行，也就无法进行正常的学习和工作。

(三)调节和监督功能

注意的调节和监督功能是指注意能使人调节其心理状态而集中心思，克服困难，监督其继续坚持到底达到预定的目标。从这个意义上说，注意能调整人的心理状态并使心理活动处于一种积极的状态之中。例如，生活、学业所致的紧张、焦虑等都可以用注意去调整。

四、注意的外部表现

人在注意时，常常伴随着特定的生理变化和某些外部表现，它们可以作为研究注意的客观指标。注意的外部表现主要有以下三种。

(一)适应性动作的产生

这是注意时最明显的外部表现。人在注意时，为了获得最清晰的印象，有关的感觉器官往往是朝向注意的对象并伴随着适应性运动的产生。例如，人在注意听声音时，就会把耳朵朝向声源的方向，即侧耳倾听；人在注意看远处物体时，就会把视线集中在远处物体上，即凝神远望；当人们沉浸于思考或想象时，眼睛会“呆视”着某一个方向，即托腮沉思，等等。

(二)无关动作的停止

这是高度注意的一种特征。当人在高度注意时，身体肌肉处于紧张状态，这时多数无关的动作会停止下来。例如，小朋友们全神贯注地看动画片时，手上的动作就会自动停止，交头接耳的现象也会自动消失。

(三)呼吸运动的变化

人在集中注意时，呼吸变得轻微而缓慢，并且会出现吸气变短、呼气延长。当注意力高度集中时，甚至会出现呼吸短暂停止的“屏息”现象。此外，在紧张注意时，还会出现心跳加速、牙关紧闭、拳头紧握等现象。

总之，外部表现可以作为判断一个人是否处在注意状态的依据，但并不是所有的注意状态都能通过外部表现反映出来。因为有时注意的外部表现可能与内部状态不相符合。比如，通常所说的“心不在焉”，就是指注意貌似集中于某一事物，而心理活动实际上指向于另一事物，即注意的指向与感官朝向不一致。

五、注意的分类

根据注意的产生有无预定目的以及保持注意时是否需要意志的努力，可以把注意分为无意注意和有意注意两种。

(一)无意注意

无意注意又称为不随意注意，指预先没有预定目的，也不需要作意志努力的注意。例如，上课时，大家都在注意听课，走廊里突然出现一阵喧哗声，大家不约而同地朝走廊看过去，并且不由自主地张望，这就是无意注意。

无意注意是一种定向的探究反射，用于有机体把相应的注意朝向环境的变化，注视着、倾听着有关的新事物，借助这种反射就有可能更清楚、更全面地查清刺激物的性质，弄清刺激物的意义和作用，从而使有机体在这种环境中确定活动的方向。

引起无意注意的因素主要有两个方面：一是客观刺激物的特点，二是人本身的状态。

1. 刺激物的特点

(1) 刺激物的新异性。

这是引起无意注意的最重要原因。新颖的、异乎寻常的刺激物很容易成为无意注意的对象。例如，大街上打扮新潮的人，动画片中造型奇特的人物，都容易引起人们的注意。

(2) 刺激物的强度。

一般来说，刺激物的强度越大，越容易引起人们的无意注意。例如，巨大的声响、耀眼的光线、浓烈的气味，都会引起人们的无意注意。但是，在无意注意中，刺激物的相对强度往往比刺激物的绝对强度更有意义。例如，在寂静的夜晚，轻微的耳语就能引起人的注意；机器隆隆作响的工厂，再大的说话声也无法引起人的注意。

(3) 刺激物的活动和变化。

运动变化的刺激物比起静止不动的刺激物更容易引起人们的无意注意。例如，夜晚大街上的霓虹灯，草坪上奔跑的孩子，教师讲课时语调的抑扬顿挫，都很容易引起人们的注意。另外，刺激物的突然出现和突然停止更容易引起无意注意。例如，教师在讲课过程中，突然停止讲课，就能引起学生的无意注意。

(4) 刺激物之间的对比关系。

刺激物的对比关系显著，容易引起人的无意注意。例如，许多圆形中的一个三角形，鹤立鸡群，万绿丛中一点红，许多断续而短促的声音中的一个长而持续的声音，都容易引起人的注意。

2. 人本身的状态

无意注意不仅由外界刺激物被动地引起，而且和人的需要、兴趣、知识经验、情绪和精神状态等主观条件都有着密切的关系。

(1) 需要和兴趣。凡是能满足人的需要(不论是机体的、物质的需要或者是精神的需要)、符合人的兴趣的事物，就容易成为无意注意的对象。例如，不同的人们看报时所注意的消息往往有所不同；教师总是更多地注意文教方面的报道；而足球类的新闻很容易引起球迷的注意。这是由人们的需要、兴趣的不同所造成的。

(2) 情绪状态。人的情绪和精神状态直接影响其对事物的注意，良好的情绪和精神状态可以促进人们对更多的事物产生无意注意。闷闷不乐的人和精神疲惫的人，周围的事物都难以引起他的注意。所谓“视而不见”“听而不闻”，有时就是在这种情绪状态下产生的。

(3) 健康状况。人在疾病、过于疲劳或者处于嗜睡状态时，常常不能觉察到那些在精神饱满时很容易引起注意的事物。人在身体健康、精神饱满时，最容易对新事物发生注意，同时注意也能集中、持久。

(4) 知识经验。知识经验对注意有很重要的影响。例如，不识字的儿童会对有图片的故事书长时间翻看，而全部是文字的故事书难以引起他的注意。之所以如此，是由于个人已有的知识经验对保持注意有着巨大的意义。

现实生活中，客观刺激物的特点、人的本身的状态这两个因素并不是孤立地发挥作用，而是常常紧密地结合在一起，共同对无意注意的产生起作用。人当主客观条件同时具备时，无意注意容易发生。

(二)有意注意

有意注意也称随意注意，是有预定的目的、需要作一定努力的注意。这种注意不仅指向个人乐意要做的事情，而且指向他应当要做的，例如，重要考试前，即使单调、乏味、疲劳或环境中有干扰因素困扰，人能通过意志的努力，使注意力保持在学习的内容上，这就是有意注意。显然，有意注意是受意识的调节和支配的，是人类特有的注意形式。假如一个人缺乏有意注意的能力，要想在学习、工作中做出成绩，那是不可想象的。

有意注意依赖于很多因素，最主要的有以下三个方面。

1. 消除与活动无关的干扰

虽然有意注意的产生和保持在有干扰的情况下也是可能的，但干扰毕竟不利于注意的坚持。为了坚持对某一对象的注意，应设法采取措施，消除与完成活动任务无关的干扰。例如，保持环境的安静，把学习的环境收拾整齐，把学习需要的物品准备齐全等，都有助于注意的保持。

2. 明确活动的目的和任务

有意注意是服从于活动目的和任务的注意。对于活动目的和任务理解得越清楚、越深刻，完成任务的愿望越强烈，那么，为完成这项任务所必需的一切就越能引起有意注意。例如，课前预习就是让学生通过预习，发现没看懂的地方，引起有意注意，学生有了明确而具体的听课目的，就能有效地从课堂上获取相应内容的信息。

3. 培养稳定的间接兴趣

兴趣是引起和维持注意的强大动力。所谓的间接兴趣，是对活动的最后结果有兴趣。这种对活动结果的兴趣(间接兴趣)能够维持人们稳定而集中地注意。例如，对很多人来说，学习外语是有一定困难的事情，但不少人认识到掌握外语的重要意义，所以仍枯燥地背单词、记文章。这种间接兴趣越稳定，就越能对活动的对象产生有意注意。

(三)有意后注意

有意后注意是指有预定目的，但不需要意志努力的注意。有意后注意是注意的一种特殊形式。同时具有无意注意和有意注意的一些特征，它和预定目的、任务联系在一起，类似有意注意；但它不需要意志的努力，又类似无意注意。

从发生上讲，有意后注意是在有意注意的基础上发展起来的。例如，对学前教育专业的同学而言，最初要完成观察儿童作业的任务是需要意志努力的，这个时候还处于有意注意的水平。后来，随着对专业、对儿童的兴趣越来越高，即便老师没有布置观察任务，自己也想去观察儿童，甚至走在路上遇到儿童，都要停下来细细观察，而且乐在其中，丝毫不觉得是需要付出意志努力的。这个时候，就已经达到了有意后注意的水平了。

有意后注意既服从于当前的活动目的与任务，又能节省意志的努力，所以对完成长期、持续的任务特别有利。培养有意后注意的关键是发展对活动本身的直接兴趣。

六、注意的品质

注意的品质包括注意的广度、注意的稳定性、注意的分配和注意的转移。

(一)注意的广度

注意的广度又称为注意的范围，是指同一时间内能够清楚地把握对象的数量。它是注意在空间上的特性。一方面，注意的广度受刺激物特点的影响。例如，刺激物集中、排列有规律、整体性强，则注意的广度大；反之，则小。另一方面，注意的广度也受个体心理活动的任务与知识经验的影响。任务多，注意广度小；反之，则大。有关知识经验丰富，则注意广度大；反之，则小。

注意广度的扩大，在人们的生活实践活动中具有重要的意义。扩大注意范围，可在同一时间内输入更多的信息，直接有助于学习和工效率的提高。例如，在学习时，“一目十行”，就可加快阅读速度。至于一些特殊的职业，如驾驶员、侦察员、体育裁判员、教师等，都需要有较大的注意范围。

(二)注意的稳定性

注意的稳定性又称为注意的持久性，是指注意在同一对象或活动上所能维持的时间。它是注意在时间上的特性。一方面，注意的稳定性受刺激物的强度和复杂性的影响。刺激强度较大，持续时间较长，注意就容易稳定。另一方面，人的身体状况、年龄、兴趣、积极性等也会影响注意的稳定性。一般而言，身体健康、精力充沛、兴趣浓厚、心情愉快、态度积极，注意的稳定性明显提高。另外，注意稳定性随着个体年龄增长而提高，幼儿阶段和中学阶段发展速度慢，小学阶段发展速度则很快。

注意的稳定性在人们的工作和生活中具有重要的意义。例如，外科医生在连续几小时的手术中聚精会神地工作，雷达观察站的观测员长时间地注视雷达荧光屏上可能出现的光信号等，都需要稳定的注意。没有稳定的注意，人们就难以有效地完成任何实践任务。

(三)注意的分配

注意的分配是指在同一时间内，把注意指向两种或多种不同的对象或活动。注意的分配与注意的分散或分心是不同的。注意的分散或分心，是指因客观无关刺激的干扰，或单调、机械的长期刺激，使注意离开当前必须完成的任务。

注意分配的条件取决于同时进行几种活动的复杂程度、自动化程度、性质及相互之间的关系。有些人可以边骑自行车边聊天，边看电视边织毛衣，那是因为聊天、看电视是简单的活动，而骑自行车和织毛衣已经非常熟练了，达到了不需要特别动脑筋的程度。另外，把注意分配在几种动作上比较容易，而把注意同时分配在几种智力活动上就比较困难。如果同时进行的几种活动之间毫无联系，那么，要同时进行这些活动就很困难；例如，同时一手画圆、一手画方，就很少有人能够做到了。

在人们的学习、工作和生活中，经常要进行注意的分配。例如，教师一边讲课，一边观察学生听讲的情况；歌手一边弹一边唱一边跳等。

(四)注意的转移

注意的转移是指人根据新任务的需要主动地把注意从一个对象转向另一个对象，或从一种活动转到另一种活动。注意的转移和注意的分散是两个根本不同的概念。注意的转移是在活动需要的时候，有意识地把注意从一个对象转向另一个对象；而注意的分散是在需要注意稳定时，注意中心离开了需要注意的对象。

影响注意转移的条件包括：原来的注意紧张度、新刺激物的特点、个体高级神经过程的灵活性。原来注意的紧张度越低，新刺激物越有吸引力，个体高级神经过程灵活性越好，注意就越容易发生转移。

总之，注意的上述四种品质是密切联系的。活动的效率不仅取决于是否具备注意的某一品质，而且取决于完成一定的活动时如何把它们正确地结合起来。

七、注意在学前儿童心理发展中的作用

意大利儿童教育家蒙台梭利曾经说过：“给人类带来进步的伟大发现，与其说是由于科学家们的教养或者他们的知识，不如说是由于完全聚精会神的能力，他们的智慧使得他们能够埋头于他们感兴趣的工作。” 注意这种伴随心理活动的积极的、能动的状态，具有选择、维持、监督和调节功能。它是有效学习和实践活动顺利进行的重要心理条件。在学前儿童的心理发展中具有重要的作用。

(一)注意与学前儿童感知的发展

俄国教育家乌申斯基说过“注意是心灵的天窗”，只有打开注意这扇窗，外界的事物才会被感知。由此可见，注意是心理现象与环境之间的桥梁，是感知觉的先决条件。儿童必须通过注意与外界建立联系，从而进一步通过感知觉了解注意所指向与集中的对象；其次，注意是感知觉的基础，如果一切认识活动没有了注意的指向与集中，就会变得视而不见、听而不闻；再次，注意是研究学前儿童感知觉发展的重要指标，例如，婴儿不能用语

言表达自己的心理感受及对刺激物的反应，所以通过婴儿注意的表现可以了解到他的心理反应。

(二)注意与学前儿童记忆的发展

注意的维持功能使儿童通过感知获得的信息能够进入长时记忆系统。也就是说，儿童注意发展的水平越高，其记忆发展的水平就越高，特别是有意记忆的水平就越高。如果个体没有对一些对象集中注意，则只能对信息进行感觉分析后进入短时记忆，而无法进入长时记忆。也就是说，注意发展水平低的儿童，其记忆发展水平也低。

(三)注意与学前儿童思维的发展

注意能加强儿童思维活动的持久性。思维活动的广度、深度、持久性往往受到注意能力的限制，学前儿童只有集中注意时，才能坚持思考某一问题；一旦注意转移或分散，原来的思维活动也就终止了。所以，儿童注意水平的高低会直接影响儿童思维及想象力的发展。

(四)注意与学前儿童学习的发展

注意是感知觉、记忆、思维等心理活动不可缺少的，是学习的先决条件，注意的范围、稳定性、分配、转移等品质的发展水平决定着学习的效果。儿童集中注意时，学习效果好，能力提高也快。研究表明，超常儿童的注意力往往超过一般儿童，其学习水平也远超一般儿童。

(五)注意与学前儿童社会性的发展

注意的调节和监督功能使学前儿童与他人交往时，不仅能够全神贯注地倾听，而且有助于理解对方的话语、情绪、情感，从而能够更有效地调整其交流方式。这种调整使得儿童获得更多成功交往的积极体验，提升儿童交往的意愿，习得更多交往的经验，由此进入良性循环。因此，注意有助于学前儿童社会性的发展。

第二节　学前儿童注意发展的规律

一、学前儿童注意的发生

许多研究表明，在胎儿时期，个体就开始对声音有了定向反射，与此同时，已经会对不同分贝的声音刺激做出不同的反射，即对不同的声音刺激有选择性注意。

(一)注意发生的指标

通常来讲，测量新生儿及幼小婴儿注意的指标有以下几种。

1. 觉醒状态

1971 年，柯纳(Konner)等人将觉醒作为一种整体状态进行了相关研究，并把觉醒状态划分为五种不同的水平：规则睡眠、不规则睡眠、昏昏欲睡、不活跃的清醒、哭闹。研究结果显示，觉醒和注意之间是倒 U 形关系，即在觉醒状态的不同水平下，注意的状态有不同的表现。

另外，该研究表明，研究新生儿的注意应在其清醒状态下进行。新生儿的清醒周期约为 10 分钟，超过这一周期，觉醒状态开始变化，此时的不注意则和觉醒状态的变化混在一起。在适宜的觉醒状态下，新的刺激能够引发个体产生定向反应。

2. 习惯化

习惯化是指个体对熟悉的刺激所发生的注意减退现象。如果新异刺激连续多次出现在婴儿面前，或刺激保持时间较长，婴儿则不再去注意这一刺激，这就是习惯化的现象。习惯化是测量婴儿注意的重要指标，婴儿对视觉、听觉等刺激物都有习惯化的现象。测量方式是在固定时间内，向婴儿呈现某种刺激物，测定此时间段内婴儿的注视时间或心律。

3. 心理生理指标

(1) 心率变化。

心率对环境的变化非常敏感，是定向反映的一种最普遍的表现。心率变化较敏感，测量方便，结果可靠，利用现代化技术比较容易得出可靠的测量结果，因此它是最常用的心理生理测量指标之一。

(2) 瞳孔变化。

婴儿注意刺激物时，瞳孔的大小也有变化。弗兹格拉德发现，1~4 个月的婴儿注意人脸时，瞳孔大于注意非社会性刺激物； 4 个月的婴儿注意陌生人时，瞳孔大于注意母亲等抚养人的时候。

(3) 吸吮抑制。

当人们注意集中时，无关运动会受到抑制而停止，婴儿的注意也遵从此规律。当婴儿注意新刺激时，会停止身体其他部分的活动，最常见的就是停止吸吮动作。黑斯(Haith)1980 年发现，1~3 天的新生儿在注意一个活动的光点时，出现吸吮抑制，但出现一个稳定的光点时，则不出现抑制现象。这说明婴儿对活动的刺激物给予了注意。

(二)注意发生的时间

1. 胎儿的注意表现

大量的研究表明，在胎儿时期，胎儿在体内不仅受到源于母亲的呼吸、心跳、胃肠蠕动等内部不同强度声音的刺激，而且受到源于自然界和生活环境等外界不同强度声音的刺激。与此同时，胎儿在母体内已经会对不同分贝的声音刺激做出不同的反射，即对不同的声音刺激有选择性注意。所谓选择性注意是指儿童偏向于对一类刺激物注意得多，而在同样情况下对另一类刺激物注意得少的现象。选择性注意是胎儿期注意发展的一种主要表现形式。

2. 新生儿的注意行为

(1) 定向性注意。

新生儿有一种无条件反射。高强度的声音刺激会使他暂停吸吮动作；明亮的物体会引起视线的片刻停留。这种无条件定向反射可以说是原始的、初级的注意，即定向性注意。这种定向性注意主要表现为新生儿对刺激的全身性反应，包括血流、心率、汗腺分泌、瞳孔及脑电波的变化等。

(2) 选择性注意。

虽然新生儿的注意大都是由外界刺激引起的，但他们并不是被动地等待刺激，也不是对外界所有的刺激都做出反应，而是主动探索、发现信息，然后对这些信息或刺激做出有选择的反应。“感觉偏好”现象就是婴儿选择性注意发展的一个重要表现。有研究表明，新生儿对不同的对象有不同的偏好，对简单的成形的图案比对不成形的零乱的图案注视的时间要长，对人脸的注意时间多于对其他物体的注意时间，这是新生儿注意的特点。伴随着动作和认知的发展，新生儿选择性注意也在逐渐进步。

二、学前儿童注意的发展

儿童在出生时就已经有注意的出现，但是这时的注意还是无意注意。随着语言和其他心理活动的发展，当学前儿童逐渐开始学会调节自己的心理活动，并主动地集中指向某些事物时，就出现了有意注意的萌芽。

(一)学前儿童无意注意的发展

新生儿出生时就表现出一些注意现象，这是最初的无意注意的形式，伴有一定的反射性。

随着学前儿童的生长发育，无意注意也在不断地发展，并且在整个学前期占据主导地位。

1. 0~1 岁婴儿无意注意的发展

新生儿大多处于睡眠状态，满月以后，婴儿每天清醒的时间迅速延长，觉醒状态与昏睡状态之间的转换变得有规律，对外界事物的注意也不断增加，无意注意开始迅速发展。

(1) 1~3 个月的婴儿。

20 世纪 60 年代，人们对婴儿的选择性注意开展了广泛的研究，并总结出 1~3 个月婴儿注意选择性的发展特点， 其特点主要表现为感觉偏好：偏好复杂的刺激物多于简单刺激物；偏好曲线多于直线；偏好不规则的图形多于规则的图形；偏好轮廓密度大的图形多于密度小的图形；偏好具有同一中心的刺激物多于无同一中心的刺激物；偏好对称的刺激物多于不对称刺激物；偏好熟悉的刺激物；偏好新奇的刺激物。

20 世纪 70 年代，沙拉帕切克研究了婴儿的注意选择性的发展及其变化，其结果表明，1 个月的婴儿注视人脸时主要注视的是脸的边缘，并有 57%的注视完全离开了人脸而集中于视野的其他部分，所以他们不能分辨不同人的脸。3 个月的婴儿对简单几何图形的注意表现出两个明显的发展规律：从注意局部轮廓发展到注意较全面的轮廓，即从新生儿注意(视)简单形体的边、角等外周单一的突出特征发展为对轮廓较全面地扫视；从注意形体外周到注意形体的内部成分，即从新生儿注意形体的外部轮廓发展到注意有规则的形体的内部成分。

(2) 3~ 6 个月的婴儿。

奥尔森和费尔德等人对 3~6 个月婴儿的注意发展研究表明：婴儿头部运动自控能力加强，扫视环境更加容易，从而扩展了获取信息的能力；婴儿的视觉注意更加发展，视觉搜索平均时间变短，更加偏好复杂的和有意义的视觉图像；婴儿增长了对日益扩展的外部世界的好奇，探索和学习的驱动力活跃；对物体的观察和操作能力得到发展，提高了注意的质量；大量的新信息扩大了婴儿的知识基础，注意日益为婴儿对世界事物的认识所控制，尤其在社会性事件方面更为明显。

总之，对 3 个月以后的婴儿而言，生理成熟对他的注意的制约作用已经不像以前那么重要，经验开始对婴儿的注意起作用。随着经验的逐渐增加，6 个月的婴儿对熟悉的事物更加注意，并出现了动作协调的注意，即视觉和运动的注意协调起来了。6 个月以前，婴儿的注意更多地表现在注视方面。

(3) 6 ~ 12 个月的婴儿。

6 个月以后，婴儿觉醒时间增长，经常处于警觉状态。因此婴儿有更长的时间去探索事物并获得更多的新信息。同时，婴儿也有更多时间去玩耍和进行社会交往。

此外，6 个月以后，婴儿动作的发展非常迅速，不仅能够独立坐、爬行和站立，而且开始试图行走，这些使得他们活动的范围和视野明显扩大，注意选择的方面和范围也扩展了。他们通过指向拿东西、爬向某个目标等活动更广泛地选择自己注意的对象。

2. 1~3 岁幼儿前期无意注意的发展

1 岁以后，婴儿开始逐步掌握语言，表象开始发生，记忆和模仿能力迅速发展，客体永久性概念日趋完善。这一系列认知方面的发展使婴儿注意的发展更进了一步，但其注意仍然以被动引起的无意注意为主。1~3 岁婴儿注意的发展表现出如下特征。

(1) “客体永久性”与婴儿注意的发展。

客体永久性即能够找到不在眼前的物体，确信在眼前消失了的东西仍然存在。鲍厄在 1974 年根据皮亚杰提出的儿童认识发展阶段理论，系统地研究了婴儿从出生到一岁半注意的发展。其研究结果表明，婴儿在 1 岁之前，物体在其眼前消失，他就不再找，似乎物体已经不存在；但在 12~13 个月，婴儿能够找到先后藏在两个位置的一个客体，但是只有当他看见藏的动作时才能找到，如果他没有看见藏的动作就找不到。15~ 18 个月婴儿能找到不论在什么情况下藏起来的客体。

(2) 表象与婴儿注意的发展。

婴儿 1.5 ~ 2 岁时表象开始发生。20 世纪 70 年代凯根对婴儿的注意发展和表象之间的关系进行了研究，其结果表明：虽然 1 岁以后儿童的注意一般不再表现为心率减速的变化，然而在一个对 2 岁儿童的实验中，半数以上的被试在看见幻灯片中一个女人把自己的头拿在手里时，表现出明显的心率减速。这一事实说明，这个年龄的心率变化已经高度专门化，儿童已经发展了期待或预测的能力，而在事实与期待之间出现矛盾时，发生了最大程度的注意。

(3) 言语与婴儿注意的发展。

语言的发生发展使儿童注意的事物发展到了一个重要而广阔的领域。一岁半以后的婴儿童，能够集中注意玩玩具、看图片、念儿歌、听故事、看电视电影。这些注意活动都是和表象与语言分不开的。2 岁左右，婴儿语言真正形成。语词作为第二信号系统的刺激物，开始引起儿童的注意。比如当儿童听到别人说出某个物体的名称时，便把注意指向这个物体，不论它的物理程度如何，是否是新异刺激，是否能直接满足儿童机体的需要。

(4) 注意时间延长，注意的事物增加。

2 岁后儿童在活动中注意的时间已经比 2 岁前延长，对自己喜欢的电视片，基本能坚持看完。注意到周围人们的活动逐渐增多，对周围生活中出现的各种事物都能表现出明显的关注，如父母在家做的家务和日常生活的活动等。

3. 3~6 岁幼儿无意注意的发展

3 岁前儿童的注意基本上都属于无意注意。 3~6 岁儿童的注意虽然主要是无意注意，但是和 3 岁前儿童相比，他们的无意注意有了较大发展，已经进入了稳定期。幼儿的无意注意主要有以下三个特点。

(1) 刺激物的物理特性是引起无意注意的主要因素。

与 3 岁前相比，引起 3~6 岁幼儿无意注意的主要因素没有变化，仍然是刺激物的物理特性。生动逼真的形象、鲜明亮丽的色彩、强烈巨大的声响、突如其来的刺激物、事物显著的运动等，都比较容易引起幼儿的无意注意。例如，卡通图片、动画片和各种色彩鲜艳的玩具都能吸引幼儿的注意力；幼儿教师上课时运用的丰富多彩的教具、生动形象的表演也能吸引幼儿的注意。此外，还可以采用变化声音或音调的方式帮助幼儿注意教师讲课的内容。

(2) 与幼儿的兴趣和需要有密切关系的刺激物逐渐成为引起无意注意的原因。

幼儿随着年龄的增长，其生活经验比以前更丰富了，符合幼儿兴趣的事物很容易引起无意注意。例如，有的幼儿对汽车特别感兴趣，不论在何种场合，他都会去注意汽车及与汽车有关的事情；有的幼儿特别喜欢狗，与狗有关的事情最容易引起他们的注意。

此外，幼儿期出现了渴望参加成人的各种社会实践活动的新需要，成人社会的许多活动，如成人开车、医生看病、护士打针、小贩叫卖、警察维持秩序等都常常成为幼儿无意注意的对象。再有，符合幼儿的经验水平的教学内容、以游戏形式出现的教学方式也容易吸引幼儿的无意注意。

(3) 幼儿的无意注意随年龄增长不断稳定和深入。

小班幼儿的无意注意明显占优势，他们的注意容易被新奇、强烈以及运动的事物吸引，但注意的稳定性差，容易转移。例如，当一个小班幼儿在哭闹时，老师给他一个电动飞机，就会立刻使他把注意力集中在飞机上而停止哭闹。

中班幼儿的无意注意进一步发展，注意的范围更广，对于自己感兴趣的活动能够较长时间保持注意而且集中程度较高。例如，幼儿在人物扮演游戏中能够长时间扮演某个角色。

大班幼儿的无意注意已经高度发展，对于感兴趣的活动能集中注意更长的时间。注意的内容不仅仅是事物的表面特征，而是开始指向事物的内在联系和因果关系。注意的这种变化与其认识的深化有关。

(二)学前儿童有意注意的发展

有意注意是在无意注意的基础上产生的，是人类社会交往的产物，是和儿童言语的发展分不开的。

1. 6~12 个月婴儿有意性注意的出现

在注意的发展中，成人的言语指令常常起到引起和调节婴儿注意的作用。例如，在婴儿七八个月后，成人会自觉或不自觉地用言语引起婴儿的注意，“宝宝，快看！汽车！”一边说，一边用手指向汽车。成人用言语给婴儿提出注意的任务，使注意有了外加的目的。这时，婴儿的注意就不再完全是无意的了，而开始具有了有意性的色彩。

2. 1~3 岁幼儿前期有意注意的萌发

1 岁后的婴儿语言能力快速发展，婴儿的注意开始受到成人的言语及其自言自语的控制和调节。例如，成人要求婴儿看动画片，他们能集中注意看一小会儿；婴儿一边画画，一边自言自语：“可别忘了画小猫的胡子。”在这种情况下，婴儿的注意不仅能完成成人提出的活动任务，而且能自觉地运用言语使注意集中在与当前任务有关的事物上，于是出现了有意注意的萌芽。

3. 3~6 岁幼儿期有意注意的发展

进入幼儿期后，幼儿的有意注意逐渐发展，但其发展水平不高，稳定性差，处于初级阶段，需要依赖于成人的组织和引导。其发展特点主要有以下几点。

(1) 幼儿的有意注意受大脑发育水平的限制。

有意注意是由脑的高级部位——额叶控制的。额叶的成熟使幼儿能够把注意指向必要的刺激物和有关动作，主动寻找所需要的信息，同时抑制对不必要的刺激的反应，即抑制分心。儿童大脑的额叶一般到 7 岁左右才能达到成熟水平，所以，受大脑发育水平的限制，幼儿期有意注意开始发展，但远远未能充分发展。因此，大脑的发育水平限制着幼儿有意注意的发展。

大量研究表明，3~4 岁幼儿的有意注意只能保持 3~5 分钟，4~5 岁幼儿在正确的教育下能保持 10 分钟，5~6 岁幼儿能保持 15 分钟左右。可见，其发展水平大大低于无意注意。因此，在幼儿园教育教学中，一方面应充分利用儿童的无意注意，另一方面要努力培养其有意注意。

(2) 幼儿的有意注意是在外界环境特别是成人的要求下发展的。

幼儿进入幼儿期，也就进入了幼儿园这一新的生活环境和教育环境。为了适应幼儿园新环境，完成幼儿园老师提出的各项任务，幼儿必须形成和发展有意注意。所以说，幼儿的有意注意是在外界环境特别是成人的要求下发展的。而幼儿有意注意的形成和发展需要成人的引导，成人的作用在于两个方面：一是帮助幼儿明确注意的目的和任务，激发幼儿产生有意注意的动机。二是通过语言提问，激发幼儿有意注意的发生。成人提出问题，往往能够引导幼儿有意注意的方向，使幼儿有意地去注意某种事物，如提出“什么东西不一样了？”可以引导幼儿去寻找目标。三是增强注意对象的刺激性，例如，引导幼儿做一些小实验，促使幼儿注意观察实验过程或组织一些智力游戏，使幼儿注意集中于思考解决问题的方法。

(3) 有意注意是在一定的活动中实现的。

由于幼儿有意注意的水平不高，注意力容易受到环境的干扰而分散，因此在实际生活中，把智力活动与实际操作结合起来，让注意对象成为幼儿的直接操作对象，有利于幼儿有意注意的形成和发展。幼儿教师和家长可将实际活动任务融入游戏当中，让幼儿在游戏中对这些任务更好地维持有意注意。

(4) 幼儿开始逐渐掌握一些有意注意的方法。

由于有意注意是人们主动服从某种活动任务、克服一定困难的注意，受人的意识的自觉调节和支配，因此有意注意需要有一定的方法。幼儿在成人的教育和培养下，能够逐渐学会并掌握一些组织有意注意的方法。例如，用自己的语言来组织注意，用各种动作保持有意注意等。

三、学前儿童注意品质的发展

(一)注意广度的发展

学前儿童的注意广度比较狭窄。有一项实验，由主试者提供印有一些数字、图形或字母的卡片，让被试通过速示器注视该卡片不到 1/10 秒的时间，然后请被试说出他们看到了什么。结果发现，成人一般能够注意到 8~9 个黑色圆点或 4~6 个彼此不相关联的外文字母，幼儿最多能把握 2~3 个对象。可见学前儿童注意的注意广度很小。

随着学前儿童年龄和知识经验的增长以及生活实践的锻炼，他们的注意广度会逐渐扩大。天津市幼儿师范学校心理组的研究表明，在 1/ 10 秒的时间内，大部分 4 岁幼儿只能辨认 2 个点子，大部分 6 岁幼儿已能辨认 4 个点子，4 岁幼儿根本不能正确辨认 6 个点子，6 岁幼儿则已有 44% 的人能辨认 6 个点子。

鉴于幼儿注意范围较小，在实际教学过程中，教师应从以下三个方面培养幼儿的注意广度：首先，提出具体而明确的要求，同一短时间内不能要求注意太多方面；其次，在呈现挂图或直观教具时，同时出现的刺激物数目不能太多，而且排列应当规律有序；最后，采用幼儿感兴趣的方式或方法，帮助他们获得丰富的知识经验，以逐渐扩大其注意范围。

(二) 注意稳定性的发展

学前儿童注意的稳定性较差。有研究表明，在良好的教育环境下，3 岁幼儿能够集中注意 3~5 分钟，4 岁幼儿能够集中注意 10 分钟左右，5~6 岁的幼儿能够集中注意 15 分钟左右。这与幼儿第二信号系统的作用有关。随着年龄的增长，幼儿开始用语言调整自己的注意，从而提高了注意的稳定性。

此外，学前儿童注意的稳定性与注意对象本身的特点也有关系，新异刺激、具体生动的对象比枯燥乏味的对象更容易保持幼儿注意的稳定性。对幼儿从事游戏活动的最大限度的注意时间的实验结果表明，在游戏条件下，2~3 岁的注意持续时间可达到 20 分钟，5~7 岁可达到 96 分钟。可见，幼儿游戏时注意稳定的时间大大超过了幼儿从事不感兴趣活动的时间。

由于幼儿的注意稳定性较差，教师应从以下三个方面培养幼儿的注意稳定性：首先，教育教学内容难易适当，符合幼儿心理水平；其次，教育教学方式方法要新颖多样，富于变化；最后，不同年龄班活动时间应当长短有别，集中活动的时间不宜过长，活动的内容要多样化，不能要求幼儿长时间地做一件枯燥无味的事。

(三)注意转移的发展

幼儿的注意转移能力较差，不善于根据任务的需要灵活地转移注意，年龄越小越如此。在良好的教育下，随着幼儿年龄的增长、活动目的性的提高和言语调节机能的发展，他们会逐渐学会主动转移注意。

幼儿的注意转移较差，教师应从以下三个方面培养幼儿的注意转移能力：首先，活动开始时，运用猜谜、谈话、出示教具等多种方式引起幼儿的兴趣，让幼儿的注意转移到当前活动中来；其次，活动中运用语言指导让幼儿明确活动的目的，主动转移注意；最后，引导幼儿从小养成良好的生活和学习习惯，能帮助发展其注意转移的能力。

(四)注意分配的发展

幼儿注意的分配比较困难，常常顾此失彼。例如，幼儿跳舞时，注意动作，就忘了做表情；注意做表情了，又忘记做动作了。

注意的分配能力可随着年龄的增长而逐渐提高。研究表明，注意分配对 2~3 岁幼儿来说有一定的难度，但 5~6 岁的幼儿已经基本可以实现注意的分配了。例如，在做操时，他们可以既注意自己的动作，又能兼顾做操的整体队形。

此外，培养幼儿熟练活动的技能是提高幼儿注意分配能力的重要途径。因此，教师应创造幼儿活动和锻炼的机会，让幼儿在各种活动中逐渐发展动作熟练能力，并动用多种感官协调活动，逐步培养其注意分配能力。

拓展阅读

请扫描前言中的拓展阅读二维码。

四、学前儿童注意发展的规律

(一)定向性注意的发生先于选择性注意的发生

注意的发生是有机体的一种定向反射。所谓定向反射是指当新异刺激出现时，有机体便将感受器朝向新异刺激的方向，以便更好地感受这一刺激。婴儿出生后不久，约两周左右，便可以出现无条件的定向反射，如新生儿听到较大的声音时会主动把头朝向声源的方向。

选择性注意是指个体在外界诸多刺激中仅仅注意到某些刺激或刺激的某些方面，而忽略了其他刺激，主要表现在婴儿对注意对象选择的偏好上，主要呈现出三个趋势：在幼儿注意发展过程中，注意的选择性由倾向于刺激物的物理特点转向刺激物对幼儿的意义；选择性注意的对象逐渐扩大；从注意简单的刺激物发展到注意复杂的刺激物。

随着月龄的增长，幼儿的注意也得到了较快的发展，定向性注意的地位逐渐降低，选择性注意的地位逐渐升高。

(二)无意注意的发生、发展早于有意注意的发生、发展

幼儿的注意最初只有无意注意，婴儿的定向性注意和选择性注意都属于无意注意。在整个学前期，儿童无意注意的性质和对象不断变化，无意注意的稳定性在不断增长，注意对象的范围不断扩大。

有意注意在 1 岁以后开始萌芽，幼儿期开始发展。随着幼儿语言和认识过程有意性的发展，幼儿参与实践锻炼的机会增多，再加上成人的有意识培养训练，幼儿的有意注意日益发展。同时，幼儿心理能动性也大大增强。

第三节　学前儿童注意力的培养

高度集中的注意力是人们进行学习和探索活动的心理基础。学前儿童注意的特点是无意注意占优势，有意注意还没有成熟，并且注意的范围很小，稳定性也较差。在教育教学活动中，教师和家长应尊重学前儿童注意形成、发展的特点和规律，对其注意力进行科学的培养。具体的做法主要包括以下几个方面。

一、借助艺术性语言

随着儿童语言机能的发展，幼儿教师要善于利用“语言”这个特殊的刺激物来引起幼儿的兴趣，维持幼儿的有意注意。这就要求教师的语言一定要生动、形象并且富有感染力。例如，当家长带着幼儿逛动物园时，看到兔子可以问幼儿：“小兔子的耳朵和小花猫的耳朵一样长吗？”“小兔子的眼睛是什么颜色的？”等等。老师在幼儿园也可以使用语言吸引和维持儿童的有意注意。例如，给幼儿讲故事之前可以先提醒他：“请小朋友们在听故事时注意故事中的主人公是谁？发生了什么样的事？最后结果如何？”等等，这样便会使幼儿在听故事时有意地注意刚才老师提出的问题，进而促进其有意注意的发展。

二、利用幼儿的好奇心

在这个变化万千的世界上，强烈、新奇、富于运动变化的物体最能吸引幼儿的注意。许多幼儿未曾见过和未曾听说过的新鲜事物以其独特的魅力吸引着好奇心极强的幼儿。例如，会唱歌的音乐卡片、会跳的小青蛙、会自己走路的小娃娃等玩具都会引发幼儿的好奇心，让他们集中注意力去观察。教师和家长应充分利用孩子的好奇心来训练幼儿的注意力。家长可以给孩子买一些类似的玩具，用来训练他集中注意力。尤其在 0~3 岁的幼儿前期采取这种方法是最理想、最有效的。另外，还可以把孩子带到新的环境中去玩。例如，带幼儿逛公园，让其看一些以前未曾见过的花草、造型各异的建筑及其他引人入胜的景观；带幼儿到动物园去看一些有趣的动物等，利用孩子对新事物的好奇心去培养注意力。

三、排除无关刺激物的干扰

幼儿注意稳定性较差，常常会因无关刺激物的干扰出现注意分散的现象。因此，要排除环境中可能分散注意力的事物，尽可能隔绝一切外来的“刺激”，为孩子创造安静、简单的物质环境，发展其注意的稳定性与持久性。例如，幼儿玩安静游戏或看图书的地方应远离过道，避免他人的来回走动影响孩子的活动；墙面布置不应过于花哨；电视、糖果等可能吸引幼儿注意力的物品也应摆放在较远的位置。又如，在幼儿练习计算、搭积木或看书时，就应关闭电视机，停止不相干的谈话等。另外，幼儿进行某项活动时，还必须注意创造一个良好的心理环境，不能用训斥、打骂来要求幼儿保持注意力，那样会适得其反。

四、合理制定作息时间

作息不定时、生活无规律是幼儿注意力分散的主要原因之一。因此，在日常生活中应让幼儿学会有规律地学习和生活，保证幼儿睡眠充足，能按时起床、吃饭等。同时，还应鼓励他们积极参加体育活动，调节神经系统功能，增强体质，为注意力的发展奠定良好的生理基础。另外，在培养幼儿注意力的过程中，必须循序渐进，不能急于求成。幼儿注意力的发展是随其年龄渐大而逐步增加的。心理实验证明：3 岁幼儿注意力可维持 3 ~ 5 分钟，4 岁可维持 10 分钟，5~6 岁也只有 15 分钟。因此，要求幼儿集中注意力去做的事情的难度和数量亦应与其年龄和注意力维持的时间相一致。总之，应该合理制定幼儿的作息时间，让幼儿明确什么时候可以尽情地玩，什么时候必须专心完成学习任务，养成劳逸结合的好习惯。

五、提出明确的目的和任务

幼儿对活动的目的、任务越明确，注意就越容易保持。因此，教师和家长带领幼儿活动前，要对他们提出明确的要求，让幼儿明白自己的任务。例如，在教学颜色一课时，可把幼儿分成 5 个组，给每个组一满盆装着五颜六色的小球，给每个人都不同颜色的小桶，让幼儿在 10 分钟内，把和自己小桶颜色相同的玩具球装进小桶。这时孩子会集中精力去完成任务，而完成任务后的自豪感又激励他们更专注地去做老师布置的任务，他们的注意力在这种良性的循环中得到了培养。另外，在提出任务和要求时，一次不要过多，如果既让幼儿注意这个，又让他注意那个，反而会使幼儿注意难以集中。小班的幼儿更多的是能够理解单一的指令，如：到教室里去拿个椅子来。对于那些复杂的指令，他们就不能完成了，如，到教室里去拿把椅子，然后放到某某地方，放好了以后再去干什么什么……

六、培养幼儿的兴趣

兴趣是产生和保持注意力的主要条件。幼儿对事物的兴趣越浓，其稳定、集中的注意力越容易形成。所以家长应注意培养孩子广泛的兴趣，并以此为媒介来培养孩子的注意力。兴趣是最好的老师，幼儿一旦对某事产生了兴趣，就会很投入、很专心。例如，幼儿喜欢看动画片，他们就会长时间地坐在电视机前眼睛一眨不眨地盯着电视的屏幕，并在注意观赏的过程中发现或获得一些知识。

此外，在幼儿的日常活动中，可采取诱导的方式去激发培养他们的兴趣。例如，为了培养幼儿的识字兴趣，可利用幼儿喜欢故事的特点，出示一些绘本图画故事，老师一边有声有色地讲故事一边引导幼儿看图画和文字，并且告诉他们好听的故事都是用文字编写出来的，以此来引起幼儿的识字兴趣，然后教认一些简单的文字。在有趣的识字活动中培养孩子的注意力。另外，为了吸引幼儿，可在阅读区每周都更换一次读物，以此来引起幼儿的阅读兴趣，进而安心阅读；还可以经常组织孩子动手折一些简单的折纸，或给空白的小动物图涂上颜色等，这些都不同程度地培养了孩子的注意倾向。

七、丰富幼儿的生活

活泼好动是儿童的一大特点，如果让儿童安安静静地坐着不动注视某物或干某事，其保持的时间非常短，但如果给儿童创造条件，使其在活动中边动手边参与，其注意保持的时间就会延长。所以成人应丰富幼儿的生活内容，让其在积极的活动中保持有意注意，如经常带儿童参观博物馆、动物园、画展等，使儿童在参观的过程中产生对某物的兴趣，进而发展其有意注意。游戏是儿童最喜爱的活动形式，所以教师在上课时可以设计各种有趣的游戏，让儿童在游戏活动中边玩边学习，延长其注意保持的时间。

八、开展丰富多彩的游戏

苏联心理学家曾做过这样一个实验：让幼儿在游戏和单纯完成任务两种不同的活动方式下，将各种颜色的纸分装在与之同色的盒子里，观察孩子注意力集中的时间。实验结果表明，幼儿在游戏活动中，其注意力集中程度和稳定性更强。因此，教师和家长应该与幼儿一同开展更多的游戏活动，并在活动中有意识地培养幼儿的注意力。例如，“猜猜谁是森林中的大王”的游戏，扮演猜大王的幼儿必须高度集中注意力观察全体幼儿的动作、神态，再经过周密的分析、思考、判断，猜出谁是森林的大王；而扮演大王的幼儿更要机智、灵活地应付对方，想方设法躲避开对方的视线而不断地变换动作；全体幼儿也得随时跟着大王变换动作。这对培养幼儿的注意力起了积极的促进作用。

九、培养幼儿的自我控制力

要排除外来干扰，维持长时间的、集中的注意力，必须具备一定的自我控制能力。培养幼儿的自制力可以在日常生活中有计划地进行。家长可以从帮助幼儿控制外部行为做起，要求幼儿在一段时间内专心做一件事，不要一会儿干这，一会儿干那，如不要边吃饭边玩；看书、绘画时要保持正确姿势、不乱动、不乱摸。还可以让幼儿通过某项专门训练，如练琴、书法、绘画来培养自制力。训练时最好固定时间、固定地点进行，因为这样可以形成心理活动定向，即每当幼儿在习惯的时间和地点坐下时，注意便条件反射似的集中起来。

拓展阅读

请扫描前言中的拓展阅读二维码。

本章小结

注意是心理活动对一定对象的指向与集中。指向性和集中性是注意的两个基本特点。

适应性运动的产生、无关运动的停止和呼吸运动的变化是注意时的外部表现。注意分为无意注意和有意注意，3 岁前儿童的注意基本上是无意注意。无意注意的产生依赖于刺激物的新异性等特点和注意者本身的状态。有意注意的产生依赖于对活动目的的理解、对活动的兴趣尤其是间接兴趣的培养和活动组织方式。注意是学前儿童一切活动、学前儿童心理发展的重要保证，也是学前儿童坚持性得以发展的保证。学前儿童无意注意占优势，有意注意在不断发展。幼儿注意的广度、注意的分配、注意的稳定性和注意的转移等品质都随着幼儿年龄的不断增长而发展。在组织幼儿的活动中要注意理解和分析幼儿注意的品质特点。注意具有选择功能、保持功能、调节和监督功能。学前儿童是无意注意占优势，有意注意还没有成熟，并且注意的范围很小，稳定性也较差。在教育教学活动中，教师和家长应尊重学前儿童注意形成、发展的特点和规律，对其注意力科学地进行培养。具体的做法主要包括以下几个方面：借助艺术性语言，充分利用儿童的好奇心，排除无关刺激物的干扰，合理制定作息时间，提出明确的目的、任务，培养幼儿的兴趣，丰富幼儿的生活，开展丰富多彩的游戏。

【推荐阅读】

[1] [美]Boyd, D., Bee, H. 夏卫萍译．儿童发展心理学．第 13 版．北京：电子工业出版社，2016

[2] 王振宇．儿童心理发展理论．上海：华东师范大学出版社，2003

[3] 张永红．学前儿童发展心理学．北京：高等教育出版社，2011

[4] 刘新学、唐雪梅．学前心理学．北京：北京师范大学出版社，2011

思　考　题

1. 什么是注意？注意对学前儿童的心理发展有什么重要的意义？

2. 注意时有什么样的外部表现？

3. 幼儿的注意有什么特点，你认为如何应用无意注意和有意注意的规律来组织幼儿进行活动？

4. 怎样培养学前儿童的注意力？

学前心理学

微信扫天下　课程掌中观

第五章.pptx

儿童学习任何事情的最合适的时机是当他们兴致高、心里想做的时候。

——洛克

第六章　学前儿童记忆的发展

本章学习目标

- 掌握记忆、识记、保持、遗忘、表象的含义及相关理论知识。
- 熟悉学前儿童记忆发展的特点。
- 掌握促进学前儿童记忆力发展的方法。

核心概念

记忆(memory)　识记(memorization)　保持过程 (retention process)　再认(recognition)　再现记忆(reproductive memory)　遗忘(forgetting)　表象(image)　形象记忆(imagial memory)　机械记忆(mechanical memory)

案例导读

一位幼儿教师在教幼儿背诵古诗(儿歌)之前，先把古诗的内容绘成美丽的图画，再用故事形式向幼儿讲述古诗的内容，进而引导幼儿对古诗中提及的内容进行讨论，结合幼儿的生活经验帮助他们理解。

这个案例中教师的做法符合幼儿记忆的特点。在幼儿期形象记忆占主导地位，幼儿对于直观材料要比语词材料容易记忆，而在词的材料中，形象化的描述又比抽象的概念容易记忆，幼儿喜欢直观、具体、形象、鲜明的事物，对感兴趣的事物识记效果比较好，教师用故事的方式吸引了幼儿的兴趣，识记的效果会比单独的灌输好得多。

第一节　记忆概述

记忆是人生存和发展的必要条件。一个人如果没有记忆，就不能掌握人类的社会经验，也不能积累个人的生活经验。个体的心理活动由于记忆的存在而在时间上得以延续，在经验方面得以积累，从而促进心理复杂性的形成，也促进了心理的发生和发展。那么，什么是记忆？记忆在个体身上是何时发生的？学前儿童记忆表现出怎样的特征呢？

一、什么是记忆

记忆是人脑对过去经验的反映。一个人出生以后，会接受来自客观世界的各种各样的刺激。这些刺激带来的信息，有的随着时间的流逝消失了，有的则在大脑中保留了下来，成为前面所说的“经验”。这里的“经验”，可以是感知过的事物，也可以是思考过的问题、体验过的情绪，或者是练习过的动作等。

二、记忆的种类

可以从三种不同的角度来对记忆进行分类。

(一)根据记忆内容的不同分类

根据记忆内容的不同，把记忆分为以下四种。

1. 形象记忆

以感知的事物的形象为内容的记忆叫形象记忆。这种形象不仅仅是视觉的，也可以是动觉的、听觉的、嗅觉的等。例如，我们脑海中保持的天安门的形象，说起酸梅时的回味，都属于形象记忆。

2. 情绪记忆

以体验过的情绪或情感为内容的记忆叫情绪记忆。例如，我们第一次走上讲台，面对几十个小朋友讲课时激动兴奋的心情，多年后仍然能清楚地记得，这就是情绪记忆。

3. 语词—逻辑记忆

以概念、判断、推理等抽象思维为内容的记忆，如我们对幼儿心理学的概念，有关数学、物理学的公式、定理的记忆。由于这些内容都是以语词符号来表达的，因而叫语词—逻辑记忆。

4. 运动记忆

以过去练习过的动作为内容的记忆。例如，我们能顺利地将广播体操一个动作接一个动作、一节连一节地做下来，就是运动记忆在起作用。

记忆的这种分类，只是为了学习、研究的方便。在生活实践中，上述四种记忆是相互联系的，有时甚至很难将它们截然分开。要记清某一事物，往往需要两种或两种以上的记忆参加。同时我们还要明确，由于先天素质和后天实践上的个别差异，记忆类型在每个人身上的发展程度也不一样，如数学家长于语词—逻辑记忆，画家则形象记忆发展得更好些。

(二)根据记忆时间保持长短的不同分类

根据记忆时间保持长短的不同，把记忆分成瞬时记忆、短时记忆和长时记忆三种。

1. 瞬时记忆

又称感觉记忆，是指通过感觉器官所获得的感觉信息在 0.25~2 秒钟以内的记忆。瞬时记忆的信息是未加工的原始信息，如视后象就是这种记忆。

2. 短时记忆

是指获得的信息在头脑中贮存不超过 1 分钟的记忆，如电话接线员接线时对用户号码的记忆就是短时记忆，当他们接完线后，一般来说不再把号码保持在头脑里。

3. 长时记忆

长时记忆是指 1 分钟以上甚至保持终生的记忆。它是由短时记忆经过加工和重复的结果。长时记忆贮存信息的数量无法划定范围，只要有足够的复习，把信息按意义加以整理、归类，整合于已有信息的贮存系统中，就能把信息保持在记忆中。

以上三种记忆是相互联系的，外界刺激引起感觉，它所留下的痕迹就是感觉记忆；如果不加注意，痕迹便迅速消失，如果加以注意，就产生了短时记忆；对短时记忆中的信息如果不及时复述，就会产生遗忘，如果加以复述，就会产生长时记忆。信息在长时记忆中被贮存起来；在一定条件下又可以被提取出来，提取时，信息从长时记忆中被回收到短时记忆中来，从而能被人意识到；长时记忆中的信息如果受到干扰或其他因素的影响，也会产生遗忘。

(三)根据记忆的意识参与程度的不同分类

根据记忆的意识参与程度的不同，把记忆分为外显记忆和内隐记忆。

1. 外显记忆

外显记忆是指当个体需要有意识地或主动地收集某些经验用以完成当前任务时所表现出的记忆。它是有意识地提取信息的记忆，强调的是信息提取过程的有意识性，而不在意信息识记过程的有意识性。外显记忆能随意地提取记忆信息，能对记忆的信息进行较准确的语言描述。例如，自由回忆、线索回忆以及再认等，都要求人们参照具体的情境将所记忆的内容有意识地、明确无误地提取出来，因而它们所涉及的只是被试明确地意识到的、并能够直接提取的信息，用这类方法所测得的记忆即为外显记忆。

2. 内隐记忆

内隐记忆是指在不需要意识或有意回忆的情况下，个体的经验自动地对当前任务产生影响而表现出来的记忆。它是未意识其存在又无意识提取的记忆。它强调的是信息提取过程的无意识性，而不管信息识记过程是否有意识。也就是说，个体在内隐记忆时，没有意识到信息提取这个环节，也没有意识到所提取的信息内容是什么，而只是通过完成某项任务才能证实他保持有某种信息。正因如此，对这类记忆进行测量研究时，不要求被试有意识地去回忆所识记的内容，而是要求被试去完成某项操作任务，被试在完成任务的过程中不知不觉地反映出他曾识记过的内容的保持状况。如果人们在完成某种任务时受到了先前学习中所获得的信息的影响，或者说由于先前的学习而使完成这些任务更加容易了，就可以认为内隐记忆在起作用。

三、记忆过程的分析

记忆过程包括识记、保持、回忆(再认和再现)三个基本环节。

(一)识记

1. 定义

识记是一种反复认识某种事物并在脑中留下痕迹的过程，也就是把所需信息输入头脑的过程。整个记忆过程通常是从识记开始的。识记可以从不同的角度划分成不同的种类。

2. 识记的分类

(1) 无意识记和有意识记。按在识记时有无明确的目的性和自觉性，可把识记分为无意识记和有意识记。

所谓无意识记，指事先没有预定的目的，也不需要任何意志努力的识记。人的许多知识是由无意识记获得的。所谓的“潜移默化”就是这个意思。但是并不是所有学习过的知识、接触过的东西都能被无意识记。无意识记具有很大的选择性，只有在人们的生活中具有重要意义，与人的活动任务和人们的兴趣、需要、情感相联系的事物，才容易被记住。同时，由于无意识记缺乏目的性，在内容上往往带有偶然性和片面性，因此单靠无意识记难以获得系统的知识技能。

所谓有意识记，是指按一定的目的、任务和需要采取积极的思维活动和意志努力的识记。由于有意识记目的明确、任务具体，所以在一般情况下效果要比无意识记好。人们获得系统的知识和技能主要靠有意识记。有意识记在学习和工作实践中具有重要的地位。

(2) 机械识记和意义识记。按识记材料的性质以及对材料的理解程度，可以把识记分为机械识记和意义识记。

机械识记是在对识记材料没有理解的情况下，依据材料的外部联系机械重复所进行的识记，如记忆外文生字、某个历史年代、没有意义的数字、不理解的公式等，就常常提利用机械识记。机械识记的基本条件是多次重复或复习。

意义识记是在对识记材料理解的基础上，依据事物的内在联系所进行的识记。运用这种识记，材料容易记住，保持的时间也长，并且容易回忆。意义识记的基本条件是理解。

意义识记由于思维活跃，揭示了事物内在的本质联系和关系，找到了新材料与已有知识的联系，并将其纳入已有知识系统中来识记，所以效果要比机械识记来得好。

(二)保持

1. 定义

保持是过去识记过的事物印象在头脑中得到巩固的过程。

识记材料的保持并不是机械的、重复的结果，而是对材料进一步加工、编码、储存的过程。储存起来的材料会随着时间的推移和受后来经验的影响，在质和量上都会发生某些变化。

质的方面的变化是多种多样的，以图形为例，有以下几种情况：第一，简略、概括。

原来图形中有些细节，特别是不太重要的细节趋于消失。第二，完整合理。画的图形常比识记的图形更合理、更有意义。第三，详细、具体。与简略、概括的趋势相反，在有的默画的图形中，增加了识记图形中所没有的细节，使图形更详细、更接近具体事物。第四，夸张、突出。与完整、合理的趋势相反的默画的图形中，把原来识记的图形某些特点突出、夸大了，使它更具有特色。这说明识记不是一个被动地把过去经验简单地保持的过程，而是一个积极的"创造"的过程。

量的方面的变化主要指保持的内容呈减少的趋势，也就是说，人们经历的事情总要忘掉一些。但也有例外的情况，学习后过两天测得的保持量比学习后即时测得的保持量要高。这种现象叫记忆的恢复。许多人的研究证实了这种现象。实验表明，记忆恢复现象在儿童中比在成人中普遍；学习较难的材料比学习容易的材料能够容易出现；学习得不够熟比学习得纯熟的更容易发生。

2. 遗忘及其规律

(1) 定义。所谓遗忘，就是对识记过的材料不能再认和再现，或者是错误地再认和再现。保持和遗忘是相反的过程，也是同一记忆活动的两个方面：保持住的东西就不会被遗忘，而遗忘了的东西，就是没有被保持。保持越多，遗忘越少。

(2) 遗忘规律。德国心理学家艾宾浩斯最早对遗忘现象作了比较系统的研究。结果表明：遗忘的进程是不均衡的。其规律是先快后慢。

(3) 遗忘的种类。从遗忘的原因来看，遗忘有两类：一类是永久性遗忘，即对于已经识记过的材料，由于没有得到反复强化和运用，在头脑中保留的痕迹便自动消失。如果不经过重新学习，记忆就不能再恢复。另一类叫暂时性遗忘，即对已识记过的材料由于其他刺激(外部刺激和内部刺激)的干扰，使头脑中保留的痕迹受到抑制，不能立即再认或再现，但干扰一旦排除，抑制消除，记忆仍可得到恢复。例如，考试时由于疲劳或紧张，考生会对原先很熟悉的问题不知从何答起，过了一段时间才想起来。这就是暂时性遗忘。

(三)回忆

1. 定义

回忆是人脑对过去经验的提取过程。它包含着对过去经验的搜寻和判断。回忆是识记、保持的结果和表现，是记忆的最终目的。回忆有两种不同水平：再认和再现。

2. 再认和再现

再认是指过去经历过的事物重新出现时能够识别出来。我们能够听出曾经听过的歌曲，叫出曾经熟识的人的名字，都是再认的表现(考试中的选择题也是通过再认来回答的)。

再认的速度和确认的程度受以下两个条件的制约：第一，识记的精确度和巩固性。第二，当前出现的事物与以前出现识记过的有关事物的相似程度。保持巩固，再认就容易；保持不巩固，再认就困难。先后事物本身变化不大，或者出现的情景相似便容易再认；如果事物本身先后发生了很大的变化，再认时的情景又不相似，再认就会发生困难。

再现是指过去经历过的事物不在面前时，在脑中重新呈现其映象的过程。

根据再现是否有预定目的，可以把再现分为无意再现和有意再现。

无意再现是事先没有预定目的、也不需要意志努力的再现。在日常生活中，我们常会因为一些事情的影响，自然而然地想起其他的一些事情。“触景生情”就是典型的无意再现。而有意再现则是一种有目的的、自觉的再现。学生考试时回忆以往学过的材料，幼儿复述故事时回忆以前听过的故事内容等，都是有意再现。

3. 再认和再现的关系

再认和再现都是过去经验的恢复，是从记忆中提取信息的两种不同水平的形式，它们之间没有本质的区别，只有保持程度上的不同。能再现的一般都能再认，能再认的不一定都能再现。任何年龄的人，再认效果都比再现的效果要好，但年龄越小，两者差异越大。

四、记忆的品质

记忆发展水平的高低优劣，即记忆的品质，可以从四个方面来评价。

(一)记忆的敏捷性

记忆的敏捷性是指识记速度的快慢，一般是根据在一定时间内能记住事物的多少来衡量的。识记同样的材料，有人需要花费很长时间，有人则可以迅速记住，“过目成诵”。

(二)记忆的持久性

记忆的持久性是指记忆保持时间的长短，也就是指记忆保持的牢固程度。在这个方面，人的个体差异也很大。有的人记住事物后没多久就遗忘了，有的人则久久不忘。

(三)记忆的正确性

记忆的正确性是指所识记的材料在再认或再现时没有歪曲、遗漏、增补和臆测。记忆的这种品质非常重要。如果缺乏记忆的正确性，那么记忆的其他品质就失去了它们的价值。

(四)记忆的准备性

记忆的准备性是指必要时能把记忆中保持的材料迅速地再现出来，以解决当前的实际问题。有的人尽管经验丰富、学识渊博，但在遇到实际问题时，却不能用已有的知识迅速提出解决的办法，其重要原因之一，就是缺乏记忆的准备性。

总之，记忆的四方面品质是有机联系的，缺一不可，我们不能只根据某一方面的品质去评定一个人记忆的好坏。每一种品质只有和其他的品质结合起来才会有价值。

五、记忆与学前儿童心理发展的关系

儿童的心理是在成人的抚育下，在学习和掌握人类社会已有经验的基础上逐渐发展起来的。我们在分析学前儿童心理各方面的发展时，都可以看到经验在其中的作用，而个人经验的积累，要依靠记忆。记忆有助于其他心理过程和心理活动的发展。

(一)记忆与知觉的发展

记忆是在知觉的基础上进行的，而知觉的发展又离不开记忆，知觉中包括经验的作用。

知觉的恒常性与记忆有密切关系。例如，婴儿经常用奶瓶吃奶或喝水，当他看见奶瓶的一个侧面时，就“知道”那是可以给他提供食物的东西，马上做出吃奶的反应。婴儿听见母亲的声音就安静下来或活跃起来。这些对奶瓶的知觉或对母亲声音的知觉已经和经验发生了联系，而它们之所以能够和过去的经验相联系，依靠的是记忆。

(二)记忆与想象、思维的发展

学前儿童的想象和思维过程都要依靠记忆。正是记忆把知觉和想象、思维联结起来，使学前儿童能够对知觉到的材料进行想象和思维。学前儿童最原始的想象和记忆不容易区分。

(三)记忆与语言的发展

学前儿童学习语言也要靠记忆。首先，他们必须记住某个声音所代表的语义，才能理解语词。其次，在语言交际过程中，在听别人说完一句话之前，要把这句话前面那部分暂时记住，才能和后面所说的词联系起来理解；自己说完一句话或一段话时，也要把已说过的词或句暂时记住，才能做到说话前后连贯。

(四)记忆与学前儿童情感、意志的发展

学前儿童记忆的发展也影响他们情感和意志的发展。通过记忆，学前儿童与其经验有关的事情发生一定的情感体验，儿童的情感从而丰富起来。例如，幼儿曾经伸手去摸小狗而引起狗狂叫，以后见到小狗就害怕。这种怕狗情感的出现，说明了记忆的作用。

儿童的意志行动也离不开记忆。意志是有目的的行动，行动过程中必须始终记住行动目标。学前儿童往往在行动过程中忘记了原先激起行动的动机和目的，因而不能坚持完成任务。比如，幼儿园的孩子奉命去拿一个运动用的小沙袋，走到半路看见地上有群蚂蚁搬家，于是忘了去拿小沙袋的任务，开始找小树棍，玩起了挖蚂蚁穴的游戏了。

综上所述，记忆在儿童心理发展中居重要地位。同时，学前儿童的记忆发展水平也将直接影响教育的成果。

拓展阅读

请扫描前言中的拓展阅读二维码。

第二节 学前儿童记忆的发生与发展

关于儿童什么时候开始有了记忆，是一个仍有争议的课题。

20 世纪 50 年代，苏联学者卡萨特金的研究认为，最早的记忆是在出生后两周出现的哺乳姿势的条件反射。麦克法兰的研究表明，出生才一周的婴儿已能辨别母亲的气味和其他人的气味。艾马斯的研究则指出：新生儿出生后两三天就能在 30 分钟内学会对一种声音(如“沙沙”声)连续两次向左转头 45 度，以得到糖水；对另一种声音(如“嗡嗡”声)连续两次向右转头 45 度，以得到其他饮料。半小时以后把要求改为对“沙沙”声向右转头两次，对“嗡嗡”声向左转头两次，这种逆转学习也只需要 30 分钟左右的时间。像这样对不同声音的顺序反应，已经表明新生儿有一定的记忆能力。

不同的记忆在个体发生的时间也不同，它们的出现有一定的时间顺序。苏联心理学家布隆斯基的研究认为，运动性记忆出现最早，约在出生后第一个月内便可观察到。其次是情绪记忆，它表现为一种情绪反应，在引起它的刺激物直接出现、发生作用之前就会显现出来，它开始于头六个月或更早些。形象记忆出现的时间可能稍早于言语记忆，迟于运动记忆和情绪记忆。言语记忆出现在生命的第二年。

儿童记忆发生后，随着生理和心理的发展，记忆的质和量也在不断地发展着。

一、婴儿期儿童记忆发展的特点

(一)再认和延迟模仿能力的出现

0~6 个月婴儿的记忆主要表现为再认，婴儿再认能力随年龄的增长而有所提高。

费根(Fagan，1 973)研究发现，21~25 周的婴儿在间隔 14 天以后还能够再认大多数视觉刺激物。

儿童早期记忆主要表现为习惯化和条件反射。习惯化是当刺激多次重复出现时，婴儿好像已经认识，表现出与新异刺激不同的反应，这实际是再认。最早建立的条件反射是最初级的感知和运动性的反射，当原来的条件刺激物再次出现时，儿童做出与以前相同的反应，这也是一种再认。婴儿最明显的再认表现是“怕生”。5~6 个月的婴儿，见到陌生人往往会表现出一种严肃的表情，笑得少了，甚至会出现哭闹现象。

6 个月以后的婴儿再现(回忆)的能力有了很大的发展。婴儿开始用行动表现出初步的回忆能力。阿希曼德和帕尔马特(Ashmend&Palmatt，1980)通过大量研究发现，1 岁以前的婴儿已有了初步的回忆能力。许多家长报告，他们的孩子已能寻找藏在已知地点的物体，其中有的地点他们仅仅看见过一次。还有人(Hutlenlocher，1974)观察到 1 岁左右的婴儿甚至能找出不在眼前的已知物体。这与皮亚杰所描述的儿童客体永久性的发展是相一致的。

另外，这一阶段出现的延迟模仿是婴儿回忆能力逐步走向成熟的表现。皮亚杰认为这一能力产生在 18~24 个月。目前，这方面的实证研究还很少。但麦考尔等人(McCall，Parke，Kavanaugh，1977)对 12~36 个月婴儿进行的模仿能力发展研究发现，24 个月的婴儿已获得了稳定的延迟模仿能力，而 12 个月的婴儿尚不具备这种潜力。但是，他们的实验也有不足，主要是给被试呈现的需模仿的行为太多且不太明显突出。因此在这种能力产生的时间等问题上，有被推迟、延缓的可能，还有待于进一步的研究、查证。

总之，婴儿期是记忆发展的第一个高峰时期和关键期。婴儿的机械记忆能力有一定的发展，并且有相当大的潜能；婴儿的再认能力发展较早，再现能力也有很大的发展；婴儿具体表征能力出现较早，并在言语产生之后获得了符号表征能力。延迟模仿能力的出现则是婴儿记忆能力逐渐走向成熟的一个标志。

(二)婴儿期“记忆缺失”现象

人类在婴儿期就已经表现出了一定的再认和再现的能力，这已经被许多实验所证实。但与此同时人们也发现，很少有人能记住发生在 2 岁或 3 岁以前的事情。那么，到底该如何解释这种看似矛盾的现象呢？研究者对此提出了各种意见，在这里主要介绍以下两种观点(陈英和，1996)。

第一种观点认为，儿童在 2 岁以前，不具备将短时记忆中的信息转入长时记忆系统中的能力，这与 2 岁前儿童神经系统发展的局限性有关。一些生理心理学家(Boyer，Diamond & Schacter，1978)认为，个体大脑额叶的发展和成熟贯穿于整个幼儿期和学龄初期，而人类大脑额叶的主要功能之一就是记住那些在以后能够提取出来的信息。与此类似的另一种观点认为：在大脑中存在着两种记忆系统，即内隐记忆系统和外显记忆系统。这两个系统在功能发展速度和达到成熟的时间等方面均有差别。专家们认为，外显记忆系统的功能主要是，能将主体所经历的经验提到意识的水平上，以供将来回忆，这个系统发展的速度较慢；而内隐记忆系统是一种处于下意识水平的记忆工作系统。例如，纽科姆等(Newcombe，Rox & Prime，1989)发现，当让一个 9 岁的儿童看一组照片(其中含有 6 年前曾与他在同一个幼儿园的儿童的照片)时，被试虽然不能明确地指出照片中的哪个儿童是他 6 年前的同学，但却对此表现出了某种与记忆有关的生理与心理反应。这种反应就是内隐记忆系统的某种功能。内隐记忆系统发展的速度相对较快。由于没有人可以测量婴儿的意识性，所以研究者认为，6 个月以前婴儿的记忆可能都属于内隐性记忆。

第二种观点认为，人类个体之所以不能记住发生在 2~3 岁以前的事情，是因为个体在婴儿期对信息进行编码的方式与在以后的各个阶段中对信息的提取方式不相匹配而造成的。持这种观点的人认为，个体对事情的记忆程度主要取决于信息在被存入与在被提取时所用的加工方式的一致性程度有关。婴儿在感知世界时，对信息的编码和存贮方式与年长儿童及成人的方式具有明显的不同。首先，婴儿的视线高度与年长儿童和成人有很大的区别，而从两个不同的视线高度所摄取的视觉信息肯定是不一样的；另外，年长儿童和成人在对信息进行贮存和提取时总是在不同程度上依靠语词的帮助，而婴儿则不可能做到这一点，他们主要是依赖于形象。这样就使得应用于婴儿期贮存方式和后来的提取信息的方式具有不协调性，给信息的提取造成困难。由于上述因素的存在，人类在婴儿期的记忆能力只限于短时记忆。

(三)短时记忆出现重要变化

短时记忆由于语言的发生发展而出现重要变化。在一个实验研究中设计了一个专门的小桌子，桌上有两个坑，上面各盖有能取下的盖子，实验者当着孩子的面把玩具放入其中一个坑，用盒子盖上，然后用屏幕把小桌子挡住。过一会儿再让儿童找出玩具。实验的目的在于研究儿童短时记忆的保持时间。结果显示，10 个月的婴儿已经出现短时记忆。但在这个实验中，记忆保持的时间达到 5 秒的 10 个月儿童只占被试的 10%。1 岁 1 个月时，几乎所有儿童都能保持 5 秒。以后可增加到 40 秒。1 岁半以后，短时记忆保持的时间有缩短的趋势。研究者对这种现象作如下解释：1 岁半是语言发展的转折期，语言的急剧发展影响了短时记忆的发展。换句话说，儿童起初的记忆是大脑高级神经活动第一信号系统的活动，然后过渡到主要是第二信号系统的记忆，它干扰了原有的记忆机制——第一信号系统的记忆机制，而第二信号系统的机制又没有成熟，不足以完成记忆任务。1 岁以后，第二信号系统在记忆中逐渐起主导作用，表现为儿童能够迅速地积累大量词汇，记忆的潜伏期也延长了。

二、幼儿期儿童记忆的发展特点

幼儿期儿童的记忆水平在逐渐提高。一方面表现为无意记忆、机械记忆、形象记忆继续发展，而且达到相当高度的水平；另一方面记忆的意识性和理解性明显增强，幼儿的有意记忆、意义记忆、词语记忆和记忆方法产生了质的变化。

(一)幼儿以无意记忆为主，有意记忆逐渐发展

1. 幼儿以无意记忆为主

(1) 无意记忆的效果优于有意记忆。3 岁儿童基本上只有无意识记，不会进行有意识记。比如，让幼儿观察一些图片，然后要求他们回忆，或者要求幼儿记住一些图片，然后回忆。前者属于无意识记，后者要求有意识记。两种情况下 3 岁幼儿的记忆效果基本上一致。原因在于，幼儿并没有真正接受识记任务，他们的回忆都是依靠无意识记保持下来的。

在整个幼儿期，无意识记的效果都优于有意识记。在一项实验里，实验桌上画了一些假设的地方，如厨房、花园、睡眠室等，要求幼儿用图片在桌上做游戏，图上画的都是儿童熟悉的东西，如水壶、苹果、狗等。游戏结束后，要求幼儿回忆所玩过的东西，即对其无意识记忆进行检查。另外，在同样的实验条件下，要求幼儿进行有意识记，记住 15 张图片的内容。实验结果表明，幼儿中期和晚期记忆的效果都是无意识记优于有意识记。到了小学阶段，有意识记才赶上无意识记。

(2) 无意识记效果随着年龄的增长而提高。由于记忆加工能力的提高，幼儿无意识记继续有所发展。比如，给小、中、大三个班的幼儿讲同样一个故事，事先不要求识记，过了一段时间以后进行检查。结果发现，年龄越大的幼儿无意识记的成绩越好。天津幼儿师范学校心理组(1980)对 4~7 岁儿童无意识记的研究也说明，对 10 张画有常见物体的图片进行无意识记，其效果随年龄增长有所提高。

(3) 幼儿无意识记是积极认知活动的副产物。幼儿的无意识记，不是由于幼儿直接接受记忆任务和完成记忆任务而产生的，而是幼儿在完成感知和思维任务过程中附带产生的结果，是一种副产物。事实证明，幼儿的认知活动越是积极，其无意识记效果越好。

幼儿无意识记的效果依赖于下列因素。

① 客观事物的性质。直观、形象、具体、鲜明的事物，以其突出的物理特点，容易引起幼儿的集中注意，也容易被幼儿在无意中记住。

② 客观事物与幼儿主体的关系。对幼儿生活具有重要意义的事物，符合幼儿兴趣的事物，能激起幼儿愉快、不愉快或惊奇等强烈情绪体验的事物，都比较容易成为幼儿注意和感知的对象，也容易成为无意识记的内容。比如，感人的道德故事，就比空洞的道德说教容易使幼儿记住。幼儿挨重打后的痛苦，有时使他久久不忘，也和这种因素有关。

③ 幼儿认知活动的主要对象或活动所追求的事物。如果使识记对象成为认知活动的对象，那么，对这种对象进行无意识记的效果也较好。在日常生活中，幼儿经常在院子里玩，却不知道院子里有哪几种树，树叶有什么不同。如果老师组织拾落叶的活动，由于活动要求尽可能多找出几种叶子，幼儿就会自然而然地记住院子里的树和树叶的形状。

④ 活动中感官参加的数量。多种感官参加的无意识识记较好。比如，同一年龄班的幼儿分为两组进行实验，学习同一首儿歌，第一次，甲组边看图片边听歌词，乙组不用图片，只听歌词。第二次，两组交换识记方法，学另一首儿歌。结果，通过视听两个通道识记时，儿童平均得 76.7 分，而单纯通过听觉识记的平均成绩仅为 43.6 分。说明多种感官参与有助于提高无意识记的效果。

⑤ 活动动机。活动动机不同，无意识记的效果也不同。例如，在完成学习活动和竞赛性游戏这两种不同任务时，让大班幼儿分别按事物的意义联系(如，锤子—钉子，河—船)或事物的特性联系(如，公鸡—喔喔啼，小鸟—会飞)想出 10 个词，把幼儿分为活动动机不同的两个小组，一组是为了完成学习任务而做，另一组是为了游戏中和别人竞赛。结果表明，儿童在竞赛性游戏中积极性较高，无意识记的效果也较好。

2. 有意记忆逐渐发展

有意识记的发展，是幼儿记忆发展中最重要的质的飞跃，幼儿有意识记的发展有以下特点。

(1) 儿童的有意识记是在成人的教育下逐渐产生的，成人在日常生活和组织幼儿各种活动时，经常向他们提出记忆的任务。比如，在家里，父母会对孩子说“记住，去问问老师……”，在讲故事前，预先向幼儿提出复述故事的要求，背诵儿歌时，要求他们尽快记住。这一切，都是促使有意识记发展的手段。

(2) 有意识记的效果依赖于记忆任务的意识和活动动机。幼儿意识到识记的具体任务，影响幼儿有意识记的效果。比如，幼儿在玩“开医院”游戏时，担任“医生”角色，“医生”必须记住药品的名称，角色本身使幼儿意识到这种识记任务，因而也就努力去识记，记忆效果也有所提高。

(3) 幼儿有意再现的发展先于有意识记。记忆的恢复或信息的检索包括再认和再现(回忆)两种形式。在幼儿记忆的发展中，有意的再认和再现都可以分为三种水平或三个发展阶段，而有意再现的较高水平比有意识记较早出现。

3~7 岁儿童的有意再现和有意识记的三种发展水平，都表现为三种不同的行为类型。

幼儿有意再现的三种行为类型是：

第一类(低水平)，完全不接受有意追忆任务，完全不能回忆要求记忆的事情，只能说出当时所看见或别人所提醒他的东西的名称。

第二类(稍高水平)，产生了有意再现的目的，努力去追忆所要求的内容，但是只限于当时即刻的回忆，对忘记了的东西不作任何积极追忆的尝试。

第三类(最高水平)，努力追忆所要求的内容，运用一些追忆方法，对忘记了的东西作积极追忆的尝试。

幼儿有意识记的三种行为类型是：

第一类(低水平)，不能意识到识记的目的，不听完任务。

第二类(较高水平)，意识到识记目的，注意听完任务，但还没有任何帮助记忆的方法。

第三类(最高水平)，不仅意识到识记的目的，而且采用促进识记的方法，主动复述识记任务，并请求承认重述任务或提示记忆内容。

活动动机对幼儿有意识记和有意再现的效果也有较大的影响。

(二)幼儿以形象记忆为主，语词逻辑记忆正在发展

根据识记材料的内容，可将记忆分为形象记忆和语词逻辑记忆。其中，形象记忆又可分为运动记忆、情绪记忆和狭义的形象记忆三类。

运动记忆是指对自己的动作或身体运动的记忆。幼儿学会的各种动作，掌握的各种生活、学习、劳动及运动技能，都需运动记忆。儿童最早出现的就是运动记忆。例如，吃奶时身体被抱成一定姿势，形成条件反射，是儿童最早出现的记忆。

情绪记忆是对经验过的情绪或情感的记忆。例如，在幼儿园中受到表扬，见到家长后就把这种喜悦的情绪表达出来，这就是情绪记忆。整个幼儿期，幼儿记忆带有强烈的情绪性。

形象记忆(狭义)是根据事物具体的形象来识记各种识记材料，如前面介绍的婴儿“认生”现象，就是形象记忆的表现。

语词逻辑记忆亦称逻辑记忆，是以语词所概括的逻辑思维结果为内容的记忆，也就是以概念、判断、推理为内容的记忆。这种记忆是伴随儿童言语的发生而逐渐形成的，所以出现得比较晚。一般认为，形象记忆是低级水平的记忆，语词逻辑记忆是较高水平的记忆，但实际上两种记忆对幼儿来说都很重要。

在幼儿期，儿童形象记忆占主要地位，语词逻辑记忆正在迅速发展。而且幼儿最容易记住的是那些具体的、直观形象的材料。同时，对于各年龄段的儿童来说，无论形象记忆还是词语逻辑记忆的能力均随年龄的增长而提高，并且语词记忆发展速度大于形象记忆。这种现象与儿童言语水平随年龄的增长而日益提高有关。但是，由于幼儿的思维能力很低，言语尚不能在词语记忆中独立起作用，所以幼儿形象记忆效果好于词语逻辑记忆。

有的研究还表明，幼儿记忆熟悉的事物和熟悉的词都比记忆生疏的事物和词的效果好。原因在于前者有语词参加。对于熟悉的事物，儿童一般已掌握了它们的名称，因此在记忆中形象和语词是紧密联系在一起的。当幼儿在记忆熟悉的词时，由于他们对这些词所代表的事物往往也是熟悉的，一提到词，它所代表的事物的形象就会呈现在头脑中，成为语词记忆的形象支柱，因此，记忆效果明显优于记忆生词。可见，形象与词的组合，有利于提高记忆效果。随着儿童语言发展形象和词的相互联系越来越密切，两种记忆的差别也相对减少。

(三)意义记忆效果优于机械记忆

1. 幼儿以机械记忆为主，意义记忆效果好

根据识记时对材料是否理解，可以将记忆分为机械记忆和意义记忆。

机械记忆是在不了解材料的意义的情况下，只根据材料的表现形式，采用简单重复的方法进行的一种记忆，即所谓的“死记硬背”。

意义记忆是根据材料的意义和逻辑关系，运用有关经验进行的一种识记。幼儿由于知识经验比较贫乏，对事物的理解能力差，记忆带有很大的直观形象性，因而他们往往只能记住一些事物的表面特征和外部联系，因此机械记忆表现突出。

在正确教育的影响下，幼儿的意义记忆开始发展起来。4 岁以后，幼儿的生活内容更加丰富，对事物的理解能力有了一定的提高，且言语能力也有了很大的发展。此时，他们不

再以机械记忆为主了，而是会对识记材料进行分析、改造。例如，复述故事时，他们不再单纯地模仿，而会或多或少地进行逻辑加工，有时会用熟悉的词来代替较生疏的词，有时省略或加进某些细节。这都说明幼儿开始有意义记忆，而且在发展，幼儿的意义记忆效果好于机械记忆。

机械记忆和意义记忆不是相互排斥、对立的，在现实生活中，它们是互相联系的。对于某些不能理解或很陌生的材料，机械识记的材料就多些；对理解或熟悉的材料，就可运用意义识记。对于幼儿来说，最有效的办法是在理解的基础上进行识记。要依据条件和当时的识记任务灵活运用识记方法，不能把两种识记方法绝对对立起来。

2. 幼儿的机械记忆和意义记忆都在提高

整个幼儿期，无论是机械记忆还是意义记忆，其效果都随年龄的增加而提高。通过对以上研究资料的分析可以看出：年龄较小的幼儿意义记忆的效果明显高于机械记忆。但随着年龄增长，两种记忆效果的差距逐渐缩小，意义记忆的优越性似乎有所降低。这种现象并不表明机械记忆的发展越来越迅速，而是由于年龄增长，机械记忆中加入了越来越多的理解成分，机械记忆之中的理解成分使机械记忆的效果有所提高。

三、幼儿记忆策略的发展

(一)记忆策略的含义

记忆策略就是人们对自身记忆活动和主体所使用的那些能增强记忆效果的方法。记忆策略是学习策略的一种主要方式。

(二)幼儿记忆策略的发展

1. 幼儿复述策略的发展

(1) 幼儿较少使用复述策略。

复述是指主体在记忆的过程中，对目标信息不断进行重复以便能更准确、更牢固地记住这些信息。研究表明，学龄前儿童较少使用复述策略。

弗拉维尔等(Flavell，Beach & Chinsky，1966)进行了一项实验研究。主试观察并记录了被试在几秒钟的准备时间里的唇动次数，以此作为被试复述量的指标。结果发现，随着年龄的增长，被试的复述量及回忆量均有所增加。85%的小学五年级儿童表现出了自觉复述的行为，而只有 10%的幼儿园儿童有复述的表现。而且，在同一年龄组之内、复述次数较多的被试对信息的回忆量也相应较大。这个结果说明，使用复述策略的能力是随儿童年龄的增长而提高的，主体对刺激信息的回忆量与其对信息复述的频率成正比。

(2) 幼儿复述策略对智力发展有促进作用。

研究者还从以下不同的角度证明了对信息进行复述的质和量将直接影响儿童的回忆成绩：①复述可以提高各年龄阶段个体的记忆成绩；②即使是只使用了非常简单的复述策略的儿童，他们的记忆成绩也比没有使用任何复述策略的被试的记忆成绩好；③通过对那些根本不会使用复述策略的儿童进行有关的训练，可以提高其记忆的成绩；④通过对那些只会使用较简单的复述策略的儿童进行较高级别的训练，可以进一步提高记忆的成绩；⑤通过对智力落后的儿童进行有关复述策略的训练和大量的练习，可以使其回忆量达到那些没有经过训练的、具有中等 IQ 的成人的水平。

(3) 幼儿不能进行复述策略的迁移。

研究者们(Hagen，Hargrove & Ross，1973；Keeney，Cannizz & Flavell，1967)发现，对年幼儿童进行复述策略的培训，只能提高儿童在训练条件相同的情景下的回忆成绩，而很难将这种复述策略迁移到其他的情景中去。

2. 幼儿记忆中组织性策略的发展

(1) 记忆中的组织策略开始发展，水平较低。

组织性策略是指主体在识记的过程中，根据不同的意义，将记忆材料组成各种类别，编入各种主题或改组成其他形式，以便于记忆的方法。

(2) 幼儿记忆中组织策略的发展趋势。

研究表明：幼儿在适宜的环境下，会使用特定的组织来帮助记忆。在一个对 2~5 岁儿童的研究中，一个成人在 12 个相同的容器中，放入一块糖或一个钉子，并将容器一个接一个地递给儿童，要求儿童记住糖果藏在哪个容器中。4 岁儿童就能将糖果容器放在一边而将钉子放在另一边。但学龄前儿童并不能使用语义组织(semantic organization)——将物体或单词按意义分类来帮助记忆。通过集中的指导训练，幼儿虽然能做，但不能提高记忆效果。

与复述策略发展的趋势大致相同，儿童在进入学龄期后，其记忆的组织策略才开始明显地发展起来。9~10 岁的儿童在使用记忆组织策略方面的能力明显高于 5~6 岁的儿童，这种年龄差异既体现在使用组织策略的次数方面，也体现在使用组织策略的质量方面。

左梦兰(1990)进行了有关儿童记忆发展的研究，研究结果表明了儿童记忆中组织策略的发展趋势：

①随着年龄的增长，儿童记忆策略的水平不断提高；记忆的容量也有所增长；进入小学以后，对几何图形、抽象的数字和词汇的记忆能力有了非常显著的提高。②复述策略在 7 岁以后明显出现；自觉地应用分类策略的能力出现较晚；训练可以提高儿童的分类水平，但训练的效果有一定的限度，训练对于幼儿基本无效，对小学一年级儿童的效果也不明显，但对小学三年级儿童的效果却十分显著，而且能产生迁移。

3. 幼儿记忆中提取策略的发展

提取策略是指主体在进行回忆的时候，将贮存于长时记忆中的某种信息分离出来，并使之进入自己的意识水平之中的方法和手段。在再认的情况下，对信息的提取相对比较简单，因为存在着原刺激物的提示作用；而在再现的情况下，对信息的提取则相对困难一些，因为此时全凭主体对信息的主观搜索。不少研究者(Howe，Brainerd & Kingma，1985；Morrison & Lord，1982)认为，儿童在记忆能力上所表现出来的年龄差异更多的是由在提取能力方面的差异(而不是贮存方面的差异)所导致的。

婴幼儿在对信息进行提取的时候，对刺激出现的原本环境有更多的依赖。例如，最初记忆一种花的名称时的环境再次出现时，能帮助幼儿唤醒对花的记忆。

总之，在提取策略方面存在着年龄的差异，年幼儿童在提取记忆信息时，对刺激出现的原本情景的依赖性较大，同时也需要由他人所提供的外在线索的帮助。

综上所述，儿童记忆策略的水平直接影响着其记忆的实际表现，儿童在记忆能力上所表现出来的年龄差异在很大程度上是由于记忆策略水平的不同所导致。儿童使用记忆策略的数量和质量是随其年龄的增长而增长的，在5~15岁期间的增长速度尤为明显。而且，训练可以使年幼儿童学会应用某种记忆策略，却很难产生迁移的效果，年长儿童则可以将同一种策略应用于不同的情景中，并根据环境的变化对策略进行适当的调整，表现出了在策略使用方面的主动性和创造性。随着儿童年龄的增长和对各种策略掌握熟练程度的提高，他们在使用策略时所花费的心理能量也相对地减少，这可以使其有更多的精力去注意任务的其他方面，在总体上提高记忆的效果。在幼儿期甚至婴儿期所表现出来的策略能力是非常有限的，有时甚至是处于非意识状态的。记忆策略能力的真正发展是在学前晚期和学龄初期以后。

第三节　学前儿童记忆力的培养

一、运用记忆规律培养学前儿童记忆力

(一)明确识记的目的和任务

是否具有明确的识记的目的任务对于识记的效果具有重要的影响。因为有了明确的识记任务，就能把全部的精力集中到识记的任务上去，并采取各种措施去实现它。如果教师告诉婴幼儿：“今天学的这首歌要在‘新年联欢会’上表演，请小朋友们记好。”那么，婴幼儿对歌词的记忆效果就会明显高于平时。根据这一规律，教师在组织教育活动过程中，应向婴幼儿提出明确、具体的识记任务，以提高婴幼儿的识记效果。例如，教师可以在创设情境后问小朋友：“活动室里哪些地方发生了变化？”户外活动时也可以发问：“看看哪位小朋友观察到的新鲜事多，回来后讲给大家听。”

(二)活动的内容与性质

实验表明，把识记对象变成活动的对象有助于记忆效果的提高。因此，要提高婴幼儿的识记效果，不仅要向小朋友提出明确、具体的识记任务，而且要有效地组织幼儿活动，尽量把需要幼儿去识记的对象变为幼儿活动的对象，并尽量发挥他们的积极性和能动性。例如，让幼儿记住数字，可教他们制作数字卡；又如，想让幼儿记住某一种子的生长条件，教师就应创造条件让小朋友亲手栽培某一种植物并做观察日记，这样他们的记忆就会更加牢固。

(三)利用遗忘的规律，帮助学前儿童及时、合理地复习

学前儿童存在记忆保持时间较短、记忆的正确性差、容易发生遗忘等特点，因此帮助他们进行及时复习十分重要。复习是同遗忘作斗争的基本方法，复习可以强化大脑中已形成的暂时神经联系，使它更加巩固。因此，在幼儿园教育活动中，对于一些幼儿必须掌握的基本知识和技能，教师不能满足于“教过了”。在识记材料之后，还必须帮助幼儿进行

复习和巩固，同一内容要经过多次的反复，才能为幼儿所掌握。

同时，根据遗忘具有先快后慢的规律，教师还要提醒、帮助幼儿及时复习，赶在大量遗忘发生之前，先将新学习的内容进行巩固。开始时的复习，次数要多些，每次复习之间的间隔要短些，以后次数可以逐渐减少，间隔也可逐渐延长。这样做，往往可以收到事半功倍的效果。复习的方式、方法应该灵活多变，不能单调地重复，否则会引起幼儿大脑神经细胞的疲劳，从而降低效果。另外，对于内容、性质相近的材料，在识记和复习时要交错进行，以免相互干扰。对类似的材料要加以比较、分化，防止混淆。这样能够提高幼儿记忆的正确性。

二、给学前儿童记忆的材料要形象且方法要有趣

我们知道，幼儿的记忆以不随意的形象记忆为主。色彩鲜艳、形象生动夸张、内容新颖有趣、活动着的对象及他们感兴趣的和能引起其情感体验的事物，就容易记住。反之，则较难记住。因此在幼儿园教育活动中，教师应该注意选择那些色彩鲜明、形象具体并有感染力的内容，使这些内容本身能够吸引婴幼儿。在解释抽象的概念时，要运用具体形象的教材和借助一些教具的演示，以一定的形象为支柱，加深幼儿对抽象的语词、概念的记忆，这样才能记得又快又牢。

除了内容的直观性、形象性以外，教师还要注意采用生动活泼、受幼儿喜爱的教学形式与方法。例如，开展游戏，演木偶戏，放映幻灯、录像等，都易引起婴幼儿的兴趣，使他们在轻松愉快的情绪中获得深刻的印象，从而提高记忆的效果。

三、帮助幼儿理解记忆的材料

许多实验和事实都表明，学前儿童意义识记的效果优于机械识记，他们对记忆材料理解得越深，记得就越快，保持时间也越长。因此，在幼儿园教育活动中，教师应该采用多种方法，尽量帮助幼儿理解所要识记的材料。同时，还要指导幼儿在记忆过程中进行积极的思维活动，逐渐学会从事物的内部联系上去识记材料。这样，在理解的基础上记，在积极思维的过程中记，婴幼儿识记就很容易，不仅效果好，也有助于他们的意义识记和认识能力的提高。

四、使用多种感官参与记忆过程

实验研究证明，在识记活动中，多种感觉通道的参与对识记效果具有促进作用。例如，沈德立等人用重构法研究幼儿对图形的记忆。让一组幼儿对刺激图形看两分钟后令其重构，称为非操作性图形重构；对另一组幼儿则让其在看的同时把看到的图形拼摆一遍，两分钟后令其重构，称为操作性图形重构。结果操作性重构组的成绩(12.52)明显高于非操作性重构组的成绩(8.77)。另一个实验表明，同样讲一个故事，采取教师讲、幼儿听的方法，幼儿只能记住 20%～30%的内容；采取教师讲、幼儿听的方法，还跟着说一说的办法，幼儿可记住

30%~50%的内容；而采取教师讲，幼儿听、说，并同时用手拿活动教具表演的办法，幼儿记忆的内容可达65%~80%。因此，在幼儿园教育活动中，教师要创造机会，尽力调动幼儿的各种感官都投入记忆活动，在识记过程中既听又看，还能动手操作等，就容易记得既完整、正确，又牢固。

五、帮助学前儿童掌握记忆的方法

学前儿童自发使用的记忆方法不多，因而记忆效率不高。要提高记忆效率，良好的记忆方法是必不可少的。因此，教师和家长要通过各种途径，把良好的记忆方法传授给他们，并鼓励幼儿经常自觉地使用。这些方法主要有以下几种。

(一)归类记忆法

归类记忆法就是把许多属于同类的事物归为一类进行识记的方法。例如，把衬衣、短裤归为衣服类；糖块、饼干、鸡蛋和肉归为食品类。实验证明，教幼儿进行归类记忆效果明显。在同样条件下，不会归类识记的4岁幼儿只能记住4~5个物体，而采用归类记忆法的幼儿则能记住10个物体；5岁幼儿不会用归类法主动识记，只能记住5~6个物体，而采用归类法者能记住14个物体；6岁幼儿不会用归类法主动识记，只能记住7~9个物体，而采用归类法者平均能记住18个物体。

(二)协同记忆法

协同记忆法是指多种感官协同活动，在大脑皮层上建立多方面的暂时神经联系的方法。在识记中利用多感官的协同活动来提高识记效果的方法就是协同法。尤其在识记一些可见、可摸、可食、可听、可操作的物体时应尽量使婴幼儿多感官协同活动。例如，幼儿认识石榴时，让幼儿通过摸一摸、尝一尝、闻一闻，动手扒皮，用刀切开看，从多方面获得感性认识，这样不仅记得快，而且记得牢。

(三)整体识记和部分识记相结合的方法

整体识记方法是将材料整体一遍遍地识记，直到会背诵为止。部分识记方法是将材料一段段地背诵，到分段背诵完毕再合成整体背诵。如果材料的数量不多，一般用整体识记法较好；当材料较长时，应用部分识记法较好。通常最好的是两种方法并用，先把材料从整体上读几遍，对特别困难的部分多读几遍，再全部诵读，如此反复，直到记熟为止。

(四)形词结合法

人脑所能接受的信息多种多样，但概括起来不外乎有两大类，即形象的和语词的。这两类又是密切联系、互相依赖的。为此，当幼儿记忆语词、符号等抽象材料时，必须有直观形象来支持。比如进行诗歌教学时，对于抽象的语词材料，教师可先让幼儿观察一些相关的图片或把诗歌的内容编成他们能理解的小故事，先讲给他们听，帮助幼儿建立相关的表象。这样一边学诗歌，一边就能唤起头脑听觉旧有的表象。这样做不仅有利于理解，也有利于记忆。

反过来，当幼儿识记形象材料时，在记住物体的外形特征后，应教给幼儿相应的词汇或名称，否则不利于幼儿在大脑中形成清晰的表象。形词结合法之所以能提高记忆效果，其根本原因在于，这种方法有利于发挥大脑两半球的整体功能，使管理言语中枢的左半球与管理形象中枢的右半球协同活动，共同发挥作用。例如，在教幼儿认识数字时，引导他们利用某些形象的事物为中介来识记，例如，“1”像棍子，“2”像鸭子，“3”像耳朵，“4”像旗，“5”像钩子，“6”像哨子，“7”像拐棍，“8”像葫芦，“9”像烟斗。

(五)记忆游戏

游戏是幼儿最感兴趣、最喜欢的活动。通过游戏来发展幼儿的记忆力是一个最有效的方法。例如，“打电话游戏”，教师可将幼儿分成人数相等的两组，教师扮演打电话的人，教师发出“铃铃”声后，迅速告诉第一组、第二组的第一个幼儿：“我们去春游”或“祝妈妈生日快乐”等内容。两队的第一个幼儿要用耳语声对第二个幼儿说这句话，再一个个依次传至小组最后一名幼儿，再由他把听到的话告诉教师。传话又快又正确的小组为胜。教师可根据本班幼儿的实际情况，自行创编各种类型的游戏活动，让幼儿在轻松的活动中提高记忆力。

本章小结

记忆是人脑对过去经验的反映。其过程可以分为识记、保持、回忆(再认和再现)三个基本环节。根据记忆的内容不同，把记忆分为：形象记忆、情绪记忆、语词—逻辑记忆和运动记忆；还可以根据记忆时间保持的长短不同，把记忆分成瞬时记忆、短时记忆和长时记忆。记忆的品质包括记忆的敏捷性、记忆的持久性、记忆的正确性、记忆的准备性。

关于儿童什么时候开始有了记忆，是一个仍有争议的课题。许多研究表明：不同的记忆在个体发生的时间也不同，其中运动性记忆出现最早，其次是情绪记忆，形象记忆出现的时间可能稍早于言语记忆，迟于运动记忆和情绪记忆。言语记忆出现在生命的第二年。

儿童记忆发生后，随着生理和心理的发展，记忆的质和量也在不断地发展着。3 岁前儿童记忆发展的特点表现为：再认和延迟模仿能力的出现、3 岁前“记忆缺失”现象、短时记忆出现重要变化。幼儿期儿童记忆的发展特点表现为：无意记忆为主，有意记忆逐渐发展；以形象记忆为主，语词逻辑记忆正在发展；意义记忆效果优于机械记忆。

记忆策略就是人们对自身记忆活动和主体所使用的那些能增强记忆效果的方法。学前儿童记忆策略的特点是：较少使用复述策略、不能进行复述策略的迁移；记忆中的组织策略开始发展，水平较低；记忆中的提取策略存在着年龄差异。

学前儿童记忆力的发展水平将直接影响教育的成果。所以说在学前晚期应从以下几方面发展儿童的记忆力：运用记忆规律培养学前儿童记忆力；给学前儿童记忆的材料要形象，方法要有趣；帮助幼儿理解记忆的材料；使用多种感官参与记忆过程；帮助婴幼儿掌握记忆的方法。

【推荐阅读】

[1] 林崇德. 发展心理学. 北京：人民教育出版社，2009

[2] 文颐. 婴儿心理与教育(0~3 岁). 北京：北京师范大学出版社，2015

[3] 杨丽珠，刘文. 毕生发展心理学. 北京：高等教育出版社，2009

[4] J. H. 弗拉维尔，P. H. 米勒. 认知发展. 邓赐平，刘明，译. 上海：华东师范大学出版社，2002

思 考 题

1. 什么是记忆，记忆有哪几种类型？
2. 分析记忆过程有哪几个环节。
3. 良好记忆的品质有哪些？
4. 幼儿记忆有哪些特点？
5. 请结合实际谈谈如何发展幼儿的记忆力。

学前心理学

微信扫天下 课程掌中观

第六章.pptx

图画不单是文字的说明，且可拓展儿童的想象，涵养儿童的美感。

——叶圣陶

第七章　学前儿童想象的发展

本章学习目标

- 掌握想象、有意想象、无意想象、再造想象创造想象的内涵及相关理论。
- 熟悉学前儿童想象发展的具体表现。
- 掌握培养学前儿童想象力的方法。

核心概念

想象(imagination)　再造想象(reproductive imagination)
创造性想象(creative imagination)　幻想(fantasy)　理想(ideal)

案例导读

中班幼儿欣欣拿起画笔，在纸上画了起来，一边画一边说：“我画小白兔……哦，小白兔吃什么呢？来，小白兔吃红萝卜吧……啊，天黑了，要回家了，开小汽车啦……”他对着画好的小汽车开心地说：“你要好好跑啊……我要去恐龙家了……”

这个案例中，体现出幼儿具有无意想象。想象无预定的目的性，想象的主题不稳定，想象的内容零散、无系统，仅仅满足于想象的过程，而且想象受情绪和兴趣的影响。

第一节　想象概述

有人说，这个世界是想象出来的。人们想吃，于是就有了美味佳肴；人们想穿，于是就有了漂亮衣裳；人们想住，于是风格各异的建筑被设计和制造出来；人们想日行万里，于是飞机、汽车、轮船乃至飞船就被制造出来了……正如爱因斯坦所说：想象比知识更重要，因为知识是有限的，而想象力概括着世界的一切。那么，想象力是什么呢？个体想象力的发生和发展规律是怎样呢？儿童的想象比成年人更加丰富、更加新奇，幼小的儿童有一半时间生活在自己的幻想世界中。他们的思维没有定式，不墨守成规，不怕别人议论，他们更热衷探索新奇的事物，他们的整个生活都渗透着幻想和创造。学前儿童什么时候开始有了想象，想象是怎样发展起来的？了解了这些，我们才能点燃儿童身上创作和幻想的星火，使他们的想象结出丰硕的果实。

一、什么是想象

(一)想象的概念

想象是对人脑中已有的表象进行加工改造，创造出新形象的心理过程。对这一概念我们应做如下理解。

第一，想象是以感知过的事物形象为基础，即以记忆表象(储存在头脑中的已有表象)为原材料进行加工而形成的。例如，我们没有去过南极，但当听到南极科学考察团关于南极的介绍时，我们头脑中会出现一幅幅南极风光的画面，这是由我们所熟悉的冰山、冰川、企鹅等记忆表象组合而构成的。

第二，人的头脑不仅能够产生过去感知过的事物形象，而且能够产生过去从未感知过的事物形象。例如，《西游记》中的孙悟空、猪八戒，《聊斋志异》中的狐仙鬼怪等都不是作者所感知过的。这些没有感知过的但又出现在头脑中的新形象都是想象的结果。

第三，想象过程所产生的新形象称为想象表象。想象表象有四种类型：①在现实中存在着但主体未曾感知过的事物的表象；②历史性事物的表象；③未来会有的事物的表象；④在现实中不可能有的事物的表象。由于构成想象表象的加工、改造过程是通过思维活动进行的，所以，想象是思维的一种特殊形式，是一种形象思维。

(二)想象的构成方式

想象过程是一个对已有形象(表象)分析、综合的过程。想象的分析过程，是从旧形象中区分出必要的元素或创造的素材；想象的综合过程是将分析出来的元素或素材按照新的构思重新组合，创造出新的形象。即从已有的表象中，把所需部分从整体中分解出来，并按一定的关系，把它们综合成为新的形象，这种新形象又具有新颖性。想象的分析、综合活动有以下几种形式。

1. 黏合

黏合是把两种或两种以上客观事物的属性、元素、特征或部分结合在一起而形成新形象的过程，如孙悟空、猪八戒、美人鱼等形象。黏合方式是想象过程中最简单的一种方式，多用于艺术创作和科技发明。

2. 夸张与强调

夸张与强调是改变客观事物的正常特征，使事物的某一部分或某一特性增大、缩小，数量加多，色彩加浓等，在头脑中形成新形象的过程，如人们创造的千手千眼佛、九头龙及大头儿子和小头爸爸等形象，还有我们常看到的一些人物的漫画，都是艺术家对人物特点进行夸张或强调的结果。

3. 拟人化

拟人化是把人类的形象和特征加在外界客观对象上，使之人格化的过程。例如，动画片《猫和老鼠》中的猫和老鼠的形象均采用了拟人化想象的创作手法。雷公、风婆、花仙、狐精、白蛇与青蛇等也都是拟人化的产物。拟人化也是文学和其他艺术创作的一种重要手段。

4. 典型化

典型化是根据一类事物共同的、典型的特征创造新形象的过程。这是一种在文学艺术创造中普遍采用的方式。例如，鲁迅笔下的阿 Q、祥林嫂等形象的创造，就是鲁迅综合某些人物的特点创造出来的。

(三)想象发生的条件及表现

1. 想象发生的条件

想象是对已有的表象进行加工改造、重新组合成为新形象的过程。这就告诉我们，想象的产生需要两个最基本的条件：第一，头脑中要有相当数量的、具有稳定性的表象贮存作为想象的对象，即加工材料，这样才可以为丰富的想象活动提供基本素材。第二，要具有一定的思维能力，以便运用内部的智力动作对已有表象进行加工改造。这两个条件，儿童初生时皆不具备。

婴儿虽然生而具有原始的感知和记忆形式(各种感知、形状知觉和无意识的形象记忆等)，可以获得某些客观事物的映象，但这种映象往往很不稳定：一方面，基本是事物的具体表象，缺乏一定的概括性；另一方面，保持的时间很短，虽不一定是“稍纵即逝”，但也很难成为想象的加工材料。大约到一岁半至两岁左右，儿童才可能形成具有一定稳定性的记忆表象。

作为想象“工具”的内部智力动作，婴儿更不具备。儿童最早出现的是以搜寻客观事物信息为主的感知动作。随着手的灵活动作的出现和发展，才开始形成带有解决问题性质的实物操作动作。随着经验的积累，这些外显的实际智力动作可以逐渐内化—转化为隐蔽在头脑中进行的内部智力动作。外部智力动作的形成需要一定的时间，而向内部智力动作的转化更非一蹴而就，大约也是在一岁半至两岁左右，儿童运用内部智力动作加工旧表象的能力有所萌芽。

想象的发生和儿童大脑皮质的成熟也有关。两岁前脑发育很不成熟。两岁左右大脑神经系统的发展趋于成熟，儿童在头脑中有可能储存较多的信息材料。儿童的语言的发生，是儿童想象的重要因素。词具有概括性，词和它所代表的具体事物之间有着广泛的联系。想象正是借助于词的这种概括性联系，对各种具体事物在大脑皮质所留下的痕迹及其相互之间的联系进行加工改组、重新配合。

综上所述，一岁半至两岁，儿童基本具备了想象的基础。记忆和想象的过程都是运用表象的过程。只不过记忆是头脑中已有形象的重新出现，即表象恢复活动的过程。想象是以记忆表象为基本材料，对已有表象加以改造的过程。想象活动与表征活动密切联系，儿童想象最初出现的年龄和表征的发生年龄相同。也就是在一岁半至两岁左右出现了想象的萌芽。

2. 儿童想象的最初表现

儿童最初的想象基本是记忆表象的简单迁移，加工改造的成分很少，主要是通过动作和语言表现出来的。比如，一个两岁左右的孩子正在吃饼干，忽然，他停止咀嚼，对着手中被他咬了一块的圆饼干看了片刻，然后把它高高举起来，并高兴地喊着："妈妈，看，月亮！"这种想象是一种简单的联想：由被咬掉一口的月牙状饼干联想到头脑中贮存的关于月亮的形象。

一个一岁八个月的孩子，左手抱着布娃娃，右手拿着一片塑料雪花片往娃娃嘴里放，同时发出"嗯啊嗯啊"的咀嚼声，从这一系列动作的性质来看，我们可以把它称为初期的游戏；而从心理机能上，则是原始的想象：他的头脑里很可能出现了妈妈喂他自己吃东西时的情景，也可以说这是记忆表象在头脑中的重现，而这种情景已经迁移到一个新的游戏情境中了。而且表现出诸多的替代功能：娃娃代替自己，自己代替妈妈，雪花片代替圆饼干。这种替代就是在头脑中把某物某人想象成他物他人。

简单的相似联想、象征性游戏都是儿童想象的初期表现。

二、想象的种类

根据新形象的形成有无目的性，可以把想象分为无意想象和有意想象。

(一)无意想象

无意想象也称不随意想象，是指没有预定的目的和意图，在一定的刺激影响下，不由自主地引起的想象。例如，看到地上茫茫的白雪，会不由自主地想到雪白的棉花、松散的白糖、厚厚的毯子或其他物体；听故事时，不知不觉地随着故事情节追寻下去；幼儿观察不同的种子，会发现有的像小米粒，有的像橘子瓣等。无意想象是最简单和初级形式的想象。

1. 梦是无意想象的一种极端形式的表现

梦是无意想象的极端情况。它是人在睡眠状态时一种漫无目的、不由自主的奇异想象。在梦中，有时见到久别的亲人、昔日的同学朋友，体验到童年时代的快乐，经历一些稀奇古怪的事情。从梦境的内容来看，它是过去经验的奇特组合。按照巴甫洛夫的解释，梦是人在睡眠时，大脑皮层产生的一种弥漫性抑制，由于抑制发展不平衡，皮层的某些部位出现活跃状态，暂时神经联系以意想不到的方式重新组合而产生各种形象，就出现了梦。

人在清醒状态下，语词对暂时神经联系的重新结合起着重要的调节和支配作用。人在睡眠状态下，语言系统首先受到抑制，大脑皮层上那些还没有受到抑制的神经细胞由于正诱导加强了兴奋，某些知觉痕迹及其相互联系暂时复活，它们之间发生了重新组合，这种重新组合就是梦。如果这种重新组合采取了不同寻常的联合方式，就会出现各种奇异与怪诞的梦境。梦完全不受意识支配，皮亚杰称之为"无意识的象征"。生理学研究说明，睡眠有两种功能，一是休息功能，使大脑皮质的神经细胞进入保护性抑制，得到休息，消除疲劳；二是处理已有信息的功能，梦是属于头脑中已有信息的加工活动。

梦中的形象往往不是感知到的形象，而是重新组合成的新的形象，它的出现是无意的。梦中所出现的形象或它们之间的联系和关系有时荒诞无稽，有的虽然和现实生活有一定的关联，但却不是现实生活的再现，似乎脱离现实很远。构成梦境的材料有的是做梦者曾经经历过的事物的形象，这说明梦境的材料来自客观现实，是客观现实的反映。而引起梦的原因很多，身体内部的某些生理变化可以成为做梦的动因。例如，脚上要生疮，觉醒状态下自己未发觉，睡梦中会梦见被狗咬了脚，甚至直到醒时还觉得脚痛。外部刺激也会引起梦，像风吹树叶的沙沙声，梦中就可能误认为下雨；闹钟声响，可以引起人做火警的噩梦；恶臭也会产生恐怖的梦境。另外，孩子看了恐怖的电影，听了吓人的故事，或睡觉的姿势不对压迫了胸口，都能成为做梦的动因。

2. 梦最早发生的年龄及种类

梦在儿童哪个年龄段最早出现？这个很难确定。皮亚杰观察到儿童最早的梦是在一岁九个月至两岁之间。这时儿童开始说梦话，睡醒后会说梦。比如，一个两岁两个月的孩子醒来就喊："小狗回来了！"在前一天，一个女孩子把他的玩具狗抢走了。

皮亚杰研究了关于幼儿的梦的种类，认为可能分为下列几类。

(1) 反映愿望的。例如，有两个月不让小女孩吃雪糕，她在梦中吃了好多的雪糕。

(2) 以一物代替他物的。例如，在梦里如同在游戏中一样，有象征性的大人、孩子。

(3) 回忆痛苦的事情，但有好的结果。如同游戏一样，儿童自己对痛苦的事情赋予良好的结果。在幼儿园没有玩到玩具，梦里有好多的玩具包围着。

(4) 噩梦。在噩梦和游戏中都有恐惧，这是对没有意识到的不愉快的回忆。在游戏中对这种回忆多少能够自觉地控制，在梦中不能控制。一个五岁的女孩有一天半夜突然惊醒，又哭又叫，说："妈妈，我怕，我怕！"清醒后她说自己看见很多妖怪在追她。

(5) 受到自我惩罚的梦。这种梦，有时是听父母讲了可怕的故事造成的，有时则是其他原因。例如，某小孩入睡前用东西砸了自己的脚趾头，醒来后说小狗咬了她的脚趾头。

(6) 由身体受到刺激直接转化而来的直接象征。如尿湿了，梦见自己坐在水盆里。

皮亚杰认为，以上各种梦说明了梦和游戏在结构和内容上都是相似的。

(二)有意想象

有意想象也称随意想象，它是有一定的预定目的、自觉进行的想象。人们在实践活动中，为实现某个目标、完成某项任务所进行的活动，都属于有意想象。为搭建一座高楼，幼儿想象用什么结构、什么颜色的材料；让幼儿设计一下未来的交通工具等都是有意想象。在有意想象之中，可以根据想象内容的新颖性、独特性和创造性的不同，把有意想象分为再造想象和创造想象。幻想是创造想象的一种特殊形式。

1. 再造想象

再造想象是根据对没有直接感知过的事物的语言文字的描述或图样、图纸、符号的示意，而在头脑中形成相应的新形象的过程。例如，我们没有经历过原始社会，但通过对原始社会遗址、出土文物及考古学家对史料研究的描述，在头脑中展现出一幅幅原始社会人们生活的场景。所谓"再造"，一方面是指这些新形象对自己来说没有亲身感知过，仅根据当前任务和所提供的材料，在语词或其他东西的调节下，运用个人经验而在头脑中加工再造出来的。如教师给幼儿讲《白雪公主和七个小矮人》的故事时，幼儿的头脑中会"再造"出白雪公主和七个小矮人的形象。另一方面，这种新形象并非是自己独创。如看着说明书上的介绍，幼儿能独立组装玩具赛车。

形成正确再造想象的条件，首先，要正确理解词与实物标志的意义。其次，丰富的表象储备。正确反映客观现实的直观材料愈丰富，再造出来的想象内容就愈生动、准确。

再造想象具有的特点是：再造想象中形成的新形象，只是对自己来说是新的，是根据别人的描述或制作的图表、模型等在头脑中再造出来的，因此，新颖性、独立性、创造性成分比较小。其次，再造想象形成的新形象差异较大，因为人们的经验、兴趣、爱好和能力不同，再造的形象也就不会相同。不同的人画同一个故事中相同的人物，结果会有所不同。从这个意义上说，再造想象总带有一定的创造成分，但创造成分较低。再造想象是接受知识、理解教材不可缺少的条件，教师要善于运用已有的知识经验来唤起幼儿的再造想象，使再造想象得以充分发展。

2. 创造想象

创造想象是根据一定的预定目的和任务，不依据现存的描述而独立创造出新形象的过程。如文学家塑造的新的人物形象；科学家的发明创造等，都是创造想象的过程。创造想象具有首创性、独立性和新颖性等特点。因此，创造想象比再造想象更复杂、更困难。鲁迅创造的阿Q形象是一个具有独特性的新形象，比读者通过阅读在头脑中再造出的阿Q的形象要困难得多。因为它需要对已有的感性材料进行深入分析、综合，在头脑中进行创造性构思，才能创造出来。创造想象在人的实际创造活动中是非常重要的，它是一切创造性活动的必要组成部分。科学领域里的一切发明、技术革新，艺术领域里的一切典型形象，都离不开创造想象。儿童画画、做游戏没有创造想象的参与也是不可能顺利完成的。创造想象是创造活动的必要环节。

创造想象的产生需要具备以下几个条件：首先，创造动机是创造想象的动力。其次，扩大知识范围，增加表象储备。最后，积极的思维活动。最后，灵感，它是人的全部精神力量、高度积极性的集中表现。

再造想象和创造想象既有区别又有联系。它们的区别在于：同样是“造”，再造想象出来的形象是现实生活中已有的事物，是描述者知道而想象者不知道的事物；创造想象出来的形象是所有的人都不知的、现实生活中甚至可能不存在的事物。二者的联系表现为：首先，它们都以感知觉为基础，都是在原有表象基础上重新加工改造、重新组合的新形象。其次，在再造想象中，有创造想象的成分；而创造想象是在再造想象的基础上形成的，创造想象中有再造想象的因素。最后，虽然在创造想象中形象是新颖的、独创的，但是仍然要依靠客观事物或图表、模型、语言、文字的启发。再造想象贫乏的人是不可能有丰富的创造想象的。所以，绝不能把二者截然地对立起来。因此，要培养人的创造力，首先要培养人的再造想象。

3. 幻想

幻想是一种与个人愿望相联系的，并指向于未来事物的想象。幻想是创造想象的一种特殊形式，也是一种在头脑中独立创造新形象的过程，它是个人对未来的希望与向往。如女孩子想象自己将来当模特、演员；男孩子想象当宇航员、警察等。这些想象都是与人的愿望相联系的，是对未来的一种憧憬。

幻想与再造想象不同，不一定是通过别人的语言、语词或其他符号的描述所引起，它具有一定的独特成分。幻想与创造想象也有区别，它并不一定直接引向物质产品的创造，在构思上并不要求像创造想象那样完全符合客观规律。幻想总是体现着个人的愿望，对人的行为有重要的指导作用。它有两个特点：一是总与个人的需要和愿望相联系，是自己所向往、所期望的事物的新形象。例如，幼儿希望自己能有各种各样的玩具。另一个特点是幻想的事物不与当前创造行动直接相联系，而是对未来活动的设想。例如，对工作前景的想象、宗教迷信中的形象都属于幻想。

根据幻想的社会价值和有无实现的可能性，可以把幻想分为科学幻想、理想和空想三种形式。

(1) 科学幻想：是科学预见的一种形式，是创造想象的准备阶段和发展的推动力，是具有进步意义和有实现可能的积极幻想。例如，一个多世纪前人们对遨游天空和海洋的科学幻想，在今天已经变成了现实。

(2) 理想：是符合事物发展规律、有实现可能的积极幻想，如从小想成为科学家、艺术家等。它能激励人们前进，并为之而努力。理想是有意的，应该受到鼓励。它今天虽然不一定直接引向行动，但能把光明的未来展示在人们的面前，鼓舞人们顽强地克服困难，坚定地朝着既定的目标前进，成为激发人们在学习、工作中发挥创造性和积极性的巨大动力。理想又往往是激起创造想象的准备阶段。

(3) 空想：是与客观现实相违背的消极幻想，是根本不可能实现的。空想不能激励人们前进，相反，只能引导人们脱离现实生活，导致挫折和失望。长期陷入空想的人往往碌碌无为，一事无成。空想是一种无益的幻想，它使人脱离现实，想入非非，甚至把人引向歧途，因此，应克服这种有害的幻想。

幻想对于人类社会的发展是有积极意义的。一个没有幻想的人是没有创造性、没有进取心的。几乎每个孩子都有自己的梦想，梦想是孩子对自己未来的美好设计。然而，在现实生活中，很多人对孩子的梦想不屑一顾，甚至大泼冷水。因此，教师要正确引导，大胆培养儿童敢于幻想、善于幻想的品质，发现孩子的闪光点，让他们对未来充满美丽的憧憬。

三、想象在学前儿童发展中的作用

(一)想象在幼儿游戏中的作用

幼儿的主要活动是游戏。在游戏中，幼儿的想象起着极为重要的作用。在游戏中，幼儿的游戏离不开游戏材料。有的材料比较接近于真实的事物，如布娃娃、玩具汽车、玩具餐具等，幼儿在运用这些游戏材料时，需要把这些玩具想象成为真的娃娃、汽车、餐具，并对其施加类似成人的真实动作，甚至把它们想象为别的类似的东西。有的材料则和真实物体有较大的差异，是纯粹的替代物，这时幼儿要把这些物品想象为和这些物品相似的东西。在角色游戏中，角色的扮演、游戏材料的使用、游戏的整个过程等都要依靠幼儿的想象过程。例如，娃娃家游戏中，爸爸、妈妈使用的纱布做成的包子、馒头，木棍代替的菜勺，炒菜、烧饭、带孩子看病的活动，都是经过幼儿的“假象”而成。如果没有想象，这种虚构的活动便无法开展。在结构游戏中，幼儿必须对结构材料、结构物体进行想象，通过一定的建构技能才能创造出一定的结构活动。在游戏中，幼儿不断地依靠想象而变换物体的功能。比如一支笔，先当注射器用，后又当小勺吃饭。游戏中的人物也可以变化，一会儿是警察，一会儿又是小偷。因此，想象在幼儿的游戏活动中起关键的作用。通过各种方法发展幼儿的想象力，可以促进幼儿游戏水平的提高。

(二)想象在学前儿童生活中的重要地位

儿童在 2 岁以后，他的想象就迅速发展起来了。幼儿期是想象最为活跃的时期，想象几乎贯穿于幼儿的各种活动中。

幼儿的主要活动是游戏，特别是象征性游戏。象征性游戏的心理成分首先是想象活动。研究表明：两岁至六七岁儿童的典型游戏是象征性游戏，它具有“好像”和“假装”的特征。如将一个物体代替另一个物体或将一个无生命的物体看作一个有生命的物体，即以物代物或以人代人或以动物代动物。2 岁左右儿童由于动作的重复练习，以及语言和形象思维的发展，在对物体的摆弄、操作的基础上开始出现以一种物体代替另一种物体或人的游戏活动，即象征性游戏。也就是当眼前不存在真的人或物体时，由另一相似的物体引起同样的活动。在游戏中，幼儿不断地依靠想象而变换物体的功能。例如，一根木棍，先当枪使，后又当马骑。小椅子不总是椅子，有时可以是汽车或其他物体。游戏中的人物也可以变化，一会儿是老师，一会儿是医生，一会儿又变成售票员。游戏的情节更可以根据幼儿的需要而千变万化，一个小角落，几样简单的玩具，幼儿就可以借此进入广阔的幻想世界。

幼儿经常把实际生活变成想象活动。比如，吃着饼干，忽然想象它是小船；洗着手，想象“下雨了”。

幼儿听故事时，想象随着故事的进程而开展。一幕幕的表象如同电影似的在脑海中活跃起来。正是想象活动，使幼儿理解故事内容，沉迷于故事情节。例如，听老师讲“卖火柴的小女孩”这个故事时，幼儿虽然从来没有看见过那位西方的小女孩，但是他们依靠过去的经验，不但能够想象小女孩的形象，而且能够产生对小女孩的同情心。因此，想象在婴幼儿生活中具有重要的地位。

(三)想象能促进学前儿童的学习

想象在婴幼儿学习中具有促进的作用。人们在认识客观事物的过程中，可以通过直接感知获得对事物的认识，但人不可能事事都去亲身实践，因此就有必要通过他人的描述间接地获得对客观事物的认识。人们在获取间接认识的过程中，没有想象是无法构建出新形象、新知识的。想象在婴幼儿学习活动中可以帮助幼儿掌握抽象的概念，理解较为复杂的知识，创造性地完成学习任务。例如，幼儿在学习“4 可以分成 2 和 2”的组成概念时，教师可以用直观的语言激发幼儿的想象，让幼儿通过实物表象(如：头脑中出现 4 个橘子分两份的分法)理解数的组成概念。又如，语言教育活动中的续编故事，老师讲出故事的前半部分，让幼儿通过想象编出不同的结尾来。在其他课程的学习中，幼儿也离不开想象这一心理现象，缺乏想象力的幼儿是无法取得良好的学习效果的。

(四)想象的发展是幼儿创造思维发展的核心

人的创造力主要表现在一个人的创造思维方面。创造思维一般可以分为三个方面：直觉、灵感和想象。换句话讲，想象是创造思维的一个主要方面。对于幼儿来说，创造思维的核心就是想象。

我们评价幼儿创造思维的水平也主要是从想象的水平出发的。丰富的想象是幼儿创造思维的表现，如儿童画“月亮上荡秋千”就充满了丰富的想象，因此才可能获得很高的评价。

既然想象是幼儿创造思维的核心，就应该充分了解并发展幼儿的想象，以更好地促进幼儿心理的发展。

(五)想象是维持儿童心理健康的重要手段

在学前儿童的日常生活中，我们常常可以看到一些与认知没有直接关系或关系不太密切的想象活动。比如，打针时，有的孩子一边卷衣袖，一边大声宣称：“我是解放军！我不怕打针！”当真正打针时，他却害怕地哭了。有时幼儿一个人玩时，口中念念有词：“宝宝快吃饭，不然会饿坏的。宝宝别藏了，我已经看见你了！快过来看我搭的狗窝，漂亮吗？小狗在这里睡觉一定很舒服的。你说，对吗？”这类想象与儿童的情绪情感关系密切，故而称为情感性想象。前例中的想象是一种“自居”作用，后例则是一种特殊的游戏——假想的角色游戏，它们尽管表现形式不同，但执行着一个共同的功能——满足儿童的情感需要。

研究发现，幼儿常常以自己崇拜的人物或胜利者自居，即把自己想象成心目中的强者。对此，有人解释说，这是儿童的一种自我保护机制，一种“精神胜利法”。从内心深处他十分害怕打针，但此时，害怕不仅无用，反而会增加心理上的痛苦和焦虑。于是，儿童把自己想象成勇敢的解放军，以减轻恐惧和焦虑感。

假想的同伴以及由此展开的角色游戏可以补偿孩子缺少游戏伙伴的现象，使他们暂时忘却孤独以及现实生活中的其他烦恼，自得其乐。这证明想象的过程可以满足一些孩子的心理与情感需求，也可以起到帮助他们宣泄不良情绪、减轻压抑和挫折感，维持必要的心理平衡，促进心理健康的作用。

当然，不仅是假想的角色游戏和自居作用具有上述作用，一切具有明显的情绪色彩的想象活动，如自由绘画、即兴表演等，都可以满足孩子的情感需要，维持其心理健康。

第二节　学前儿童想象的发展

婴儿时期只有最低级形态的想象，想象尚处于萌芽状态。想象的内容简单贫乏，有意性也很差，水平是很低的。在教育的影响下，由于儿童活动的复杂化、儿童语言的发展和经验的扩大，在两岁以后，想象进一步发展起来。幼儿期是想象最为活跃的时期。因为学前儿童最喜欢想象，所以有人把学前时期看作想象最发达的时期。事实上，学前儿童的想象只是处于初级形态，水平并不高。因此，幼儿想象发展的一般趋势是从简单的自由联想向创造性想象发展。表现在以下三个方面：①从想象的无意性，发展到开始出现有意性。②从想象的极大夸张性，发展到合乎现实的逻辑性。③从想象的单纯的再造性，发展到出现创造性。

下面分别说明想象发展的具体表现。

一、学前儿童想象有意性的发展

整个学前期，有意想象在教育的影响下逐渐发展，但无意想象仍占主要地位。学前儿童的想象基本是无意的。学前儿童也以无意想象为主。这与婴幼儿调节自己心理活动的能力不足有直接的关系。

(一)幼儿的无意想象

在幼儿的想象中，无意想象占主要地位。幼儿想象的无意性具体表现在以下几个方面。

(1) 想象无预定目的，由外界刺激直接引起。幼儿想象的产生常常是由外界刺激直接引起的，想象活动不能指向一定的目的，不能按一定的目的坚持下去。在游戏中想象往往随玩具的出现而产生。例如，看见小碗小勺，就想象喂娃娃吃饭；看见小汽车，就要玩开汽车；看见书包，又想象去当小学生。如果没有玩具，幼儿可能呆呆地坐着或站着，头脑中不进行想象活动。在绘画活动中，幼儿想象的主题往往是看到别人所画的或听到别人所说的而产生的。正因为如此，在同一桌上绘画的幼儿，其想象的主题常常雷同。如果要求幼儿在活动开始前想象活动进行的目标，幼儿初期的儿童往往不能完成任务。他们不知道自己将创造什么形象。幼儿往往是在行动中看到了由自己的动作无意造成的物体形态，或者是外界刺激才想象自己所作产品的意义。

(2) 想象的主题不稳定。幼儿初期的孩子，想象不能按一定的目的坚持下去。很容易从一个主题转换到另一个主题。幼儿想象进行的过程往往也受外界事物的直接影响。因此，想象的方向常常随外界刺激的变化而变化，想象的主题容易改变，这主要是由于幼儿初期孩子的直觉行动思维决定的。比如，在游戏中，幼儿正在玩开商店，忽然看见别的小朋友在玩打仗，他就跑去当上了解放军，和小朋友们一起拼杀起来。在画画中也是如此。一会儿画树，一会儿又去画兔子吃萝卜，一会儿又画汽车。

(3) 想象的内容零散，无系统。由于想象的主题没有预定的目的，主题不稳定，幼儿想象的内容是零散的，所想象的形象之间不存在有机的联系。幼儿绘画常常有这种情况，在同一幅画面上，会把他感兴趣的东西都画下来：有房子、鹿、飞机、降落伞、猫、老鼠和树。这显然是一串无系统的自由联想，天马行空，不受时间、空间的约束，不管物体之间的比例大小。如果他高兴，甚至可以把这些毫不相干的事物编出一个故事，讲给你听。

(4) 以想象的过程为满足。幼儿的想象往往不追求达到一定目的，只满足于想象进行的过程。一个幼儿给小朋友们讲故事，乍看起来有声有色，既有动作，又有表情，实际听起来毫无中心，没有说出任何一件事的情节及其来龙去脉。可是，讲故事者本人津津乐道，听故事的孩子们也津津有味，这种活动经常可以持续半个小时以上。幼儿在绘画过程中的想象也是如此，幼儿常常在一张纸上画了一样又画一样，直到把画面填满为止，甚至最后把所画的东西涂满黑色，最后什么都不像，但自己口中还念念有词，感到极大的满足。幼儿在游戏中的想象更是如此，游戏的特点乃是不要求创造任何成果，只满足于游戏活动的过程，有时还富有幻想的性质。这也是幼儿想象活动的特点。

(5) 想象受情绪和兴趣的影响。幼儿在想象过程中常表现出很强的兴趣性和情绪性。情绪高涨时，幼儿想象就活跃，不断出现新的想象结果。比如，老鹰捉小鸡游戏本应以小鸡被老鹰捉到而告终。可孩子们同情小鸡，又产生这样的想象：让鸡妈妈和鸡爸爸赶来，把老鹰啄死，又救回了小鸡。

另外，兴趣也影响孩子的想象。幼儿对感兴趣的游戏和学习会长时间去想象，专注于这个活动；而对不感兴趣的活动则缺乏想象，往往是消极地应付或远离这项活动。表现在活动中，保持的时间很短。如大班孩子玩简单的玩具或玩过的玩具，只能玩一会儿。幼儿想象过程的方向、想象的结果、想象的丰富程度受其情绪和兴趣的影响较大。

(二)幼儿有意想象的发展

幼儿想象虽然以无意想象为主要特征，但有意想象已开始萌芽，在教育的影响下，幼儿的有意想象开始发展了。

(1) 有意想象是在无意想象的基础上发展起来的。例如，有一个四岁多的小女孩拿起图画纸说："我画个小汽车。"于是就画了起来。小汽车画好之后，又说："我还画小红旗。"小红旗画好了还要画手绢。画着画着，发现把直线画弯了，就自言自语："不像，成气球了。我就画气球吧！""圆气球！圆脑袋！我画个大圆脑袋，画爸爸。"然后在圆脑袋下面画个梯形，是身子。"这是爸爸的长胳膊。"于是，在梯形旁边又添上两条横线。从这个孩子的绘画过程看，不难看出，她的想象基本上还是自由联想，无意性的成分很大。但她毕竟能够先想后画，而且按照自己想的去画了。说明她的想象已经开始具有了一定的目的。

(2) 想象进一步发展，已具有一定的有意性和目的性，可以围绕一定的主题进行。例如，一个六岁小男孩非常喜欢画画，对自己感兴趣的题材能连续几个月画下去。他曾经画打仗这一主题，已经画了半个学期了，还每天都画，也不厌倦。而且一边画一边会介绍战争激烈的场面和过程，并且每一天的画面都会有所不同。这说明幼儿的想象进一步发展，并且具有明显的有意性和目的性。又如，语言教育活动中的续编故事，幼儿完全能按照教师要求，根据一定的主题接着把故事讲下去。这也体现孩子已有明确的有意性和目的性。到了幼儿晚期，幼儿有意想象有了比较明显的表现。这种表现是：在活动中出现了有目的、有主题的想象；想象的主题逐渐稳定；为了实现主题，能够克服一定的困难。幼儿的想象虽然以无意性为主要特征，但有意想象已经开始发展了。

有意想象是需要培养的，成人应组织幼儿进行各种有主题的想象活动，启发幼儿明确主题，准备有关材料。如游戏中的玩具、绘画的材料、按主题讲故事等，成人及时的语言提示对于幼儿有意想象的发展起着重要的作用。

二、学前儿童想象现实性的发展

幼儿时期，想象常常脱离现实，或与现实相混淆，这是幼儿想象的一个突出的特点。

幼儿想象脱离现实的情况，主要表现为想象具有夸张性。这种夸张性表现在两个方面。

(1) 夸大事物某个部分或某种特征。幼儿在想象中常常把事物的某个部分或某种特征加以夸大。幼儿非常喜欢听童话故事，因为童话中有许多夸张的成分：比如《大头儿子和小头爸爸》里大头儿子的头特别特别的大，小头爸爸的头又特别特别的小。

儿童自己讲述事情，也喜欢用夸张的说法："我家有一大卡车的玩具。""我家来的大哥哥力气可大了！都把你们打败！”至于这些说法是否符合实际，幼儿是不太关心的。幼儿想象的夸张性还表现在绘画活动中。在幼儿的画画中，可以发现幼儿画的长颈鹿从比例来看，脖子特别长。画的大象头特别大，鼻子特别长。画人时，常常也是头特别大，眼睛、嘴都画得特别大，两排牙齿画得很突出。还有把胳膊画得很长，比身体几乎长了好几倍。画小朋友在草地上玩，把蝴蝶画得有三个小朋友那么大。这些夸大的部分，常常是幼儿印象特别深刻的部分。

(2) 混淆假想与真实。幼儿常常把自己渴望得到的东西说成已经得到。例如，有个小孩听到一个小朋友跟其他的小朋友说他爸爸给他买了火车侠，他也自豪地说：“我妈妈也给我买了一套火车侠呢，可好了！”可事实却不是如此。

把希望发生的事情当成已经发生的事情来描述。例如，一个孩子的妈妈生病住了医院，幼儿很想去看妈妈，但是，大人不允许。过了两天，幼儿告诉老师：“我到医院去看妈妈了。”实际上并没有这么一回事。

在参加游戏或欣赏文艺作品时，往往身临其境，把自己当作游戏中的角色，产生同样的情绪反应。如小班幼儿玩“狡猾的狐狸，你在哪里”的游戏，当老师扮演的狐狸逮着小朋友饰的小鸡，装作要吃她的时候，这个孩子大哭起来说：“你是老师，怎么可以吃人呢！”拼命挣扎。

小班幼儿把想象当作现实的情况也比较多。比如，游戏时过于沉迷于想象情景中，有的孩子甚至把游戏中的“菜”真的吃了。

为什么会出现想象与现实相混淆的情况呢？这是由于幼儿想象的特点加上认识水平不高、记忆的不精确、记忆掌握得不好、有时把想象表象和记忆表象混淆了起来以及表达能力有限。有些是幼儿渴望的事情，经过反复想象在头脑中留下了深刻的印象，以至于变成似乎是记忆中的事情，等等。把假想的事情当作真实的事情。

中、大班幼儿想象与现实混淆的情况已减少。孩子们听到一些事情后，常问：“这是真的吗？”有些大班幼儿甚至不喜欢听童话故事，希望老师“讲个真的”，说明他们已经意识到想象的东西与真实情况是有区别的。

大班儿童已积累了一定的经验，认识能力也渐渐提高，能够分清真的和假的、向往的和真实的。例如，六一儿童节，教师为儿童演出儿童故事，当黑熊一出场，小班幼儿就神情紧张，有的甚至害怕得想离开座位；大班儿童却很高兴，知道这是假的，有的还会劝慰小班儿童，“这熊不是真的，是老师扮演的”。

教师常常利用幼儿的这一特点，在组织小班幼儿的学习活动时，一方面使幼儿在想象中如同故事或游戏中的角色一样活动，分享角色的乐趣，在轻松愉快的气氛中来接受教育；另一方面，尽量避免引起恐怖、害怕等情绪。尤其对年幼胆小的儿童，在有关的活动中，更要多加说明，使他们知道这些不是真实的，不要害怕。

此外，成人要特别注意，不要把幼儿谈话中所提出的一切与事实不符的话都简单地归之为说谎，并予以严厉的责备。成人在理解了孩子的这些特点以后，要深入了解，弄清真相。首先要做孩子的忠实听众；其次要引导孩子多观察、多经历，丰富孩子的生活经验和知识，理解孩子想象中那些不合理的因素。需要提醒的是，想象中的荒诞、不符合常情有时候恰恰是最有价值的，许多创造常常由此而来，所以一定要小心呵护孩子的想象。假如出现想象的混淆，应在实际生活中耐心指导幼儿，帮助幼儿分清什么是假想的，什么是真实的，从而促进幼儿想象的发展。

三、学前儿童想象创造性发展

再造想象和创造想象是根据想象产生过程的独立性和想象内容的新颖性而区分的。儿童最初的想象和记忆的差别很小，谈不上独立的创造。最初的想象都属于再造想象，再造想象在幼儿期占主要地位。在再造想象发展的基础上，创造想象开始发展起来。

(一)幼儿再造想象的发展

1. 幼儿再造想象的主要特点

(1) 幼儿的想象常常依赖于成人的语言描述。幼儿在听故事时，其想象随着成人的讲述而展开。如果讲述加上直观的图像，幼儿的想象会进行得更好。但是如果单纯看图画或电视上的图像，缺乏语言描述或提示，幼儿的再造想象不能充分地展开。在游戏中，幼儿的想象往往也根据成人的言语描述来进行。这一点，在幼儿初期更显得突出。例如，较小的幼儿抱着一个娃娃，可能完全不进行想象，只是静静地坐着，当老师走过来说："娃娃要睡觉了。咱们抱娃娃睡觉吧！"或者说："娃娃出去玩玩吧？"这时，幼儿的想象才活跃起来。稍大的幼儿想象的内容虽然比较复杂一些，但仍然是根据老师的言语描述进行想象的。

(2) 幼儿的想象常常根据外界情境的变化而变化。这一方面反映了幼儿想象具有很大的无意性、被动性，同时也说明幼儿以再造想象为主，缺乏独立性。成人或年长儿童的无意想象可能有其独立性和创造性，而由于幼儿头脑中的表象贫乏，加之水平低，其无意想象一般是再造的，基本上是重现生活中的某些经验。

(3) 实际行动是幼儿期进行想象的必要条件，在幼儿初期尤为突出。当幼儿无意地摆弄物体时，偶然地改变了物体的状态，当改变了的形状正巧比较符合儿童头脑中的某种表象时，便在其头脑中唤起了新的形象。由于这种想象的形象与头脑中保存的有关事物的形象相差不多，所以很难具有新颖性、独特性，创造性的成分极少。幼儿在游戏中之所以比较容易进行想象，原因之一就是游戏有玩具，玩具的具体形象可以起到引发幼儿想象的作用，在游戏中不断地进行实际的行动。玩具是直观的物体，它反映于幼儿头脑是现成的形象，想象能根据这些形象进行。幼儿常常喜欢拿着一根木棍玩，就是因为用木棍可以进行各种动作，同时也容易引起各种表象。

2. 再造想象在幼儿生活中占主要地位

幼儿期的想象大量是再造想象。再造想象之所以在幼儿生活中占主要地位，可以从两个方面分析。

(1) 再造想象和创造想象相比，是较低发展水平的想象。它要求的独立性和创造性较少。幼儿的想象内容可以分为五种类型。

① 经验性想象。幼儿凭借个人生活经验和个人经历开展想象活动。例如，一个中班女孩对夏天的想象是：天热，可以穿漂亮的裙子，可以到水上世界去玩，可以游泳，可以喝

冷饮。

② 情景性想象。幼儿的想象活动是由画面的整个情境引起的。例如，一个小女孩对夏天的想象是：在小河边玩水，可以折一个小纸船放在水里，却怕小船被水冲走。

③ 愿望性的想象。在想象活动中表露个人的愿望。例如，幼儿在一次大班的讲述活动中，有的说长大想当飞行员，有的说想当老师，有的则想当演员等。

④ 拟人化想象。把客观物体想象成人，用人的生活、思想、情感、语言等去描述。例如，一个大班的幼儿观察图片后想象说，图片上的小白兔在看我，还对我眨眼呢！

⑤ 夸张性想象。幼儿常常喜欢夸大事物的某些特征和情节，而夸大的部分常是幼儿印象特别深刻的部分。

以上五种类型的想象，第一种是经验性想象，其创造性水平较低，在整个幼儿阶段始终占据优势。其他四种类型则在中班才开始相继出现。

拓展阅读

请扫描前言中的拓展阅读二维码。

(2) 再造想象是幼儿生活所大量需要的。幼儿期是大量吸取知识的时期，幼儿依靠再造想象来理解间接知识，他们听故事、看图画、理解文艺作品和音乐作品都需要再造想象。例如，成人在讲故事时说到“下雨了”，幼儿复述时则说“哗哗哗下雨了”。可见，他在听到有人说“下雨”时，头脑中出现了生动的想象表象。又如，幼儿看着书上所画的模型，用积木搭起一幢楼房，就运用了空间想象。

3. 幼儿再造想象为创造想象的发展奠定基础

幼儿再造想象和创造想象是密切相关的。再造想象的发展使幼儿积累了大量的想象形象，在此基础上，逐渐出现一些创造想象的因素。幼儿的再造想象可以转换为创造想象。例如，一个幼儿听到玩具时说：“我爸爸出差给我买了一个玩具汽车。”这是记忆的表现。而旁边的幼儿也接着说：“我爸爸也给我买了汽车。”这是他的想象，事实上他的爸爸没有给他买汽车玩具。这可以说是一种自由联想，其中既有由别人说话引起的再造想象，也有最初的创造性成分。随着知识经验的丰富及语言和抽象概括能力的提高，幼儿在再造想象的过程中逐渐开始独立地而不是根据成人的语言描述去进行想象。想象的内容虽然仍带有浓厚的再造性，但已有独立创造的成分。例如，教师要求幼儿画一只小白兔，一个小女孩画完后，又在画上画了一个小女孩，问她：“这个小女孩在干什么？”“采花。”她一边回答，一边飞快地在小女孩身边补上花草。“采花干什么？”“送给小白兔呗。”在复述故事时，幼儿也往往加上自己想象的情节。

(二)幼儿创造想象的发展

1. 创造想象发生的标志

儿童创造想象的发生主要表现为能够独立从新的角度对头脑中已有的表象进行加工。具体表现在两个方面：

(1) 独立性。这类想象不是在外界指导下进行，不是模仿，受暗示的成分少。

(2) 新颖性。它改变原先知觉的形象，摆脱了原有知觉的束缚，重新加工改造，更多地从新的角度进行联系和联想。

2. 创造想象的特点

幼儿期是创造想象开始发生的时期。这个时期的创造想象有如下特点：

(1) 最初的创造想象是无意的自由联想，可以称为表露式创造。这种最初的创造严格地说还不是创造。

(2) 幼儿创造想象的形象和原型(范例)大多略有不同，或是在范例基础上有一点改造。可以说，既是模仿，但又不是完全的模仿。比如，原型的汽车是不能飞的，幼儿给它装上了翅膀，既能在地上跑，又能在天上飞。

(3) 幼儿创造想象发展的表现在于：情节逐渐丰富，从原型发散出来的数量和种类增加，以及能够从不同中找出非常规则的相似，如从三个以“品”字形套在一起的圆圈想象出三角形。

总的来说，幼儿想象中创造性的成分还很小，还只是创造想象的初级形式。同时，儿童的创造想象还存在明显的个别差异，这固然与其神经类型的灵活性有关，但更重要的是受其教育环境的影响。一般来说，民主、开放、宽松、自由的环境能促进儿童创造想象的发展。同时教师和家长要采用一些有效的方法来激发孩子的创造想象，鼓励儿童的自由联想和发散思维。比如，让孩子们想一想，什么东西是圆的？再看一看，班级里什么东西是圆的？我们都见过哪些东西是圆的？然后发给每人一张画着许多圆圈的纸，让他们把这些圆圈改画成各种各样的物体图形。举出某种结果，让儿童尽可能多地说出这种结果产生的原因。如果成人坚持鼓励儿童从多角度来探讨问题，鼓励与众不同而又不失合理的想法和答案，儿童创造想象的能力和水平就会不断提高。想象发展对儿童入学准备具有重大的意义，因为很多知识的学习、技能的掌握是有赖于有目的的再造想象和创造想象的。

整个幼儿时期，幼儿的想象以无意想象为主，有意想象开始发展；以再造想象为主，创造想象开始发展。同时想象还会和现实混淆。幼儿想象活跃，富于幻想，而且很大胆。因此，有人认为幼儿时期是想象发展最快的时期，甚至比成人更善于想象。这是不正确的。因为想象水平直接取决于表象的数量和质量以及分析综合能力的发展程度。而幼儿的知识经验和语言水平都远不如成人，且表现的丰富性和准确性都差，思维发展水平也不如成人，所以幼儿想象的有意性、协调性、丰富性和创造性都不会超过成人。但是，幼儿期是儿童想象非常活跃的时期，重视发展幼儿想象是促进其智力发展的一个重要方面。

第三节　学前儿童想象力的培养

想象力是智力的构成因素之一，是创造新形象的能力。想象力是智力活动的翅膀，是创造的先导。爱因斯坦认为，想象力比知识更重要，因为想象力概括了世界上的一切。想象对幼儿来说具有特殊的意义，幼儿借助想象对类似的事物进行推断，可以认识从未见过又不可能见到的事物，发展创新能力。因此应活动中发展幼儿的想象，并通过一定的游戏及其他方式，培养幼儿想象的有意性和创造性。

一、丰富幼儿的表象并发展幼儿的语言表现力

表象是想象的材料。表象的数量和质量直接影响着想象的水平。表象越丰富、准确，想象就越新颖、越深刻、越合理。表象越贫乏，想象就越狭窄、越肤浅；表象越准确，想象就越合理；表象越错误，想象也就越荒诞。因此教师应在各种活动中丰富幼儿的感性知识和经验，有计划地采用一些直观教具、实物等，帮助幼儿积累丰富的表象，使他们多获得一些进行想象加工的原材料，为想象提供条件。幼儿想象必须以感性经验为基础，以表象为条件，给幼儿提供更多发表自己想法的机会和环境，从而更好地训练幼儿的语言表达能力。

语言可以表现想象，语言水平直接影响想象的发展。幼儿在表达自己的想象内容时，能进一步激发想象活动，使想象内容更加丰富。因此教师在丰富幼儿表象的同时，要发展幼儿的语言表达能力。例如，在看图讲述时，可以让幼儿在认真观察的前提下，丰富感性经验，展开自由联想，将所看内容用语言表述出来；在科学活动中，让幼儿用丰富、正确、清晰、生动形象的语言来描述事物。还可以让幼儿描述在大自然中看到的事物，通过纸工、泥工、绘画的制作鼓励幼儿大胆想象和创造，使幼儿的想象力和创造性在这些活动中得到充分发展。发展幼儿语言的途径是多种多样的，通过充分认识，认真思考，不仅能丰富幼儿的表象，而且能促进幼儿语言、思维及其他心理现象的发展。

二、在文学艺术等活动中创造幼儿想象发展的条件

通过故事续编、仿编诗歌、适时停止故事讲述等形式，鼓励幼儿自己大胆想象，并用语言表述自己的想象，让他们在活动中体验创造的自豪和快乐，培养幼儿爱动脑筋的好习惯。创造性的讲述能激发幼儿广泛的联想，使他们在已有的经验的基础上构思、加工、创造出自己满意的内容。比如创造性讲述中的构图讲述，幼儿必须首先进行充分的想象，然后选构图画，组成一个完整故事，最后运用自己已有的经验进行讲述，效果很好。

幼儿园的多种艺术教育活动也是培养幼儿想象发展的有利条件。例如，美术活动中的主题画要求幼儿围绕主题开展想象，而意愿画能活跃幼儿的想象力，使他们无拘无束地构思、创造出各种新形象；音乐、舞蹈是美的，幼儿可以在表演过程中运用自己的想象去理解艺术形象，然后创造性地表达出来。这都是发展幼儿想象力的有效途径。

三、在游戏中鼓励和引导幼儿大胆想象

游戏对儿童的身心健康和智力的发展具有深刻的意义，可以使在玩耍的过程中锻炼想象力、创造力、毅力、思维能力、社交能力和体力等。游戏是幼儿的主要活动，应积极组织、开展各种各样的游戏，让幼儿以玩具、各种游戏材料代替真实物品，想象故事情节，促进想象的发展。除此之外，还要引导幼儿自己发明更多新的玩法。在玩法上进行创新，鼓励大胆想象，创编出更多、更好的玩法。例如，在玩跳皮筋游戏过程中，有的幼儿将两人拉皮筋一人跳改为三人拉皮筋多人跳的玩法；跳房子游戏中，幼儿将小石子从 1 踢到 10 改编为小石子扔到几就跳到几的玩法；还有转陀螺游戏中，幼儿将原来的用鞭子抽打陀螺

改为用手转陀螺或用鞭子卷住陀螺，然后拉着转等。他们觉得怎么好玩就怎么玩，充分发挥自己的想象，使自己成为游戏真正的主人。幼儿的想象力正是在这种有趣的游戏活动中逐渐发展起来的。游戏的内容越丰富，想象就越活跃。因此老师要积极引导幼儿参与各种游戏。

幼儿进行游戏，总离不开玩具和游戏材料。玩具和游戏材料是引起幼儿想象的物质基础，因此，教师还要鼓励幼儿在玩具材料上进行创新。幼儿在游戏时，可以根据自己的兴趣和需要，随意地将游戏材料加以想象，为此教师要尽量给幼儿准备有多种玩法的玩具，为幼儿提供多种可以探索的辅助材料。比如滚竹圈游戏中，幼儿不用竹圈滚，而是用小型呼啦圈来滚，有的幼儿将滚竹圈的钩子用来“钓鱼”等。再如用打门球的球当作游戏中的鸡蛋。这些都充分体现了幼儿的想象能力和创新能力。

游戏的材料除了购买之外，多直接来源于废旧物品，体现了一切来源于自然的原则。例如，有一个五岁的小女孩，特别爱收集家里废弃的瓶瓶罐罐、盒子之类的东西，甚至把垃圾箱旁边的废物也当成宝贝。她把这些东西和玩具放在一起，自己编故事，做游戏。她把各种废物想象成这样那样的宝贝编进故事中或用来做游戏。这不仅能够培养幼儿自己动手、主动探索的实践创新能力，同时也说明幼儿玩具并非一定要精致、漂亮、昂贵，只要安全、卫生即可。为幼儿选择玩具和游戏材料时，关键要看它能否满足幼儿想象力的发展，而不在其价格。只要教师做个有心人，就能发现身边的许多废旧物品都是宝贝：奶粉罐做个小鼓挺不错；酒瓶盖串成串铃摇起来很好听；大纸箱子打开底和盖，让幼儿钻进钻出不亦乐乎……同时还可以鼓励幼儿有选择地收集物品，自制玩具，不但可以变废为宝，经济实惠，而且能给孩子带来更多的乐趣。开动脑筋，瓶瓶罐罐、纸盒纸杯都可以变成孩子们喜爱的玩具。教师还要与家长、社区合作，协同为幼儿准备更多、更好的游戏材料。

四、创设问题情境以训练幼儿的发散性思维

创设宽松、和谐、自然、开放的学习环境，让幼儿自主学习，大胆想象，是想象的基本前提。环境的设计变化必须按照孩子的兴趣的变化而变化。教师应尊重儿童对自然的向往，将教室设计成具有自然气息的环境，使孩子们能在自然生活的环境中学会观察，充分想象。同时教室环境的布置应让孩子们参与，让他们产生一种主人翁感，这种正面的情感不但有助于儿童的想象力和创造力的发展，而且有利于整个身心的发展。教师要为孩子提供可以动手探索的材料和多样的学习环境，鼓励孩子提出有深度的问题，大胆地进行想象。并利用社区和家长的作用，和孩子们一起享受解决问题的快乐。

教师组织的活动能否成为幼儿的问题情境，与问题的选择有很大关系。如果问题很容易，幼儿不假思索就能解答，那么，这个问题就不能引起幼儿的思考活动。因而，也就不能成为问题情境。但如果问题太难，超出幼儿的理解范围，幼儿不明白问的是什么，对幼儿来说，不能够引起他们的思考，因而也不是幼儿想象的问题途径。因此，为了发展幼儿的想象，教师所组织的活动一定要符合幼儿的实际水平，符合幼儿的思维特点。创设问题情境，训练幼儿的发散性思维是培养幼儿想象力的重要的方式。教师可经常创设一些开放式的问题向幼儿发问，多和幼儿一起从多个角度探讨问题。例如，在故事教学中，设置开放性的问题，开拓幼儿的思路。教师提出的问题应该刺激幼儿主动地进行思考，要有利于幼儿从不同的角度回答问题，允许幼儿有各种不同的回答。如故事《小螃蟹找工作》，在孩子对螃蟹的特征有了一定的了解之后，问：“你们认为小螃蟹做什么工作比较合适？”

孩子们活跃的思维、丰富的想象力会出人意料，他们有的说小螃蟹会吐泡泡，做洗头工作最好，这样就不用洗发液了；有的说小螃蟹长了两把大钳子，可以当服装设计师；有的说小螃蟹可以用大钳子来搬运东西，当搬运工；有的说可以用钳子来举重；还有的说小螃蟹走路很有趣，可以去马戏团演出等。又如想象画“你把雨鞋想象成什么？”幼儿把它当成小白兔的家、飞人国的坦克、滑梯、花瓶等，每张画都有独特的地方。而在圣诞节的游戏“对着许愿瓶许个愿吧”，既有绘画，又能发展语言，是一个综合性的游戏活动。

教师还可以适时组织小组讨论。小组讨论的内容要选择幼儿不太了解却非常感兴趣的内容，使幼儿能充分发挥想象力、创造力，表达自己不同的感受和独特见解，促进幼儿间相互学习、相互启发、取长补短、加深认识，形成自己的独到见解。教师是小组讨论的组织者、引导者。教师要为幼儿创设宽松、友好的气氛，特别是要包容幼儿讨论过程中的不当之处甚至错误，从而形成一个让幼儿愿意想问题、敢于表达自己想法的氛围。

五、在活动中进行适当的训练以提高幼儿的想象力

积极组织、开展各种创造性的活动(如语言、美工、音乐活动等)，给幼儿留有充分想象创造的空间，为幼儿提供丰富多彩的表现想象力、创造力的机会，创设发展幼儿想象的必要条件。有目的、有计划地训练，是提高幼儿想象力的重要措施。除通过讲故事、绘画、听音乐等活动培养幼儿的想象力外，还可以采用其他一些形式，如填补成画，向幼儿提供一张画有许多半圆形、圆形或者其他图形的纸，每人一张，请他们画各种各样的物体图形；让幼儿听几组录音，想象这几组声音是说明发生了什么事情；给幼儿几幅秩序颠倒的图画，让其重新排列并叙说整个事情经过等。经常进行这样的训练，可以使幼儿想象的内容广泛而新颖。

在进行活动时，必须从幼儿原有的水平出发，逐步提高要求，促进想象的发展。例如，对小班儿童要多提供具体的玩具实物等，以引起他们的想象。对中、大班儿童，教师可多用词语描述等启发他们的想象，并创造机会鼓励儿童把自己的想象和创编故事结合在一起，用语言表述出来，从而促进想象逐步地向前发展。

六、抓住日常生活中的教育契机以引导幼儿进行想象

日常生活中想象的培养是教育活动形式的必要补充和延伸。实际上，给孩子更多自由选择的想象空间，对拓展他们的想象力很有帮助，而这些就在我们生活的点滴之间。因此，应该利用一切机会为幼儿创设想象的有利环境，充分利用幼儿在园的一日生活环节，全方位、多角度地为幼儿提供丰富而宽松的空间，鼓励幼儿大胆想象，从而使幼儿得到更好的发展。

另外，指导家长在日常生活中创设良好想象的环境。例如，跟孩子一起玩具有丰富想象力的小游戏；多带孩子接触外面的世界，见多识广，才会获得并积累丰富的想象素材；让孩子设计布置自己的房间；多和孩子一起从多个角度探讨问题，多用开放式问题向孩子发问；开发想象力的同时，训练孩子的语言能力也很重要；给孩子提供更多发表自己想法的机会和环境；尽量给孩子买有多种玩法的玩具，并鼓励孩子自己发明更多新的玩法等。

值得注意的是，当孩子向你讲述他的想法时，无论听起来多么离奇可笑，甚至荒谬，也不要笑话他。要认真倾听，然后用平等的姿态说出你的想法，不求说服孩子，重在引发

他进一步的思考和探索。如果家长们都能有保护孩子想象力的意识，积极为孩子营造自由想象的空间，那么他们必将成为极具创新意识的一代。

本章小结

想象是对人脑中已有的表象进行加工改造、创造出新形象的心理过程。根据新形象的形成有无目的性，可以把想象分为无意想象和有意想象。想象在婴幼儿心理发展中的作用：想象在学前儿童生活中具有重要的地位，想象能促进婴幼儿的学习，想象的发展是幼儿创造思维发展的核心。

婴儿期只有最低级形态的想象，想象尚处于萌芽状态。想象的内容贫乏，有意性也很差，水平很低。随着儿童生理和心理的发展，幼儿期的想象表现出以无意想象为主，有意想象开始发展；以再造想象为主，创造想象开始发展。同时想象还会和现实混淆。

幼儿期是儿童想象非常活跃的时期，想象可以促进他们智力的发展，因此我们应该在活动中发展幼儿的想象，在游戏中培养幼儿想象的有意性和创造性。

【推荐阅读】

[1] 陈国眉．学前心理学．北京：北京师范大学出版社，2015

[2] 周念丽．学前儿童发展心理学．上海：华东师范大学出版社，2006

[3] 汪乃铭，钱峰．学前心理学．上海：复旦大学出版社，2005

[4] 朱志贤．儿童心理学．北京：人民教育出版社，2009

思 考 题

1. 什么是想象，想象的种类有哪些？
2. 想象在幼儿游戏中的作用有哪些？
3. 学前儿童想象的发展表现在哪些方面？
4. 请结合实际阐述想象在学前儿童心理发展中的意义。
5. 请结合实际阐述如何培养学前儿童的想象力。

学前心理学

微信扫天下 课程掌中观

第七章.pptx

如果你从肯定开始，必将以问题告终；如果从问题开始，则将以肯定结束。

——培根

第八章　学前儿童思维的发展

本章学习目标

- 了解思维的概念、特点以及思维的种类。
- 掌握思维的基本过程和思维的形式。
- 理解学前儿童思维发展的特点。
- 初步掌握如何培养学前儿童的思维能力。

核心概念

思维(thinking)　直观动作思维(intuitive action thinking)　具体形象思维(concrete image thinking)　抽象逻辑思维(abstract logical thinking)

案例导读

小明是某幼儿园小班的小朋友。一天，爸爸去幼儿园接小明时，幼儿园王老师向爸爸夸奖小明聪明伶俐。爸爸说：“还聪明？他简直太笨了，太让我失望了。”老师问爸爸为什么这么说。爸爸说：“我教了他简单的加减法。结果当我问他 2 加 2 等于几时，他根本答不上来。”这时，老师蹲下来问小明：“明明，现在老师这里有 4 颗糖，要分给你和真真两个小朋友，每人分的一样多，应该怎么分呀？”小明看着老师手里的糖，很快地答道：“分给我 2 颗，分给真真 2 颗。”爸爸纳闷了，小明能够把 4 颗糖分给两个小朋友，为什么他就算不出 2 加 2 等于几呢?

案例中小明能够把 4 颗糖分给 2 个小朋友，却不能算 2 加 2 等于几，也就是说他能做除法却算不出加法，这涉及幼儿思维发展特点的问题。

第一节 思维概述

一、思维的概念

思维是人脑对客观事物的本质属性和内部规律性间接和概括的反映。它是借助言语、表象或动作实现的高级的认识过程。当我们遇到问题时会“考虑”“设想”“预计”“沉思”“深思熟虑”，当幼儿碰到问题时会思考“是什么”或“为什么”等，这些都是思维活动的表现形式。例如，气象工作者根据积累的气象资料能预知天气的变化，并用它来指导人们是否增减衣物；医生根据体温、血液、脉搏的变化与病人的自诉等，就能诊断肉眼观察不到的病人内部器官的状态；人们根据对水的研究得出水和温度之间的关系，在压强 101 千帕以下，水的温度降低到 0℃ 就会结冰，升高到 100℃ 时就会沸腾，变成水蒸气等。这些都是人脑对客观事物的本质及其规律的认识。

思维与感知觉的相同之处在于都是人脑对客观事物的反映，但它们认识事物的角度和水平不同。感知觉反映的内容是客观事物个别属性、表面的特征以及事物之间的外在联系。而思维反映的是客观事物的本质特征和内在规律性联系。例如，对车的认识，感知觉只能反映各种各样的轿车、火车、大巴车、公交车等具体的车；而思维则能舍弃车的具体形状、颜色、大小等非本质属性，把“车是交通工具”这一本质属性反映出来。再从反映的形式来看，感知觉属于感性认识，是对客观事物外部特征的直接反映；而思维属于理性认识，是对客观事物内在规律的间接反映。例如，我们看见一壶水在炉子上加热会不断蒸发而逐渐减少，湿衣服在日照下或通风处很快能晾干，这些都是通过感知觉对事物表面现象的认识；而思维可以联系各种类似的情况，最后得出“液体在增温或通风的条件下会加速蒸发”的结论，实现对事物间的必然联系及规律性的认识。由此可见，感知是认识的低级阶段，是思维的源泉和基础，而思维则是认识的高级阶段，是感知的进一步深化。正是通过思维，我们才可能实现从感性认识到理性认识的飞跃，达到对事物更深刻、更准确、更全面的反映。

二、思维的特点

思维是在感知的基础上实现的高级的认识形式，具有间接性和概括性两个基本特征。

间接性是指在思维过程中，人们是以其他事物为媒介，借助于已有的经验来反映客观事物。例如，心理学家能根据一些人的外在表现推断出这些人的情绪特征和内心需要；地震工作者可以通过分析动物的反常行为或其他仪表的数据来预报震情；中医可以通过对病人的“望、闻、问、切”等手段推断出病人的病因、确定病症，并为病人的治疗提供判断依据等。由此可见，思维的间接性特征使我们认识到那些由于时间或空间限制而无法认识或者感官不能直接感知的事物。

概括性是指思维能够把同类事物的共同的、本质的属性抽取出来加以概括，反映事物间的规律性联系。由于这一特性，人的思维能通过表面现象而认识事物的本质和规律。例如，尽管锐角三角形、直角三角形、钝角三角形的大小和内角角度不同，但它们都属于三角形；在严格了解太阳运行周期的情况下，我国总结出一种用来指导农事的补充历法，即“二十四节气”；通过感知觉我们只能看到具体的一只鸟的外形和活动情况，而通过思维我们才能反映鸟的本质特征：有羽毛、卵生。这样通过思维才能把不会飞的鸡列入鸟类。思维的概括性使我们的认识活动不局限于具体的或单个的事物，而是扩大到一类事物的共性和事物之间的普遍联系，这对加深事物的了解具有重要的作用。

思维的间接性和概括性是相互联系的。人之所以能够间接地反映事物，是因为人有概括性的知识经验，而人的知识经验越概括，就越能扩大间接反映事物的能力。

三、思维的分类

根据不同的角度，可以将思维划分为不同的种类。

(一)根据思维的凭借物和解决问题的方式分类

1. 直观动作思维

直观动作思维是凭借直观感知和实际动作去解决问题的思维。直观动作思维的最大的特点就是直观性和行动性，离开了直观感知和实际行动，思维活动便无法正常进行。这种思维方式在 2~3 岁的儿童身上表现得最为突出。例如，幼儿看到水就要玩水，看到别人玩球又要和人家抢球玩，父母拿个新玩具一哄，马上又开始玩新的玩具。又如，幼儿在学习简单计数和加减法时常常借助于数手指。此外，成人也有动作思维，如技术工人在动手拆卸和安装机器的过程中，边操作边进行思维。

2. 具体形象思维

具体形象思维是指运用具体形象或头脑中的表象来解决问题的思维。这种思维方式往往是通过对表象的联想来进行的，在幼儿期和小学低年级儿童身上表现得非常突出。例如，让儿童计算 $3+5=8$，不是对抽象数字的分析综合，而是在头脑中用 3 个手指加上 4 个手指，或 3 个苹果加上 4 个苹果等具体形象计算。成人的思维虽然主要是抽象逻辑思维，但仍不能完全脱离形象思维，往往是凭借具体形象，并按照逻辑规律在进行。特别是在解决复杂问题时，鲜明生动的形象有助于思维的顺利进行。如艺术家、作家、导演、设计师等，均需要高水平的形象思维。

3. 抽象逻辑思维

抽象逻辑思维是指以语词为基础，凭借概念、判断和推理的形式解决问题的思维。这种思维方式是思维发展的高级阶段，是以概念(概念是人们反映事物本质属性的一种思维形式)作为支柱的思维方式。学前儿童的抽象逻辑思维到学前末期也只是刚开始萌芽，小学高年级抽象思维得到了迅速的发展，初中生这种思维已经开始占主导地位。初中各门学科中的公式、定理、法则的推导、证明与判断等，都离不开抽象逻辑思维。科学家研究、探索和发现事物的客观规律以及日常生活中人们对问题的分析、解决等，都离不开抽象逻辑思维。

思维的发展一般会经历直观动作思维、具体形象思维和抽象逻辑思维三个阶段，这三个阶段是由低到高发展的。成人在解决问题时，往往是三种思维共同协作的。例如，进行科学实验时，既需要高度的科学概括，又需要展开丰富的联想和想象，同时还需要在动手操作中进行实践。

(二)根据解决问题时的思维方向分类

1. 聚合思维

聚合思维又称求同思维或集中思维，是把各种信息集中起来得出一个正确的或最好的答案的思维。例如，甲＞丙，甲＜乙，乙＞丙，乙＜丁，其结果必然是丁＞乙＞甲＞丙；学生从多种方案中筛选出一种最佳的上学路径；工程师从多种工程实施方案中筛选出最佳的方案等。

2. 发散思维

发散德维又称求异思维或辐射思维，是从一个目标出发，沿着各种不同的途径寻求多种答案的思维。例如，日常生活中的“一物多用”；根据同一个故事的开头编出不同的结尾；科学研究中对某一问题的解决方法提出多种设想；针对教育改革提出多种方案等。

(三)根据解决问题的创造性分类

1. 习惯性思维

习惯性思维是运用已获得的知识经验，按惯常的方式解决问题的思维。例如，学生按例题的思路去解答练习题和作业题，利用学过的公式解答同一类型的问题等。

2. 创造性思维

创造性思维是指以新颖、独创的方式解决问题的思维。这种思维是以过去的知识经验为基础，把它们重新组合生成前所未有的东西的过程。例如，幼儿画出一幅新颖而独特的作品；作家创作一部新的小说；技术革新、科学的发明创造、教学改革等所用到的思维都是创造性思维。

四、思维的形式

思维的基本形式有概念、判断和推理。

(一)概念

概念是反映事物本质属性的思维形式。事物的本质属性是决定事物的性质并使这一事物区别于其他事物的特征。例如，“玩具”这个概念反映了皮球、娃娃等供人们玩的物品所共同具有的本质属性，而不涉及它们彼此不同的具体特性。概念是思维的基本单位，也是正确思维的基本条件。每一个概念都有其内涵和外延。内涵是指概念的质，即所包涵的事物的本质属性。外延是指概念的量，即属于这一概念的一切事物。例如，“平面三角形”这个概念的内涵是：平面上三条直线围绕而成的封闭图形；外延是：有直角三角形、锐角三角形、钝角三角形。概念的内涵增加，外延就缩小了。

(二)判断

判断是概念与概念之间的联系，是肯定或否定某种事物是否具有某种性质或事物之间是否有联系的思维形式。例如，“鱼儿会游”，这是肯定判断；“蝴蝶不是鸟”，这是否定判断；“糖是甜的”，这是事物属性的说明；“老虎是一种猫科动物”，反映了事物之间的联系。人们头脑中的任何思想，只要有内涵，就一定包含着判断。判断可以分为直接判断和间接判断两大类。

(1) 直接判断是一种感知形式的判断。一般认为，直接判断并不参与复杂的思维活动。

(2) 间接判断是一种抽象形式的判断。间接判断是真正使用概念所进行的抽象思维的判断，主要反映的是对象的联系和关系(显然它不是直观的直觉所能解决的)。对象的联系和关系表现在因果、时间、空间、条件等方面，其中制约思维过程的基本关系是事物的因果关系。

(三)推理

推理是判断与判断之间的关系，是从已知的判断(前提)推出新的判断(结论)的思维形式。推理分为归纳推理、演绎推理和类比推理三大类。

(1) 归纳推理是从个别到一般的推理。例如，由“喜鹊长着两只脚、燕子长着两只脚、乌鸦长着两只脚”推出“鸟长着两只脚”。学前儿童常见的是归纳推理。

(2) 演绎推理是一般到个别的推理。例如，由“6 周岁儿童要上小学，童童 6 岁半了”推出“童童应该上小学了”。

(3) 类比推理是对事物之间关系的发现和应用，即用已知的某些事物之间的关系来推断具有类似关系的未知事物的特征。例如，玩过发条小狗玩具的儿童见到机动小汽车、坦克或飞机等新的玩具时，会联想起过去使这类玩具发动的经验，不再需要成人帮助，自己就会找出发条手柄玩起来，尽管手柄形状各不相同。这就是先前习得的某种关系在新活动中的迁移，即类比推理的应用。

思维的这三种形式是相互联系的。概念是判断与推理的基础，概念的形成又借助于判断和推理。判断是推理的基础，而判断本身又可以通过推理获得。

拓展阅读

请扫描前言中的拓展阅读二维码。

五、思维的过程

思维是人类所特有的非常复杂的心理过程。思维的过程是对作用于人脑的客观事物进行分析、综合、比较、分类、抽象、概括、系统化、具体化等过程。分析与综合是思维的基本过程，它贯穿于人的整个思维活动之中，其他过程都是通过分析综合来实现的。

(一)分析与综合

1. 分析

分析是在头脑中把事物现象的整体分解成各个部分、各个方面或个别属性的思维过程。例如，把几何图形分解成点、线、面、角、体；把动物分解为头、尾、足、躯体；把一篇文章分解为人物、背景、语言特色、修辞手法几个方面等。

2. 综合

综合是在头脑中把事物的各个部分、各个方面和各种特征联合成为一个整体的思维过程。例如，把无序的词语组成句子；把一篇文章的人物、背景、语言特色等综合起来，形成对这篇文章完整风格的认识；教师将某学生的品行、才智、性格等方面联系起来形成对这个学生的总体评价等。

分析与综合是同一思维进程中过程相反而又紧密联系的过程。分析与综合是辩证统一的，只有把分析与综合有机地结合在一起，我们才能发现事物间的联系，更好地认识事物。例如，在解题过程中，分出已知、未知的条件，这是分析；而探索与确定未知与已知的关系，就是综合。对于一篇课文，不分析段落、句子、人物、背景，就不能认识得深入细致；不综合成全文，就难以认识文章的主题或中心。

(二)比较和分类

1. 比较

比较是在头脑中把各种事物或现象加以对比以确定它们之间异同点的思维过程。比较是重要的思维过程，只有通过比较才能找到事物间的共同点和差异点，才能更好地识别事物。比较可以在同一事物或现象之间进行，也可以在不同类但具有某种关系或联系的事物或现象之间进行。例如，教师要讲清楚“普遍”这个概念，应该与相近的“普通”这个概念相比较，找出它们的共同点和不同点，通过对比，对“普遍”这一概念的认识就会更加准确。

比较与分析、综合是紧密联系、不可分割的。比较是以分析为前提的，是把不同对象的部分特征区别开来进行比较；同时，比较又要确定它们之间的关系，所以比较又是一个综合过程。例如，要挑选一台计算机，就要了解不同型号计算机的特点、使用性能、外形、结构、信誉以及价格等，这就是分析；再把不同型号的计算机各种特性结合在一起进行比较以作出正确的选择，这就是综合。

2. 分类

分类是在头脑中根据事物或现象的相同点和不同点，把它们归入适当的类别的思维过程。分类是在比较的基础上进行的，通过分类，人们才能将事物区分为具有一定从属关系的不同等级，从而使知识更加系统化。例如，学生掌握数概念时，把数分为实数和虚数；又把实数分为有理数和无理数；有理数又可分为整数、小数和分数等；根据学生的年龄差异和不同的思维发展水平，分类的水平也不尽相同。学前儿童大多能对颜色、形状、结构、状态及方位进行分类；小学生往往根据事物的外部特征和事物的功能进行分类；少年期的学生已经能够把事物的本质特征与非本质特征并列来进行分类；青年期的学生则会熟练地按事物的本质特征进行分类。

(三)抽象与概括

1. 抽象

抽象是在头脑中把同类事物或现象的共同的、本质的特征抽取出来，并舍弃其个别的、非本质特征的思维过程。例如，平面几何四边形的教学中，教师可以引导学生在头脑中抽出它们“四条边和四个角”的共同本质特征，再舍弃它们不同的大小、形状、颜色等方面的非本质特征，这就是思维的抽象过程。

2. 概括

概括是在头脑中把抽象出来的事物的共同的、本质的特征综合起来并推广到同类事物中去，使之普遍化的思维过程。例如，得出“有生命的物质叫生物”的结论，并把这个结论推广到植物、动物和微生物等一类事物中去的思维过程就是概括。

抽象、概括同分析、综合及比较紧密联系着。抽象主要是在分析、比较的基础上进行的；概括主要是在抽象、综合的基础上进行的，没有抽象和综合就不可能进行概括。

(四)系统化与具体化

(1) 系统化是在头脑中根据事物的一般特征和本质特征，按不同顺序与层次组成一定系统的思维过程。例如，生物学家按界、门、纲、目、科、属、种的顺序，把世界上千千万万的生物分了类，同时揭示出了各类生物之间的关联，这就是人在头脑中对生物系统化的过程。系统化是在比较和分类的基础上实现的，也是思维过程中不可缺少的环节。系统化的知识便于在大脑皮层上形成广泛的联系，因此，系统化在学习过程中有着非常重要的意义。

(2) 具体化是人脑把经过抽象、概括而获得的概念、原理、理论应用到某一具体对象上去的思维过程，即运用抽象概括出来的一般原理去解决实际问题，用理论指导实际活动的过程。例如，教师在教授一些理论性较强的知识点时如果能够结合具体实际例子进行案例教学，学生就会感到容易理解和把握，并且会对学习过程产生兴趣。通过具体化的思维过程，可以更好地理解一般的原理和规律，也可以使已经总结出来的原理得到检验，并不断扩大、深化和发展。

六、思维的品质

思维品质是在个体的思维活动中智力特征的表现，也就是说，思维发生、发展中所表现出来的个性差异就是思维品质。思维品质主要包括广阔性、敏捷性、灵活性、深刻性、独创性、批判性和逻辑性七个方面。这七个方面反映了人与人之间思维的个性差异，是判断智力层次，确定一个人智力是正常、超常或低常的主要指标。

(一)思维的广阔性

思维的广阔性是指一个人思维深度方面的特点。思维广阔的人善于全面地看问题，能够抓住事物间各方面的联系和关系来进行思考。他们不仅善于抓住整个问题的基本轮廓，而且不遗漏问题的重要细节；同时，还善于在不同的知识和实践领域内从多方面创造性地进行思维。与此相反的是思维的狭隘性。思维狭隘的人往往片面地看问题，只凭有限的知识经验去思考问题，抓住一点不及其余；容易一叶障目，只见树木，不见森林。思维的广阔性与年龄、工作记忆的广度(容量)有关，成人一般为 7±2 个单位，但儿童较少。一般来说，5 岁儿童的工作记忆容量可达到 5 个单位。

(二)思维的深刻性

思维的深刻性是指一个人思维深度方面的特点。思维深刻的人在思维活动中能够透过问题的表面现象深入到问题的内部核心，发现其本质规律；善于揭露现象产生的原因，预见事物的进程及其发展结果。与思维深刻性相反的是思维的肤浅性，思维肤浅的人在思维过程中往往被事物的表面现象所迷惑，看不到问题的本质；时常对重大问题熟视无睹，轻易放过；满足于一知半解，缺乏洞察力和预见性。例如，较大的儿童经过认真观察、思考，就有可能判断出蝙蝠是不是鸟。当他们知道鸟是会下蛋的动物，而蝙蝠则直接生小蝙蝠，而且会喂奶，他们就会把蝙蝠从鸟类中排除掉。学前儿童一般还不能有这么深刻的思维。

(三)思维的灵活性

思维的灵活性是指善于根据客观条件的发展变化，机灵地采取有效的措施及时地解决问题的品质。思维的灵活性表现为能从不同角度、方向、方面，用多种方法来解决问题；能从分析到综合、从综合到分析、全面而灵活地作“综合分析”。也就是说，能根据具体问题具体分析，随机应变，灵活运用已有的经验，“举一反三”“触类旁通”。而思维僵化的人总是墨守成规、固执己见，不顾条件的变化仍按老一套办事，这是与思维灵活性相反的思维品质，叫做思维的固执性。

(四)思维的敏捷性

思维的敏捷性是指善于当机立断地采取措施去对付并解决问题的品质，是思维过程中速度或程度方面的特点。有了思性敏捷性，在处理问题和解决问题的过程中，就能够适应紧迫的情况来积极地思维、周密地考虑、正确地判断和迅速地作出结论。思维的迟钝性正好与思维的敏捷性相反，表现为优柔寡断、临阵惶惑、束手无策等。思维敏捷性的个体差异较大，它一方面受制于遗传因素，一些个体在神经反应速度上的确是比另一些个体更快；另一方面也受后天练习和经验的积累的影响，反映了熟练程度的差异。

(五)思维的批判性

思维的批判性是指一个人善于根据客观标准和实践观点来检验自己的思维活动及其结果是否正确的品质。具有思维批判性的人能正确地评价自己的一切言论和行动，有明确的是非观念，既能坚持正确的东西，又能放弃错误的东西。思维的随意性是与批判性相反的品质。具有思维随意性的人总是自以为是或者随波逐流。

(六)思维的独立性

思维的独立性是指一个人在思维过程中善于独立地发现问题、分析问题和解决问题的品质。具有独立性的人不会满足于现成的解决问题的方法，而是善于创造性地去认识客观事物，运用新方法、新途径去解释和解决问题。与思维的独立性相反的是思维的依赖性。形成思维依赖性的人倾向于不断地寻求他人指示，并容易接受他人的暗示和影响。

(七)思维的逻辑性

思维的逻辑性是指一个人思维条理性的特点。它是思维广阔性、灵活性、深刻性、独立性和敏捷性的集中表现。思维逻辑性强的人能够严格地遵守逻辑规律进行思维；提出的问题明确而不含混；考察问题遵循逻辑顺序；进行推理合乎逻辑规则；论证有条不紊、有理有据；结论有充分的说服力；表述层次清楚、井然有序。缺乏思维逻辑性的人思路混乱且跳跃性大；论述缺乏证据，推理易出现逻辑错误；陈述无顺序性，常常语无伦次。逻辑思维不是学前期的主要思维方式，但在学前期游戏中，也可以通过训练为学龄阶段逻辑思维的发展打下基础。

七、思维对学前儿童心理发展的作用

(一)思维的发生、发展标志着学前儿童认识水平的提高

思维是认识活动的核心，是高级的认识过程，是在感知觉和记忆等心理过程的基础上发展起来的。思维的发生意味着儿童的认识过程完全形成了，思维的发展又进一步推动了其他认识过程的质变。知觉不再单纯地反映事物的外部特征，而开始反映事物的意义和事物之间的联系，成为“理解了的”知觉，也就是思维指导下的知觉。记忆也不再是人与动物共有的那种低级形态，而开始出现有意记忆、意义记忆和语词记忆。而思维自身反映事物的本质和规律性联系以及间接性、概括性的特征，使儿童认识事物、接受教育的能力迅速提高。例如，在思维形成之前，学前儿童看到钟表的指针一圈圈地旋转会觉得很有趣，思维的出现使他们理解了时间的概念，知道短针指向 12 的时候是 12 点，短针指向 5 的时候是 5 点；没有思维参与，一张图画上就是零散的花、草、树、木、昆虫、动物，有了思维参与，就有了故事，这些事物就鲜活起来了。

(二)思维的发生、发展使情感、意志和社会性行为得到发展

思维作为一种高级的认识活动，不仅影响着学前儿童认知的发展，而且影响到他们的情绪、情感活动、意志活动和社会性发展等各个方面。情绪情感过程与认识过程有着密切的联系，思维的出现使儿童的情绪活动越来越复杂化和深刻化，并出现了高级情感，如道德感和美感。这些情绪和情感都和对有关事物的理解密切联系。比如，随着思维的发展，儿童懂得了关心别人，有了同情心，也会根据别人对他的态度做出适当的情绪反应。思维的出现还促进了学前儿童意志的萌芽，儿童开始明确自己的活动目的，理解活动的意义，并且在活动目的的指导下，坚持把活动进行下去。思维的发生、发展，也使儿童开始理解人与人之间的关系，理解自己的行为所产生的社会性后果，例如，出现了责任感，出现了说谎和诚实的行为等。

(三)思维的发生、发展促进了学前儿童个性的发展

思维的发生、发展促进了儿童个性的形成。思维的参与使儿童的认识过程、情感过程和意志过程都发生了质的变化，儿童在兴趣、爱好、动机、自我意识、能力等方面都得到了发展，促进了其个性的形成。儿童通过思维活动扩展了自己的生活空间，对外部世界和自己都有了更深的认识，正是在这一过程中，儿童逐渐认识了自己和他人，形成了自己最初的个性。

第二节 学前儿童思维的发展

一、学前儿童思维的发生

婴儿的思维处在人类思维发展的低级阶段。婴儿的思维发生在感知、记忆等认识过程之后，与言语发生的时间相同，即两岁左右。出现最初的语词概括，是婴儿思维发生的标志。

二、学前儿童思维的发展

(一)学前儿童思维特征的发展

1. 思维概括性的发展

学前儿童思维概括性的发展可分为三个阶段：直观概括、动作概括和语词概括阶段。

(1) 直观概括。

一岁之前的婴儿能对物体最鲜明和突出的外部特征(主要是颜色)进行概括。在一个实验里，用同一种颜色的玩具(如黄色的小汽车)使婴儿学会了玩具的名称(小汽车)以后，把小汽车混入五颜六色的玩具中，这时婴儿不仅指黄色的小汽车，也指出黄色的皮球。这说明婴儿学会一种颜色后，把这一颜色推广到同一颜色的其他物体上去了。

(2) 动作概括。

一岁左右的婴儿能学会操作各种物体，并逐渐掌握各种物体的用途。例如，从学会抓握一种东西，到逐渐学会抓握各种物品。看到球就知道滚动，看到杯子就知道是用来喝水的，拿到桶就会做提的动作等。这是儿童初步概括的表现，但这只是对某个单独物体外部特征的概括，而不是概括了许多物体的共同特征，还分不清物体主要的稳定特征和次要的可变特征。

(3) 语词概括。

两岁左右的婴儿出现了语词的概括，开始能按照物体的较稳定的主要特征加以概括，舍弃那些可变的次要特征。例如，舍弃灯的颜色、大小等差别，将“灯”这个词作为各种灯的标志，甚至当房间很黑时，也能根据灯的主要特征(照明用的)要求将灯打开。

直观的概括是感知水平的概括，动作的概括是形象水平的概括，只有当儿童能够借助语词概括物体的一些具有稳定性的一般特征时，也就是语词具有概括的意义时，才是思维水平的概括。

2. 思维间接性的发展

学前儿童思维间接性的发展可分为三个阶段：直观动作思维、具体形象思维和抽象逻辑思维阶段。

(1) 直观动作思维。

直观动作思维是最低水平的思维方式。2~3 岁儿童的思维是在直接感知和实际动作中进行的，离开行动，关于该动作的思维也就停止了。这种思维方式在 3~4 岁的儿童身上也常有表现。

(2) 具体形象思维。

具体形象思维是介于直观动作思维和抽象逻辑思维之间的一种过渡性的思维，是在直觉行动思维的基础上形成和发展起来的，是幼儿期典型的思维方式。随着儿童活动的发展，儿童的表象日益丰富起来，思维凭借表象的成分才越来越大。

(3) 抽象逻辑思维。

抽象逻辑思维是人类思维的典型形式，也是人类思维的最高级形式。学前期儿童很少能进行这种思维方式，但在 5 岁之后出现了这种方式的萌芽。随着抽象逻辑思维的萌芽，儿童开始学会从他人以及不同的角度考虑问题，开始理解事物的相对性。

总的来说，儿童用三种思维方式解决问题的能力都随着年龄的增长而有所改善、提高，但发展并不平衡。直观动作思维发展得最早，具体形象思维次之，抽象逻辑思维最后。三种思维就这个发展顺序而言是固定的、不可逆的，但这三种思维方式之间是相互联系、相互配合、相互补充的。

(二)学前儿童思维形式的发展

1. 学前儿童概念的发展

(1) 概念获得以实例方式为主。

概念是一个有层次的系统，其核心层是基本概念。围绕着基本概念还有上位概念和下位概念。如“老虎”是一个基本概念，其上位概念是“动物”，下位概念是“东北虎、华南虎”等。学前儿童最早形成的是基本概念，他们获得概念的方式可分为以下两种：

① 通过实例获得。儿童在日常生活中经常接触各种事物，这些事物就被作为概念的实例并冠以特定的词介绍给儿童。例如，在家里指认台灯、报纸、苹果和水杯；到外面认识汽车、绿草、树木、高楼等。学前儿童获得的概念几乎都是通过这种学习方式。

② 通过语言获得。在较正规的学习中成人会用讲解的方式帮助儿童掌握概念。在这种讲解中，成人把某概念归属到更高一级的类或种属概念中，并突出它的本质特征，所以学前儿童只有真正理解了解释的含义才能掌握概念。但学前儿童由于抽象逻辑思维刚刚萌芽、语言能力还不太高，因此很难用这种方式获得概念。

(2) 概念掌握以具体、熟悉的实物概念为主。

学前儿童对概念的掌握与其概括水平息息相关，对实物概念的掌握主要以低层次为主。

幼儿最初掌握的概念，往往是与生活紧密关联的实物概念。如人称、动物、玩具、生活用品等，数量也有限，直到幼儿晚期，在环境和教育影响下，才能初步掌握一些比较抽象的概念，如团结、礼貌等。

幼儿掌握实物概念的发展过程是：3~4 岁幼儿的实物概念内容，基本上代表幼儿所熟悉的某一个或某一些事物，如葡萄、白菜和茄子；4~5 岁幼儿能够在概括水平上指出事物的外部特征或功用上的特征，如把香蕉和茄子放在一起，因为它们都长得弯弯的；5~6 幼儿开始能够指出某些比较熟悉的实物的若干特征的总和，但是还只限于实物的某些外部和内部的特征，而不能很好地区分本质和非本质特征，如把萝卜、白菜和茄子放在一起，因为它们都是可以吃的，它们是蔬菜。

由此可见，概念在幼儿的头脑中只是具体事物的符号，并不是事物的一般的、本质特征的反映。他们对于实物概念还不善于从本质特征上去掌握；对于各种抽象概念，如具有一定相对性或抽象性的左右方位概念、时间概念等，就更难正确地掌握。

(3) 概念内涵、外延掌握不精确、不恰当。

幼儿在获得概念的过程中，比较突出的特点是了解、熟悉较多概念的名称，但是却难以真正掌握概念的内涵和外延。例如，3~4 岁幼儿属“直指型”，“狗”就是“我家的大黄狗”；4~5 岁幼儿属“列举型”或“描述型”，如“狗有四条腿，还长了毛，还会汪汪叫”；5~6 岁幼儿属“功用型”，如“狗是看门的”。对于概念的外延的把握，学前儿童的水平也相对较低，不是失之过宽，就是过窄。如，将“羊”也称为“狗”，或者说自家的狗是狗，别人家的狗就不是狗。

(4) 数概念的掌握经历了由具体到抽象的过程。

学前儿童掌握数的概念是一个从具体到抽象的发展过程。掌握数的概念，意味着儿童理解数的实际意义、数的顺序和数的组成。相对而言，数概念比实物概念更加抽象，所以比掌握实物概念更困难、也更晚一些。

学前儿童数概念发展可分为以下三个阶段：

① 对数量的感知阶段(2~3 岁)。这个阶段，学前儿童对大小、多少有笼统的感知，但只是在物体之间有明显差异的时候才能对比出来；已经能说出 10 以下的数字，但是需要手的配合；已经能对物体的多少进行数数，但是数完之后仍然不知道物体的数量。

② 数词和物体数量之间建立联系的阶段(3~5 岁)。这个阶段，学前儿童在点完数后能说出物体的总数，即有了最初的数群(或数集)概念；能分辨出大小、多少和相同数量；能应用实物进行数的加减运算；到了儿童中期时，他们已经能逐步认识数与数之间的关系，如有了数序的观念，认识第几和数字的前后顺序。

③ 数的运算的初级阶段(5~7 岁)。这个阶段，学前儿童开始从表象运算向抽象的数字运算过渡，计算能力发展较快；在序数概念、基数概念、运算能力各方面均有不同程度的提高。

从以上发展阶段可以看出，学前儿童对数字概念的掌握遵循以下顺序：首先，从对实物的感知来认识数；其次，凭借实物的表象来认识数；最后，开始能在抽象概念的水平上真正掌握数的概念。研究也发现，社会教育文化水平对幼儿数概念的发展起到很大的作用。

2. 学前儿童判断的发展

学前儿童的判断能力已有初步的发展，其发展特点有以下四个方面。

(1) 判断形式以直接判断为主，间接判断开始出现。

学前儿童以直接判断为主。他们进行判断时，常受知觉线索的左右，把直接观察到的事物的表面现象或事物间偶然的外部联系当作事物的本质特征或规律性联系。例如，幼儿认为“汽车比飞机跑得快”，这个判断是从直接判断得出的，他说：“我坐在汽车里，看到天上的飞机飞得很慢。”而成人认为“飞机比汽车快”，这是间接判断的结果，他们并没有对此有过直接的感知，而且当飞机与地面距离很远时，也不可能直接感觉到飞机的速度。

随着年龄的增长，儿童的间接判断能力开始形成并有所发展。一些相关研究结果表明：

7 岁前的儿童大部分进行的是直接判断，之后儿童大部分进行的是间接判断，6~7 岁儿童判断能力发展显著，是两种判断变化的转折点。

(2) 判断内容以事物的表面联系为主，本质联系开始发展。

学前儿童的判断往往只反映事物的表面联系，随着年龄的增长和经验的丰富，才开始逐渐反映事物的内在、本质联系。幼儿初期往往把直接观察到的物体表面现象作为因果关系。例如，3~4 岁的幼儿认为“火柴浮起来，因为它小”。这一判断是根据表面现象的联系进行的。在判断能力发展的过程中，幼儿逐渐找出比较准确而有意义的原因。5~6 岁儿童开始能够按事物的隐蔽的、比较本质的联系作出判断和推理，如“钥匙沉下去，因为它小而且重。”

幼儿对事物的因果判断的发展不仅反映在自然现象上，也反映在社会生活中。如在进行道德判断时，年幼的孩子根据后果进行判断，年长的孩子开始学会根据主观动机进行判断。

(3) 判断依据以对待生活的态度为主，客观逻辑开始发展。

幼儿初期，幼儿常常不能按事物的客观逻辑进行判断，而是从自己对生活的态度出发进行判断，如按照“游戏的逻辑”或“生活的逻辑”。这种判断没有一般性原则，不符合客观规律，属于“前逻辑思维”。例如，3~4 岁的幼儿认为，“火柴浮起来，是因为它想洗澡”。他们不会客观地进行逻辑判断。

随着年龄的增长和经验的丰富，幼儿才开始逐渐以客观逻辑为依据进行判断。如 5~6 岁幼儿认为“木做的东西会在水里浮”。

(4) 判断论据从无意识向明确意识发展。

从判断论据看，幼儿起先没有意识到判断的根据，以后逐渐开始明确意识到自己的判断根据。幼儿初期幼儿虽然能够作出判断，但是，他们没有或不能说出判断的根据，或以他人的根据为根据，如“妈妈说的”,“老师说的”，或者说他们并没有意识到判断的论点应该有论据。

随着年龄的增长和经验的丰富，幼儿开始设法寻找论据，但最初的论据往往是游戏性的或猜测性的。幼儿晚期，幼儿不断修改自己的论据，努力使自己的判断有合理的根据，判断的论据日益明确，说明思维的自觉性、意识性和逻辑性开始发展。

3. 学前儿童推理的发展

学前儿童在其经验可及的范围内，已经能进行一些推理，但水平比较低，总的来说主要表现在抽象概括性差、逻辑性差、自觉性差三个方面。

(1) 抽象概括性差。

学前儿童的推理往往建立在直接感知或经验所提供的前提上，认为直接观察到的事物之间的表面现象之间存在因果关系，其结论也往往与直接感知和经验相联系。年龄越小，这一特点越突出。例如，幼儿看到红积木、黄木球、火柴棍漂浮在水上，不会概括出木头做的东西会浮在水上的结论，而只会说“红的”“小的”东西浮在水上。

(2) 逻辑性差。

学前儿童，尤其是年龄较小的儿童，往往不会推理，如对幼儿说“别哭了，再哭就不带你找妈妈了”，他会哭得更厉害，因为他不会推出“不哭就带你去找妈妈”的结论。大些的孩子似乎有了推理能力，但其思维方式与事物本身的客观规律之间的一致程度较低，常常不会按照事物本身的客观逻辑或给定的逻辑前提去推理判断，而是以自己的“逻辑”去思考，如前面所列举的关于火柴浮起来原因的解释。

(3) 自觉性差。

学前儿童的推理往往不能服从一定的目的和任务，以至于思维过程时常离开推论的前提和内容，即“你弹你的曲，我唱我的调”。例如，当研究者问“一切果实里都有种子，萝卜里面没有种子，所以萝卜……(怎么样？)”，有的幼儿会说“萝卜是根”“萝卜是长在地上的”。答案完全不受两个前提之间、甚至一个前提本身的内在联系所制约。

此外，学前儿童的归纳推理、演绎推理和类比推理也在不断地发展。

(1) 学前儿童的归纳推理。

学前儿童的概括处于具体形象水平，所以他们只能对事物的外部的非本质的特征进行归纳，很难抓住事物间的本质联系进行从个别到一般的推理，以至于出现从一些特殊事例到另一个特殊事例的推理，称为“转导推理”。这种推理没有经过概括化过程，还不是逻辑推理，而属于前概念推理。例如，幼儿已经知道为树枝浇水是为了让它长叶子，一天幼儿在动物园里看到长着长长的鹿角的梅花鹿，就问妈妈：“如果天天往它头顶上浇水，一定能长出树叶来的，是吧？”这一类型的推理在3~4岁幼儿身上是常见的。

随着儿童概括能力的发展及类概念的形成，归纳推理的能力才能逐渐发展起来。

(2) 学前儿童的演绎推理。

演绎推理是从一般到个别的推理。其简单且典型的形式是三段论。例如，三周岁的小朋友暑假后要上幼儿园了(大前提)，童童是三周岁的小朋友(小前提)，童童暑假后要上幼儿园了(结论)。学前儿童的演绎推理尚处于萌芽状态，很少能达到三段论的演绎水平。但苏联研究者乌利彦科娃经实验证明，通过专门的教学，在其经验范围内，学前儿童也可以掌握三段论式的逻辑推理。

(3) 学前儿童的类比推理。

相关研究表明，3~6岁的儿童已经具有一定水平的类比推理，且类比推理的能力随着年龄增长而发展提高。2.5岁以前的幼儿还不会进行类比推理；3岁左右的幼儿就能够从“耳朵是用来听的”推断出“眼睛是用来看的”“嘴巴是用来说话的”等；4岁幼儿类比推理开始发展。例如，4岁幼儿中有不少人对“苹果/水果，____/文具”项目作出了正确的选择，但他的理由是看到文具图片里也有一支铅笔，认为“铅笔跟铅笔是一块的”，而没有理解苹果是水果的一种，基于这种种属关系的理解，去类比铅笔是文具的一种，从而推断出应该选择铅笔。5岁和6岁儿童的类比推理能力有所发展，大部分儿童能够理解自己所熟悉的事物之间的关系，但语言表达不够准确。可见，学前儿童的类比推理还处于较低的水平。

(三)学前儿童思维过程的发展

1. 学前儿童的分析和综合的发展

分析是认识事物的一种基本方法，其意义在于细致地寻找能够解决问题的主线，并以此解决问题。而综合则是把事物作为一个整体加以把握，直觉性、模糊性较高。

根据儿童心理发展从简单到复杂、由低级到高级的发展趋势，可以推测学前儿童分析与综合的发展将由借助事物具体形象的感知水平的分析与综合逐渐过渡到借助语词的抽象水平的分析与综合。相关研究显示，学前儿童在很小的时候已经具备了粗浅的分析能力了，比如能在图画中小人头上指出哪里是鼻子哪里是眼睛，能在图画书上找出哪匹是斑马哪匹是河马哪匹是奔跑的大马。但对于3~6岁的儿童来说，要求分析的环节越少，相应的概括就完成得越好。

2. 学前儿童的比较能力

比较是把各种事物进行对比，并确定他们的异同。比较是分类的前提，通过比较才能进行分类和概括。在比较方面，学前儿童往往先学会找出事物的相应部位，然后学会找出物体的不同之处，再学会找出物体的相同之处，最后学会找出物体的相似之处。

相关的实验研究表明，3~4 岁的幼儿还不善于找出不同物体的对应部分，他们常常按照物体的颜色进行比较。4~5 岁的幼儿逐渐能找出不同物体的对应部分并进行比较，但他们只能找到两三处相应部分。而 5~6 岁的幼儿在比较两个大小和亮度不同的匙子，即铅制的匙和钢制的匙时，90%的幼儿只能说出它们的不同，如，“一个大，一个小”或“一个发亮，一个不发亮”，而不能说出它们的相似处。

3. 学前儿童的分类能力

分类就是把具有相同特征的物体归并在一起，并把它与该特征不同的物体分开。分类能力的发展是逻辑思维发展的一个重要标志。从有关分类能力的年龄发展研究结果看，3~4 岁幼儿开始具有简单的分类能力，他们是按照物体的明显外部特征进行分类的，如形状、颜色、大小等；88%的幼儿能对常见实物进行分类。而 4~5 岁幼儿可以按物体的简单用途和数量特征进行分类，能对类和子类做比较，能初步理解总类与子类的包含关系。5~6 岁的幼儿能按事物的两种特征进行分类。6 岁以后，能够初步按照事物的本质特征进行分类。

4. 学前儿童的理解能力

学前儿童思维的发展也表现为理解的发展。理解是在新、旧经验之间建立联系的过程，是个体运用已有的知识和经验去认识事物的联系、关系乃至其本质和规律的思维活动。学前儿童对事物的理解取决于其知识经验水平和思维发展水平。在整个学前期，儿童理解的发展体现出如下特点。

(1) 从理解个别事物到理解事物的关系。

学前儿童最初对事物的理解都是孤立的，只能指出其中突出的人物或动作。例如，4 岁的幼儿看龟兔赛跑的插画时，只能指出图画中的某一个对象，“这里有一只乌龟”或者“这是一只小白兔”。随着幼儿理解能力的提高，他们逐渐将龟兔赛跑的插画连贯，进而理解乌龟和小兔之间的关系。理解事物的关系比理解个别的事物更复杂，因此，儿童通常需要先理解个别的事物，再逐渐过渡到能够理解事物的关系。

(2) 从不理解事物的相对关系到逐渐理解事物的相对(辩证)关系。

在理解事物的关系方面，学前儿童要经历从难以辩证地看待问题到逐渐可以辩证地看待问题。儿童对事物的理解常常是固定的或极端的，非白即黑，不能理解事物的相对关系。例如，幼儿在一起玩得好的时候，认为对方是自己的好朋友，发生争执的时候，就会认为对方很坏，不是自己的好朋友了。再如，幼儿看电视时，常常会问：“他是坏人，还是好人？”如果成人说：“他既有坏的一面，也有好的一面。”幼儿会感到难以理解。可见，理解事物之间的相对关系对幼儿来说是很困难的。但随着年龄的增长，幼儿逐渐能理解事物的相对关系。

(3) 从理解事物依靠具体形象到依靠语言说明。

学前初期，由于受言语和思维发展水平的限制，儿童主要依靠具体形象来理解事物。

例如，当儿童讲故事说到“把球扔出去时”，自己也会随着故事情节做出“扔”的动作；儿童在听科学故事、学习诗歌时，需要依靠图画或实物的帮助才能够理解。随着儿童年龄的增长、经验的丰富及语言能力的提高，他们逐渐能摆脱对直观具体形象的依赖，主要依靠语言来理解事物，但是在直观形象的辅助下，理解效果会更好。

(4) 从理解事物比较简单、表面到较复杂、深刻。

儿童最初对事物的理解往往停留在表面层次，还不能理解其深层的含义。例如，上课时，一个幼儿看到墙上挂的气球，就嚷着要玩，其他的幼儿看到也嚷着要玩，教师便说：“玩，玩，你们整天就知道玩！”这时，幼儿就会以为教师同意他们去玩球了。又如，有两杯等量的水，取出其中一杯倒在比原来杯子小些或大些的杯子里，幼儿则根据液面比原来升高或降低而理解为杯中的水比原来增多了或减少了。这些都表明了学前儿童是从表面现象来理解事物的。

可见，儿童最初只能够表达结论性的观点，而难以列举相应的论据。随着年龄的增长，他们开始以一些表面现象作为论据支持自己的观点，并且逐渐过渡到能够列举有逻辑联系的论据支持自己的观点。

(5) 从理解事物具有主观情绪性到比较客观。

学前初期，儿童的认知过程受情绪和情感的影响作用较大，随着年龄的增长，他们的认知过程相对而言更理性一些，理解事物也逐渐客观。例如，有位妈妈给儿子出了道加法题：“爸爸打碎了 3 个杯子，小宝打碎了 2 个杯子，一共打碎了几个杯子？”孩子听后哭了，他说他没有打碎杯子。

第三节 学前儿童思维的培养

人类的智力由观察力、记忆力、注意力、想象力和思维力五种基本因素构成。在智力结构中，思维力是核心因素。一个人智力水平的高低，主要通过思维能力反映出来。许多研究成果表明，人的天性对思维能力具有影响力，但后天的教育与培养对思维能力的影响更大、更深。因此，早期思维活动的启蒙就显得尤为重要。每位教师和家长都应该有正确的认识，并且在教育培养幼儿思维的过程中自觉地采取措施，让幼儿变得更聪明。下面介绍几种培养学前儿童思维能力的方法。

一、创设直接感知和动手操作的机会以培养儿童的直观动作思维

思维是在感知的基础上产生和发展的，感性知识越丰富，思维就越深刻。直观动作思维虽然是 3 岁前婴幼儿思维的主要方式和典型特点，但它可以一直延续到幼儿期乃至幼儿后期。整个学前期儿童的思维仍保留了相当大程度的直观动作成分。所以在幼儿园教学实践中，教师要积极地向幼儿提供各种各样的直接感知和动手的机会，让幼儿在积极的活动中进行思维，“智慧源于指尖”，这样才能让幼儿更好地感知事物的变化和发展。否则，脱离了儿童自身的直接感知和操作，对于这个年龄的儿童来说，其思维活动的进行就要受到阻碍，就不能真正认识到有关自然和社会的知识经验，往往仅是通过机械记忆和模仿学

习了某些语言符号而已。教师在帮助幼儿掌握某些事物概念时，应注意向幼儿提供直接感知和观察的机会，如让幼儿亲自去看、闻、摸、尝苹果，比较不同种类的苹果。比较过苹果与其他水果的相似和区别后，幼儿就会对“苹果”这一概念掌握得更全面和深刻。此外，在提高幼儿的数概念、运算能力时，同样要提供让幼儿动手操作的机会，如点数物体的个数，比较大小、长短、粗细，进行分类和排序，在泥塑、玩沙活动中领会物体质与量的守恒，借助事物进行加减运算等。

二、提供具体、形象的各种活动以培养儿童的具体形象思维

具体形象思维是学前儿童思维最主要的方式和典型特点。所以教师要针对幼儿思维的特点，为幼儿提供具体、形象、直观的活动，要重视玩具、教具的鲜明、形象、生动，同时必须借助具体形象来支持幼儿对一些抽象的事物认识，从而促进其思维能力的发展。在幼儿园教育活动中，教师要注意教育内容的具体形象性，要适合幼儿的理解水平，并且注意采用直观、形象的方法，尽量避免空洞、抽象的讲授。例如，在向幼儿解释“雨的形成”这种比较抽象的自然现象时，可以通过童话故事或动画片《小水滴旅行记》，再配以演示水受热后蒸发、再遇冷凝结成水珠的实验，这样会使幼儿比较容易理解。在幼儿掌握各种概念的过程中，教师都要注意化抽象为形象。如理解“风”这个概念，可以拿气球对着纸片，挤压其中的空气，让幼儿看到气球中射出的气流吹动纸片的情境；如了解“声”的概念，可以把小纸偶放在鼓面上，让幼儿敲打鼓面，从而让他们可以听到鼓声，还可以看到声波震荡后引起小纸偶在鼓面上跳舞的情境。这样幼儿就能顺利地掌握这些知识。

另外，学前儿童的思维是具体形象和表面的，还不善于分析事物的内在含义，难以理解语言的寓意和转义。因此在教育幼儿时，教师一定要坚持正面引导的原则，切记讲反话，或嘲笑、讽刺幼儿。例如，幼儿户外运动后往往很兴奋，不能很快安静下来。老师生气地说：“你们再吵，我就给你们点颜色看看。”幼儿很快安静下来，可不一会儿又吵着要看看“颜色”，因为他们不理解此处“颜色”的含义。

三、丰富学前儿童的语言以培养他们的抽象逻辑思维

在正确的教育下，随着幼儿语言的不断发展、知识经验的不断丰富，从幼儿中期开始，幼儿会逐渐出现抽象逻辑思维的萌芽，到幼儿末期，幼儿的抽象逻辑思维已经比较明显。因此，在幼儿园教学活动中，教师一方面要注意教材、教法的具体形象性；另一方面，也要注意发展幼儿运用概念、判断、推理等抽象思维的能力。例如，对于已经掌握了10以内加减运算的幼儿，在教学活动中可进一步尝试提高他们借助数概念进行运算的数量和速度，而不是再倒退到借助实物或表象来进行运算。对于已经掌握了鸡、鸭、牛、羊、老虎、狮子等概念的幼儿，教师可以让幼儿进一步掌握“家畜”“野兽”和“动物”等概括程度更高的概念。在与幼儿进行对话的过程中，教师和家长要及时抓住时机，就他们感兴趣的问题展开对话，这样他们就会兴致勃勃地积极思维，有时还会进行即兴的语言表述。例如，教师和家长在讲故事时，可以选择一些悬念性比较强的作品，引导幼儿探究问题，刺激幼儿语言表达与思考，发展其抽象思维能力。

四、创设问题情境以培养儿童的创造性思维

培养幼儿的创造性思维也是培养幼儿思维的重要任务之一。思维活动总是由问题而产生，创造性思维更依赖于一定的问题情境。所以教师和家长可以向幼儿提出一些有启发性的问题，通过培养幼儿积极思考来发展其创造性思维。例如，沉浮小实验中，幼儿获得了“金属沉，纸和木头浮”的经验。接着教师便可以提供相反的例子，来设置冲突的问题情境，以激发幼儿的深入探索。教师在材料中增加了锡箔，先揉成小团，结果下沉，然后把锡箔展开折成小船，结果漂浮在水上。幼儿很疑惑：“金属怎么会漂浮在水上？”这样教师就创设了一个认知冲突情境，激发幼儿产生了对影响物体沉浮的其他因素——体积的探究活动。

此外，还可以让幼儿通过自己的想象和思考来解决问题，即使他们遇到了较大的困难，成人也不要急于直接给予解答。例如，“室内已经挂好的画怎样摆放最合适”，让幼儿想象一下室内不同布置的结果，进而建立“任何事物都不是一成不变的”创造性意识。成人还可用不寻常的方法训练幼儿的思维能力，如提出一些假设性的问题，“世界上没有时钟会怎样”“假如你会飞，你会怎么样”。还可以提出一些发散性思维的问题，“水有什么用处，“木头做的东西有哪些”等，鼓励幼儿做出多样的、独创性的回答。在向幼儿提出问题后，要允许幼儿思考一段时间，等待其发言和活动。实践证明，只有当学前儿童通过自己的努力去完成教师或家长提出的任务时，才会真正有效地锻炼和提高他们的思维能力。

五、营造有利于学前儿童思维发展的环境

众多的心理学家和教育家一致认为，学前儿童在情绪兴奋、愉快时其思维能力处于最佳状态。所以教师和家长要保护好学前儿童的好奇心，为他们营造宽松、愉快的教育氛围，并给予学前儿童以思考的空间。

(一)创设安全、民主、自由的心理环境

由于幼儿的思维能力具有脆弱性和不稳定性，极易被外界所影响，所以教师和家长对幼儿的评价和态度将起到至关重要的作用。营造适宜幼儿思维发展的心理环境，成人应注意自身观念的改变，要对幼儿充满信心，平衡好自由与必要的约束之间的关系，还要使教育过程适合每个独特的幼儿。此外，还要对幼儿保持积极、鼓励、赞许的态度，并充分尊重、宽容他们，做他们的朋友，使他们能够勇敢、大胆地把自己的想法说出来。即便有时他们的想法超越现实，甚至很荒诞，教师也不应以成人的标准横加指责，而应该敏锐地捕捉其思维的“闪光点”，并加以有效的引导，使学前儿童有“心理安全”和“心理自由”，让他们在宽松的氛围中进行积极的、大胆的思考。

(二)创设富有创意、激发思维的物质环境

富有创意的活动环境对学前儿童的思维发展具有一定的推动作用。例如，在大班的活动室中放置一幅“流动”画，每月更换一次，内容可以是抽象画、问题树，也可以是一幅无结局的画。在走廊的涂鸦墙上学前儿童可以自由地联想、涂鸦，画未来世界、恐龙和外星人等，这样有助于培养他们思维的流畅性和变通性。

拓展阅读

请扫描前言中的拓展阅读二维码。

本章小结

思维是人脑对客观事物间接的概括的反映。思维的基本过程是分析和综合，具体表现为比较、抽象和概括等，思维的三种形式为概念、判断和推理。思维可以分为直观动作思维、具体形象思维和抽象逻辑思维或聚合思维与发散思维。学前儿童思维是由直观动作思维过渡到以具体形象思维为主，并开始出现抽象逻辑思维的萌芽。整个学前儿童期的思维以具体形象思维为主。学前儿童概念、判断和推理都与学前儿童的理解水平有关，处于具体形象水平。学前儿童已初步具有问题解决的能力和创造思维的能力。教师应该针对学前儿童的思维特点培养儿童思维能力。应向学前儿童提供各种直接感知和动手操作的机会，创设宽松的心理环境，在游戏活动、教学活动和日常生活中教给儿童思维方法，培养其思维能力，促使学前儿童思维能力由具体形象思维向抽象逻辑思维发展。

【推荐阅读】

[1] 桑标. 当代儿童发展心理学. 上海：上海教育出版社，2003

[2] [美]罗伯特·费尔德曼. 苏彦捷，邹丹等译. 发展心理学. 北京：世界图书出版公司北京公司，2013

[3] 刘吉祥，刘慕霞. 学前儿童发展心理学. 第三版. 长沙：湖南大学出版社，2012

[4] 王晓茜等. 心理学. 沈阳：辽海出版社，2006

思　考　题

1. 简述思维的种类。
2. 学前儿童思维发展有何特点？
3. 学前儿童思维发展的一般趋势是什么？
4. 如何培养学前儿童的思维能力？

学前心理学

微信扫天下　课程掌中观

第八章.pptx

语言乃是思想的有机创造，它扎根于思想之中，并且从思想不断地发展起来；所以，谁想要发展学生的语言能力，首先就应该发展他的思维能力。

——乌申斯基

第九章　学前儿童言语的发展

本章学习目标

- 掌握言语、语言的含义及相关理论。
- 熟悉学前儿童言语发展的特点。
- 掌握培养学前儿童言语能力的方法。

核心概念

言语(speech)　口头言语(spoken language)　书面言语(written speech)

案例导读

明明今年 4 岁，他喜欢自言自语。搭玩具火车轨道时，他喜欢边搭边说：“这块放在哪里呢……不对，这是什么呢……就把它放这里当山洞吧……”；搭完一条轨道后，他会兴奋地说：“开火车喽……”

这个案例表明，明明已经开始出现内部言语。在内部言语产生的过程中，出现的一种过渡形式——出声的自言自语。这是一种介于有声的外部言语和无声的内部言语之间的言语形式，这种言语既有外部言语的特点(说出声)，又有内部言语的特点(对自己说话)。明明属于自言自语中的“游戏言语”。

第一节　言语概述

言语是学前儿童心理发展过程中最重要的内容之一。不仅因为言语是人类心理交流的重要工具和手段，而且言语在他们认知和社会性发生、发展过程中都起着重要的作用，并对以后的心理发展有着深远而重大的影响。那么，学前儿童的言语是怎样获得的呢？又是怎样在短短的几年里得到快速发展的？成人要为他们言语的发展创造怎样的条件？这将是我们本章探讨的问题。

一、什么是言语

言语是个体借助语言传递信息、进行交际的过程。言语和语言是两个既有区别又有联系的概念，语言是以词为基本单位，以语法为构造规则而组成的符号系统。它的形成是一种社会现象，它在人类社会实践活动中产生，并随着人类社会的发展而发展。每个民族都有自己的语言，人们把语言作为相互交际的工具。而言语是个体在不断掌握、运用和理解语言的过程中发生的心理现象。人们可以使用不同的语言，但其心理过程有普遍的规律。言语是心理学研究的对象。言语和语言又是密不可分的。作为心理现象的言语不能离开语言而独立地进行。儿童只有在一定的语言环境中才能学会并进行言语；另一方面，语言也只有在人们的言语交流活动中才能发挥其作用，并不断地得到丰富和发展。

二、言语的种类

言语分为外部言语和内部言语。外部言语又可以分为口头言语和书面言语两种。

(一)外部言语

1. 口头言语

口头言语是指以听、说为主的言语。它通常以对话和独白的形式进行。人们在对话时，有交际对象在场，相互之间有应答和支持。对话是在两个或更多的人之间进行，大家都积极参加的一种言语活动，如聊天、座谈、讨论等。对话言语的突出特点是具有“情境性”，即交谈者的一些思想并不完全在言语中表达出来，而是辅之以表情、动作等非言语手段。由于交谈者对所谈的内容都有所了解，所以发言人的一个词或一个眼神就能使大家“意会”到他要表达的意思，即对话时常用情境性言语。情境性言语只有在结合具体情境时，才能使听者理解说话人所要表达的思想内容，而且往往需要说话人运用一定的表情和手势作为自己言语活动的辅助手段。

独白言语是一个人在较长的时间内独自进行的言语活动，如报告、讲课、演讲等。独白言语和对话言语有所不同，独白言语没有交谈者的言语支持，独白之前往往需要做好准备，表达时要求完整、连贯，发言人为使听众深刻理解发言内容，必须用连贯、准确的言语表达清楚自己的意思。所以，独白言语是比对话更为复杂的言语活动。

2. 书面言语

书面言语是指人们用文字来表达思想和情感的言语。无论从人类的发展历史还是从个体发展的过程来看，书面语言的发生都晚于口头言语。儿童总是先掌握口头言语，在此基础上，通过专门的训练逐步掌握书面言语。

书面言语通常以独白的形式进行，它并不直接面对对话者，不能借助表情、声调、手势来表达思想和情感。儿童掌握书面语言一般要经过识字、阅读和写字三个阶段。识字是基础，是使用书面言语的手段，学会阅读和写作才是儿童言语发展的最重要因素。

人们掌握了书面言语，便摆脱了具体事物和时空的限制，开阔了视野，扩大了接受知识的范围，自主接受人类文化遗产，促进科学的进步。同时也使个体的心理活动变得更丰富、更深刻，使口头言语变得更精确，更符合逻辑。

(二)内部言语

内部言语指只为语言使用者所意识到的内隐的言语，也叫做不出声的言语。它是人们进行思维活动时凭借的主要工具，通常以简缩的形式进行。如果说，用于交往的言语是“宣之于外”的外部言语，那么，用于调节的言语则主要是“隐之于内”的内部言语。内部言语的对象不是别人，而是自己，是自己思考问题时所用的一种特殊的言语形式。内部言语的特点是隐蔽发音，默默无声，比较简约、压缩，与思维密不可分，主要执行自觉分析、综合和自我调节的机能。

内部言语与外部言语相互联系，互相促进；口头言语和书面言语是内部言语的外显表现，口头言语和书面言语的发展推动内部言语的发展，而内部言语的发展又有助于口头言语和书面言语的提高。

三、言语的发展对学前儿童心理发展的意义

言语的发生及发展反映着婴幼儿心理发展的水平，在某种程度上，学前儿童的言语水平标志着其心理发展的水平。学前儿童的心理发展水平又影响着他们的言语发展进程。言语活动不仅是人类进行思维活动所必需的，而且在其他心理活动中也起着巨大的作用。

学前儿童获得言语被看作其社会化历程中的一个里程碑，对学前儿童身心的全面发展有着极为积极的影响，具体表现在下列方面。

1. 促进行为和言语的社会化进程

语言是人类交际的重要工具，是完成人的社会化的一个重要指标。婴幼儿获得言语之后，就能用言语与周围人交换信息，表达个人的请求、愿望，接受他人的委托，在言语交流中互换角色等；婴幼儿有许多机会观察对方的行为、表情以及处事的方式和方法，从中也获得许多体验和感受。这种交流有助于克服婴幼儿自我中心的言行，使其能够主动适应他人的行为，在此基础上又逐渐形成言语自我调节能力，使自己的情感、态度、习惯、行为等与社会规范逐渐接近。因此，婴幼儿言语发展对婴幼儿社会化行为的发展能起到促进作用，具有促进社会化进程的作用。

2. 提高学习能力，促进智力发展

语言具有高度的概括性，语义内容非常丰富。婴幼儿吸收、加工语言，与其他认知加工有共同之处，语言加工使认知能力得到锻炼。语言加工又不等同于其他认知加工，语言通过词、概念向婴幼儿传递间接经验，有助于扩大眼界、提高思维和想象能力，有助于学习能力的发展。随着婴幼儿言语水平的提高，语言和认知能力的结合也渐趋密切。我国心理学家朱智贤教授认为，婴幼儿言语连贯性的发展是婴幼儿言语能力和逻辑思维能力发展的重要环节。心理学家普遍认为，婴幼儿早期语言能力的发展是其智力发展的重要标志。

3. 促进言语兴趣的提高

听和说的兴趣、自信和主动程度都有赖于言语听说能力的提高，而婴幼儿一旦产生学习语言的兴趣，就会主动寻找机会去游戏，进而去听和说，言语的潜能就能得到尽情发挥。这种兴趣促进言语能力的发展，不仅影响幼儿入学后的阅读、写作与口头表达的活动，而且极有可能影响其未来，如选择一些与语言有密切关系的职业。

第二节　言语获得理论

多年来，婴幼儿的言语获得问题一直是摆在世界各国心理学家面前的难题，由于学者们对这些问题所作的解释不同而形成了各种关于言语获得的观点和理论。大致可分为强调后天学习因素的外因论、强调先天因素的内因论和先天与后天相互作用论三大类。

一、强调后天学习的外因论

(一)强化理论

强化理论的主要代表人物有美国行为主义心理学家斯金纳(B. F. Skinner)。斯金纳把婴幼儿的言语获得看成是刺激—反应—强化的过程。在这一过程中，婴幼儿对一个刺激做出正确的反应，就会得到成人的强化(口头赞许或物质上的满足)，这就增加了婴幼儿在类似情境中做出正确反应的可能性，这个过程就叫做强化。父母的赞许往往用话语表达，这些话语往往与情境相联系。例如，婴儿发出“baba”声音时，爸爸就会立刻出现，并用语词重复进行强化，使父亲的形象与“baba”声音之间建立暂时的联系，成人不断地对正确的发音加以正强化，对不正确的发声加以负强化，多次反复之后婴幼儿就会通过联想准确地将“baba”与爸爸的形象联系在一起，爸爸这个词汇就被婴儿掌握了。因此，强化理论学派认为，婴幼儿的言语行为和其他行为一样，都是一系列刺激和反应的连锁活动，都是通过联想的原则，经选择性强化而获得的，归根到底是复杂的条件联系系统的形成。

斯金纳的强化理论试图从理论上阐述婴幼儿获得语言的过程，强调提供正确语言泛型和正确强化的作用，对心理学界和语言学界曾产生过很大的影响。

这一理论虽然有合理的成分，但它过分强调婴幼儿的无目的的反应和狭隘的强化作用，忽视了婴幼儿自身在语言学习中的作用。有些观点不是从婴幼儿言语行为的实际观察中得出的，而是从较低级的生物实验中得出的类比，因而带有片面性。

(二)模仿论

模仿理论是阿尔波特(Allport)1924 年提出的。他认为婴幼儿言语只是对成人言语的模仿。按此观点，婴幼儿言语只是成人言语的简单翻版。这一学派的怀特赫斯特(Whitehurst)提出了“选择性模仿”的新概念，主张：①言语学习不必是一对一的完全模仿，成人言语活动与婴幼儿的言语学习之间具有一种功能关系，只要在功能上相似，婴幼儿有选择和创造的余地。②选择性模仿是在自然环境中发生的言语获得方式，而并非在训练和强化中进行。成人与婴儿双方的言语行为之间，在时间上既不是即时的，形式上又非一一对应的，因而婴幼儿在言语学习中具有选择性和创造性。

我国心理学者许政援(1972，1992)对婴儿言语获得进行了系统的研究，记录婴儿的话语及成人对婴儿的“谈话”。她的研究成果支持了模仿理论。首先，婴儿言语获得主要来源于模仿。语法规则只能在与人交往、与环境相互作用中获得。先天的普遍语法和先天的言语获得装置是不存在的。其次，机械的模仿理论是片面的，婴幼儿并不是教什么就学什么的。按婴儿的发音能力和经验水平，并不能对教给他的语词作全部模仿。婴儿言语是经过有选择的模仿、经过概括而形成的。

二、强调先天因素的“内在”论

(一)先天语言能力说

先天语言能力说又称为“转换生成语法说”，主要是由乔姆斯基(N. Chomsky)在其《句法结构》(1957)一书中指出的。他认为，决定婴幼儿能够说话的因素不是经验和学习，而是先天遗传的语言能力，这里的语言能力指的是语言知识，即普遍的语法结构。

其主要观点认为：决定人类能说话的因素不是经验和学习，而是先天遗传的语言能力。乔姆斯基注意到以下的事实：婴幼儿掌握本民族的语言异常迅速、极其完善和极富创造性；尽管语言环境不同，但世界各民族婴幼儿获得语言，尤其是句法结构的顺序基本一致，时间也大致相同；尽管各种句子形成不一样，但它们都有着共同的普遍语言的基本形式，即语法结构。据此，乔姆斯基提出了自己的理论假设：人脑中有一种先天语言获得装置(Language Acquisition Device，简称 LAD)。这是人类所特有的一种遗传机制和人类共有的先天图示化倾向，是任何正常婴幼儿心理装置的一部分，也是语言学习的内因结构。

婴幼儿语言的获得，是婴幼儿通过自己的“言语获得装置”(LAD)实现的。外界输入给婴幼儿的原始语言材料通过 LAD 进行复杂加工构成语法规则，转换成婴幼儿的内在语法系统。乔姆斯基在解释语言生成的内在过程中，指出语言具有两层结构：表层结构与深层结构。表层结构是直接感知的句子的外部形式——语音、语法的结构；深层结构是理解句子的意义结构。婴儿感知的是语言的表层结构、外部形式，通过 LAD 的加工操作，转化为深层结构，产生对语言的理解。词的材料通过 LAD 的转化加工，可生成无数的句子，从而掌握了基本语法形式的婴儿就能创造性地运用语言，说出他从未听见过的句子。

乔姆斯基虽然认为，环境是促成婴儿语言获得的先决条件，但儿童所需要的获得语言能力的心理技能不是环境能提供的。他强调，正是由于 LAD 的存在，儿童才能只听到有限的句子，却能产生无限多的句子，还能在短短的几年中流利地运用语言。并且，处于不同的语言环境中的婴儿，在掌握音序、词序和语法结构的顺序和时间上基本一致。

乔姆斯基向人们提供了一个研究语言获得的全新的观点，为人们认识语言获得的复杂性和内在机制开辟了思索的远景。

(二)自然成熟说

自然成熟说的代表人物是勒纳伯格(E. H. Lenebetg)。

其主要观点认为：生物的遗传素质是人类获得语言的决定因素。人类大脑具有其他动物所没有的专管语言的区域，所以语言为人类所独有。语言是人类大脑机能成熟的产物，当大脑机能成熟达到一定状态时，只要受到适当的外在条件的刺激，就可激活、诱发出原来潜在的语言能力，使语言能力显露出来。大脑功能成熟有关键期，所以语言获得也有关键期。勒纳伯格根据其对获得性失语症病例的研究，提出语言获得的关键期约从 2 岁左右开始到 11、12 岁为止，过了关键期，即使给予训练，也难以获得语言。

自然成熟说的某些观点，如提出大脑中存在语言中枢、语言获得有关键期等，得到一些相关学科研究的证实，有一定的科学性。但是它否定环境和语言交往在语言发展中的重要作用，将先天禀赋和自然成熟的作用提高到不适当的程度是有缺陷的。

三、先天与后天相互作用论

无论是后天环境论还是先天决定论的观点，都是较为极端、激进的。它们要么只强调后天因素而否定或轻视先天因素，要么只强调先天因素而否定或轻视后天因素，都难以对婴幼儿的语言获得做出满意的解释。以皮亚杰为代表的先天与后天相互作用论主张从认知结构的发展来说明语言发展，认为婴幼儿的语言能力仅仅是大脑的一个方面，而认知结构的形成和发展是主体和客体相互作用的结果。

第一，婴幼儿的言语能力是大脑认知能力的之一，认知结构的形成与发展是主体和客体相互作用的结果，因此语言是主客体相互作用的结果，也是遗传机制与社会环境相互作用的结果。

第二，语言是一种符号功能，也是婴幼儿许多符号功能中的一种，因此它与其他符号的功能一样，出现在感知运动阶段的末尾，即 18～24 个月之间。

第三，认知结构是言语发展的基础，语言结构随着认知结构的发展而发展，具有普遍性。

第四，婴幼儿的语言结构具有创造性。

皮亚杰学派从主客体之间的相互作用来说明婴幼儿认识能力和语言能力的发展，反对语言获得的预成说、经验说，同时不排斥遗传机制、社会环境及婴幼儿自身活动的作用，有其合理的方面。但这派学说在过分强调认知发展是语言发展的基础时，把认知发展对语言发展的关系看作单向的、直接的，不免失之偏颇。

综上所述，语言获得的各派理论中均有一定的合理性，但也存在着不同程度的缺陷。笔者认为，先天和后天的因素在婴幼儿言语获得中的作用应该是不相矛盾的。只有人类的婴幼儿才能在一定的年龄掌握人类特有的语言，说明人类确实有一种获得语言的先天机制。但这种机制只提供了发展的可能性，要使这种可能性变为现实性，就离不开一定的语言环境和教育条件，离不开婴幼儿的实践，离不开婴幼儿个体与社会环境的相互作用，语言发展必须以一般的认知发展为基础，但语言能力还具有其自身的特点，两者的关系不可能是直接的和单向的。

从现有的研究水平看，所有的理论还不能把婴幼儿言语获得过程及其机制阐述到完善的地步，结论性的意见还未形成，争论仍将继续，这有待于跨学科的进一步的探索。

第三节　学前儿童言语的发展

关于婴儿言语发生及其标志问题，目前仍存在激烈的争论。欧美心理学家认为，婴儿说出第一个与某一事物有特定指代关系的母语中的词标志着言语的发生，时间在出生后9~11个月。我国心理学家认为，婴儿最早说出的具有概括性意义的词才是言语发生的标志，时间在 11~13 个月。综合多种研究材料，笔者认为，由于个体间有着较大的差异，因此婴儿言语发生的时间在 10~14 个月。

学前儿童言语的发展主要是指口头语言的发展。口头语言发展的第一前提就是语音的发展，其次是词汇的发展、语法的掌握和口语表达能力的发展。

一、语音的发展

(一)语音的形成阶段

学前儿童语音形成的过程符合一定的遗传规律，同时又受母语语音的外界语言环境影响。如果没有外界的语言刺激，他们即使具有形成语音的遗传素质，也不能掌握语音。没有接触过言语刺激的婴儿，即使脑发育正常，仍然有沦为聋儿的可能。

学前儿童发出语音和语音(听觉)感受性的发展有不同的顺序，并不是容易听(辨别)的语音都容易发出。换句话说，从听的角度看，是容易听清楚的音，但从说的角度看，未必容易发出。从语音感受性上来看，语音差别越大，婴儿越容易掌握。但从发出语音的顺序看，则近似的音较易掌握。

语音的形成大致经历下列几个阶段。

1. 嗓音阶段(0~2 个月)

婴儿刚生下时，就能发出声音，这是为了得到足够的氧气，从而自主呼吸。初生婴儿用力呼吸，气流冲向声门、声带和口腔，发出人生第一声哭喊。以后，这一类的哭声、叫喊声和在安静状态下发出的嗓音，在身体不舒适时都会出现。这种嗓音是由身体的状态如饿、渴等所引起而不是为了适应外界刺激的需要，因而称为一般性的发音反射。

婴儿哭喊声越来越分化，不同动因的哭喊反射，在口、舌部位，音高、声音的断续上会有所不同，并带有条件反射性质。熟悉婴儿生活的人能够根据其哭声判断其动因。

2. 啊咕声阶段(3~4 个月)

从 2~3 个月开始，婴儿在吃饱睡足时，会发出“啊咕”等声音。这已不是嗓音，但元音和辅音还很少分化，这种声音只有在安静状态或满足时才出现，仍然是由于机体内部的因素引起。

据研究，聋儿在 3~4 个月前，甚至 6 个月前，都会发出上述的声音反射。可见，这时期的发声并不是后天习得的。

3. 连续发音阶段(4~8 个月)

此阶段婴儿发出的声音出现了明显的元音和辅音，且有了比较分明的音节。这阶段又可称为喃喃语声阶段。因为孩子往往连续重复同一音节，如 ba-ba-ba 等，其中有些音节与词音很相似，比如，ha-ha 就像“爸爸”，家长就会认为孩子会喊爸爸了。其实，孩子刚出生时，从闭着嘴到张开嘴，气流从口腔冲出，用力哭喊的声音——“ma”确实是像“妈”声。同样，连续发音阶段的喊“爸爸”也不具有词的意义，属于生理发声。

本阶段，听觉已经积极参与到发音过程中。在反复地重复某些音节的基础上，形成了发声重叠性的特点。各民族语言中都有重叠音的词，并不是婴幼儿在喃喃学语的过程中从成人那里学来的，相反，是各民族语言吸收了婴幼儿重叠语声。许多成人对婴幼儿说话，也用重叠音的词，如“喃喃”“饭饭”等。

4. 语音出现阶段(9~12 个月)

婴儿真正发出语音，是一种发音的有意性运动，是后天学习得来的。此阶段，当婴儿能够发出代表实际意义的语音时，就说明婴儿出现了真正的语音了。因此说掌握语音还要把发出的音与语词所代表的事物结合起来。1 岁前，孩子只是出现发出语音和学话的萌芽，能够真正说出的词很少。

(二)语音的模仿

婴儿最初学习掌握语音是通过模仿习得来的。北京师范大学教授陈帼眉把婴儿语音模仿分为以下四个阶段。

第一阶段：偶发性的单个模仿。这是模仿的第一阶段，从第 2 个月开始。其特点是：

发声传染。别人声音引起婴儿发声。但这种发声并非是对所听见的声音的确切模仿。

相互模仿。先是成人模仿婴儿，然后婴儿模仿成人。

偶发性模仿。模仿过去曾经听见过的声音，但不是听见声音后立即模仿。

第二阶段：开始系统地模仿。在 4 个半月左右，婴儿能模仿那些他自己自发地发出的声音。他喜欢重复，要把听到的声音继续下去，但还不能模仿新的声音。他听到新的声音时不作声，或仍然发出自己原来会发的音。对于那些他不能清楚地发出的音节，他不去模仿。

第三阶段：能够模仿新的发音动作，这是从 8~9 个月开始的。在这阶段如果婴儿在动嘴，成人去模仿他，他会立即停止该动作。当别人停止这种动作时，他却又开始去动，如此反复数次，大约 1 小时后，他会自动进行那种模仿动作。这些日子，他非常注意看别人的嘴是如何动作的，常常自己动嘴唇，对发音感兴趣，先是慢慢地、轻轻地动嘴，然后较大胆些，似乎是要试试这种动作的效果。以后看见了别人的动作，立即去模仿。

第四阶段：1 岁后，婴儿已开始系统地模仿新语音，不再是“试试看”了。一般地说，1 岁前语音发展缓慢，1 到 1 岁半发展较快，1 岁 9 个月语音发展基本成熟，但发音不流利，不够准确。应该注意的是，婴儿语言发展的个别差异较大。

(三)语音发展的顺序

1. 世界各民族婴幼儿语音发展有共同的、普遍的规律

据不完全统计，世界上有2500多种语言，各种语言还有不同的方言、方音，但是各种语音的发展服从一定的普遍规律。

婴儿先学会发中等程度差别的音，然后向差别较大的发音和差别较小的音发展。例如，先发a和e之间的音，然后发a和e。换句话说，成对的音是由中间的音发展而成的。新的音包含着原有的成分或萌芽。新的音是原有发音的分化或分支。因此，教婴儿学发音时，不必急于要求他很快就能够准确地发出某个音。在开始的一段时间，发音不准是正常现象。

2. 语音发展趋势

婴儿学习语音的过程中先后呈现出两种不同的趋势。

(1) 扩展的趋势：婴儿从不会发出音节清晰的语音，到能够学会发出越来越多的语音，是处于语音扩展的阶段。3~4岁前的婴幼儿无论学习世界哪种民族的语言的发音，都相当容易。但是，在此以后，学习语音的趋势逐渐收缩。

(2) 收缩的趋势：婴幼儿掌握母语(包括方言)的语音后，发音习惯已经稳定，即已局限于掌握本民族或本地的语音，再学习新的语音时，会发生一定困难。比如，有的方言只发en音，孩子学习普通话时，常把eng读成en，对其他鼻韵母的发音也有困难。年龄越大，学习第二语言的语音更多地受第一语言语音的干扰，常常带有口音。

因此，幼儿园小班应该特别重视发音练习，中大班要随时纠正幼儿不正确的发音，以及推广普通话的教学。从小接触多种语言或方言的孩子以后学习语音的能力较强，发音的准确性也更强。

3. 掌握元音和辅音顺序

婴幼儿语音的发展过程中元音和辅音同时出现。出生后的第一声既有元音也有辅音，头3个月内既发元音，也能发辅音。

元音和辅音不但出现的时间相同，成熟时间也大致相同，元音和辅音的发展都是在1岁半时基本成熟。

不同的元音和辅音发展也有先后。比如，在元音中，口形越开越易发，口形越合越难发。其顺序是开口音(a)、半开口音(e)、合口音的齐齿音(i)、圆口音(u)、口形变化最大的撮口音(y)。

二、词汇的发展

词是言语的基本构成单位。词汇是否丰富，使用是否恰当，直接影响言语表达能力。因此，词汇的发展可以作为言语发展的重要指标之一。学前儿童词汇的发展主要表现在词汇数量的增加、词类的扩大以及对词义理解的加深三个方面。

儿童言语发展的基本规律是：先听懂，后会说。一到一岁半，儿童理解言语的能力发展很快，在此基础上，开始主动说出一些词。两岁以后，言语表达能力迅速发展，逐渐能

用较完整的句子表达自己的思想。

1. 不完整句阶段

不完整句阶段又可分为两个小阶段。

(1) 单词句阶段(一到一岁半)。此期儿童言语的发展主要反映在言语理解方面。同时，他们开始主动说出有一定意义的词。这一阶段儿童最先理解的是他经常接触到的物体的名称，如“灯灯”；其次是对成人的称呼，如“爸爸”“妈妈”；再次是玩具和衣物的名称，如“球球”“帽帽”等。如果成人经常教他一些动作，或者叫他做一些事情，孩子也能理解一些常用的动词，如“坐下、起来、捡、扔、拿、送”等。如果成人多以眼前的事物为话题，同儿童进行交谈，他们将会理解得更多。

这阶段儿童对词的理解往往和某种固定的物体相联系，甚至把物体连同某种背景固定起来。例如，“爸爸”就是指自己的爸爸，而且必须是戴上眼镜时的爸爸。在幼小的孩子看来，物体的名称是同该物体以及物体所处的具体情境相联系的。这阶段儿童对词的理解非常不确切，一个词常常代表多种事物，而不是确切地代表某种事物。例如，在一个实验里，要求孩子从几样东西里挑出玩具小熊。实际上那几样东西里没有小熊，只有和小熊相似的东西。两三岁的孩子完成此任务感到有困难，他们或是说找不到小熊，或者是干脆跑到别处去找。但一岁的孩子却丝毫不感到困难，他们会毫不犹豫地把长毛绒手套拿来当小熊。长毛绒手套和小熊有某种相同的特征，该年龄儿童据此认为它就是小熊，这说明他对词义的理解是笼统的、不精确的。

这阶段的孩子喜欢说重叠的字音。如“娃娃、帽帽、衣衣、拿拿”等，还喜欢用象声词代物体的名称，如把汽车叫做“笛笛”，把小狗叫做“汪汪”。出现这种单音重叠的特点，是因为儿童的大脑发育尚不成熟，发音器官还缺乏锻炼。重复前一个音，属同一音节、同一声调，不用费力，容易发出。如果发出不同的两三个音节，发音器官的部位(舌、唇等)就要变化动作，这对于一岁多的孩子来说还是比较困难的事情。两三岁孩子说话仍然较慢，逐个字吐出来，也是同理。

(2) 双词句阶段(一岁半到两岁)。由于这个年龄的孩子对词的理解还不精确，说出的词往往一词多义，故称为多义词。例如，见到猫，叫“猫猫”；见到带毛的东西，如毛手套、毛领子一类的生活用品，也都叫“猫猫”。这阶段的孩子不仅用一个词代表多种物体，而且用一个词代表一个句子，因此这阶段称为“单词句”时期。例如，孩子说出“拿”这个词，有时代表他要拿奶瓶，有时代表他要拿玩具，有时代表他要拿别的孩子手里的食物。

一岁多的孩子说话的积极性还不高，只有在高兴或惊讶时，或请求成人帮助时，才主动说话。而且他们说出的话常常是发音不正，词义不准，只有和他们比较亲近的人，根据其说话的表情和动作以及当时的情境，才能理解。

在这一阶段，家长可以引导孩子学说句子。比如，孩子说“球球”，成人可启发孩子说“这是皮球，宝宝要皮球”。如果具有良好的教育与训练，到一岁半时，有不少孩子可以说出一些简短的双词句。如“擦鼻鼻”“吃饭饭”“妈妈抱抱”等。

一岁半以后，孩子说话的积极性高涨起来，在很短时间内，会从不大说话变得很爱说话。说出的词大量增加，两岁时可达1200多个。这一阶段儿童言语的发展主要表现在开始说由双词或三词组合在一起的句子，如“妈妈抱抱”等。这种句子的表意功能虽较单词句明确，但其表现形式是断续的、简略的，结构不完整，好像成人的电报式文件，故也称为“电报句”或“电报式语言”。说出句子是儿童言语发展中的一大进步，也是这一阶段孩子发展的主要特点。但是这一阶段孩子说出的句子都很简单、短小，只有 3~5 个字，主要有三种形式：①简单的主谓句。如“妈妈来”“皮球掉了”“妈妈没”等。②简单的谓宾句。如“要娃娃”“拿糖糖”“送送妈妈”“找老师”等。③简单的主谓宾句。如“妈妈穿衣”“爸爸上班”“奶奶坐凳凳”等。

孩子虽然已能说出不少句子，但所说的句子往往缺字漏字，句子不完整。比如“妈妈，穿鞋”(妈妈，给我穿鞋)、“妈妈，怕猫猫”(妈妈，我怕猫猫)。语言本身有一定的语法规则，其中很重要的是各种词汇的排列顺序。如果不按语法规则讲话，把词的顺序打乱，那么这种语言将使人无法理解。一岁半至两岁孩子所说的句子，则时常有颠倒词序的情况。如，“不对起”(对不起)，“不拿动”(拿不动)。

从儿童词汇的分类看，一岁半以前的孩子所说的大多数是名词，也有小部分动词。一岁半以后，孩子开始学习形容词等。各种词类的出现，使儿童的句子逐渐变得复杂起来。

2. 完整句阶段(两到三岁)

在单词句和双词句阶段，儿童能选择一个词或把两个词组合起来粗略地表达语义。两岁以后，开始学习运用合乎语法规则的完整句更为准确地表达思想。许多研究证明，2~3 岁是人生学说话的关键时期。如果有良好的语言环境，即经常有人和孩子交谈，那么这一时期将成为言语发展最迅速的时期。

这一年龄的孩子渐渐地能够用简单句表达自己的意思，并开始会说一些复合句。这一时期也是孩子终止婴儿语的时期。两岁半以后，孩子很少再说“××吃饭饭”之类的婴儿语，说出的句子较长，日趋完整、复杂，由各种词类构成语言所表达的内容方面也发生了质的变化。以前，孩子只能以眼前的事物为话题，因为他们还不具备谈过去、将来的能力。从两岁开始，他们能把过去的经验表达出来。在与成人一问一答的交谈中，2~3 岁的孩子可以用句子表达事物之间比较简单的关系。比如，有一个两岁十个月的小女孩，无论如何不肯让妈妈给她换衣服，妈妈问她“为什么不穿这件衣服”，她说：“我就不穿，这衣服不好看。”可见 2~3 岁的孩子虽然还不会使用“因为……所以……”，但是已经开始理解事物之间的因果关系，并用自己的语言表达出来。

2~3 岁孩子的词汇增长非常迅速，几乎每天都能掌握新词。他们学习新词的积极性非常高，经常指着某种物体问：“这是什么？”“那是什么？”当成人把物体的名称告诉他们时，他便学了一个新词。如果进一步扩展，即成人不但教新词，而且说明该词与某事、某物、某种经验的联系，那就不仅教会孩子一个新词，而且使他们学到更多的东西。到 3 岁时，孩子已能掌握 1000 左右个词。

3. 词汇数量迅速增加

幼儿期是个体一生中词汇数量增加最快的时期。关于词汇量的发展国内外做了许多研究，由于研究方法不同以及儿童的生活和教育条件的差异，研究结果并不完全一致。但一般来说，幼儿的词汇量呈直线上升的趋势，3~4 岁时词汇量的年增长率最高。

4. 词汇内容的丰富和深化

国内外有关研究表明，幼儿的词汇内容非常广泛。例如，幼儿的常用名词包括人物称呼、身体、生活用品、交通工具、自然常识、社交、个性、时间、空间概念等。幼儿使用的形容词包括物体特征的描述，动作的表述，表情、情感的描述，个性品质的描述，事件、情境的描述等。

幼儿词汇的抽象性和概括性也在增加。幼儿使用最频繁和掌握最多的词汇是与他们日常生活关系最密切的，描述能够直接感受或观察到的事物、现象的词汇。但是随着年龄的增长，抽象词汇逐渐增多，儿童对所掌握的每一个词的外延和内涵的理解也不断丰富和深刻。这一方面充分反映了具体形象思维占主导地位的幼儿的年龄特点；另一方面也表明，词的抽象性和概括性的增加使幼儿有了进行初步抽象思维的可能性。

5. 词类范围的扩大

词汇的发展还表现在词类范围的日益扩大。词有实虚之分，按词形义可分为 10 类。有关幼儿词类的研究表明，幼儿先掌握的是实词，其中最先掌握的是名词；其次是动词；再次是形容词；虚词如连词、介词、助词、语气词等，幼儿掌握得较晚，数量也较少，在幼儿期没有明显增加。

儿童掌握的词类与概念的发展有着密切关系。名词、动词、形容词反映事物及其属性，幼儿较易掌握。副词比较抽象，儿童掌握较难。虚词反映事物之间的关系，因此，幼儿掌握起来就更困难。不过幼儿已经可以掌握各种最基本的词类。

6. 积极词汇的增长

积极词汇是指儿童能理解又能正确使用的词汇；消极词汇是指不能理解，或者有些理解却不能正确使用的词汇。儿童的词汇量并不等同于他们正确运用的质量，这与儿童对词义的理解有关。幼儿对词义的理解常有或失之过宽、或失之过窄的现象，例如把“粗”说成“胖”，把猴子身上的毛说成“羽毛”，把“草地”说成“草原”，把“水果”与“桃子”当作同级概念等。随着年龄的增长，幼儿对词义的理解逐渐准确和加深、他们不仅能够掌握词的一种意义，而且能掌握词的多种意义；不仅能掌握词的表面意义，而且能掌握词的转义。这样，幼儿运用词的积极性也逐渐高涨。他们的积极词汇比婴儿期大大增加。

当然，儿童对词义的理解受到思维发展水平的制约。对过于抽象的词或远离幼儿生活的词，幼儿正确使用还有困难。在幼儿阶段，当儿童词汇贫乏或词义掌握不确切时，还有一种“造词现象”。

三、语法的掌握和口语表达能力的发展

语法是组词成句的规律。词汇必须按一定语法构成句子，才能表达思想。幼儿在掌握词汇的同时，也开始学习语法，口语表达能力随之得到发展。

(一)语法的掌握

众多心理学工作者近年来的研究表明，幼儿语法结构的发展有如下趋势。

1. 从简单句到复合句

幼儿主要使用简单句。2 岁前儿童虽已使用复合句，但比例相当小，随着年龄的增长，复合句所占比例逐渐增加。

复合句包括联合复句和偏正复句。幼儿比较容易掌握联合复句，其中并列复句的比重最大。偏正复句出现较晚，因为偏正复句要求用关联词反映事物间因果、转折、条件假设等关系，幼儿较难掌握。

2. 从陈述句到多种形式的句子

儿童最初掌握的是陈述句，到幼儿期，疑问句、祈使句、感叹句等也逐渐增加，但对某些较复杂的句子尚不能完全理解，如双重否定句和被动句。

3. 从无修饰句到修饰句

儿童最初的简单句是没有修饰语的，以后便出现了简单修饰语和复杂修饰语。据朱曼殊等 1979 年的研究显示，2 岁儿童句子中有修饰语的仅占 20%左右，3.5 岁儿童已达 50%以上，到 6 岁时上升到 91.3%。

幼儿期，儿童虽然已经能够熟练地说出合乎语法的句子，但并不能把语法当作认识对象，他们只是从言语习惯上掌握了它。专门的语法知识的学习要到小学才能进行。

(二)口语表达能力的发展

幼儿言语的发展还表现在口语表达能力的发展上。

3 岁前儿童与成人的言语交际往往仅限于回答成人提出的问题，有时也向成人提出一些问题或要求，所以主要是对话言语。到了幼儿期，随着儿童活动的发展，儿童的独立性大大增强，他们常常离开成人从事各种活动，从而获得自己的经验、体会、印象、意愿等。在与成人的交际中，他们渴望把自己的各种体验、印象等告诉成人，这样就促进了幼儿独白言语的发展。在正确教育下，一般到幼儿晚期，儿童就能较清楚、系统、绘声绘色地讲述看过或听过的事件或故事了。

幼儿初期儿童言语表达具有情境性特点，往往想到什么说什么，缺乏条理性、连贯性，言语过程夹杂着丰富的表情和手势，听话人要边听边猜才能明白。随着年龄的增长，情境言语的比重逐渐下降，连贯言语的比重逐渐上升。1962 年范存仁等研究表明，4 岁儿童情境言语占 66.5%，6 岁儿童占 51%，4 岁儿童连贯言语占 33.5%，6 岁儿童占 49%。连贯言语的发展使幼儿能够独立、完整、清楚地表达自己的思想和感受，也为独白言语的发展打下了基础。

连贯言语和独白言语的发展是儿童口语表达能力发展的重要标志。口语表达能力的发展既有利于内部言语的产生，也为幼儿进入学校接受正规教育、掌握书面言语奠定了基础。

第四节 学前儿童言语能力的培养

学前儿童言语主要是在社会生活环境与教育的影响下形成和发展的，与智力发展有着密切的关系。并且，人们早期语言的发展直接影响到今后一生语言的发展。因此，成人必须十分重视学前儿童言语的发展和培养。

一、婴儿言语能力的培养

(一)0~1 岁的婴儿言语教育

1. 丰富婴儿的生活内容

生活是言语的源泉。只有丰富的生活才能为丰富的言语提供良好的条件和环境，婴儿学习言语是与周围现实的人、物、大自然、社会现象紧密联系着的，通过各种感官直接感知，如听、看、触、摸、尝、闻等，获得对周围世界的感知，继而发展言语。如果婴儿家庭言语环境好，则能使婴儿开始说话的时间早于一般婴儿。如母亲经常在喂养婴儿、与婴儿玩耍时都有言语的配合，让婴儿无时不生活在言语的活动之中，婴儿的听觉无时不在受着言语的刺激，这样，对于婴儿的言语准备及言语发展都大有益处。

2. 用各种语音和声音刺激婴儿的言语听觉

成人对婴儿的许多非自控的发音对于婴儿来说都可以增加婴儿的发音率。婴儿长时间的非自控性的发音往往是在成人的逗弄下发生的，这说明成人对婴儿发音的反应已经对婴儿的语音发展产生了影响。成人应在跟孩子的身体接触时有意识地跟婴儿说话，这种简单易行又始终如一的谈话对婴儿言语的发展起着非常重要的作用。

3. 经常用言语刺激婴儿，使其模仿学习发音

成人每天都要与婴儿讲话，在传递爱的同时使婴儿观察成人讲话时的口舌运动，以便使婴儿模仿发音。成人与婴儿说话时的声音要轻柔并运用丰富多彩的语调，吐字尽量清楚。最好伴有不同的手势，每次说出的词和声调要和所运用的手势相对应。如说“再见”时每次都是挥手，而不是这次抓小手，下次勾小手，有利于婴儿记忆。

(二)1~2 岁婴儿言语教育

1. 帮助婴儿掌握新词汇，扩大词汇量

此阶段婴儿的主要言语任务是学习新词汇，扩大词汇量。因此既要丰富大量的新词汇，还要让婴儿多多运用学到的新词汇。若遇到婴儿发错音时，不要批评或打断他，也不要让婴儿一遍一遍地跟着念，以免降低婴儿学说话的兴趣。成人可以反复地说这个词汇，为他下一次模仿做准备。

2. 多与婴儿交谈，提供言语模仿的榜样

研究表明，婴儿所掌握的新词汇中，有 2/3 是通过日常生活中与父母和成人间有意无意的交谈而获得的。喜欢而且善于与孩子交谈的父母，其孩子的言语能力明显高于那些少言寡语的父母所带的孩子。婴幼儿最初所掌握的语言主要是通过周围言语环境的模仿而获得的，父母和教师言语的规范性、内容的丰富性都给婴儿提供了模仿的榜样。

3. 开展睡前阅读，初步培养婴儿良好的阅读习惯

应给婴儿提供阅读的空间和时间，培养婴儿良好的阅读习惯，如教会他拿书的方法、阅读时的正确姿势、阅读后图书要放回原来的位置等。成人可以允许婴儿自己独立地看书，

最好养成睡前倾听文学作品的习惯。文学作品的语言往往是艺术结构语言的产物，是婴儿进一步学习说话较成熟的语言样本之一。这些样本可以被婴儿记忆或模仿，为扩展婴儿的词汇量、丰富言语内容奠定基础。让婴儿睡前倾听各种言语样式，倾听现象化的言语，倾听不同风格特色的言语。如果这种睡前倾听文学作品的做法持续到入学前后，持之以恒，坚持不懈，将会收到良好的效果，不仅有利于婴儿文学语言的学习，而且有利于挖掘婴儿记忆的潜能。

成人可以帮助婴儿自制或购买图书，书中内容最好是生活中婴儿和大人都很熟悉的事物。婴儿阅读时常常会自言自语，这是视觉神经中枢与言语神经中枢相协调的结果，也是输入现象信息与处理形象信息同时进行的标志，成人应予以支持并应悄悄地接近婴儿。还可以提出一些浅显的问题，以诱导婴儿回答，丰富和扩充婴儿的言语表达和发展思维。

(三)2~3 岁婴儿言语教育

1. 让婴儿多看、多听、多说、多练

要有计划地带领婴儿直接观察、直接接触外界物体，积累感性经验。婴儿在掌握言语之后，才能渐渐地间接地去认识世界。让婴儿多看图片、图书、电视、电影等等，获得现实的知识；多听成人讲故事，多听录音故事，多邀请同伴进行简单交谈，互相倾听，多听各种自然界和社会生活中的声音，等等。多给婴儿创设说话的环境，更好地利用这一环境和机会，随时随地与婴儿交谈。在生活中多多练习、多多改正言语中的错误等。只有接触丰富的生活内容和知识，婴儿才会拥有丰富多彩的言语。

2. 鼓励婴儿同伴之间的自发模仿和相互交谈，帮助婴儿正确地使用言语

2 岁以后，婴儿同伴间的言语模仿增多起来，成人要鼓励这种言语运用的模式。同时要多为婴儿提供和创造这样的机会，因为练习说话和练习其他技能一样，需要有许多自由实践的机会。日常生活中成人最容易发现婴儿说话中的问题，如发音不准确，用词不当，口吃和语病等等。发现这些问题，都要通过示范、讲解等方式来帮助婴儿改正。当婴儿的句子过于压缩时，成人要帮助婴儿扩充他们的句子，当婴儿表述不准确、不清楚时，成人一方面要耐心猜测他们要表达的意思，另一方面也要用恰当的语词来解释其行为，用正确、清楚的词句示范讲述。

拓展阅读

请扫描前言中的拓展阅读二维码。

二、幼儿言语能力的培养

(一)幼儿语音教育

1. 培养幼儿辨析性的听音能力

幼儿在言语发展的早期常常模仿别人说话时的语调，对语句的音还不能分别感知。直到 3 岁左右，仍有较多的幼儿不能精确地分辨近似音，在发音时还会出现互相替代现象。这主要是由于幼儿听觉水平低造成的。能分辨语音的细微差别是发音正确的前提，幼儿尤

其要辨析某些近似音，如 zh、Ch、sh 等，为幼儿正确的感知与发音打好基础。

2. 教会幼儿正确发音

清楚、正确地发音是运用口语交际的必要条件，因此幼儿要按照普通话的音准进行发音。要说好普通话，就要正确掌握 1300 多个普通话的音节，因此在日常生活中，教师和成人都要为幼儿创设一个普通话的语言环境，教幼儿说普通话。小时候的方音长大以后也很难改掉，因此在语言形成的重要阶段学习说普通话是至关重要的。

(二)丰富幼儿的词汇

丰富幼儿的词汇是整个幼儿阶段的言语教育的重要任务和重要内容。根据幼儿思维具体、形象和理解掌握词汇的特点，丰富幼儿的词汇。要根据幼儿的年龄特点，先丰富那些代表具体概念的词，再丰富代表抽象概念的词，要由浅入深、由表及里、由近及远、循序渐进地进行。

丰富幼儿词汇还要积极促进幼儿的词汇由消极词汇向积极词汇转化。因为积极词汇才是我们语言教育的最终目的，所以成人及教师要利用一切手段帮助幼儿掌握词汇，同时要采取各种方法促进词汇的积极化。

(三)幼儿口语表达能力的教育

幼儿说话不完整，情景性言语(非言语交际的语言)多，因此应使用对话、谈话、讲述等多种方式方法，训练幼儿完整地讲话，使幼儿说话完整、连贯，愿意说并且要创造性地说。家长和教师可以多用“委托任务”的方法，使婴幼儿创造性地运用言语的技能得以提高。还可以用口头造句等方法使幼儿说完整的句子。用竞赛、游戏等多种形式提高幼儿说完整话的积极性。

本 章 小 结

言语是个体借助语言传递信息、进行交际的过程。言语有符号固着功能、概括功能和交流功能。言语分为外部言语和内部言语。外部言语又可以分为口头言语和书面言语两种。

关于婴幼儿的言语获得，大致可分为外因论、内因论和先天与后天相互作用论三大类。

学前儿童言语的发展主要是指口头语言的发展，口头语言发展的第一前提就是语音的发展；其次是词汇的发展；最后是语法的掌握和口语表达能力的发展。

学前儿童言语主要是在社会生活环境与教育的影响下形成和发展的，与智力发展有着密切的关系。因此，成人必须十分重视学前儿童言语的发展和培养，而且应根据不同的年龄阶段采取不同的方法。对 0~1 岁的婴儿言语教育应注意：丰富婴儿的生活内容；用各种语音和声音刺激婴儿的言语听觉；经常用言语刺激婴儿，使其模仿学习发音。对 1~2 岁婴儿言语教育应注意：帮助婴儿掌握新词汇，扩大词汇量；多与婴儿交谈，提供言语模仿的榜样；开展睡前阅读，初步培养婴儿良好的阅读习惯。对 2~3 岁婴儿言语教育应注意：让婴儿多看、多听、多说、多练；鼓励婴儿同伴之间的自发模仿和相互交谈，帮助婴儿正确地使用言语。对幼儿言语能力的培养：首先要注意幼儿语音教育，包括培养幼儿辨析性的听音能力、教会幼儿正确发音；其次要丰富幼儿的词汇；最后是幼儿口语表达能力的教育。

【推荐阅读】

[1]　刘梅，国云玲，赵楠．儿童发展心理学．北京：清华大学出版社，2016

[2]　苏彦捷．发展心理学．北京：高等教育出版社，2015

[3]　Twila Tardif(谭霞灵)，等．汉语沟通发展量表使用手册．北京：北京大学医学出版社，2008

[4]　杨善堂，刘万里，欧晓霞，等．心理学．北京：人民教育出版社，2007

思　考　题

1. 什么是言语？
2. 婴儿语音的发展有哪几个阶段？
3. 词汇发展包括哪些内容？
4. 请结合实际阐述如何培养婴儿的言语能力。
5. 请结合实际阐述如何培养幼儿的言语能力。

学前心理学

微信扫天下　课程掌中观

第九章.pptx

能控制好自己情绪的人，比能拿下一座城池的将军更伟大。

——拿破仑

第十章　学前儿童情绪情感的发展

本章学习目标

- 了解情绪和情感的概念、功能和分类。
- 掌握学前儿童情绪的发生和几种基本情绪。
- 理解学前儿童情绪、情感的发展特点。
- 初步掌握如何培养学前儿童的情绪情感。

核心概念

情绪和情感(emotion and feeling)　激情(passion)　心境(mood)　应激(stress)　道德感(moral sense)　理智感(intellectual sensitivity)　美感(aesthetic feeling)

案例导读

萌萌 3 岁前一直和妈妈在一起。过完 3 岁生日后，妈妈认为萌萌该上幼儿园了。一大早，妈妈就带着萌萌到幼儿园报到。没想到，刚到幼儿园门口，萌萌就开始大哭起来，抱着妈妈的腿不肯松开。老师抱过萌萌，带她到游戏室。看到游戏室那么多好玩的玩具，萌萌不哭了，和老师一起玩起了玩具。不放心的妈妈悄悄地从窗户那里看着。萌萌一回头，无意中看到妈妈，又大哭了起来。妈妈赶紧离开。萌萌很快熟悉了幼儿园的生活，在幼儿园玩得很高兴。过了一段时间，幼儿园又新来了一个小朋友，他不停地哭着叫妈妈，惹得萌萌和其他小朋友都跟着哭了起来。

请问萌萌为什么会这样？别的小朋友为什么会跟着一起哭呢？这反映了学前儿童什么样的情绪特点？教师和家长应该如何应对这种现象呢？

第一节　情绪情感概述

近年来，人们已经日益认识到情绪情感在日常生活中的重要作用，年龄越小，情绪情感对个体心理和行为的影响就越大。因此，我们不能只重视学前儿童认知能力的发展，也要重视其情绪情感的发展。

一、情绪情感的概念

(一)情绪情感的含义

情绪是人对客观事物是否符合自己的基本需要所产生的态度体验，是伴随认识活动而产生的一种心理过程。人们在认识客观事物的过程中，不仅可以了解事物的表面特征，揭示事物的本质及其内在联系，还会对所反映的事物产生肯定或否定的态度体验。一般来说，当人们遇到能满足自己需要的事物时，便会产生积极、肯定的情绪，如满意、愉快、喜爱、欣赏等；反之，当人们的需要无法得到满足时，就会产生消极、否定的情绪，如苦闷、悲伤、憎恨等。例如，小女孩穿上妈妈新买的漂亮衣服会很高兴，不小心把新衣服弄脏了就会内疚，看到一只大狗向她跑过来会恐惧，别人有意弄坏自己的玩具会愤怒，等等。

情感是指人们对客观事物是否满足自己的社会性需要而产生的态度体验。常言道：“人非草木，孰能无情？”鲁迅说：“无情未必真豪杰。”这里的“情”，指的是情感而不是情绪。社会情感的交往对象多数是人，但也有人以外的事物。例如，乡情中既有对故乡人的依恋之情，也有对故乡土的爱恋之情；爱岗敬业是对所从事职业的热爱情怀等。

情绪和情感是以人的需要为中介的一种心理活动，它反映的是客观外界事物与主体需要之间的关系。情绪和情感是主体的一种主观感受．或者说是一种内心的体验。世界上没有无缘无故的爱与恨，就是这个道理。例如，同样是铃声，逛街时听到不知哪个地方传来的铃声不会引起人的任何反应；考试中，大家正在紧张做题，宣告下考时间快到了的铃声会使人心烦意乱；而在一节枯燥乏味的课堂上，下课铃声则会使人如释重负。

(二)情绪和情感的关系

情绪与情感二者既有区别，又有联系。

1. 情绪与情感的区别

(1) 产生基础不同。

情绪一般与人的生理需要相联系，是人和动物所共有的。例如，新生儿刚出生时就有哭、笑等情绪表现，而且情绪多与食物、水、温暖、困倦等生理性需要相关联。

情感则主要与人的社会性需要相联系，是在人类灵魂发展进程中形成的，为人类所特有，它是个体通过一定的社会实践才逐渐形成的，如，友爱、归属感、自豪感、责任感、道德感等。

(2) 稳定性不同。

情绪总是与具体的情境相联系，经常随情境的改变而改变，具有较强的情境性；而情感往往与特定的事物相联系，比较稳定、持久和深刻。例如，朋友之间有时也会发生争执，并且生气，但事情过后很快又和好了。这是因为生气只是一种短暂的情绪；而友谊则是一种比较稳定的情感。

(3) 表现形式不同。

情绪具有冲动性和外显性，常伴有明显的外部表现，如欣喜若狂、手舞足蹈、怒不可遏、暴跳如雷等；情感则比较内隐和深沉，常常以微妙的方式流露出来，其生理变化也不明显。

2. 情绪和情感的联系

它们都是对需要是否满足所产生的体验，是同一类型的心理活动，只是分别强调了同一心理现象的两个不同的方面。一方面，情绪是情感的基础，情感离不开情绪；情绪是情感的外在表现形式，离开了情绪，情感也就无法表达了。另一方面，情绪的变化又常常受情感的支配，情感作为比较稳定、深刻的心理反应，在一定程度上影响着情绪的表现，情感的强度决定情绪反应的强度。

二、情绪和情感的功能

(一)适应功能

情绪和情感是有机体生存、发展和适应环境的重要手段。有机体通过情绪和情感所引起的生理反应能够发动其身体的能量，使有机体处于适宜的活动状态，便于有机体适应环境的变化。同时，情绪和情感还可以通过表情表现出来，以便得到别人的同情和帮助。例如，婴儿通过情绪反应与成人交流，如用微笑反映舒适满足，以哭声告诉成人自己的身体不适或饥饿等，这些不但能帮助成人无微不至地照顾好儿童，还能激起亲子间积极的情感应答，促进身心健康发展。在社会生活中，人们用微笑表示友好，用示威表示反对；人们还可以通过察言观色了解对方的情绪状态，以利于决定自己的对策，维护正常的人际关系。在危险的情况下，人的情绪反应使有机体处于高度紧张的状态，身体能量的调动可以让人进行搏斗，也可以呼救。这些都是为了更好地适应社会环境，求得更好的生存和发展的条件。

(二)动机功能

情绪和情感构成一个基本的动机系统，可以对内驱力提供的信号产生放大和增强的作用，从而更有力地激发有机体从事活动，提高人的活动效率。例如，缺水使血液变浓，引起了有机体对水的生理需要。但是，只是这种生理需要还不足以驱动人的行为活动，如果意识到缺水会给身体带来危害，产生了紧迫感和心理上的恐惧，情绪和情感就会放大和增强内驱力提供的信号，从而驱动人的取水行为，成为人的行为活动的动机。情绪和情感的动机作用还表现在对认识活动的驱动上。认识的对象并不具有驱动活动的性质，但是，兴趣却可以作为认识活动的动机，起着驱动人的认识和探究活动的作用。

(三)组织功能

情绪和情感对其他心理活动具有组织的作用。它表现在，积极的情绪和情感对活动起着协调和促进的作用；消极的情绪和情感对活动起着瓦解和破坏的作用。这种作用的大小还和情绪、情感的强度有关。一般来说，中等强度的愉快情绪有利于人的认识活动与操作效果的提高；适度的紧张和焦虑能促使人积极地思考和成功地解决问题。没有一点紧张，或者过度的紧张或焦虑将不利于问题的解决。

情绪和情感对记忆的影响表现为在愉快的情绪状态下，容易记住带有愉快色彩的记忆材料。在某种情绪状态下记住的材料，在同样的情绪状态下也容易回忆起来。

情绪对行为的影响表现，当人处于积极的情绪状态时，容易注意事物美好的一面，态度变得和善，也乐于助人，勇于承担重任；在消极情绪状态下，人看问题容易悲观，懒于追求，甚至更容易产生攻击性行为。情感可以把行为引向合理的轨道，比如，对教育事业的热爱，对少年儿童的爱，这是小学教师创造性地完成教育、教学工作的推动力量。但是，情绪和情感也有干扰作用。当人的行为受到阻碍而产生消极情绪时，这种情绪就会妨碍活动的进程，降低获得的效率。

(四)交流功能

情绪和情感具有传递信息、沟通思想的功能。情绪和情感的信息交流功能是通过表情实现的，微笑表示友好，点头表示同意等。此外，表情既是思想的信号，又是言语交流的重要补充手段，在信息的交流中起着重要的作用，如手势、语调等能使言语信息表达更为明确。从发生早晚来说，表情的交流比言语的交流出现得要早，如在婴儿学会说话前，婴儿与成人的唯一交流手段就是表情。

三、情绪情感的特点

情绪情感所固有的特征主要是指情绪情感的动力性、激动度、强度和紧张度，而每一种特征的变化都具有两极对立的特性，也就是说，每一种特征都存在着两种对立的状态。例如，有喜悦就有悲伤，有爱就有恨，有紧张就有轻松，有激动就有平静。

(一)动力性有增力和减力的两极

一般来讲，满足需要的肯定的情绪、情感都是积极的、增力的，能提高人的活动能力的；不能满足需要的否定的情绪、情感都是消极的、减力的，能降低人的活动能力的。喜悦的时候，人觉得轻松、精神饱满，对周围发生的事件格外关心，表现出积极参与的倾向。悲伤时觉得沉重，提不起精神，表现出对周围事物的冷漠和无心参与的倾向。前者是增力的，后者是减力的。

(二)激动度有激动和平静的两极

激动是由重要的、突如其来的事件引起的强烈的、外显的情绪状态，如动怒、狂喜、极度恐惧等。例如，突如其来的地震会引起人们极度的恐惧；得到了梦寐以求的收获自然会欣喜若狂。平静是一种平稳安静的情绪状态，如正常生活、学习、工作时的情绪就是平静的。

(三)强度有强和弱的两极

不满和暴怒、惬意和狂喜都是弱和强的两极。在弱和强的两极之间，还可以区分出各种不同的强度，如从不满到暴怒之间可以区分出生气、发怒、大怒和暴怒等几种强度。从惬意到狂喜之间有高兴、欢喜、大喜等几种强度。情绪强度的大小决定于情绪事件对于个体意义的大小。

(四)紧张度有紧张和轻松的两极

情绪的紧张程度依赖于情景的紧迫程度、个体的心理准备和应变能力。在情景紧迫、个体心理准备不足又缺乏应变能力的情况下，往往会感到紧张，不知所措，甚至身上发抖；情景并不紧迫，或者个体有充分的思想准备、有较强的应变能力时，即使遇到一些事件也会应付自如，觉得轻松。

四、情绪情感的分类

(一)按情绪发生的时间分类

1. 基本情绪

心理学界一般认为，快乐、愤怒、悲哀和恐惧是人的情绪的基本形式，又叫原始情绪。这些基本情绪与人的基本需要相联系，是与生俱来的，是人和动物共有的，不学而会的。每一种基本情绪都有其独立的神经生理机制、内部体验、外部表现和不同的适应功能。

(1) 快乐。

快乐是指盼望的目的达到或需要得到满足后，紧张情绪解除，继之而来的情绪体验。快乐的程度取决于目的达到或愿望满足的意外程度。目的极为重要，并且意外地达到，那么所引起的个体快乐感也就越强烈。快乐有强度的差异，从满意开始到愉快，再到欢乐，直到狂喜。

(2) 愤怒。

愤怒是指由于个体所追求的目的和愿望不能达到或顽固地、一再地受到妨碍，从而使紧张积累而产生的情绪体验。愤怒的程度取决于所受干扰的大小及违背愿望的程度，同时也受人的个性的影响。愤怒的情绪不一定是由个体所遭受的挫折引起的，只有那些不合理的挫折才是造成愤怒情绪的原因。例如，当得知妨碍是由于不合理的原因或被人恶意造成时，最容易产生愤怒。愤怒依强度不同，可分为微温、愤怒、大怒、暴怒、狂怒等不同的等级。

(3) 悲哀。

悲哀是指在失去自己心爱的对象(人或物)或在自己的理想或愿望破灭时所产生的情绪体验，如亲人去世、考试失败等。悲哀程度取决于所失去对象的重要性和价值大小，越是具有重要意义的或是价值越高的，个体在失去以后所引起的悲哀情绪也越强烈。悲哀也有强度的差异，从失望到遗憾、难过，再到悲伤，直到哀痛。但悲哀并不总是消极的，它在一定的主客观条件下可以转化为力量。有时伴随着悲哀出现的哭泣行为，可以适当地带来紧张性释放，带来轻松。

(4) 恐惧。

主要是指个体由于缺乏处理或摆脱可怕或危险的情景(事物)所需的力量和能力而产生

的情绪体验。恐惧比其他任何情绪更具有感染性。当一个人不知道用什么办法击退威胁，或者发现自己企图逃脱的路径被堵塞，因而被一种不可抗拒的力量包围时，恐惧就产生了。突然刮起的龙卷风引起人们的恐惧就是一例。当人们习惯了危险的情景，或者学会了应付危险情景的办法时，恐惧就不会发生。如果情景发生变化或者掌握的办法已失效，恐惧将重新来临。

上述四种情绪的基本形式在体验上是单纯的、不复杂的。在这四种基本情绪的基础上，可以派生出许多种不同组合的复合情绪和情感。这些复合情绪和情感往往有着相对复杂的社会内涵的主观体验。

2. 复合情绪

复合情绪是在基本情绪的基础上派生出来的。在基本情绪的基础上，可以派生出多种复杂的情绪。这些情绪有的与感觉刺激有关，如厌恶、烦恼、愉快、焦虑等；有的与自我评价有关，如骄傲、羞耻、罪过、内疚、悔恨等；有的与人际关系有关，如喜欢、接纳、拒绝、敌意、同情、冷漠、爱、恨等。

(二) 按情绪发生的状态分类

1. 心境

心境是一种微弱、持久而又具有弥漫性的情绪体验状态，通常叫做心情。心境并不是对某一事件的特定体验，而是以同样的态度对待所有的事件，在相当一段时间内，使人的整个生活都染上某种情感色彩。例如，当一个人高兴的时候，周围的环境仿佛变得清新明亮，赏心悦目；反之，当一个人心灰意冷的时候，良辰美景也给人一种无可奈何之感。古语说“忧者见之而忧，喜者见之而喜”，正是对心境的生动描述。

心境对生活、工作和学习的影响很大。积极乐观的心境会提高人的活动效率，增强克服困难的信心，有益于健康；消极悲观的心境会降低人的活动效率，使人消沉，长期的焦虑心境会有损于健康。

引起心境的原因可分为客观和主观两个方面。客观方面的原因，例如，生活中的顺境和逆境、工作中的成功与失败、人们之间的关系是否融洽、时令季节和气候的变化、环境景物的变更、个人的健康状况、工作疲劳程度、休息和睡眠情况等，都可能成为引起某种心境的原因。主观方面的原因主要是人们一贯的认识社会、认识事物的态度。认识事物“阳光心态”的人就能够在任何条件下保持朝气勃勃、乐观积极的心境状态；相反，认识事物“戴灰色眼镜”的人就容易形成萎靡不振、消极悲观的心境。

2. 激情

激情是一种猛烈的、迅速爆发而时间短暂的情绪状态，如狂喜、愤怒、恐惧、绝望等。激情往往由重大的、突如其来的事件或激烈的意向冲突引起，并伴有具有明显的生理反应和外部行为表现。例如，愤怒时，双目怒视，全身发抖，紧握拳头、咬牙切齿；恐惧时，毛骨悚然，面如土色；狂喜时，手舞足蹈，欢呼雀跃；绝望时，瞠目结舌，呆若木鸡，等等。

激情有积极的激情和消极的激情两种。积极的激情可以成为人们投入行动的巨大动力，对学习、生活、工作具有重大的意义。例如，我国发射“神六”载人飞船成功时，举国上下的兴高采烈；我国运动员在奥运赛场中取得金牌时的欣喜若狂……这些激情中包含着强烈的爱国主义情感，是激励人上进的强大动力。消极的激情状态下会带来不良后果。例如，对周围事物的理解能力和自制力显著降低，不能约束自己的行动，进而使人的行为失去控制，甚至做出一些鲁莽的行为或动作。对于消极的激情要用意志加以控制，要转移注意力以减弱激情爆发的强度，不让消极的激情支配自己。

3. 应激

应激是在出现意外事件或遇到危险情景时出现的高度紧张的情绪状态。当人遇到困难和危险的情景，必须当机立断作出重大决策时，便进入了应激状态。例如，飞行员在空中飞行而发现机械有故障的时刻，司机在驾驶过程中出现危险情景的时刻，亲人猝然病危、意外的被盗、火警、水灾、地震等时刻，都会发生应激状态。在应激状态下，人可能有两种表现：一种是使人的心理活动立即动员起来，保持旺盛的精力，使思想特别清楚、精确，使动作机敏、准确，摆脱困境；另一种是使人的活动处于抑制状态，注意和知觉范围缩小，目瞪口呆，手忙脚乱，做出不适宜的动作。

能够引起应激反应的事物叫应激源，它对个体来说是一种能引起高度紧张、具有巨大压力的刺激物，是个体必须适应和应对的环境要求。应激源既有躯体性的，如高温或低温、强烈的噪声、辐射或疾病；也有心理社会性的，如重大的生活事件、难于适应的社会变革和文化冲击，以及工作中的应激事件等。

(三)按情感的社会性内容分类

1. 道德感

道德感是按照一定的道德标准评价人的思想、观念和行为时所产生的主观体验，是人的行为与道德需要之间关系的反映，包括热爱祖国、热爱人民、热爱社会的情感，集体荣誉感、责任感等。如果自己或他人的言行符合道德标准，就会产生幸福感、自豪感、爱慕、崇敬、尊重、钦佩等情感；如果自己或他人的言行不符合道德标准，就会感到不安、自责、内疚等。

道德感是品德结构中的一个重要成分，对人的行为有巨大的推动、控制和调节作用。它可以促使人们把自己的精力用于有益的活动，做出高尚的举动。

2. 理智感

理智感是在智力活动过程中，在认识现实、掌握知识和追求真理的需要是否得到满足时而产生的一种情感体验。例如，人们在探索未知的事件时所表现的求知的欲望、认知的兴趣和好奇心；在解决问题过程中出现的迟疑、惊讶、焦躁以及问题解决后的喜悦、快慰；在评价事物时坚持自己见解的热情；为真理献身时感到的幸福与自豪；由于违背和歪曲了事实真相而感到羞愧等，都属于理智感。

理智感对人们学习科学知识、认识和掌握事物发展的客观规律具有动力作用，这种作用的大小同个人已有的知识水平、学习的愿望有关。

3. 美感

美感是按照一定的审美标准，评价自然界、社会生活及文学艺术品时所产生的情感体验。例如，对祖国的锦绣河山、名胜古迹、艺术珍品、体育竞赛、文艺表演、英雄人物的行为等所表示的赞美、歌颂、感叹等。人的审美标准既反映事物的客观属性，又受个人的思想观点和价值观念的影响，所以美既是客观的，又是主观的，是主客观的对立统一。

美感既使人精神振奋，积极乐观，心情愉快，还可以丰富人的心理生活。美感给人增加生活的情趣，帮助人们以美丑的评价去赞扬美好的事物和心灵，蔑视与鞭挞丑陋和粗野的行为。

五、情绪情感的表现

(一)外部表现

情绪情感发生时，总是伴随着外部表现。这种外部表现称为表情动作，简称表情。人的表情主要有面部表情、言语表情和动作表情。

1. 面部表情

面部表情是指通过眼鼻、额眉和口唇肌肉的变化构成不同的面部表情来表现相应的情绪，是情绪表达的主要通道。例如，人在愉快时，额眉部放松，眉毛稍降；眼鼻部眼睛眯小，面额上提；口唇部嘴角后收、上翘等。再如，高兴和兴奋时“满脸堆笑”“眉开眼笑”；气愤时“怒目而视”；恐惧时“目瞪口呆”；悲伤时“两眼无光”；惊奇时“双目凝视”；憎恨时“咬牙切齿”；紧张时“张口结舌”等。

2. 言语表情

言语表情是情绪在语言的音调与节奏、速度等方面的表现。同一句话，由于说话者语气、语调的不同，往往能给听话者以完全不同的感受。例如，当播音员转播乒乓球的比赛实况时，他的声音尖锐、急促、声嘶力竭，表达了一种紧张而兴奋的情绪。而当他播出某位领导人逝世的讣告时，语调缓慢而深沉，表达了一种悲痛而惋惜的情绪。很多优秀的演说家就是靠其丰富的言语表情去打动和说服听众的。

3. 动作表情

动作表情是情绪在身体姿势和四肢动作方面的表现，以手脚部位的运动为主。在不同的情绪状态下，人们的动作表现往往也会不同。例如，高兴时手舞足蹈，恐惧时紧缩双肩，紧张时坐立不安，悲哀时肃立低头，悔恨时捶胸顿足等。一举手、一投足等动作表情都可表达个人的某种情绪。因此，根据动作也能在一定程度上识别人的情绪。

(二)生理表现

机体在情绪情感状态下会出现许多生理反应，它们主要受植物性神经系统和内分泌系统的支配。例如，在紧张、剧烈的情绪状态下，交感系统作用增强，并引起机体的各个系统产生相应的变化，如心率、血压、脉搏、呼吸、心电、脑电、皮肤等，均可以作为反映情绪变化的生理指标。

从呼吸系统来看，人在愤怒时，呼吸每分钟可达 40~50 次(平静时每分钟 20 次左右)；

呼吸频率大为增加，呼吸强度加大，呼气时间变短，吸气时间变长；突然惊恐时，呼吸会暂时中断；狂喜或悲痛时，呼吸还会发生痉挛现象。

从循环系统来看，在情绪激动时，心跳加快，脉搏加强，单位时间内心脏的排血量增加以加快氧气和血糖运输。血糖分解加快，血液中的化学成分变化，释放出大量能量。

从内分泌系统来看，个体在焦虑、悲伤时，消化腺的活动往往受到抑制，使肠胃蠕动减慢，食欲衰退；惊恐、愤怒时，唾液常常停止分泌，使人感到口干舌燥；紧张、激动时，肾上腺素的分泌会增加，使人脸红心跳；人在惊恐、困惑、紧张时，汗腺的分泌也会增加，以发散活动时产生的热量，维持体温恒定。

综上所述，可以看出在情绪发生时，循环、消化、呼吸、内分泌等系统是相互配合的。所有这些，其目的都是为了给机体提供充足的能量，以应付环境中的紧急情况。

拓展阅读

请扫描前言中的拓展阅读二维码。

六、情绪情感在学前儿童心理发展中的作用

情绪和情感是学前儿童心理发展中的重要方面。有研究认为，儿童年龄越小，情绪情感在心理发展中的影响就越大。而学前儿童的行为充满了情绪色彩，学前儿童就是“情绪的俘虏”。

情绪和情感对学前儿童心理发展的作用主要表现在以下四个方面。

(一)情绪对学前儿童心理活动的动机作用

很多心理研究表明，情绪不只是心理活动的伴随现象(或称副现象)，而且是人类本能的内驱力的满足，同时认为情绪在人的心理活动中的动机作用是其他心理过程所不能代替的。它是人的认识和行为的唤起者和组织者。

在日常生活中，情绪对学前儿童心理活动和行为动机的作用非常明显。情绪直接指导着学前儿童的行为，愉快的情绪往往使他们愿意学习，不愉快则导致各种消极行为。比如，某托儿所训练1岁半至2岁儿童早上来所时向老师说“早上好”，下午离所时说“再见”。结果许多儿童先学会说“再见”，而问“早上好”则较晚才学会，其重要原因是由于儿童早上不愿意和父母分离，缺乏向老师问早的良好情绪和动机，下午则愿意立即随父母回家，所以赶快说“再见”。虽然同样是学说话，在不同情绪动机的影响下，学习效果并不相同。到了学前晚期，也出现类似的情况：如6岁男孩小东对老师指定的图画内容不感兴趣，老师叫他画树叶，他说“都刮跑了”，叫他画司机，他说“都吃饭去了。”有位老师记录了她的一次经验：班上小朋友抓了蜗牛，老师强制他们扔掉，谁也不肯，爱不释手。于是老师用纸折了一个“房子”，让他们把蜗牛都放进去，并答应他们吃完饭可以把蜗牛带回家去。那一天，孩子们吃饭都特别快。可见，强制会使孩子们产生不良情绪而适合幼儿需要的措施则使他们产生良好的情绪，从而表现出积极的行动。

(二)情绪对学前儿童认知发展的作用

情绪与认知之间关系密切，它们之间的互相作用在学前儿童心理过程中也有明显的表现。一方面，情绪是随着认知的发展而分化和发展的；另一方面，情绪对儿童的认知活动及其发展起着激发、促进作用，或抑制、延缓作用。

1. 情绪对智力操作活动的影响

孟昭兰研究了不同情绪状态包括快乐、痛苦、兴趣、惧怕、愤怒和大怒等对其智力操作活动的影响。结果表明：

(1) 情绪状态对婴幼儿智力操作有不同的影响。情绪积极的婴幼儿，动力较大，而且智力发育会比较迅速，所以帮助儿童合理掌控情绪，对其智力发育也会产生极大的影响。

(2) 在外界新异刺激作用下，婴幼儿的情绪可以在兴趣和惧怕之间浮动。这种不稳定状态游离到兴趣一端时，激发探究活动；游离到惧怕一端时，则引起逃避反应。

(3) 愉快强度与操作效果之间的相关为“U”字形关系，即适中的愉快情绪使智力操作达到最优，这时起核心作用的是兴趣。

(4) 惧怕和痛苦的程度与操作效果之间为直线关系，即惧怕和痛苦越大，操作效果越差。

(5) 强烈的激情状态或淡漠无情都不利于儿童的智力探究活动，兴趣和愉快的交替是智力活动的最佳情绪背景，惧怕和痛苦对儿童智力发展不利。

2. 情绪对言语发展的影响

武进之等人(1982)的研究说明，情绪态度对幼儿语言发展有重要影响。其表现如下：

(1) 儿童最初的话语大多是表示情感和愿望的。此时言语的情感功能和指物功能不分。例如，有一个 2 岁 8 个月的女孩帆帆，对于比她大的孩子，她会叫哥哥和姐姐，但是，听见哥哥叫她妹妹时，她不以为然，说：“我是姐姐呀！”

(2) 用情绪激动法可以促进儿童掌握某些难以掌握的词。例如，用示范法让帆帆掌握“你”字，不成功，而用情绪激动法成功了。姨妈问帆帆：“这只手风琴是谁送给你的？”帆帆答：“朱老师送给你的”。姨妈立即说：“啊，送给我的。”随即拿走了。这使帆帆激动起来，立刻叫喊：“送给我的。”从此对“你”“我”二字十分注意。有时说了“某某给你的”，立刻改正为“给我的”。有时干脆先说“给我”，再说“某某给我的”。

3. 情绪对记忆的影响

张述祖(1974)的研究《词的情绪色彩对识记和保持的影响》说明，有美感情调色彩的词比有恶感的词在识记上效果比较明显，保持效果更显著。

(三)情绪对学前儿童个性形成的作用

儿童情绪的发展趋势之一是日趋稳定。大约 5 岁以后，情绪的发展开始进入系统化阶段。幼儿的情绪已经比较高度地社会化，他们对情绪的调节能力也有所提高。加之幼儿总是受着特定的环境和教育影响，这些影响经常以系统化的刺激作用于幼儿，幼儿也逐渐形成了系统化的、稳定的情绪反应。例如，某些成人经常抚爱幼儿，总是使幼儿的精神需要得到满足，因而引起了良好的情绪反映。另一些成人对幼儿总是过多地厉声指责，总是不能满足幼儿的精神需要，于是引起幼儿不愉快的情绪反应。这样，经过日久的重复，幼儿便对不同的人形成不同的情绪态度。同样，由于成人长期潜移默化的感染和影响，幼儿形成了对事物的比较稳定的情绪态度。

据研究，情绪在不同人身上有不同的阈限。有些孩子经常处于某种情绪体验的低阈限和表现中，他们在和其他儿童或成人交往时，不可避免地形成某些特有的情绪反应，情绪过程日益稳定化，逐渐变成情绪品质。例如，一时的焦虑，可以称为焦虑状态；而经常出现稳定的焦虑状态，则逐渐形成焦虑品质。情绪的品质特征是个性的性格特征的组成部分。当情绪与认知相互作用而形成一定倾向时，就形成了基本的个性(人格)结构，如所谓内向的或外向的个性、主动或被动的个性、进取型或压抑型的个性特征，等等。

(四)情绪对学前儿童交往发展的作用

每一种情绪都有其外部表现，即表情，它是人与人之间进行信息交流的重要工具之一。情绪表达的再现早于语言表达，婴幼儿主要通过面部表情及肢体活动，即身体和四肢的动作和活动来表达情绪。在言语发生后，则通过言语活动和表情动作一起共同实现着学前儿童与成人、学前儿童与同伴间的社会性交往。

综上所述，可以看到学前儿童的情绪情感对其心理发展具有非常重要而广泛的意义，影响学前儿童心理的诸多方面的发展。

第二节　学前儿童情绪情感的发展

情绪是简单的、易波动的、与生理需要联系比较紧密的体验，从学前儿童情绪情感的发生和发展过程来看，他们最初表现出的多为情绪体验。

一、学前儿童情绪的发生

儿童从出生后，便立即可以产生情绪表现。例如，出生头几天的新生儿或哭或安静，或四肢划动等，这些都是最初情绪的反应，即原始情绪反应。情绪的发生最初与生理需要是否得到满足有直接关系。身体内部或外部的不舒适的刺激都会引起婴儿情绪的产生，如饥饿或疼痛都会引起他们哭闹的情绪。当直接引起情绪反应的刺激消失后，这种情绪反应也随之停止，被其他情绪反应取代。例如，当婴儿因为饥饿而哭闹时，只要喂他食物，他的情绪就会由原来的哭闹转为愉悦。

近代研究表明，原始情绪反应是婴儿与生俱来的本能，是人类对环境的适应和进化的产物。例如，婴儿啼哭时嘴角下弯的表情是人类祖先在遇到困难时求援的适应性动作，愤怒时咬牙切齿是人类祖先在进行搏斗前的适应性动作。

二、学前儿童情绪的发展

(一)情绪的发展理论

婴儿出生后，在成熟和后天环境的作用下，情绪发展表现为情绪的逐渐分化。下面介绍几种有代表性的有关早期情绪分化的理论。

1. 华生的研究

著名心理学家、行为主义创始人华生(J. B. Watson)根据对医院婴儿室内 500 多名初生婴儿的观察提出，婴儿最初的情绪反应有三种。

(1) 怕。华生认为，初生婴儿的怕是由于大声和失去支持引起的。当婴儿安静地躺着时，在其头部附近敲击钢条，会立即引起他的惊跳，肌肉猛缩，继之以哭；当身体突然失去支持，或身体下面的毯子被人猛抖，婴儿会发抖、大哭、呼吸急促、双手乱抓。

(2) 怒。限制活动会激怒婴儿。当实验者双手温和地、坚定地按住婴儿的头部，不准活动时婴儿会发怒；他把身体挺直，哭叫，挥手蹬脚。

(3) 爱。抚摸婴儿的皮肤，抱他，会使婴儿产生爱的情绪。特别是抚摸皮肤的敏感区域，如唇、耳、颈背、乳头、性器官等，婴儿会产生安静的反应和一种广泛的松弛反应，或是展开手指、脚趾。

随着行为主义的兴起，关于新生儿有三大基本情绪的推论也逐渐流行起来，但是后来的一些研究都未能证实华生对原始情绪的划分。因此，一些学者认为新生儿的情绪状态是笼统的，还没有分化为若干种。

2. 布里奇斯的研究

加拿大的心理学家布里奇斯(K. M. Bridges)的情绪分化理论是早期情绪发展比较著名的理论。她通过对 100 多名 0~2 岁儿童的观察，提出了关于早期情绪发展较完整的理论和 0~2 岁儿童情绪分化的模式。布里奇斯认为，新生儿的情绪只是一种弥散性的兴奋或激动，主要由一些强烈的刺激引起；在以后学习和成熟的作用下，各种不同的情绪才逐渐分化出来。例如，初生婴儿只有皱眉和哭泣的反应。这种反应是未分化的一般性激动，是强烈刺激引起的内脏和肌肉反应；3 个月以后，婴儿的情绪分化为快乐和痛苦；6 个月以后，又分化为愤怒、厌恶和恐惧，比如，眼睛睁大、肌肉紧张，是恐惧的表现；12 个月以后，快乐的情绪又分化为高兴和喜爱；18 个月以后，快乐的情绪分化出喜悦和妒忌。

3. 伊扎德的研究

美国心理学家伊扎德(Izard)运用录像技术及其两套面部肌肉运动和表情模式测查系统，将新生婴儿的面部表情进行了全面、详细的录像，并进行了精细、深入的分析，提出了婴儿在其出生时就展示出惊奇、痛苦、厌恶、微笑和兴趣五种不同的表情。并认为，随着年龄的增长和脑的发育，情绪逐渐增长和分化，形成了人类的九种基本情绪：愉快、惊奇、悲伤、愤怒、厌恶、惧怕、兴趣、轻蔑、痛苦。每一种情绪都有相应的面部表情模式。

4. 林传鼎的研究

我国心理学家林传鼎于1947—1948年亲身观察了500多个出生1~10天的新生儿的动作变化，提出了自己的观点。他认为，新生儿已具有两种完全可以分清的情绪反应。一种是愉快的情绪反应，代表生理需要的满足(如吃饱、温暖和舒适等)，愉快的反应是一种积极生动的反应，表现为某些自然动作，尤其是四肢末端的自由动作的增加，且不僵硬；一种是不愉快的情绪反应，代表生理需要的未满足(饥饿、寒冷、疼痛等)，其表现是：自然动作的简单增加，如连续哭叫、脚蹬手刨等。

总之，初生婴儿的情绪是笼统不分化的，1岁后逐渐分化，2岁左右，已出现各种基本情绪。

(二)基本情绪的发展

学前儿童的基本情绪主要有哭、笑、恐惧等，具体有以下发展变化。

1. 哭

哭是婴儿最早的情绪反应，是在他们出生时就有的，是新生儿与外界沟通的第一种方式。哭既是生理现象，也是一种心理现象。新生儿的哭主要是生理性的，其原因主要是饥饿、寒冷、疼痛或睡眠被打扰；第2周、3周、4周，又各递增了原因，如中断喂奶，烦躁和食品的交换等，这些都是因为婴儿的生理需求没有得到满足而引起的；以后又出现了因成人离开或玩具被拿走等原因引起的哭。有研究指出，健康婴儿有十种类型的哭：出生时的首次哭、饥饿或口渴、吸乳过快、不适意、困倦、恐惧、惊吓、忧郁、焦急、发怒等。

婴儿随着年龄的增长，哭的次数会逐渐减少，并且逐渐表现出一定的社会性，如为了引起别人的注意和父母的关心而哭泣等。婴儿哭的次数逐渐减少，一方面是婴儿对外界环境和成人的适应能力逐渐增强，周围成人对婴儿的适应性也逐渐改善，从而减少了婴儿的不愉快情绪；另一方面是婴儿逐渐学会了用动作和语言来表示自己不愉快的情绪和需求，以此取代了哭的表情。

2. 笑

笑是情绪愉悦的表现，也是第一个社会性行为。心理学家研究发现，爱笑的孩子一般会比不爱笑的孩子更早地与外界环境进行互动。哭是婴儿出生时就有的一种情绪体验，而笑与情绪体系本身一样，是后来逐渐发展起来的。不少心理学家研究了婴儿笑所经过的几个阶段。

(1) 反射性微笑(0~5周)。反射性微笑又称内源性微笑，是一种生理表现，与婴儿中枢神经系统活动的不稳定有关。这个阶段的婴儿在笑的时候，眼睛周围的肌肉和脸的其他部位并未收缩，仍保持着松弛的状态，这种形式的笑称为“嘴的微笑”。这种早期的微笑可以在没有外界刺激的情况下发生，是自发的笑或反射性的笑。如果我们抚摩婴儿的面颊、腹部或者发出各种声音，也能引出婴儿的微笑。这种早期的笑在婴儿进入睡眠状态时最为常见，在3个月后逐渐减少。

(2) 无选择的社会性微笑(3、4周起)。无选择的社会性微笑是由外源性刺激引起的。婴儿见到熟悉的脸、陌生的脸乃至假面具都会笑。在这个阶段，虽然婴儿还不会区分哪些是对他有特殊意义的个体，但是人的声音和人的脸特别容易引出他们的微笑。有研究发现，3个月的婴儿面对人脸的正面都会报以微笑，无论人脸的表情是生气还是微笑。4个月左右时，婴儿的微笑开始出现差别，他们对父母或者抚养者微笑的次数最多，其次是家庭内的其他成员，对陌生人微笑的次数最少。另外，有些心理学家曾观察到这个阶段婴儿在微笑时十分活跃，眼睛明亮，眼睛周围的皮肤也伴之皱起，可是微笑的持续时间相当短。

(3) 有选择的社会性微笑(5 周起)。随着婴儿处理刺激内容能力的增加，他能够认出熟悉的脸和其他的东西。开始能对不同的个体做出不同的反应。婴儿到 5 周时已经可以对熟悉的人无拘无束地微笑，而对陌生人则带有一种警惕性的注意。如果这时母亲对着正在吃奶的婴儿微笑，他们就会停止吃奶并且裂开嘴巴微笑，这意味着婴儿开始与社会群体产生交流，出现了“社会性微笑”。到第 8 周时，会对一张不移动的脸发出持久性的微笑。

3. 恐惧

恐惧也有不同的种类，其发展也经历了几个阶段。

(1) 本能的恐惧。

恐惧是婴儿出生就有的情绪反应，甚至可以说是本能的反应。最初的恐惧不是由视觉刺激引起的，而是由听觉、肤觉、体觉等刺激引起的，如尖锐刺耳的高声、皮肤受伤、身体位置突然发生急剧变化、从高处摔下等。

(2) 与知觉和经验相联系的恐惧。

婴儿从 4 个月左右时开始出现与知觉发展相关的恐惧。引起过不愉快经验的刺激，会激起婴儿的恐惧情绪。也是从这时候开始，视觉对恐惧的产生渐渐起主要作用。“高处恐惧”也随着深度知觉的产生而产生。

(3) 怕生。

婴儿在 6 个月左右时开始对陌生刺激物产生恐惧反应，即所谓的“怕生”。怕生与依恋情绪同时产生，伴随婴儿对母亲依恋的形成，怕生情绪也逐渐明显、强烈。研究表明，这时婴儿已经能对亲人和陌生人加以区分，对不熟悉的人会表现出不安和恐惧。

(4) 预测性恐惧。

随着想象和活动能力的增加，2 岁左右的儿童已经开始出现预测性恐惧，如怕黑、怕狼、怕坏人，不愿一个人在关灯的房间里睡觉等。这些和想象相联系的恐惧情绪往往是因环境的不良影响而形成。随着年龄的增长，语言在儿童心理发展中的作用逐渐增加，成人可通过讲解、肯定、鼓励等方式帮助儿童克服这种恐惧。

(三)高级情感的发展

高级情感是在多次情绪体验的基础上形成，并通过情绪表现出来的，是情绪的深化和本质内容。高级情感的形成对学前儿童个性与社会性的形成有重要意义。高级情感主要包括道德感、理智感和美感三个方面。

1. 道德感的发展

道德感是由自己或别人的举止行为是否符合社会道德标准而引起的情感。儿童的道德感到 3 岁左右时才开始萌芽，这时他们只是初步明白了什么可以做、什么不可以做，但却不知道为什么。儿童进入幼儿园后，随着对各种行为规范的掌握，他们的道德感逐渐发展起来。

小班儿童的道德感初具雏形，但还没有形成一定的稳定性，往往是在成人的评价下引起的，主要是指向个别行为。当儿童自己或者别人的行为或言论符合他们所掌握的社会标准时，他们就会感到高兴、满足；反之，就会造成他们沮丧、羞耻等情感。

中班儿童已经掌握了一些概括化的道德标准，会因为自己在活动中遵守了教师的要求而获得快感。儿童这时不仅关心自己的行为是否符合道德标准，还开始关心别人的行为是否符合道德标准，并由此产生相应的情感。例如，中班的儿童看到别的小朋友的行为不符合规范便会经常找教师“告状”，这种行为就是由道德感激发的。

大班儿童的道德感进一步发展和复杂化。他们对好行为与坏行为、好人与坏人有鲜明的不同的感情。在这个年龄阶段，儿童爱同学、爱集体等情感已经有了一定的稳定性。

2. 理智感的发展

理智感是在认识客观事物的过程中产生的情感，是人类所特有的。它是与人们的求知欲、认知兴趣和解决问题的需要等是否得到满足相联系的。对一般儿童来说，这种情感 5 岁左右就明显地发展起来，突出表现在儿童很喜欢提问，并由于提问和得到满意的回答而感到愉快；同时，儿童喜爱进行各种智力游戏，或者动脑筋、解决问题的活动，如下棋、猜谜语、拼搭大型建筑物等，这些活动既能满足他们的求知欲和好奇心，又有助于促进其理智感的发展。

儿童理智感的发生在很大程度上取决于环境的影响和成人的培养。适时地向儿童提供恰当的知识，鼓励和引导他们提问等教育手段，都有利于促进儿童理智感的发展。

3. 美感的发展

美感是人们对事物审美的体验，它是根据一定的美的标准而产生的。儿童对美的体验是一个逐步发展的过程，与儿童知觉、思维的发展都有密切的联系。

儿童从小就喜欢颜色鲜艳的东西及整洁的环境。有研究表明，新生儿已经倾向于注视端正的人脸，而不喜欢五官零乱颠倒的人脸，他们喜欢有图案的纸板多于纯色的纸板。他们自发地喜欢相貌漂亮、穿着整齐的小朋友，而不喜欢形状丑恶的任何事物。例如，他们穿新衣服时会感到特别高兴；当父母给他们穿上他们认为不好看的衣服时，就会无理取闹。

在教育的影响下，他们也能够从音乐、舞蹈等艺术活动和美术作品、活动中体验到美，而且对美的评价标准也日渐提高，从而促进了其美感的发展。

三、学前儿童情绪情感的发展趋势

学前儿童情绪情感的发展趋势主要表现在三个方面：社会化、丰富和深刻化与自我调节化。

(一)情绪情感的社会化

学前儿童最初出现的情绪是与生理需要相联系的，随着年龄的增长，情绪逐渐社会化，更多地表现为与社会性需要相联系。社会化成为学前儿童情绪情感发展的一个主要趋势。

1. 情绪动因日渐社会化

婴儿的情绪反应主要是和其基本生活需要是否得到满足相联系的。例如，温暖的环境、吃饱、喝足、尿布干净等，都常常是引起愉快情绪的动因。

1~3 岁的学前儿童情绪反应的动因，除了与满足生理需要有关的事物外，还有大量与社会性需要有关的事物。例如，非社会性微笑(自娱自乐时的微笑)的比例逐渐降低，社会性微笑(与他人交际时的微笑)比例不断攀升。但总的来说，在 3 岁前学前儿童情绪反应动因中，生理需要是否满足是其主要动因。

3~4 岁的幼儿，情绪的动因处于从主要为满足生理需要向主要为满足社会性需要的过渡阶段。在中大班幼儿中，社会性需要的作用越来越大。幼儿非常希望被人注意，被人重视、关爱，要求与别人交往。与人交往的社会性需要是否得到满足及人际关系状况如何，直接影响着幼儿情绪的产生和性质。成人对幼儿不理睬之所以可以成为一种惩罚手段，原因即在于此。此外，与同伴交往的状况也日益成为影响幼儿情绪的重要原因。

2. 情绪表达日渐社会化

表情是情绪的外部表现。有些表情是生物学性质的本能表现。学前儿童在成长过程中，逐渐掌握周围人们的表情手段，表情日益社会化。学前儿童表情社会化的发展主要包括两个方面：一是理解(辨别)面部表情的能力，二是运用社会化表情手段的能力。

(二)情绪的丰富和深化

1. 丰富

情绪的日益丰富包括两种含义：第一，情绪过程越来越分化；第二，情绪所指向的事物不断增加。

(1) 情绪过程越来越分化。

刚出生的婴儿只有少数的几种情绪，随着年龄的增长，他们相继会出现一些高级的社会情感，如尊敬、怜悯、同情、羡慕、责任感等。

(2) 情感指向的事物不断增加。

随着儿童年龄的增长，有些先前不引起他们注意的事物也会引起情感体验。例如，2~3 岁的儿童不太在意小朋友是否和他一起玩耍，而对处于学前末期的儿童来说，小朋友的孤立及成人的忽视都会使他们非常伤心。

2. 深刻化

情感的深刻化是指指向事物的深度从事物的表面到指向事物内在的特点。例如，年幼儿童对父母的依恋主要是由于父母是满足他们基本生活需要的来源，而年长儿童则已经形成对父母的尊重和爱戴等感情。学前儿童情感的深刻化与其认知发展水平有关。根据情绪与不同认知过程的联系，情绪的发展可以分为以下几种水平。

(1) 与感知相联系的情绪情感。

与生理性刺激联系的情绪多属此类。例如，婴儿听到刺耳的声音或身体突然失衡，都会引起痛苦和恐惧。

(2) 与记忆相联系的情绪情感。

陌生人表示友好的表情可以引起 3~4 个月婴儿的微笑，但对于 7~8 个月的婴儿，则可能引起惊奇或恐惧。这是因为前者的情绪尚未和记忆相联系，而后者则已经有了记忆的作用。没有被火烧灼过的婴儿不会对火产生害怕情绪，而被火烧灼过的儿童则会产生害怕的情绪。

(3) 与想象相联系的情绪情感。

两三岁以后的儿童由于常常被告知蛇会咬人、黑夜有鬼等，而产生怕蛇、怕黑等情绪，这些都是与想象相联系的情绪体验。

(4) 与思维相联系的情绪情感。

5~6 岁的儿童已经知道病菌能使人生病，并且苍蝇身上携带病菌，于是便讨厌苍蝇。这些惧怕、厌恶等情绪，是与思维相联系而产生的。

(5) 与自我意识相联系的情绪情感。

儿童会因受到别人嘲笑而感到不愉快，会因活动的成功或失败感到自豪或焦虑，产生对别人的怀疑和妒忌等，这些都属于与自我意识相联系的情绪体验。儿童这种情绪的发生不是由事物的客观性质引起的，而是更多地取决于他们的主观认知因素。

(三)情绪情感的自我调节

从情绪情感的变化过程来看，其发展趋势逐渐受到儿童自我意识的支配。随着年龄的增长，儿童对情绪情感过程的自我调节越来越强，这种发展趋势主要表现在以下三个方面。

1. 情绪的冲动性逐渐减弱

年龄较小的儿童常常处于激动的情绪状态。在日常生活中，儿童往往由于某种外来刺激的出现而非常兴奋，情绪异常强烈。儿童的情绪冲动性还常常表现在他用过激的动作和行为来表现自己的情绪。比如，儿童看到故事书中的“坏人”，就会常常把那个“坏人”抠掉或涂花。

随着大脑的发育及语言的发展，儿童情绪的冲动性逐渐减少，并开始学着对自己的情绪进行控制。儿童最初对自己情绪的控制是被动的，即在成人要求下对自己情绪的控制。到学前晚期时，儿童对情绪的自我调节能力才逐渐发展。成人不断的教育和要求以及儿童所参加的集体活动和集体生活的规范，都有利于他们逐渐养成控制自己情绪的能力，减少冲动性。

2. 情绪的稳定性逐渐提高

学前儿童的情绪是非常不稳定的，并且持续时间较短。随着年龄的增长，儿童情绪的稳定性逐渐提高，但总的来说，他们的情绪仍然是不稳定、易变化的。

儿童情绪的不稳定主要与其情绪情感的情境性相关。例如，新入园的儿童，看着妈妈离去时会哭得很伤心，但当妈妈的身影消失后，经教师引导，他们很快就会愉快地玩起来。如果妈妈再次从窗口出现，就又会引起他们的不愉快情绪。

此外，感染性对学前儿童的情绪也有一定的影响。受感染性是指情绪非常容易被周围人的情绪所影响。例如，一个新入园的儿童边哭泣边拉着妈妈不让她走，这会使早已习惯了幼儿园生活的其他儿童都哭起来。

到儿童末期时，儿童的情绪已经趋于稳定，情境性和受感染性的影响逐渐减弱，但仍然容易受亲近的人，如家长和教师的感染。

3. 情绪情感从外显到内隐

婴儿期和幼儿初期的儿童还不能意识到自己情绪的外部表现，他们的情绪会在脸上完全表露出来，丝毫不加以控制和掩饰。随着言语能力和心理活动有意性的发展，儿童逐渐能够调节自己的情绪及其外部表现。儿童对情绪外部表现的调节能力比调节情绪本身的能力发展得早。儿童开始产生某种情绪体验时，自己还没有意识到，直到情绪过程已在进行时才能意识到。这时儿童才记起对情绪及其表现应有的要求，才会去控制自己。到幼儿晚期，儿童能较多地调节自己情绪的外部表现，但其控制自己的情绪表现还常常受周围情境的影响。学前儿童情绪外显的特点有利于成人及时了解他们的情绪变化，从而给予他们正确的引导和帮助。同时，由于幼儿晚期的儿童情绪已经开始出现内隐性，这就要求成人一定要细心观察和了解儿童的情绪体验。

第三节　学前儿童良好情绪的培养

良好的情绪情感发展不仅有利于儿童智力发育，而且有利于促进儿童的社会交往能力的形成，使其更好地适应社会，所以我们要积极创设条件，培养学前儿童良好的情绪情感。

一、良好情绪的培养

(一)营造良好的情绪氛围

婴幼儿的情绪受周围环境气氛的感染，别人的情绪因素会使他们在无意中受到影响，可以说，婴幼儿情绪发展主要依靠周围情绪气氛的熏陶。所以建立良好的亲子情和师生情，对于培养学前儿童良好的情绪情感有重要作用。

在家庭中要有意识地保持良好的情绪气氛，布置一个有利于放松情绪的环境，避免脏乱、嘈杂，成人之间要互敬互爱，家庭成员之间也要使用礼貌用语，并努力避免剧烈的冲突。此外，家长要正确对待孩子的依恋，注意与孩子的感情联系。儿童初次入托或上幼儿园的时候，是分离焦虑容易加剧的时期。分离焦虑如果不能从亲人那里得到爱的满足，则可能导致婴幼儿情绪发展障碍，其不良影响甚至会延续到日后的发展。所以，父母的态度在这时起着重要的作用。

在幼儿园，教师对每一个儿童的关心、抚爱是使儿童产生良好情绪和情感的重要因素。所以教师应有意识地培养师幼感情，时刻关心抚爱每一个儿童，给予幼儿充分的理解和尊重，尽量避免使儿童产生不良情绪。比如，幼儿园小班的幼儿很愿意搂着老师，让老师摸摸头，亲一亲。因此，教师可以规定，谁做得好，就让他多骑一次“大马”(骑在老师的腿上)。小班幼儿很喜欢争得这种奖励，而大班幼儿会更多地注意老师对自己的态度。此外，在日常生活中，教师要随时关心幼儿的冷暖，在他们表现不愉快时就告诉他：“老师是你的朋友，有事情讲给老师听，老师会帮助你的……”当他们遭受同伴攻击时，要及时给予安慰，并要求打人的小朋友向被打者道歉，以消除儿童受欺负的不良情绪。

(二)重视成人的情绪示范作用

婴幼儿的情绪易受感染、模仿性强，因此成人的情绪示范非常重要。日常生活中若成人经常显示出积极热情、乐于助人、关心爱护孩子等良好情绪，就会对孩子良好情绪的发展起潜移默化的作用，否则会造成不良后果。父母、教师不仅应以自身良好情绪树立榜样，同时对孩子的教育、管理应有科学的教养态度，如公正地对待孩子，满足孩子的合理需求，帮助孩子适应变化的新环境，以及坚持正面教育，针对孩子的个别情绪特征给予疏导。不能恐吓、威胁孩子，也不能溺爱或过分严厉地对待孩子，否则会使孩子形成不良情绪和不良性格。

(三)正确对待孩子的情绪行为

不良的生活环境容易造成孩子情绪发展不良。例如，对孩子的冷淡、粗暴容易造成孩子情绪不良，适应性差，不公正容易造成孩子产生嫉妒心理，溺爱容易造成孩子情绪激动。为了避免孩子受严重的不良情绪困扰，家长和教师一定要充分理解和正确对待孩子的发泄行为，不要让幼小的心灵总受压抑，并且要为孩子创设发泄情绪的环境和情境，培养孩子多样化的发泄方法，并学习自我疏导。如给孩子设个“情绪小屋”，让孩子有一个小空间，在那里与好朋友说说心中的小秘密，自由地表达自己的情感，或者自己静静地待一会儿，这些都有助于疏通和缓解孩子的不良情绪。培养孩子多方面的兴趣，引导他们投入丰富多彩的活动，也是帮助孩子转移不良情绪、学会积极发泄的有效方法。

(四)帮助幼儿调控情绪

幼儿不会控制自己的情绪，成人可以用各种方法帮助他们控制情绪。

1. 转移法

两三岁的孩子在商店柜台前哭着要买玩具，大人常常用转移注意的方法，说“等一会儿，我给你找一个好玩儿的”，孩子就会跟着走了。可有时候此法并不奏效，往往是由于大人只是为了哄孩子，回家后忘记了自己的许诺，以后孩子就不再“受骗”了。对 4 岁以后的幼儿，当他处于情绪困扰之中时，可以用非物质的转移方法。例如，爸爸对正在大哭的孩子说：“看这里这么多的泪水，我们正缺水呢，快来接住吧。”这时爸爸真的拿来了一个杯子，孩子就破涕为笑了。

2. 冷却法

孩子情绪十分激动时，可以采取暂时置之不理的办法，孩子自己会慢慢地停止哭喊，这就是所谓的“没有观众看我，演员也没劲儿了”。当孩子处于激动状态时，成人切忌激动起来。比如，对孩子大声喊叫“你再哭，我打你”或“你哭什么，不准哭，赶快闭上嘴”之类。这样做会使孩子情绪更加激动，无异于火上加油。

3. 消退法

对孩子的消极情绪可以采用条件反射消退法。比如，有个孩子上床睡觉要母亲陪伴，否则哭闹。母亲只好每晚陪伴，有时长达一个小时。后来父母亲商量好，采用消退法，对他的哭闹不予理睬，孩子第一天晚上哭了整整 50 分钟，哭累了也就睡着了。第二天只哭了十几分钟。以后哭闹时间逐渐减少，最后不哭也能安然入睡了。

二、良好情感的培养

(一)道德感的培养

1. 晓之以理，动之以情

在进行道德教育的过程中，教育者应该注意“晓之以理，动之以情”，以激发幼儿的情感共鸣，形成正确的集体舆论。如在幼儿园集体活动中，及时表扬幼儿做的好人好事，批评幼儿的不良行为，从小就建立起对符合社会道德的行为产生愉快、自豪的情感体验，对不符合社会道德的行为感到厌恶、羞耻等，最终使得幼儿正确的道德行为得到道德上的满足。

2. 树立榜样，积极学习

随着幼儿年龄的增长，道德认识也逐渐发展起来，教育者应该在具体的道德情感上阐明道德理论和规范标准，使幼儿的道德情感体验不断地具体、深刻，这时可根据幼儿认知学习能力的发展，树立积极正确的榜样，让幼儿模仿学习，如培养爱国主义精神，可以给孩子讲述和观看“爱国小英雄”的故事；爱教师、爱小朋友，首先父母和老师要以身作则，讲文明、懂礼貌；通过讲述小朋友喜欢的“阿凡提”的故事来培养幼儿助人为乐的精神等。

(二)理智感的发展与培养

1. 鼓励探索，培养兴趣

心理学家布鲁纳(J. S. Bruner)认为，婴儿生下来就有一种好奇的驱动力，只不过婴儿是先用“嘴”来探索世界的。刚出生的婴儿就开始积极地探索周围的环境，随着年龄的增长，看见吸引他的玩具，就伸手、伸脚来抓。幼儿时期更是好奇心不断，什么都想知道，常常问：“为什么？”这时教育者可以根据日常生活的特点，耐心地解答孩子提出的千奇百怪的问题，也可以和孩子共同观察以探究问题的答案，切不可责怪“会破坏”的孩子，应恰当地教育孩子合理地探索与发现。

2. 广泛阅读，扩大视野

良好的阅读习惯可以引导孩子知晓书中有无穷尽的知识，多多阅读可以使孩子开阔无限的视野。教育者可根据幼儿的年龄特点，从简单的寓言、童话故事慢慢地过渡到文艺作品和通俗的科普读物等。

3. 快乐游戏，培养能力

游戏是开发幼儿智力、培养幼儿动手能力的理想途径。儿童利用各种玩具和材料进行游戏，在游戏中，通过想象来模拟周围的事物，如用积木搭建楼房、捏泥人等，促进动手能力以及增强动作的协调性和灵活性。家长平时应注意引导孩子善于观察、分析周围事物，然后通过游戏再现周围事物。当孩子游戏失败时，切不可代替孩子完成游戏，而要及时鼓励孩子不怕困难，从头做起。

4. 以趣促学，科学提问

孩子对生活中千变万化的事物和现象总是充满好奇，利用孩子对事物的兴趣，以兴趣促进学习，科学而巧妙地提问，能够促进孩子进一步探索，培养孩子的理智感。幼儿教师可以引导孩子对结果进行猜想，利用猜想和结果的矛盾激发孩子的探索欲。例如，在玩“球球下山”的游戏时，教师先让孩子运用材料玩一会儿在斜坡上滚球的游戏，接着拿出两个一样大的球，搭了两个一样高的斜坡，让孩子们猜：这两个球同时从斜坡顶端往下滚，结果会怎么样呢？孩子们凭经验猜想：肯定是两个球一起滚至斜坡下面。可孩子们惊奇地发现，结果是两个球一个快一个慢，这便激起了他们强烈的好奇心，问题也就自然而然产生了：为什么这两个球一样大，又在一样高的斜坡上滚，滚的速度会不一样呢？问题激发起他们进一步探索的欲望。在日常生活中也蕴藏着科学活动的契机，家长也可多观察孩子感兴趣的事物，及时提问，科学引导。

(三)美感的培养

1. 加强艺术熏陶促进美感欣赏

通过音乐、体育、绘画、舞蹈等设计艺术的活动，培养幼儿对美的欣赏与感受。在欢快的音乐背景下，幼儿跳起快乐的舞蹈；在愉悦的心情下，幼儿画出色彩缤纷的绘画；在集体欢笑的氛围下，幼儿开心地律动，积极地锻炼身体、健康成长。通过对音乐、美术和舞蹈等方面的欣赏，表达出自己内心的感受，丰富自己的美感体验。

2. 拥抱自然以体验优美

优美的大自然是幼儿培养美感的主要环境背景，把儿童带到自然的怀抱，既能享受到大自然的柔美，又能激发儿童热爱祖国山河的感情。家长和教师应利用节假日多带孩子到自然中去走走、看看，利用当地各民族的风俗与文化气氛，体验和享受大自然的美，相信这样的旅行体验会丰富幼儿无限的成长经历。

拓展阅读

请扫描前言中的拓展阅读二维码。

本章小结

情绪和情感是指人对客观事物是否符合自己的需要、愿望和观点而产生的态度和内心体验。它具有适应、动机与调节以及信号交际的基本功能，也对学前儿童的认知发展以及社会化和个性的形成起着十分重要的作用。同时，情绪与情感与个体身心健康有着密切的关系。

按情绪状态分类，情绪可分为心境、激情和应激三种形式。按社会性内容来分，情感可分为道德感、理智感和美感三种。儿童出生就表现出原始的情绪反应。之后逐渐出现各种基本情绪如哭、笑、恐惧以及依恋和焦虑等。

儿童情绪的发展表现为情绪社会化的不断发展。另外，儿童情绪和情感还不够丰富、不够深刻，表现出冲动性、不稳定性和外露性。到了儿童晚期，对情绪的控制能力、稳定性有一定的提高，还逐渐出现了道德感、理智感、美感等高级情感。

生活环境对学前儿童情绪情感有直接影响。创设适宜的环境有助于陶冶儿童良好的情绪情感。老师和家长还要注意建立合理的生活制度、丰富的生活内容以让儿童处于愉快的情绪之中。同时，还要注意通过文学艺术作品培养儿童的高级情感。在日常教学生活中，教师也要掌握一些具体的良好情绪情感培养策略，以促使儿童积极情感的形成，减少消极情感的产生。

【推荐阅读】

[1] 陈帼眉. 学前心理学. 北京：人民教育出版社，2003

[2] [美]博伊德(Boyd, D.),比(Bee, H.). 夏卫萍译. 儿童发展心理学. 第 13 版. 北京：电子工业出版社，2016

[3] 刘洋. 最有趣的 101 个心理学实验. 天津：天津科学技术出版社，2009

[4] Saarni. C. The Development of Emotion Competence: Pathways to Helping Children Become Emotionally Intelligent. In：Bar-On, J. G. Maree, & M. J. Elias (Eds.), *Educating people. to Be Emotionally Intelligent*. New York: Praeger. 2007. 15~36

[5] 桑标. 当代儿童发展心理学. 上海：上海教育出版社，2003

思 考 题

1. 情绪和情感对学前儿童的发展具有哪些影响？
2. 学前儿童情绪和情感发展的一般趋势是什么？
3. 学前儿童基本情绪和高级情感的发展分别具有哪些特点？
4. 如何培养学前儿童良好的情绪和情感？

培养全面发展的、和谐的、个性的过程就在于：教育者在关心人的每一个方面和特征的完善的同时，任何时候也不要忽略人的所有各个方面和特征的和谐，都是由某种主导的、首要的东西所决定的。

——苏霍姆林斯基

第十一章　学前儿童个性的发展

本章学习目标

- 掌握个性、气质、性格、能力的含义及相关理论。
- 熟悉学前儿童个性形成、发展的基本特点及多元智能理论。
- 掌握学前儿童气质、性格、能力发展的特征及其相应的教育策略。

核心概念

个性(individuality)　气质(temperament)　性格(character)　能力(ability)

案例导读

强强是某幼儿园大班的孩子，在幼儿园里，他是出了名的顽皮。他性子很急，每次上课集体回答问题时，他一般都抢先回答，而有时连问题都没听清楚。他很难控制自己，做错了事，老师批评他，很少马上改正，甚至大哭大闹；他喜欢玩活动量大的游戏……

这个案例表明，强强偏于胆汁质：他具有情绪情感活动强烈、发生迅速、表现明显、反应快、易冲动、难约束的特点。根据强强的气质类型，教师和家长在教育过程中，要注意不要激怒他；要教会他自制，并逐步养成安静遵守纪律的习惯。

第一节　个性概述

在日常生活中，“个性”是一个常用词。例如，人们常说“这个人很有个性”，指的是这个人与众不同；人们也说“要发展儿童的个性”，指的是使儿童的特点得到充分的发展。总之，日常我们讲的个性指的是人的个别性、特殊性或个别差异。而心理学中的个性则是指一个人全部心理活动的总和。个性是一个复杂的、多侧面、多层次的动力结构。它包括一个人的气质、性格、能力、动机、志向、兴趣、信念和人生观等。

个性既不是天生的，也不是人在出生后就立即形成的，而是逐步形成和发展起来的。个性是在个体的各种心理过程、各种心理成分发生发展的基础上形成的。个性形成的过程是漫长的。两岁左右，个性逐渐萌芽。三到六七岁是个性形成过程的开始时期。

我们说幼儿期是个性开始形成的时期，其根据是这一阶段已经明显地出现了个性所具有的各种特点；个性的各种结构成分，特别是自我意识和性格、能力等个性心理特征已经初步发展起来；有稳定倾向性的各种心理活动已经开始结合成为整体，形成个人独特的个性雏形。那么，如何从心理学的角度解析个性及其成因，个体的个性特点是如何发生的，在学前儿童阶段又表现出怎样的特点呢？

一、个性的含义及特征

(一)什么是个性

所谓个性是一个人比较稳定的、具有一定倾向性和各种心理特点或品质的独特结合。人与人之间个性的差异主要体现在每个人的待人接物的态度和言行举止中。因此，个性具有独特性、整体性和稳定性的特点。

(二)个性的特征

1. 独特性与共同性

个性的独特性是指人与人之间的心理和行为是各不相同的。1990 年在美国明尼苏达州西部皮埃尔小镇出生了一对连体的小姑娘。随着年龄的增长，两个小姑娘可以相对畅谈；在同一个时间里，一个可能睡着了，另一个则睁眼不眠；一个有这样的兴趣，另一个却有另外的兴趣。他们两人共用着一个身体和两个脑。这个例子可以告诉我们人与人之间的差异。

虽然每个人的个性是不同于他人的，但对于同一民族、同一个群体、同一个年龄的人来说，个性中往往存在着一定的共同性，个性的共同性是指某一群体、某个阶级或是某个民族在一定的群体环境、生活环境、自然环境中形成的共同的、典型的心理特征。幼儿阶段的儿童有一些明显的共同特征，如爱模仿、情绪性强等。从这个意义上说，个性是独特性与共同性的统一。

2. 个性的整体性

个性的整体性是指一个人的个性体现在其心理的各个方面，也就是说，在一个人行为的各个方面都能看到他个性的影子。例如，一个脾气急的人常常表现出以下特点：动作快，吃饭急，做事时喜欢一口气干完，和人相处时也容易冲动等；一个有开拓性、创造性的人往往在任何时候都会表现出以下特点：不满足于现状，爱动脑筋，不愿跟在别人的后面走，而希望和别人有所不同等。因此，从一个人行为的一个方面往往可以看到他的个性。

3. 个性的稳定性与可塑性

个性具有稳定性是指个人的人格特征具有跨时间和空间的一致性。例如，一个人在不同的时间、地点、场合的行为有非常相似的表现，是比较稳定的。

尽管如此，个性不是一成不变的。在一定外界条件的作用下也可能会发生不同程度的变化。如某一儿童在早期形成了某些个性特点，通过生活环境和教育会发生一定的变化。因此，个性是稳定性和可变性的统一。由此可见，个性既具有相对的稳定性，又有一定的可塑性。

二、幼儿期是个性初步形成的时期

一般认为，幼儿期是儿童个性初步形成的时期，儿童心理活动的完整性、独特性和稳定性都得到了明显的发展，并表现出以下三个方面的特点。

(一)各种心理现象逐渐发生，开始具有完整性、系统性

个体刚出生就表现出一些微弱的感觉能力，如视觉、听觉、味觉、嗅觉及触觉等，随着年龄的增长，记忆、想象、思维等各种心理现象逐渐发生。但这时婴幼儿的心理活动是零散而不成系统的。在儿童的行为中出现许多矛盾的现象，“破涕为笑”现象时常发生，原因是作为人的心理最主要特征的调节控制自己行为的能力很差。只有到了幼儿期，尤其是幼儿末期，儿童调节、控制自己行为的能力才逐渐增强，开始能够按照一定目的、计划去活动。由此可以看出，幼儿期心理活动开始具有系统性、完整性的特点。

(二)心理活动独特性形成

儿童间的个别差异日益明显，并逐渐趋于稳定。在先天的个别差异的基础上，幼儿气质的不同已十分明显；在能力方面，儿童的智力的差异及特殊能力也开始显露出来；特别是作为个性特征核心成分的性格开始形成。同时，儿童的个人特点在不同的情境中表现渐趋一致，出现稳定的个人特点。可以通过儿童日常生活的行为观察，对每个儿童作出比较准确的个性评定。幼儿期的这种差异成为儿童日后发展的基础，俗话说：“三岁看大，七岁看老。”虽然这句话不完全正确，但它表明了幼儿期个性的独特性已开始形成。

(三)心理活动的积极能动性开始形成

积极能动性对幼儿心理的各个方面产生巨大的影响。在自我意识方面，孩子对自己的评价及相应的自信心已经表现出差异，如有的孩子对自己很有信心，有的退缩；有的孩子能够控制自己，有的则自制力差。在兴趣、爱好方面，有的孩子对事物充满好奇，喜欢探索；有的对什么都不感兴趣；有的喜欢小动物；有的喜欢植物；有的则喜欢舞蹈、绘画等。兴趣、爱好的不同提供了幼儿个体之间发展好坏和朝哪个方向发展的可能性。兴趣性强的孩子会有更好的发展空间，因为孩子的兴趣是影响其学习效果的最主要因素。

儿童的个性结构系统包括自我调节系统，如自我评价、自我情感体验、自我控制；个性倾向系统，如需要、动机、兴趣；个性心理特征系统，如气质、性格、能力。在此我们主要探讨个性心理特征中的气质、性格、能力。

第二节　学前儿童气质的发展

气质，是婴儿出生后最早表现出来的一种较为明显而稳定的个人特征，是在任何社会文化背景中父母最先能观察到的婴儿的个人特点。

一、气质概述

(一)什么是气质

气质俗称“脾气”“性情”，是一个人所特有的心理活动的动力特征。它表现为心理活动的速度(如言语速度、思维速度等)、强度(如情绪体验强弱等)、稳定性(如注意力集中时间长短)和指向性(如内向或外向)等方面的特点和差异组合。它使人的整个心理活动带上个人独特的色彩，制约着心理活动进行的特点，并直接影响个性的形成与发展。

气质在很大程度上受到先天和遗传因素的影响，和人的解剖生理特点直接联系。气质的先天性质决定了它是人的个性中最为稳定的特性。这种稳定性主要表现在以下两个方面。

(1) 无论从事何种活动，一个人的气质特征总会或多或少地表现出来，不会因活动的具体目的、动机或内容不同而有所改变。例如，一个好激动的学生不仅会在讨论问题时大声与人抗辩，在考试前寝食不安，即使看电影、电视，往往也沉不住气，大声惊叫或叹息不已。

(2) 气质特征不会随个人年龄的增长而发生很大的变化。日常生活中一些分别了几十年的童年时代的朋友，彼此身材相貌都发生了极大的变化，但气质表现还一如当年，以致正是从气质特征上才能找回彼此旧日的痕迹。但是，气质的稳定性并不意味着它绝不可改变，对于每个人来说，可能会因生活条件、社会环境和身体健康状况的强烈转变而引起气质的改变。所以，气质只在童年时才表现得最为单纯，人受社会的影响越大，气质被改造的可能性也越大。

气质并没有好坏之分，只表明人们行为进行的方式各有差异，如同河水的流动：平原上的河水流动平缓，回环婉转；而高山上的河水水流湍急，一泻千里。气质仅是构成每个人心理独特性的最原始成分，是人的性格和能力发展的前提之一。不同气质类型的人都能以自己特有的动力特征成为对社会的有用之才。

(二)气质类型及其表现

古希腊医生希波克利特对气质的分类方法历时久远，一直影响至今。他认为个体内有四种体液，其分布多寡构成了人的气质差异：有的人易激动，好发怒，不可抑制，是由于黄胆汁过多，这种人属于“胆汁质”；有的人热情，活泼好动，是由于血液过多，属于“多血质”；另有一些人敏感、抑郁，是由于黑胆汁过多，属于“抑郁质”；还有一些人冷静、沉稳，是由于黏液过多，属于“黏液质”。虽然希波克利特用体液来解释气质成因有点牵强附会，但他把人的气质分为四种基本类型则比较切合实际，心理学上一直沿用至今。

巴甫洛夫通过实验研究，发现四种高级神经活动类型与希波克利特提出的传统的气质类型相吻合。他是根据高级神经活动三种基本特性的结合来划分气质类型的。

高级神经活动的三种基本特性：

(1) 神经过程的强度。这是指兴奋和抑制的强度，即神经细胞所能承担的刺激量以及神经细胞工作的持久性。

(2) 神经过程的平衡性。这是指兴奋和抑制两种神经过程之间强度的对比。如果兴奋强于抑制或抑制强于兴奋，都是不平衡的表现。

(3) 神经过程的灵活性。这是指神经细胞的两种神经过程转换的速度。

高级神经活动基本特性结合的不同，可以形成四种高级神经活动类型。其中三种是强型，一种是弱型。强型又可分为平衡型与不平衡型。平衡型可再分为灵活型与不灵活型。

弱型：兴奋和抑制过程都很弱。外来刺激对它来说大都是过强的，因而使其精力迅速消耗，难以形成条件反射。

兴奋型：是强而不平衡的类型。其特征是容易形成阳性条件反射，但难以形成阴性(抑制性)条件反射。

安静型：强而平衡，但不灵活，反应迟缓。

活泼型：强而平衡又灵活的类型。

以上四种是高级神经活动的典型分类。实际上存在的类型是很多的。有的研究区分为十种类型。

上述高级神经活动类型是人和动物所共有的。巴甫洛夫提出，人的大脑皮层的神经系统活动还有第一和第二信号系统之分。由此还可以分为第一信号系统占优势的类型(艺术型)和第二信号系统占优势的类型(思维型)以及中间型。

高级神经活动特性在人的心理活动和行为中的表现，可以从下列几个方面来看。

(1) 敏感性。即对刺激物的感受性，是神经过程强度的表现。强型的人，其敏感性比弱型者低。

(2) 耐受性。即对外界刺激作用时间和强度的耐受程度，如注意集中的持久性、对长时间智力活动或操作活动的坚持性、对强刺激的耐受性等。弱型的人耐受性较差。神经过程平衡和有一定惰性的人耐受性较强。

(3) 敏捷性。包括不随意动作的反应速度和一般心理反应及心理过程进行的速度。如说话的速度、记忆的速度、思维的敏捷程度等。神经过程强和灵活的人，反应速度较快。

(4) 灵活性。即对外界环境适应的难易程度，如对新事物是否容易接受、情绪的转变、注意的转移、在接触新环境和陌生人时是否拘束等。

(5) 外向或内向。反映了神经过程平衡性问题。兴奋强的人容易外向，抑制强的人容易内向。

气质的分类是相对的。在现实生活中，并不是每个人都能完全归入某个气质类型，非此即彼。因为除了少数人具有四种气质类型的典型特征外，大多数人都属于中间型或混合型，即只是较多地具有某一类型的特点，却也同时兼有其他类型的一些特点。

二、婴儿气质的表现及类型

(一)婴儿气质发展的行为特征

在人的各种个性心理特征中，气质是最早出现的，也是变化最缓慢的。

婴儿气质到底包含哪些方面的内容？对此，不同研究者基于自己对气质的认识与实验研究，提出了不同的看法。

1. 托马斯和切斯的观点

美国心理学家托马斯和切斯(Thomas and Chess；1977，1954)在对婴儿行为进行长期观察研究的基础上，认为婴儿九个方面的情绪、行为方式是相对稳定的，因此提出了气质的九个维度(即气质的九个方面的内容)，并据此对婴儿的气质类型进行了严格、系统的划分和界定。根据他们提出的观点，婴儿的气质应该包含以下九个方面的内容或行为模式。

(1) 活动水平。指在睡眠、进食、穿衣、游戏等过程中的身体活动的数量，主要以活跃时期与不活跃时期的比率为指标。

(2) 生理活动的节律性。指吃、喝、睡、醒、大小便等生理机能活动是否有一定规律。

(3) 注意分散程度。主要指外界无关刺激对正在进行中的行为的干扰程度。

(4) 接近或回避。指对新情景、新刺激、陌生人等是主动接近还是退缩。

(5) 适应性。指对新环境、新刺激、新情景或环境常规改变的适应能力，能否适应和适应快慢。

(6) 注意的广度和坚持性。主要指集中从事某项活动的时间、范围和分心对活动的影响程度。

(7) 反应的强度。即婴儿对外界做出反应的能量。

(8) 反应阈限。即引起可辨明反应所需的刺激的最低强度。

(9) 心境质量。指积极、愉快情绪与消极、不愉快情绪相比较的量。

婴儿在上述九个方面的总的、一般的行为特征就构成了其独特的个人气质内容。

2. 巴斯和普罗敏的观点

巴斯和普罗敏(Buss & Plomin；1984)根据自己的研究提出了气质四个可操作的特质。

(1) 情绪性。指对事物的反应中的强烈唤起，包括行为和情绪两方面的唤起状况。气质的这个特征是由交感神经系统所决定的。婴儿的情绪性通常是通过行为或心理生理变化而表现出来的。如一个情绪性高的婴儿就会表现出强烈的悲伤、害怕或生气的反应，与其他婴儿相比，他还可能对更细小的厌恶性刺激做出反应并且更不容易安抚下来。

(2) 活动性。指活动的速度和能量消耗水平。活动性高的婴儿在获得运动能力以后，总是忙于对环境的探索和一些大肌肉运动活动，并喜欢各种运动性游戏。其活动性水平这一概念被许多气质理论流派所采用，并作为婴儿气质表现的一个重要方面。有人认为，活动性水平是表示婴儿个体差异在多大程度上代表“真正”气质的重要指标，所谓“真正的气质”就是指由体质所决定的稳定的特征。

(3) 社会性。指希望与他人在一起的一般倾向性水平，包括希望他人出现、引导他人注意以及与他人交往等愿望或倾向。它更多的指的是与不熟悉的人交往，而非一般的、总的社会性。当然，一个高社会性的婴儿在追求家庭成员的注意、存在和反应方面与追求其他人的注意、反应一样积极，而后者正是这里所特别强调的。社会性较高的婴儿常常愿意与不同的人广泛接触，而不愿意独处，在社会交往中反应活跃、积极。在亲子交往系统中，如果婴儿的社会性高而母亲的社会性低，则母亲就会对婴儿的要求生气，婴儿也会因要求得不到满足而受挫。可见，社会性是影响婴儿和亲子关系发展的一项重要的气质内容。

(4) 冲动性。指寻求兴奋和抑制性控制的比例或混合情况。巴斯和普罗敏认为冲动性是体现与反映在上述气质内容——情绪性、活动性和社会性中的一项重要气质特质。上述三项内容代表了个性(或人格)系统中的动机驱力，而冲动性则是这些驱力的制动器。冲动性强的婴儿追寻刺激，在多种场合下都易兴奋，容易激动，情绪反应强，好动，而缺乏控制、自我约束。临床研究证实，这一特质对我们理解、分析婴儿行为障碍及其发生机制，尤其是那些非常严重的行为偏差非常有用。但现在人们对于冲动性特质是如何产生的，是天生带来的、还是后天社会经历的结果，还有许多疑问，巴斯和普罗敏也尚未做出令人满意的解答，还有待于进一步探讨。

(二)婴儿气质的类型

托马斯、切斯等人(Thomas，1967；Chess，1974，1982)在对婴儿进行大量追踪和考察的基础上，根据其确定的气质九方面表现，将婴儿气质划分为三种类型。

(1) 容易型。许多婴儿属于这一类，约占托马斯、切斯全体研究对象的 40%。这类婴儿吃、喝、睡、大小便等生理机能活动有规律，节奏明显，容易适应新环境，也容易接受新事物和不熟悉的人。他们一般情绪积极、愉快，对成人的交流行为反应适度。由于他们生活规律、情绪愉快，且对成人的抚养活动提供大量的积极反馈(强化)，因而容易受到成人最大的关怀和喜爱。

(2) 困难型。这一类婴儿的人数较少，约占托马斯、切斯全体研究被试的 10%。他们时常大声哭闹，烦躁易怒，爱发脾气，不易安抚。在饮食、睡眠等生理机能活动方面缺乏规律性，对新食物、新事物、新环境接受很慢，需要很长的时间去适应新的安排和活动，对环境的改变难以适应。他们总是情绪不好，在游戏中也不愉快。成人需要费很大力气才能使他们接受抚爱，很难得到他们的正面反馈。由于这种孩子对父母来说是一个较大的麻烦，因而在哺育过程中需要成人极大的耐心和宽容，否则易使亲子关系疏远，孩子缺乏抚爱、教养。

(3) 迟缓型。约有 15%的被试属于这一类型。他们的活动水平很低，行为反应强度很弱，情绪总是消极而不甚愉快，但也不像困难型婴儿那样总是大声哭闹，而是常常安静地退缩，畏惧，情绪低落，逃避新刺激、新事物，对外界环境、新事物、生活变化适应缓慢。在没有压力的情况下，他们会对新刺激缓慢地发生兴趣，在新情境中能逐渐活跃起来。这一类儿童随着年龄的增长、随成人抚爱和教育情况不同而发生分化。

托马斯、切斯认为，以上三种类型只涵盖了 65％的研究被试，另有 35％的婴儿不能简单地划归到上述任何一种气质类型中去。他们往往具有上述两种或三种气质类型混合的特点，情绪、行为倾向性和个人特点不明显，属于上述类型中的中间型或过渡(交叉)型。

三、幼儿气质发展的行为特征

(一)幼儿气质具有稳定性

由于气质与人的生理特点关系最为直接，所以，儿童刚出生时就表现出的气质特点，在整个幼儿期具有相对稳定性。

美国纽约纵向研究所对 231 名儿童进行从婴儿期到青春期的追踪研究，发现这些儿童一出生就在气质特征上表现出巨大的差异，但随年龄的增长，儿童的活动水平、生理机能的规律性、对陌生人和新环境的敏捷性、对环境变化的适应性、心境特点、反应强度等特征基本能相对保持不变。

(二)幼儿气质发展中存在“掩蔽现象”

幼儿气质发展中存在“掩蔽现象”。所谓“掩蔽现象”就是指一个人气质类型没有改变，但是形成了一种新的行为模式，表现出一种不同于原来类型的气质外貌。例如，有个儿童的行为表现明显属于抑郁质，但神经类型的检查结果都是“强、平衡、灵活型”。究其原因，发现这个儿童长期处于十分压抑的生活条件下，这种生活条件下形成的特定行为方式掩盖了原有的气质类型，而出现了委顿、畏缩和缺乏生气等行为特点。由此可见，儿童的气质类型具有相对稳定的特点，但并不是一成不变的，其后天的生活环境与教育可以改变原来的气质类型。不过，年龄越小的儿童气质掩蔽的情况越少。

四、根据幼儿的气质类型进行教育

气质无所谓好坏，但是由于它影响到儿童的全部心理活动和行为，如果不加以正确对待，将会成为形成不良个性的因素。研究儿童气质的意义在于：第一，使成人自觉地正确对待儿童的气质特点。第二，针对儿童的气质特点进行培养和教育。

(一)成人对儿童的抚养和教育措施，必须充分考虑到每个儿童的气质特点

由于每个儿童出生时的气质特点各不相同，父母应主动地使自己的行为节律与婴儿的行为节律相适应。比如，对弱型儿童应格外细心照料，多加鼓励。对于难以适应新环境的儿童，在送入托幼机构的过程中更应该多加帮助。同时要注意引导婴儿的行为循着社会所要求的方向发展。这些对婴幼儿良好个性的形成都是十分重要的。

(二)要善于理解不同气质类型儿童的不足之处

尽管我们说气质类型无所谓好坏，但作为个体的行为特征，在社会生活中会表现出适宜或不适宜的情况。例如，黏液质的儿童自制力较强，有耐心，但不够活泼，迟缓，执拗；抑郁质的儿童细致，但怯懦、易退缩；多血质的儿童显得活泼开朗，机敏灵活，但有时不够踏实；胆汁质的儿童倾向于大胆、坦率、热情，但又有些爱逞能，易粗心，莽撞。

教师要善于利用每一气质类型的积极方面，给幼儿提供充分表现的机会，同时，对于

每个孩子的气质中所表现出来的不尽如人意之处，也要表现出充分的理解，并考虑采取更策略的方法来对待。

(三)要巧妙地利用不同气质类型儿童的心理特点因势利导

例如，对于抑郁质的儿童，由于他们比较敏感，不宜在公开场合点名指责；要多表扬其成绩，培养其自信心，激发活动积极性；而对胆汁质的儿童也要注意不要针锋相对地去激怒他们；要教会他们自制，并逐步养成安静、遵守纪律的习惯；而对多血质的儿童，要培养其耐心、专心做事的习惯；对黏液质的儿童，要引导其多和其他儿童交往，鼓励其多参加集体活动。虽然这些道理容易被人接受，但要巧妙地加以运用还是一门教育的艺术。

(四)要注意和防止一些极端气质类型儿童的病态倾向发展

抑郁质和胆汁质儿童如果稳定性发展过差，不能很好地控制自己，便会表现出一些病态倾向。通常抑郁质儿童在极不稳定情况下易发生像紧张、胆怯、恐惧、强迫等具有神经焦虑症倾向的障碍；而胆汁质儿童的极端化发展则可能与一些更具有攻击和破坏性的行为有关。教师要学会分辨一些基本的心理障碍倾向，采取科学的态度，慎重地对待他们。

第三节　学前儿童性格的发展

一、性格概述

(一)什么是性格

性格是个性中最重要的心理特征，是指人对现实稳定的态度以及与之相适应的习惯化了的行为方式。像勤劳、懒惰、坚毅、气概、正直、谦虚这些便标示了人的性格特点。

性格有以下几个特点。

(1) 性格是人在现实社会中形成的个性品质，它经常与个体的价值观、信念、需要等个性倾向性相联系。由于行为后果总会造成相应的社会影响，所以人们常用社会道德标准来评价性格。符合大多数人的利益、有益于社会的性格，如正直、慷慨、与人为善等被认为是好的；而损害他人利益、危害社会的性格，如懒惰、吝啬、见利忘义等则被认为是坏的。因此，性格常常与人的道德品质相关，受到好坏的评价。

(2) 性格是一组能展示个人独特风格的心理特征之总和。例如，某人对待他人热情、诚恳；对待工作精益求精，任劳任怨；对生活严肃认真且显得有些刻板固执。从这些方面，我们可以看出他的一个统一风格，这些心理特征之总和即构成了性格。因此，心理学界有人认为，性格是个性心理特征的重要方面，在个性中占有核心地位、代表人的个性的本质的还是他的性格特征。人的个性的个别性(差异)首先是性格的差异。

(3) 性格具有相对的稳定性。个体一旦形成某种性格，便会时时处处都表现出统一的态度或行为方式。一个吝啬的人会处处表现得斤斤计较；而一个鲁莽的人总是冲撞别人。但是这种性格既然是后天习得的，在特定的情境要求下人也会逐步改变自己旧有的性格特征，获得新性格。例如，一个性格怯懦、胆小怕事的人，由于生活的锻炼，会变得越来越胆大且自信起来。由于性格是人对现实稳定的心理特征倾向，所以偶尔表现出来的态度或行为不能被视为性格，只有那些经常表现出来的态度行为才能称为性格。

(二)性格与气质

性格与气质彼此有区别又有联系。

1. 性格与气质的区别

(1) 气质主要是先天获得的，较难改变，也无好坏之分；而性格则主要是后天养成的，有可塑性，可以按照一定社会评价标准分为好的或坏的。

(2) 气质与性格彼此具有相对独立性，同种气质类型的人(如多血质)可以具有不同的性格特点(如有的慷慨大方，有的吝啬尖刻)；不同气质类型的人也可以有类似的性格特点。

2. 性格与气质的联系

(1) 不同的气质可以使各人的性格特征显示出各自独特的色彩。如多血质的人用热情敏捷来表达勤劳，而抑郁质的人则以埋头苦干来展示同一性格特征。

(2) 某一气质会比另一气质更容易促使个体形成某种性格特征。如黏液质的人比胆汁质的人更容易养成自制力。

(3) 性格也可以在一定程度上掩盖和改造气质。一位黏液质的教师会由于多年从事幼儿教育工作，而渐渐变得活泼、开朗。

二、婴儿性格的萌芽

儿童的性格是在先天气质类型的基础上，在儿童与父母相互作用中逐渐形成的，儿童性格的最初表现是在婴儿期，3 岁左右儿童表现出了最初的性格方面的差异，具体表现在以下几方面。

1. 合群性

在儿童与伙伴的关系方面，可以看出明显的区别，如有的孩子比较随和，富于同情心，看到小伙伴哭了会主动上前安慰，当发生争执时，较容易让步；而另外一些孩子存在明显的攻击行为，一般托儿所每个班里都有几个爱咬人、打人、掐人的孩子。

2. 独立性

独立性是婴儿期发展较快的一种性格特征，独立性的表现大约在 2~3 岁变得很明显。独立性强的孩子可以做很多事情，如有的孩子在 2 岁多时就可以用筷子吃饭，自己洗手等；而有些孩子吃饭还得大人追着喂；有些孩子可以独睡，而有些孩子离不开妈妈(或其他直接照料人)，表现出很强的依赖性。

3. 自制力

3 岁左右，在正确的教育下，有些儿童已经掌握了初步的行为规范，并学会对行为的初步自制能力，如不随便要东西，不抢别人的玩具，当要求得不到满足时也不会无休止地哭闹。另一些孩子则不能自己控制自己，当要求得不到满足时就以哭闹为手段，要挟父母。

4. 活动性

有的儿童活泼好动，手脚不停，对任何事物都表现出很强的兴趣，且精力旺盛；有的儿童则好静，喜欢做安静的游戏，一个人看书或看电视等。

婴儿性格的差异还表现在坚持性、好奇心及情绪等方面。

三、幼儿性格发展的年龄特征

每个儿童固然有个人独特的性格，但同一年龄阶段的儿童又有共同的性格。

幼儿典型性格可以说是幼儿性格的年龄特征。幼儿性格最突出的特点如下。

1. 活泼好动

幼儿总是不停地做各种动作，不停地变换活动方式。在一般情况下，对儿童来说，并不因为自己的不断活动而感到疲劳，而往往是由于活动的单调、枯燥而感到厌倦。如果限制他们的活动，往往会使他们不愉快。

2. 好奇、好问

幼儿的好奇心很强，主要表现为好提问题。较小的儿童都喜欢问“这是什么？”“那是什么？”稍大一些“是什么”的回答已不能满足其好奇心了，而开始问“为什么”。如果说“是什么”体现了儿童的好奇心，那么“为什么”则进一步表现出儿童的强烈的求知欲。他们总想试探着去认识世界，弄清究竟。

3. 易冲动、自制力差

幼儿的情感很容易受外界事物的支配，例如，一个新鲜的事物对儿童有很大的吸引力，他忍不住想云触摸。虽然成人禁止他去摸它，但是他一会儿就忘，还是情不自禁地要去摸。儿童也会因被自己主观情绪或兴趣所左右而行为冲动。学前儿童心理与行为受外界刺激和自身主观情绪的支配性很大，而自我控制能力较差。

4. 易受暗示、模仿性强

幼儿往往没有主见，常常受外界环境影响而改变自己的意见，受暗示性强。当儿童回答问题或讲述后，如果成人提出疑问，他们会立即改变原来的意思。

幼儿的模仿性很强。模仿也是儿童学习别人行为的重要形式之一。幼儿经常模仿周围的人——父母、兄姐、小朋友。儿童还喜欢模仿电影和故事里的人物，更喜欢模仿他们所尊敬和喜爱的人物的举止言行。在幼儿园里，幼儿最主要的模仿对象是自己的教师。幼儿往往模仿教师说话的口音、声调、语气、表情、动作以及待人接物的态度和思想感情，甚至模仿成人注意不到的许多细节。

总之，幼儿的性格虽然有共同性，但每个儿童仍有个人的性格特征。个性的典型性和独特性是辩证统一的。

四、学前儿童性格的发展

婴儿期性格的某些特征开始显露。幼儿时期是性格开始稳定和形成的时期。虽然还没有定型，但它却是未来性格形成的基础。在一般情况下，性格比较容易沿着最初的倾向发展。例如，性格比较顺从的婴幼儿，容易遵照成人的吩咐和集体规则行事，以后将稳定成为与人和睦相处、守纪律的性格。如果儿童最初形成了任性的苗头，要求别人处处依从其个人的意愿，成人迁就、纵容这种性格的发展，任性的性格特征就将日益巩固而定型。

一些对儿童性格发展的长期追踪研究表明，婴幼儿的性格因为处于开始发生和初步发展的阶段，因此，既具有相对的稳定性，又相当不稳固。从婴幼儿到成人其性格特征是稳定还是变化，主要取决于社会环境的影响。许多事例证明，儿童性格是随外界环境和教育的影响而产生并且随之变化的。

因此，重视儿童性格的培养，关键在于努力创造良好的环境，促使儿童积极性格特征的形成，改变其不良的性格特征。

五、学前儿童性格的塑造

学前阶段的儿童正处在性格发展和初步形成时期，一方面还没有形成稳固的社会观念与态度，有相当大的模仿性和受暗示性，从而极易受到环境中无论好或坏的各种影响。同时，他们又极易把各种习得的态度或行为方式变为习惯巩固下来。换句话说，学前儿童的性格已经开始形成，并表现出相对的稳定性。关于学前期性格特征对后来性格的影响，即幼儿性格特征的稳定性和变化问题，曾有过一些长期追踪研究，所得结果不完全一致。例如，卡根等(Kagan & Moss，1962，1964)，对 36 名男婴和 35 名女婴追踪至成年的研究表明，攻击性的性格特征在男性发展比较稳定，从童年到成年表现相似，而在女性则不稳定，变化较大；被动和依赖性的特征，则在女性比较稳定；坚持性的特征，在 3~6 岁女孩已发展到青春期的 2/3，即在幼儿期已基本稳定(Bloom，B.,1964)。

儿童最初形成的性格特征对幼儿的个性形成起了重要的作用。这时性格虽然还没有定型，但它是未来性格形成的基础。一般情况下，性格比较容易沿着最初的倾向发展下去。例如：性格比较活泼好动的婴幼儿，如果得到正确指导，便容易发展成为勤奋，爱劳动的良好性格。而最初形成的易冲动、自制力差的萌芽，成人如果不及时引导，缺乏深思熟虑的性格特征也将持续下去。但是，如果环境和教育条件发生重大变化，幼儿的性格也会发生变化。许多事例反复证明，性格是随外界环境和教育的影响而产生和变化的。因此，我们必须重视对儿童性格的培养。

(一)养成良好的行为习惯

首先，日常生活是帮助幼儿养成良好行为习惯最基本的途径。在一日生活常规和生活制度中渗透着良好的性格培养的内容，通过常规训练和严格执行生活制度，可以培养幼儿诚实、勇敢、自信、关心他人、勤劳等良好的性格和行为习惯。其次，教师也可以结合本班幼儿的实际情况、行为表现，有目的、有计划地组织专门的活动帮助幼儿养成良好的行为习惯。再次，利用游戏培养幼儿良好的性格特征。因为游戏伴随着愉悦的情绪，在游戏中向幼儿提出规则、要求，很容易被幼儿接受。例如，有些儿童在日常生活中表现得固执任性，而在游戏中，为了使自己不被游戏伙伴所排斥，便会主动抑制自己的性格缺点，慢慢地学会随和与合作。教师有意识地让过于好动、缺乏自制力的儿童在游戏中担任一些需要安静和认真工作的角色，而让过于内向、沉默寡言的儿童担任一些交往较多的角色，在经常的锻炼中，他们都能改变或减少一些个性发展上的不足之处，逐渐培养起良好的性格。

(二)树立良好的榜样

就个人的成长而言，儿童时期无疑最容易受到榜样的影响。他很容易把某一个人物当作自己崇拜的对象和仿效的楷模。有研究者认为，当前儿童大多数以家长和教师作为榜样，根据这一特点，教师应该有针对性地及时提供良好的家长、教师或其他典范人物良好的形象，使儿童取得合理的心理寄托，并做好大多数家长、教师自身的工作，使其堪为楷模。

(三)个别指导，因材施教

有教育过程中应注意具体情况具体对待，如常常让教师头疼的打人的幼儿，其情况往往是各不相同的，有的是习惯反应，有的是被欺负后的报复，有的是出于自卫，有的是模仿电视中的人物行为等，因此教师必须进行不同的教育，一把钥匙开一把锁。

(四)重视家庭的因素和发挥家长的作用

父母的文化程度、教养方式、生活习惯对儿童性格的影响是不可忽视的。心理学研究表明，父母尤其是母亲对儿童性格的影响极大。研究认为父亲对自制力、灵活性产生显著影响，而母亲则对果断性、思维水平、求知欲、灵活性四项行为特征产生显著的影响。父亲的影响多表现在意志特征中，而母亲除对情绪、意志特征有影响外，还大量地表现在儿童的理智特征中。因此，幼儿园教育一定要与家庭教育相结合，教师的工作要取得家长的支持，才能在更大的社会背景中培养学前儿童良好的性格。

第四节　学前儿童能力的发展

一、能力概述

(一)什么是能力

能力是直接影响人的活动效率的心理特征，它是使活动任务得以顺利完成的必备心理条件。例如，想要唱好歌，就必须具备旋律感、节奏感等音乐能力；而想要成为一名受学生欢迎的好老师，就需要具有良好的言语表达能力、教学组织能力等与完成教学任务相关的能力。

就活动而言，单一的能力是不足以完成某种活动的，需要多种能力相结合。在各种能力组合中，可能有些能力占据更加突出的地位，起着更重要的作用，尤其在一些简单活动中更是如此。我们通常所说的才能就是多种能力的独特结合，使之能够最有效地去完成某种活动。才能的高度发展即天才。

(二)能力的种类

1. 运动、操作能力和智力

(1) 运动和操作能力，是指体育运动、生产劳动、技术操作等方面的能力，是手脑结合，协调自己动作并掌握和施展技能所必备的心理条件。

(2) 智力，是指人认识事物的能力，是人们完成活动所必须具备的最基本和最主要的能力。包括感知力、记忆力、思维力、想象力等。

运动和操作能力的发展与智力的发展是不可分割的，智力的发展需要通过运动和操作来表现，而运动和操作能力的发展水平越高，越是依靠智力的支配，特别是在两岁以前，智力发展与动作的发展难以区分。

2. 一般能力和特殊能力

(1) 一般能力，是指为各种不同类型的活动所必需的能力，包括一般的运动、操作能力和智力。

(2) 特殊能力，是指为某种专门活动所必需的能力，如音乐能力、绘画能力、数学能力等。

一般能力和特殊能力的划分是相对的，实际上，特殊能力就是一般能力在具体活动中的具体化。例如，数学推理运算能力、绘画感知能力等特殊能力就是一般思维能力与感知力的特殊化形式。所以，特殊能力总是建立在一般能力基础上，并与一般能力相互包含。人们在对特殊能力训练的同时，也就发展了一般能力。

(三)能力与知识、技能

能力不同于知识和技能。能力是人在从事某种活动中表现出来的多种心理品质的概括化，而知识则是来自人类社会历史经验的总结和概括，是对客观事物的规律性的认识。它使我们在应付相同的生活情境时可以减少挫折。技能是个人在自己的心智活动及生活实践中经过反复尝试和练习而逐渐习惯化了的、熟练的行为方式。能力与知识、技能密切相连，由于这三者的协同作用，人们才得以顺利地完成活动任务。

概括起来，能力与知识、技能的相互关系主要表现为以下三个方面：

第一，能力是掌握知识、技能不可缺少的前提。人们依靠自己的感受能力才得以获得各种丰富的感性知识，并在抽象、概括、判断和推理能力的基础上，去领会和掌握各种理性知识。

第二，能力的高低影响着掌握知识、技能的难度、速度和程度，并影响对知识、技能的运用。

第三，知识、技能的掌握也会对能力的发展起到促进作用。一个学生在语文知识和写作技巧方面掌握得越多，他的写作能力也会相应地越好。同样，丰富的数学知识也可以使一个学生的计算、推理能力得到提高。

能力与知识、技能虽然关系密切，但并非存在绝对的因果制约性。也就是说，能力的高低还受到个性等其他因素的影响。例如，中等智力水平的学生由于勤奋和努力，学习成绩超越常人；而在成绩一般的学生中也许有不少智力优秀的人。可见，能力只是个体完整个性心理的一个组成部分。

二、学前儿童的能力初步形成并进一步发展

新生儿已表现出一定的智力活动，而且具有巨大的潜能。婴儿期内，儿童智力各方面发展很快。例如，对于声音刺激的感受方面，两三个月的婴儿听到声音时，表现出倾听；三四个月会转头寻找声源。五个月的婴儿出现认生的现象，表明儿童已能记住过去的印象。又如，儿童自出生时起已有运动能力。半岁左右，四肢和身体的运动能力逐步发展，手的运动能力也开始发展成为操纵物体的能力即操作能力，等等。

幼儿前期，儿童双手动作的发展使其便于抓握摆弄物体，认识物体属性。躯体动作的发展使他们扩大了认识范围，又可以主动接近物体，仔细观察各种特性。这些都对智力发展起着积极作用。而言语的发展使儿童的智力活动更为精确，更有自觉性质。总之，幼儿前期儿童的智力在发展着。

幼儿期儿童在接受教育和参加游戏、学习等活动的过程中积累了知识，学会了一些技能，同时进一步发展了能力。尤其是有计划、有目的的学前教育可以指导幼儿观察事物，认识事物，讲述故事，进行计算、音乐、美术、体育等活动，有意识地培养幼儿的能力，并且促使幼儿的能力不断发展。

三、学前儿童智力的发展

(一)学前儿童智力结构的变化与发展

对儿童智力结构变化发展的趋势，人们从不同的角度提出了不同的理论。

1. 智力分化论

有的研究者认为，儿童的智力最初是混沌不分化的。儿童智力因素的数量随年龄增长而增加。起先是一般化的智力，后来逐渐发展为一些智力因素群。这种智力分化论的代表人物是格雷特(Garrett)。他认为斯皮尔曼的“二因素”适用于婴幼儿，而塞斯顿的“群因素”或吉尔福特的大量智力因素则适合年长儿童或成人。

2. 智力复合论

有的研究者认为，儿童的智力最初已经是复合的、多维度的，其发展趋势是各种智力因素的比重和地位不断变化，复合性因素的比重越来越大。这种智力复合论的代表人物是霍夫斯塔特(Hofstatter，1954)。他指出了婴儿智力结构变化的三个时期：

20 个月前，在智力活动中占最重要地位的是感知运动能力和感知敏锐性，包括感知活动中的高度注意力、运动行为的敏捷性、感觉协调和运动的准确性。

20 个月到 4 岁左右，占主要地位的是坚持到底的能力，包括坚持性和刚强性。

4~13 岁，理解和使用象征性符号的能力或抽象行为，即语言思维能力占主要地位。

霍夫斯塔特据此指出，聪明的孩子在婴儿期表现为活泼，3 岁时表现为倔强，以后则变得含蓄。

贝利(Baylcy)提出相似的观点，并更具体地列出各年龄的主要能力：

10 个月以前，在婴儿智力中比重最大的是视觉跟踪、社会性反应能力、感觉的探求、手的灵活性。

10~30 个月，最大比重变为知觉的探求(这种早期的能力将继续保持下去)、语言发声交际能力、对物体的有意义接触、知觉辨别力。

30~50 个月，最重要的是与物体的关系、形状记忆、语言知识。

50~70 个月，最重要的是形状记忆、语言知识。

70~90 个月，语言知识、复合空间关系和词汇占重要地位，而形状记忆的重要性减退。

斯托特(Stot)等按吉尔福特(Guildford)的智力结构模型对 1926 名 3 个月至 5 岁儿童分 14 个年龄组进行智力测验，发现吉尔福特提出的许多智力因素是婴幼儿所没有的。婴幼儿只有该智力模型中的 31 种因素，其中某些因素又只在一些年龄出现，另一些年龄则没有。年幼儿童(特别是 1 岁前儿童)有些智力因素又是吉尔福特模型中所没有的，如大动作、精细动作、移位能力等。由此说明对不同年龄儿童的智力应作不同分析。

3. 智力内容变化论

有的研究者着重指出同一智力因素本身随着年龄增长而发生变化。同是智力的一般因素，在婴儿期，其内容是感知动作性质的，以后则是认知性质的。这种“智力因素内容变化论”的研究者更多地把注意力放在一般(共同)因素的变化上，即各年龄儿童的智力都有共同因素，但什么是共同因素，则在不同年龄会发生变化。

麦柯尔等人根据对婴儿的长期追踪研究，认为各年龄儿童智力的共同因素是：

6 个月，视觉指导的知觉接触。

1 岁，感知运动和社会性模仿的混合物、最初步的发声语言行为。

2 岁，语言命名、语言理解、语言流畅、语法掌握。

麦柯尔等人后来又提出早期智力发展的五个阶段：

第一阶段(0~2 个月)，主要是对某些有选择的刺激做出反应。

第二阶段(3~7 个月)，更积极地探索环境，但还不能做出客观的探索。

第三阶段(8~13 个月)，根据事情的结果区分活动方法。

第四阶段(14~18 个月)，能够不用动作而把两个物体在头脑中联系起来。

第五阶段(18 个月以上)，掌握符号关系。

综上所述，婴幼儿的智力结构是随着年龄的增长而变化发展的。其发展趋势是越来越复杂化、复合化、抽象化。不同的智力因素有各自迅速发展的年龄。这些观点提醒我们，根据不同年龄儿童心理的这些特点，在不同的阶段，对儿童智力培养的内容要有所侧重。总的来说，对人学前儿童应该特别重视观察力、注意力及创造力的培养。

(二)儿童智力发展曲线

所谓儿童智力发展曲线，涉及不同年龄智力发展的速度，发展的加速期、高原期等问题。一般来说，儿童智力的绝对水平是随着年龄增长而增长的，但是各年龄的智力增长并不是等速的。为了说明智力发展的速度，往往以高原期为基准。

1. **智力发展的高原期**

人的智力发展到一定年龄会停止或接近停止。在这个年龄之后，智力趋向衰退。有的研究指出，智力到 26 岁停止增长，26~36 岁之间保持不变，随后则下降。由此形成一条智力发展曲线，其中最高的一段称为高原期。至于高原期的具体年龄，则各种研究因取材不同而有不同结论，有人甚至认为智力发展持续到 60 岁。智力结构的复杂性和环境及个人实践对智力发展的影响是导致结论不同的原因。

不同智力因素成熟的时间也不同。有的研究指出，儿童的感知能力最早达到成熟水平，12 岁已达成人的 80%，空间推理次之，数学和语言能力 16~18 岁才达到成人的 80%，其中语言流畅发展最晚。

各种智力因素下降或衰退的年龄也不同。有人指出，在非语言测验中，如“反应时”，30 岁以后已有所衰退。但在语言测验中，则智力水平还可以提高。职业也会影响智力衰退年龄的差异。有的研究指出，非技术人员 18 岁以后智力下降，而技术人员则还可能上升。一般认为，16~18 岁以后智力发展趋向缓慢。

2. **学前儿童智力发展的速度**

人生头几年是智力发展非常迅速、甚至是最迅速的时期，由此形成先快后慢上升的儿童智力发展曲线。

布鲁姆(Bloom，B.，1960)搜集了 20 世纪前半期多种对儿童智力发展的纵向追踪材料和系统测验的数据，进行了分析和总结，发现儿童智力发展有一定的稳定规律。各种测验的时间和条件虽然不同，其所得曲线却非常相似，经过统计处理，得出了一条儿童智力发展的理论曲线。

布鲁姆以 17 岁为发展的最高点，假设其智力为 100%，得出各年龄儿童智力发展的百分比：1 岁，20%；4 岁，50%；8 岁，80%；13 岁，92%；17 岁，100%。

上列数字说明，出生后头四年儿童的智力发展最快，已经发展了 50%，获得了成熟时的一半。4~8 岁，即生后的第二个四年，发展 30%，其速度比头四年显然减缓，以后速度更慢。

布鲁姆用数量化方法说明学前期智力发展的速度和重要性，他的理论常被引用。但是应该指出：第一，布鲁姆所提曲线只是假设的、理论的曲线。第二，智力数量化只在一定程度上有参考价值，不能绝对化。因为智力发展与身体的发展(如身高)不同。身高的发展有尺可量，例如，儿童两岁时的身高和 17 岁时的身高可以用同样的尺子去度量，得出两岁身高已达成熟时一半的结论。智力数量化的情况就大不相同。表示不同年龄智力水平的数据没有确切的可比单位，正如布鲁姆自己指出，对一岁半以前儿童的智力，主要依据其运动和生理发展的能力来计分；对 2~3 岁儿童，是心理、运动和生理能力的结合；17~18 岁，则主要是认知和语言能力。显然，这几种情况得出的数据，其可比性是不高的。第三，布鲁姆的曲线没有充分估计环境对智力的影响，夸大了智力发展的稳定性，也是他被指责之处。总之，布鲁姆的智力发展曲线是可作参考的，但不可加以夸大。

四、学前儿童能力的差异

学前儿童在能力发展和表现上存在各种个别与群体差异。

(一)能力类型的差异

人通过运用各种能力与客观环境建立联系，而每个人在运用能力时有各自的特点。在日常观察中就可以发现，有的儿童记忆能力较强，很长的儿歌、快板词等很快就能记住；有的儿童理解能力较好，对故事的内容、计算的方法等很容易了解。在记忆时，有的儿童善于视觉记忆，有的长于听觉记忆，有的人对形象的东西能过目不忘，另一些人则擅长记住抽象逻辑性强的东西。在一些特殊能力上也存在明显的个体差异，如有的儿童绘画能力突出，而另一些儿童则长于动手操作各种机械及器具，还有的能歌善舞，对音乐、韵律特别敏感。个体间的能力差异是一个普遍的现象。

这些差异提醒我们，在教育活动中要注意观察每个儿童的特殊能力倾向，并给予适当的激发和关怀。事实上几乎每个儿童都有其特定的能力类型，可以通过仔细观察或各种专门能力测试加以鉴别。当然，对于多数儿童而言，这种能力类型的差异虽然存在但并不显著，只有少数人的类型特征非常突出明显，对于某种能力超群的儿童要引起特别关注并请有关专家给予鉴定。

(二)能力发展水平差异

除了能力类型差异之外，儿童在能力发展水平上也存在不均衡现象。绝大多数儿童的能力发展正常，但有少部分儿童的能力水平高于常态，也有少部分儿童的能力水平低于常态，这种智力发展水平符合统计学上所谓的正态分布。它的分布特点为处于中间位置即中等水平的人数居多，处于极高或极低两个极端水平的人数较少。

理解这样一种能力分布现象，对于教育工作者至少有两个方面的重要意义：一是提醒要注意把教育的着眼点放在属于中间能力水平的大多数人身上，适应其特点并施加积极的教育影响。在一般教育机构中施行英才教育，只会造成拔苗助长的效果。二是要有效地分辨出能力的高、中、低分布，因材施教。对两个极端的儿童需要给予特殊的教育、咨询。

(三)能力发展早晚的差异

属于能力发展水平超群的儿童虽然是少数，但却时常因其在很小的时候就显示出卓越的成就而受到人们的关注并着力加以特殊培养。据统计，音乐家的才能在学前期出现的比以后年龄出现的更多。

关心那些特殊优异的儿童，对于教育工作者来说是必需的。在这些儿童中经常会造就出一些对社会卓有贡献的人物，例如，大音乐家莫扎特、科学家维纳、数学家高斯等都是在儿童时期即展露出超群不凡的才华。

有人提出应该区分“早熟”与“天才(超群)”。所谓早熟，是指某些儿童智力或才能发展较早，或者说，在婴幼儿期智力或才能发展比一般儿童迅速。但是到了成熟年龄，其智力或才能并不出众。所谓天才，是指智力或才能出众者，我国心理学家称之为“超常”。因为“天才”一词，是天赋才能的意思。而超常的智力或才能固然需要一定的自然物质前提，但更重要的是在生活环境和实践中形成。智力超过同龄人的婴幼儿将来能否成为超常者，不仅取决于其天生因素，还要依赖后天的生活条件。早熟(早慧)而长大后不成超常者有之，早期不露头角、大器晚成者亦有之。因此，“智力早熟不等于智力超常”在理论上是成立的，但是在实际生活中对二者加以区别是困难的。

由于现有的科学认识尚不能有效地诊断人的真正才能，这就要求教师在关注对英才的培养之外，更要注意在平凡的儿童身上寻找闪光之处，不可因为仅仅关注一部分早慧或超常儿童而忽视了其他大多数平常儿童。

五、学前儿童能力的培养

就一般意义来说，对学前儿童能力的培养，主要应从以下几方面入手，并注意这几个方面的内在联系。

(一)正确了解儿童能力发展水平

在日常生活中，成人和幼儿长期接触，通过日常观察，可以粗略地评定一个幼儿能力发展的特点和水平。例如，看出某个幼儿有音乐才能，某个幼儿聪明或愚鲁。但这种评定不易精确，而且容易受评定者主观因素的影响，不能客观反映幼儿能力发展的实际水平。心理学研究者曾设计测定特殊能力的工具，如音乐才能测验、绘画能力测验等。

智力发展水平可通过智力测验获得。智力测验是能力测验的一种，主要测验人的一般适应能力。传统上使用最多的有比奈智力测验与韦克斯勒智力测验。每种智力测验都包含几组测量不同能力的题目，形式包括文字的和非文字的两种。测验结果所得分数经过计算、转换之后便可取得一个智力的数量指标，即智商(IQ)。应用这种智商可以更为直观地标示出某个儿童的智力水平在全体同龄儿童中的相对位置。

但是，目前的智力测验也存在不少问题：首先，对如何确切地反映学前儿童的智力发展水平还没有统一的标准。其次，还没有很完善的、为大家都认可的测验量表，许多测验无法排除知识经验的影响，很难同时适用于来自不同区域、文化、生活背景的儿童。有些儿童智力测验成绩不好并非其智力真的不行，而是因为受到了知识、文化背景的局限。最后，测验过程中常常会受到一些无关因素的干扰，比如环境的嘈杂、主试的陌生、来往的行人等都会影响到被试儿童，从而影响到测验结果。而智力测验往往只记录或只重结果(即测验成绩)，而不重视记录、分析测验过程，忽视当时客观环境因素及由此引起的主观因素对测验的影响。

因此，不要把智力测验看得太绝对化，不要只凭智力测验结果、特别是一次智力测验结果就来确定儿童的智力水平，并非所有的测验结果都那么“灵验”。一“测”定终身对儿童的发展是非常有害的。

近年来，针对智力测验存在的问题与弊端，心理学工作者正在致力进行研究与改善。一方面，根据智力是在特定生活环境条件下形成和发展的观点，致力于按照儿童的社会生活条件修订测验内容，更多地着眼于儿童的智力活动过程。尽量使智力测验更好地为确定儿童个人发展的最有利条件服务。另一方面，研究者们趋向于用综合的方法了解儿童，既用智力测验，也强调在实际生活中的观察和直接谈话，更客观、自然地接触、了解儿童的智力发展水平。心理学家指出，测量的重点应放在“最近发展区”，而不在儿童已有发展水平，应着重考查儿童接受教育的能力，亦称“可教性”。

(二)指导儿童掌握有关的知识技能

能力和知识技能有着密切联系，掌握了与能力有关的知识技能，有助于相应能力的发展，例如，指导幼儿掌握丰富的词汇、说话时应该注意的要点以及正确的发音技能，可以促进学前儿童言语表达能力的发展。

学前儿童处于掌握知识和智力发展的最初阶段。从掌握知识的角度看，人的知识可以分为直接知识和间接知识，两三岁是开始掌握间接知识的年龄。从智力发展的角度看，这又是思维开始发展的年龄，而思维是对事物的间接反映，是以知识经验为中介的。有了一定的知识经验，才可能对有关事物进行思维和想象。因此，对学前儿童来说，知识和智力教育都不可偏废。

(三)激发兴趣

儿童对事物的兴趣直接影响儿童能力锻炼的机会。凡是儿童感兴趣的事物或活动，儿童会做出更多的投入并能使能力得到更多的锻炼。从这个意义上讲，激发儿童积极有益的兴趣爱好有助于发展儿童的能力。事实上，儿童对某项活动的兴趣又常常是其某种能力的反映。

兴趣是在社会实践过程中形成的。对于儿童来说，这些活动往往是具体和直接的。教师要注意利用各种具体的社会实践活动激发儿童对事物的直接兴趣，借此增强和锻炼儿童的能力。

(四)能力与个性其他品质的良好配合

能力作为个性的一个组成部分，与个性的其他特征关系密切。要发展能力，不能脱离整体个性的培养与发展。

“勤能补拙”是中国的一句俗话，它的含义表明了能力发展和良好个性的形成相依相辅，互为促进。一个在性格上大胆、开朗、勇于探索和不畏困难的人，会比一般人有更多的机会去锻炼和发展自己的能力；而这种能力的提高，又会使他的个性更为突出。同时，个性对施展自己的才能起着至关重要的影响。所以良好的个性对能力的形成和有效表达至关重要，需加以重视。

在教育和社会实践中发展和锻炼儿童的能力是一个规律，而重视能力与个性其他良好品质的配合也是培养能力的一个规律。现代社会需要一个人不仅有才能，而且要大胆敢为，能够表达自己的才能。个性上畏缩而缺乏主见的人即使有才能，也难以充分表达。心理学家推孟认为，智力优秀者至少与四种品质相关：为取得成功的坚持力、善于积累成果、自信心、不自卑。从儿童起，我们就要看到这样一种关系。

第五节 多元智能理论

美国哈佛大学教授霍华德 ·加德纳(Howard Gardner)在 1983 年出版的《智能的结构：多元智能理论》(*Frames of Mind: The Theory of Multiple Intelligences*)一书中将智能定义为：“解决问题的能力或是在各个文化背景中创作该文化所重视的作品的能力。”他在 1999 年出版的《再建多元智慧》(*Intelligence Reframed*)中又对智能的概念进行了更为细致的思考："智能是一种处理信息的生理心理潜能，这种潜能在某种文化环境之下，会引发去解决问题或是创作该文化所重视的作品。"

一、多元智能的含义

(一)智能是一种生理潜能

加德纳认为："智能指的是我们人类用某种特殊方法操作某种特别资讯的一种生理心理潜能。因此，这明显地包括了由精密神经网络系统执行的过程。每一种智能毫无疑问地都有它各自特殊的神经过程，这些过程在所有的人身上都是大致相似的，只是对有些人而言，某些过程可能比别的过程更为习惯些。"

由此可以看出，智能是原始的生物潜能，是人类所特有的能力。这种潜能会因为一个人经验上、文化上以及动机上的不同而被人以不同方式来理解。除了极个别的、奇特的个体(如白痴天才)外，每种智能不会以单一的形式表现出来。对正常人而言，智能都是几种智能组合在一起解决问题或生产各式各样的、专业的和业余的文化产品的。

在心理学研究中，越来越多的证据显示，人先天具有一种执行某些特定智能运算的预先倾向，我们可以看到某些孩子对数字或文字或声音极为敏感，在对某些特定领域的刺激进行反应时速度明显快，而且对这些刺激进行反应时感到很愉悦。也就是说某些个体在某些方面具有很强的潜能，加德纳说他"感到有这种能力的个体不仅能轻松地学会新的式样，而且他那轻松的程度使他在一旦学会之后，根本就忘不了这种式样。简单的旋律在他心中回响着，语句在那里逗留着，空间或手势的外形轮廓随时都可以呈现到记忆中来，虽然这些东西暂时还没有受到利用。"教育工作者必须了解儿童的倾向及其最高可塑性与适应性，并且在此基础上对儿童进行教育。

(二)智能是解决问题或创造社会重视的作品的能力

加德纳认为："一个人的智能必定会带来一套解决难题的技巧，它使个体能解决自己所遇到的真正难题或困难，如果必要的话，还使个体能创造出一种有效应的产品；智能又必定会产生那种找出或制造出难题的潜力，因而便为新知识的获得打下基础。"这意味着当人们积极地解决问题或者是创造他所处的社会上所重视的作品时，才能算是真正在运用他的智能。

加德纳同时指出，在现在这个社会没有一个人能完全精通某一单独学科的知识，更不要说精通所有的知识、拥有所有的能力了。文艺复兴时期男人和女人精通广博知识的时代已经一去不复返。既然必须选择范围和重点，就要选择对一个人适合的发展道路。因此，在现代社会中一个有智能的人不是一个会学所有知识的人，而是一个会识别哪些知识是重要的、值得学的人。

(三)智能是分布在一定的社会文化情境中的

加德纳认为在考虑智能概念时，我们必须要承认它不是只存在于个人头脑中的东西，而是要把智能当成个人理想和社会需求之间相互作用的产物。任何一个个体可以在一定的范围内发展自己的能力，但是如果这种能力的发展与世界隔绝了，那这种能力就绝对无法发展起来，这有很多的心理学实验和实际生活的例子(狼孩、猪孩)。从这个观点出发，“我们就应该考虑到特殊的社会和经济结构，将个体的潜能和上述文化的需求结合起来。我们认为，个体在某一个文化领域中获取并发展知识的能力及有目的地运用这些知识的能力(均为智能的定义的关键)，和个体大脑中的智力、社会所提供的激励这些能力的机会同样有关”。所以智能是个体和他所处的社会有效结合的表现。我们不能将智能看成像胃那样的生理器官，也不能看成像情绪、爱好那样的心理属性。至多只能说，智能是取决于个体所存在的文化背景中已被认识或尚未被认识的潜能或倾向。

以加德纳的理解，“智能在这个框架之下，变为一个具有弹性的、与文化相关的概念。个体和社会对于智能都可能起主导作用，但智能的发展需要二者的同时参与”。

发展心理学的研究表明，无论在最简单的还是在最复杂的环境中，智能的分布都表现得很明显。新生婴儿的活动与他所接触到的物体和他所接触到的成人是结合在一起的。幼儿的智能部分蕴含在父母或哥哥姐姐的帮助里，部分蕴含在一些简单的工具或方法里。这些工具或方法用来得到玩具，使自己感受愉悦或记住放东西的地方。因此，智能是分布在一定的社会文化情境中的能力表现。

二、多元智能理论提出的依据

(一)脑部受伤所引发的智能分离

加德纳在波士顿荣民医院研究脑部受伤或病变的病人时发现，在几个病例中，脑伤似乎选择性地损害某项智能，却保持其他智能完好无损。例如，左脑额叶(布洛卡区)受伤的人可能大部分的语言智能被破坏了，因此产生说话、阅读和书写方面的困难，但是他仍然可以歌唱、计算、跳舞、情绪反应，以及拥有良好的人际关系；右脑颖叶受伤的人可能损害了某些音乐能力；而额叶受伤主要可能影响到人际和内省智能。于是，加德纳便着手证明不同智能如何存在于相当有自主性的大脑系统中——这就是一个流行于20世纪70年代更为复杂、更新的“右脑／左脑”学习模式。

(二)专家、奇才的存在

加德纳提出，有些人在某项智能方面表现杰出，就好像高山从平地崛起。专家或奇才指的是某一项智能超常、然而其他智能并不怎么样的人，他们好像只为八项智能(八项智能具体内容见下述)中的某一项而存在。例如，在根据真实事件改编的电影《雨人》中，达斯汀·霍夫曼饰演的雷蒙，一位逻辑—数学奇才，能快速心算多位数字及做其他令人惊奇的数学难题，然而却不善于与人交往，语言能力低下，并缺乏对自我的了解。有些专家奇才绘画表现突出，而另一些人音乐记忆奇佳(如听一遍就能演奏)，还有的则可以读出复杂的资料却不理解其中的意思(一种语言理解能力的障碍者)。

(三)智能的发展轨迹和专家的优异表现

加德纳提出智能是由于参与某种有文化价值的活动而被激发，而且在这种活动中个人智能的发展会遵循着一个特殊的轨迹，也就是说，每项活动在幼年时期有它出现的时机，一生中有巅峰时期，到了老年会有迅速或逐渐下降的规律。例如，音乐作曲似乎是最早有文化价值的活动之一，可以发展到很高的水准：莫扎特仅 4 岁就开始作曲。很多作曲家和演奏家在他们八九十岁时还很活跃，因此音乐作曲的能力似乎在老年也能保持旺盛。

最后，加德纳(1993)主张透过研究那些真正的奇才运用智能的“优异表现”，来看清楚智能运作的巅峰。例如，我们能够透过研究贝多芬的《英雄交响曲》，观察音乐智能的运作。

(四)进化的历史和进化的可能性

加德纳断定八项智能中每项都与人类，甚至与更早的物种进化有渊源。例如，空间智能可以从某些昆虫寻找花蜜的定位方法中来研究。同样地，音乐智能可以从早期乐器的考古学证据和各种鸟类的鸣唱中探索。

多元智能论也可以从历史背景的角度来分析，也就是说，某些智能似乎在过去比现今更重要。例如，美国 100 年前比现在更重视肢体—运动智能，这是因为那时候大多数人居住于农村，收获谷物和修建谷仓的能力受到社会的重视；同样地，某些智能在将来可能会变得更为重要。例如，随着更多的人从电影、电视、录影带和光碟中获取资讯，空间智能的价值会逐渐增加。

(五)心理测验学提供的证据

对于人类能力的标准化测验让大多数的智能理论以及许多学习策略理论可以用来确定一种模式的效度。尽管加德纳不是标准化测验的拥护者——事实上，他是真实测验(authentic assessment)的热烈支持者，但他还建议我们观看现存许多支持多元智能的标准化测验(尽管加德纳指出标准化测验评价多元智能的方式明显地脱离真实情境)。例如，韦氏儿童智能量表的子测验中，需要运用语言智能(如信息、词汇)、逻辑——数学智能(如算术)、空间智能(如图画排列)，以及低程度的肢体——运动智能(如组装物体)；还有其他开发个人智能的测验，如文兰社会成熟量表以及考伯史密斯自尊测验，都可以找到对多元智能的支持证据。

(六)实验心理学提供的证据

加德纳认为，透过观察某些实验心理学的研究，我们可以亲眼看见每项智能独立运作的情形。例如，受试者在研究中熟悉一种特殊认知技能(如阅读)，但是这项技能却不能转换成其他技能(如数学)，这时我们看到语言智能不能转换为逻辑—数学智能。同样地，在研究认知技能(如记忆、知觉或注意力)时，我们看到个人拥有的能力是有选择性的。例如，有些人可能记忆文字的能力过人，但却记不住人的面貌；有些人对音乐的感觉敏锐，但对说话的声音却不敏锐。因此，每项认知能力有其智能专属，也就是说，人们可以在每项认知领域里，以不同的熟练程度来表现八项智能。

(七)一种或一套可辨认的中央操作系统

加德纳认为，就像电脑程式需要一套操作系统(如 Dos 系统)才能工作一样，每项智能也拥有一套中央操作系统，用来驱动其各种固有的活动。例如，在音乐智能里，中央操作系统的组成部分包括对音调敏感或辨别各种节奏结构的能力；在肢体—运动智能里，可以包括模仿他人身体动作，或掌握建造某个结构时所需的特定精细动作习惯的能力。加德纳推测这些中央操作系统未来可能可以在电脑中精确辨认，甚至模拟。

(八)容易用符号系统来编码

根据加德纳的看法，智能表现最好的指标之一是人类运用符号的能力。“cat”这个词仅是一些印刷符号的特定组合，然而它可以唤出你脑中有关这个词的全部意义的联结、影像和记忆，而把某件这里实际不存在的东西再现出来。加德纳认为符号化的能力是区别人类与其他动物最重要的因素。他特别提到，他的理论中的每一项智能都符合能够使用符号表示的标准。事实上，每项智能都有其独一无二的符号系统。对于语言智能来说，它有许多口头和书写的语言，如英文、法文和西班牙文；空间智能则包括建筑师、工程师和设计师所运用的一系列图示语言，以及某些表意文字(如中文)。

三、多元智能理论的内容

(一)语言智能

语言智能(linguistic intelligence)是指用言语思维、语言表达和欣赏语言深层内涵的能力。一般来说，律师、演说家、作家、诗人和老师通常都是具有较高语言智能的人。

加德纳认为，语言一直是人类社会不可或缺的“人类智能的卓越典范”，对一般人而言，语言有四个方面的功能：第一，语言的口头运用，我们可以借助语言的运用去说服别人采取行动，这是每个人都需要的一个最普遍的功能。第二，语言的记忆潜力，即使用语言这一工具帮助一个人记忆信息。语言具有增进记忆的功能，人们可以借助于语言将自己的所见所闻记录下来。第三，语言的解释作用，由于文字的发展，现在很多知识都是通过语言来进行解释和传递的。第四，反省功能，即用语言反省语言本身的能力。

加德纳认为，虽然语言可以通过手势、文字来表达，但是从本质上讲，语言仍然是一种让耳朵听到的一种声响系统和信息的产物。

语言能力强势的人在说明一项事物时，能够讲得条理分明，深入浅出，并适时列举恰当的例子，让人一听或一读就懂；他可能很擅长以言语带动他人的情绪或说服别人接受自己的观点，他可能很善于运用语言记忆信息或讲述语言本身。

语言智能突出的儿童擅长通过说话、倾听和阅读来学习。语言智能强势的孩子会表现出如下的特点。

(1) 喜欢写作。

(2) 喜欢说故事、讲笑话。

(3) 很会记名字、地址、杂闻。

(4) 喜欢看书。

(5) 善于拼字。

(6) 喜欢押韵的歌谣和绕口令。

(7) 喜欢玩字谜和其他文字游戏。

(二)音乐智能

音乐智能(musical intelligence)是指人敏锐地感知音调、旋律、节奏和音色等的能力。运用于歌唱、欣赏和创作乐曲中的智能，即察觉、辨别、改变和表达音乐的能力。这项智能包括对音高或旋律、节奏、音色的敏感性。一个人对音乐能够象征性地或自上而下地理解(完全的、直觉的)，形式地或自下而上地运用(分析的、技术的)，或两者兼而有之。如歌唱家、音乐爱好者、音乐评论家、作曲家、音乐演奏家等即是音乐智能强的人。

加德纳分析了在音乐方面具有突出贡献的人们对音乐的运用，从而归纳音乐能力的核心要素。因为音乐的最主要的构成因素是音高(旋律)、节奏和音色，音乐就是以某种听觉频率发出的和按规定系统组合起来的声音。因此人的音乐智能主要有三个层面：第一，对音乐有敏锐的感受；第二，能够正确无误地唱出或以乐器弹奏出曲调；第三，创作曲调。

音乐智能强势的儿童经常会不由自主地哼唱曲调，一听到音乐，他们马上就会随着音乐一起唱或随着音乐的节奏摇动身体。他们很多人会演奏某种乐器，或是参加了学校的乐队、合唱团，但是也有些儿童并不是以表达的方式，而是以欣赏的方式来体现音乐才能的。他们对乐曲或歌曲的内涵有深刻的理解，能产生共鸣。他们对声音很敏感，有时别人听不到的细微声音，他们也可能会听到。这样的儿童会表现出以下几种特征。

(1) 喜欢玩乐器。

(2) 对曲调敏感，记忆准确。

(3) 能听出别人的演奏和演唱的准确性。

(4) 喜欢一边听音乐一边看书。

(5) 喜欢收集音乐磁带。

(6) 爱自己唱歌给自己听。

(7) 喜欢跟着音乐打拍子。

(三)逻辑—数学智能

逻辑—数学智能(logical-mathematical intelligence)是指人能够计算、量化、思考命题和假设，并进行复杂数学运算的能力，是有效地运用数字和逻辑推理以及科学分析的能力。这项智能包括对逻辑的方式和关系、陈述和主张(假设、因果等判断)、功能及其他相关的抽象概念的敏感性。用于逻辑—数学智能的各种方法包括：分类、分等、推论、概括、计算和假设检验。数学家、会计师、统计学家、科学家、电脑程序员或逻辑学家是逻辑—数学智能强的人。

加德纳认为，逻辑—数学智能与语言和音乐智能形成对照，它不是来自听和发声，而起源于人与对象的相互接触之中，也就是主体对客观对象的安排和再安排，从中发现关系。数理逻辑智能发达的人对抽象的概念非常敏感，擅长推理，思考时注重因果关系，数学家天赋中最核心、最难以替代的特征很可能便是其熟练处理推理系列的能力。

逻辑—数学智能包含的要素有数学计算、逻辑思维、问题解决、归纳和演绎推理、对模型和关系的辨别等。其核心是发现问题和解决问题。包括对逻辑的方式和关系、陈述和主张(如果……就……、因为……所以……)、功能及其他相关的抽象概念的敏感性。包括：分类、分等、推论、概括、计算和假设检验。

逻辑—数学智能强势的孩子习惯抽象思考。他们喜欢探索事物的模式、类别和相互关系。他们会主动地、有计划地、有秩序地改变环境，实验中种种不同的可能性使他们思考并质疑各种自然现象。这些孩子喜欢待在电脑旁或在实验室里解决各种难题，他们喜欢益智问答、逻辑游戏或任何用脑的游戏。他们长大后想当科学家、工程师等。他们会有如下这样一些表现。

(1) 喜欢速算。

(2) 喜欢用电脑。

(3) 喜欢问问题。

(4) 喜欢下棋或其他动脑的游戏。

(5) 喜欢逻辑推理。

(6) 喜欢设计实验来证明自己不懂的问题。

(7) 热爱益智游戏。

(四)视觉—空间智能

视觉—空间智能(visual-spatial intelligence)是指人们利用三维空间的方式进行思维的能力，是在脑中形成一个外部空间世界的模式，产生能够运用和操作这一模式的能力，也就是准确地感觉视觉空间世界、辨别空间方向(如猎人、侦察员或向导)，并把所知觉到的表现出来以及用图画表达头脑中想象的概念(如室内装潢师、建筑师、艺术家或发明家)。这项智能包括对色彩、线条、形状、形式、空间及它们之间关系的敏感性。这其中也包括将视觉和空间的想法立体化地在脑海中呈现出来，以及在一个空间的矩阵中很快地找出方向的能力。空间智能使人能够知觉到外在和内在的图像，能够重现、转变或修饰心理图像，不但能够使自己在空间自由驰骋，有效地调整物体的空间位置，还能创造或解释图形信息。

水手、工程师、外科医生、雕刻家、画家等都是具有高度发达的空间智能的例子。这方面发达的人善于通过想象进行思考，对视觉空间的感受性强，能从不同角度和层面来重塑空间。

加德纳认为，视觉—空间智能的核心能力是“准确地知觉到视觉世界的能力，是对一个人最初所知觉到的那些东西进行改造或修正的能力，是能够重造视觉经验(即便在有关的物体刺激不在的情况下)的某些方面的能力。可以要求一个人制作出形式来，或只要求他操作那些提供出来的形式”。从这段描述中我们可以看到，空间智能也是作为一种合成能力出现的，这项智能大致可分为三大类的能力。

第一，传统智力测验所测的二度与三度空间的转换，如辨认出相同的图案，把一种图案进行变化或辨认变化后的图案；在大脑中进行想象对图案进行改造的能力；以及将空间的信息制作成图形的能力等，建筑师、工程师、设计师、医师、画家等职业特别需要这一层面的空间智能。

第二，方向感。飞行员、司机、向导、外送、快递、猎人等是特别需要方向感空间智能的职业。

第三，对构成一件艺术作品的要素，包括对色彩、线条、形状、体积、空间、平衡、阴暗、匀称、式样等，感受特别敏锐，想象力通常也很丰富。艺术创作特别需要这一种空间智能。

空间智能是一种与视觉密切联系的能力，它是直接从对事物的视觉观察发展起来的，当一个人被要求去操纵图案或对象时，就会涉及这种能力了。而且在研究中我们也发现，运用空间智能时，也有人将这种空间的信息用文字进行描述，所以极有可能空间智能和语言智能以既相对独立又互补的方式进行作用。

空间智能强势的儿童，很清楚屋子里的东西都放在哪里，他们很会找东西。他们对教室设计的变化很敏感，能最先注意到教室内摆设的变化。他们喜欢玩拼图，爱画画。他们的书上空白处可能填满了他们的作品。他们爱设计东西，玩模型。他们喜欢摆弄机器，家里的玩具会被他们拆掉。这些孩子的主要表现如下。

(1) 愿意花时间创造艺术品。

(2) 在思考问题时，脑中会出现清晰的图像。

(3) 善于看地图、表格和图形，对这些资料的理解能力很强。

(4) 能画出逼真的素描。

(5) 喜欢看电影、幻灯、照片。

(6) 喜欢玩拼图或走迷宫。

(7) 爱做白日梦。

(五)身体—运动智能

身体—运动智能(bodily-kinesthetic intelligence)是指善于控制身体运动，善于运用身体动作表达思想和情感(如演员、运动员或舞蹈家)以及运用双手灵巧地操作物体的智能(如工匠、雕塑家、机械师或外科医生)。这项智能包括特殊的身体技巧，如协调、平衡、敏捷、力量、弹性和速度，以及自身感受的、触觉的和由触觉引起的能力。在体育、舞蹈等活动上，这种智能体现得最明显。舞蹈家、运动员、外科医生、手工艺大师等都表现出高度发达的身体运动智能。

加德纳通过对哑剧演员的活动分析，指出身体运动智能包含两个重要的要素即：第一，为了达到某种目的而使用身体，也就是有效地控制身体，善于运用整个身体来表达想法和感觉的能力。第二，熟练操作对象的能力，既包括手指与手的精细动作能力，也包括身体的大肌肉动作。它们的区别在于，一个以身体本身为对象，一个以其他事物为对象。

身体—运动智能强势的儿童，通过身体感官进行学习，他们好动，坐不住，在他们之中有些擅长舞蹈；有些喜欢表演、模仿；有些在做手工。他们很会通过手势、身体动作与别人沟通。如果没有机会运用他们的运动智能，他们可能在教室中表现出过分好动的行为。这些儿童通常表现出这样的特点。

(1) 体育运动表现突出。

(2) 在椅子上坐不住，经常扭来扭去。

(3) 喜欢体育活动。

(4) 和人说话时喜欢用身体碰别人。

(5) 爱玩飞车。

(6) 爱做手工。

(7) 善于模仿别人。

(六)内省智能

加德纳认为，在人格的发展中有两个发展方向，一个是人内在方面的发展；另一个是转向外部、转向其他个体的发展。向内在方面发展的就是内省智能，而转向外部的就是人际关系智能。

内省智能(intrapersonal intelligence)是指关于构建正确自我知觉的能力，并善于用这种知识计划和引导自己人生，或者说有自知之明，并据此做出适当行为的能力。这项智能包括对自己相当了解(自己的长处和短处)，意识到自己的内在情绪、意向、动机、脾气和需求，以及自律、自尊、自控的能力。自我意识智能发达的人，能深入探索自己的内心世界，分辨自己的心理状态，理解自我的内在感情，并根据对自我的了解来调节自己的行为。

内省智能强的儿童个性比较强，他们往往不喜欢群体活动，喜欢自己独处。他们对自己的情感、认知的特点了解得非常清晰，他们喜欢通过记日记的方式表达自己的秘密。他们一般都有自己清晰的目标，会为自己心中的目标而努力。他们常常是：

(1) 意志力很强，个性独立。

(2) 在讨论有争议性的话题时，意见很鲜明。

(3) 似乎经常是活在自己的个人内在世界里。

(4) 喜欢单独一人，按自己的兴趣行事。

(5) 很有自信。

(6) 行为举止与众不同。

(7) 喜欢个人的内在激励。

(七)人际关系智能

人际关系智能(interpersonal intelligence)是指能够有效地理解别人和与人交往的能力，是一个人在与他人交往的过程中察觉并区分他人的情绪、意向、动机及感觉的能力。这包括对面部表情、声音和动作的敏感性，辨别不同人际关系的暗示，以及对这些暗示做出适当反应。

人际智能发达的人往往擅长察言观色，善解人意，与人相处融洽，通常还有很好的组织能力和领导能力。成功的销售商、政治家、教师、心理医生等都是拥有高度人际关系智能的人。

人际关系智能强的儿童了解别人的能力很强，他们善于组织、沟通甚至控制他人。因为他们很能了解别人的想法和意图，所以容易成为群体的领导，也很容易成为群体的协调人。这样的孩子常常有下列表现。

(1) 有很多朋友。

(2) 经常参加群体社交活动。

(3) 喜欢课外活动。

(4) 喜欢给别人当纠纷的调解人。

(5) 宁愿和别人在一起，也不愿独处。

(6) 有同情心。

(八)自然观察者智能

自然观察者智能(naturalist intelligence)是指观察自然界中事物的各种形态对物体进行辨认和分类，能够洞察自然或人造系统的能力。这是加德纳在 1983 年提出、而在 1995 年新扩充的一种智能类型。

加德纳认为这种智能的核心是一个人“能够辨识植物，对自然万物分门别类，并能运用这些能力从事生产”。

加德纳认为发展儿童的自然观察能力并不一定局限于自然世界，因为自然观察者智能的本质是人对周围世界(包括自然和人文)的观察、反映、联结、综合、条理化的能力。从这种观点出发，培养儿童的自然观察者智能就是要创造环境使学生能够理解事物之间的联系。教师要引导儿童学会观察周围的世界，多与自然接触，多到博物馆去学习，要给儿童提供机会亲身实验、摸索自然界的规律。

加德纳认为上述八项智能是最基本的智能，人人都具有这些智能潜力。根据加德纳的观点，智能可能并不局限于现在所列的八项，还可能有其他智能的存在，这为我们发展加德纳的理论提供了充分的空间。

拓展阅读

请扫描前言中的拓展阅读二维码。

本章小结

所谓个性是一个人比较稳定的、具有一定倾向性和各种心理特点或品质的独特结合。个性具有独特性、整体性和稳定性的特点。幼儿期是个性初步形成的时期，对于婴幼儿来说，影响其个性独特性发展的最直接因素是家庭、幼儿园的环境和教育。

气质是一个人所特有的心理活动的动力特征。

托马斯、切斯等人将婴儿气质类型划分为容易型、困难型和迟缓型。同时托马斯、切斯还认为，以上三种类型只涵盖了65%的研究被试，另有35%的婴儿不能简单地划归到上述任何一种气质类型中去。幼儿气质发展的行为特征表现为：幼儿气质具有稳定性，幼儿气质发展中存在“掩蔽现象”。

气质无所谓好坏，但它影响儿童的全部心理活动和行为，成人应自觉地正确对待儿童的气质特点，并针对儿童的气质特点进行培养和教育。具体做法是：成人对儿童的抚养和教育措施必须充分考虑到每个儿童的气质特点；要善于理解不同气质类型儿童的不足之处；要巧妙地利用不同气质类型儿童的心理特点因势利导；要注意和防止一些极端气质类型儿童的病态倾向发展。

性格是个性中最重要的心理特征，是指人对现实稳定的态度以及与之相适应的习惯化了的行为方式。儿童性格的最初表现是在婴儿期，具体表现为：合群性、独立性、自制力和活动性方面。幼儿性格最突出的特点是：活泼好动；好奇、好问；易冲动、自制力差；易受暗示、模仿性强。

学前阶段正处在性格发展和初步形成时期，儿童最初形成的性格特征对幼儿的个性形成起了重要的作用，同时性格是随外界环境和教育的影响而产生和变化的。因此，我们必须重视对儿童性格的培养。具体方法是：养成良好习惯；树立良好榜样；个别指导，因材施教；重视家庭的因素和发挥家长作用。

能力是直接影响人的活动效率的心理特征，是使活动任务得以顺利完成的必备心理条件。能力的种类有：运动、操作能力、智力；一般能力和特殊能力。

新生儿已表现出一定的智力活动，而且具有巨大的潜能。幼儿期儿童在接受教育和参加游戏、学习等活动的过程中，积累了知识，学会了一些技能，同时也进一步发展了能力。

学前儿童智力的发展理论有：智力分化论、智力复合论和智力内容变化论。

学前儿童在能力发展和表现上存在个别与群体差异，包括：能力类型的差异、能力发展水平差异和能力发展早晚的差异。

人们从事任何活动必须以能力为前提，所以家长和教师都应重视对学前儿童能力的培养。主要应从以下几方面入手，并注意这几个方面的内在联系：首先，要正确了解儿童能力发展水平；其次，指导儿童掌握有关的知识技能；再次，要激发兴趣；最后，能力与个性其他品质的良好配合。

多元智能理论的内容包括：语言智能、音乐智能、逻辑—数学智能、视觉—空间智能、身体—运动智能、内省智能、人间关系智能和自然观察者智能。

【推荐阅读】

[1] 王雁. 普通心理学. 北京：人民教育出版社，2004

[2] [美]卡拉·西格曼(Carol K. Sigelman)等. 生命全程发展心理学. 陈英和，审译. 北京：北京师范大学出版集团，2012

[3] 谢弗. 发展心理学. 第8版. 邹泓，等译. 北京：中国轻工业出版社，2009

[4] 但菲，刘彦华. 婴幼儿心理发展与教育. 北京：人民教育出版社，2010

思 考 题

1. 什么是个性？
2. 什么是气质？不同类型气质的主要特点是什么？
3. 幼儿气质发展的行为特征有哪些？
4. 请结合实际阐述如何根据幼儿的气质类型进行教育。
5. 什么是性格？幼儿性格发展的年龄特征有哪些？
6. 请结合实际阐述塑造学前儿童良好性格的方法。
7. 什么是能力？学前儿童能力的差异表现在哪些方面？
8. 请结合实际阐述如何培养学前儿童的能力。

早期关键阶段中的经验会决定个人顺应社会的模式和其成年时所具有的个性特征。

——弗洛伊德

第十二章 学前儿童社会性发展

本章学习目标

- 了解社会性发展对学前儿童心理发展的意义。
- 了解学前儿童自我意识发展的特点。
- 掌握学前儿童依恋的类型及影响因素。
- 分别掌握同伴关系和社会性行为的影响因素。
- 理解学前儿童性别角色发展的特点。

核心概念

社会性(social) 亲社会行为(prosocial behavior) 反社会行为(anti-social behaviour) 依恋(attaching) 同伴关系(peer relation) 性别角色(gender role)

案例导读

依恋布母猴

威斯康星大学动物心理学家哈洛曾做了著名的布母猴实验。他分别用铁丝和毛巾做成猴子的代母。其中，铁丝母猴有供奶装置，布母猴没有奶水。哈洛把一群出生以后与母亲分离的猴宝宝跟两个代母关在笼子里。很快，令人惊讶的事情发生了，在几天之内，猴宝宝把对猴妈妈的依恋转向了布母猴。猴宝宝只在饥饿的时候，才到铁丝母猴妈妈那里喝几口奶水，然后又跑回来紧紧抱住布母猴。这是一个意义极其重大的发现。

为什么猴宝宝依恋布母猴而不是铁丝母猴？本章将揭晓其中的奥秘。

第一节　社会性概述

社会性发展是学前儿童心理发展的重要组成部分，它与体格发展、认知发展共同构成儿童发展的三大方面。幼儿期是儿童社会性发展的关键时期，在此时期，引导幼儿学会处理最初的人际交往关系，逐步掌握解决人际冲突、寻求与他人合作等方面的交往技能，对其未来的发展具有重要意义。

一、社会性的概念

社会性是社会成员为适应社会生活所表现出的心理和行为特征，也就是人们为了适应社会生活所形成的符合社会传统习俗的行为方式，如对传统价值观的接受、对社会伦理道德的遵从、对文化习俗的尊重以及对各种社会关系的处理等。人的社会性不是一成不变的，随着他们交往范围的逐渐扩大、交往能力和认识水平的不断发展，社会性也在不断变化，越来越适应周围的环境，越来越能够满足新的交往需要，这一过程就是社会性发展的过程。

学前儿童社会性发展是指儿童在其生物特性的基础上，在与社会生活环境相互作用的过程中，掌握社会规范，形成社会技能，学会社会角色，发展社会行为，以适应周围社会环境，由自然人发展为社会人的社会化过程。社会性发展也就是儿童社会性水平不断提升的过程。学前儿童从入园时的哭哭啼啼，到后来与同伴和老师的正常交往，再到拥有自己的朋友，形成父母以外的交往圈，这就是社会性的发展。

二、社会性的特点

社会性具有以下特点。

(一)不是先天的

社会性不是与生俱来的，而是后天习得的。虽然儿童在胚胎的晚期已经具有了某些感知觉和活动，但是属于纯粹的生理反应，而不具有社会性。

(二)是在社会交往中形成的

儿童心理社会化过程，从本质上说，就是儿童在与周围人交往过程中，形成符合社会要求的行为方式的过程。换句话来说，如果没有社会交往过程，儿童就不会形成社会性。如“狼孩”，由于他在很小时候被母狼叼走并被哺育长大，生活在狼群里，缺少与人交往的环境，因而，虽然他具有人的遗传素质，但也无法形成符合社会规范的人的社会属性。

三、社会性的内容

学前儿童社会性发展的内容主要包括自我意识、人际交往、性别角色、亲社会行为和攻击性行为等方面。

(一)自我意识

自我意识是人对自己身心状态及对自己同客观世界的关系的意识，具体包括认识自己的生理状况(如身高、体重、体态等)、心理特征(如兴趣、能力、气质、性格等)以及自己与他人的关系(如自己与周围人们相处的关系，自己在集体中的位置与作用等)。

自我意识不仅是人脑对主体自身的意识与反映，而且人的发展离不开周围环境，特别是人与人之间关系的制约和影响。所以自我意识也反映人与周围现实之间的关系。

(二)人际关系

人际关系既是学前儿童社会性发展的重要内容，又是影响学前儿童社会性发展的重要影响因素。学前儿童的人际关系主要包括三个方面：亲子关系、同伴关系和师幼关系。亲子关系是指父母与子女的关系，也可包含隔代亲人的关系，主要包括父母与子女的情感联系。同伴关系是指儿童与其他孩子之间的关系，是年龄相同或相近的儿童之间的一种共同活动并相互协作的关系，具有平等、互惠的特点。师幼关系是指进入幼儿园的儿童与幼儿园保教人员之间的关系，是与父母之外的成人建立的密切关系，是一种教养关系。

(三)性别角色

性别角色是由于人们的性别不同而产生的符合一定社会期望的品质特征，包括对两性所持的不同态度、人格特征和社会行为模式。性别角色是作为一个有特定性别的人在社会中的适当行为的总和，是社会性的主要方面。性别角色的发展是人们依据自己的性别特征获得特定文化中性别角色特征的过程，它构成了人的社会化过程的一个十分重要并延续终身的内容。

(四)亲社会行为

亲社会行为是指个体帮助或打算帮助他人的行为及倾向，包括同情、分享、合作、谦让、援助等。一般来说，亲社会行为与侵犯行为相对应，它的最大的特征是使他人或群体受益。亲社会行为对人类文明与社会进步具有至关重要的意义。亲社会行为的发展状况是个体社会性发展过程成败的一个最重要的指标。儿童亲社会行为的发展与其道德发展有着密不可分的关系，是学前儿童道德发展的核心问题。

(五)攻击性行为

攻击性行为也称侵犯行为，就是任何形式的以伤害他人为目的的活动，如打人、咬人、故意损坏东西等。攻击性行为是一种不受欢迎却经常发生的行为，是一种不为社会提倡和鼓励的行为。攻击性行为发展状况会影响一个人的人格和品德的发展，故可以看成一个人社会性发展的一个重要指标。

四、社会性在学前儿童心理发展中的作用

(一)社会性发展是学前儿童心理全面发展的重要组成部分

社会性发展是儿童身心健全发展的重要组成部分，与体格发展、认知发展共同构成儿童发展的三大方面。20 世纪 90 年代初出现的情感智力的理论，强调“情商是决定人生成功与否的关键”，把社会性发展的作用提到了一个新的高度，从而使“智商决定论”成为历史。情商是除了智力因素以外的一切内容，主要包括同情和关心他人、表达和理解感情、控制情绪、独立性、适应性、受人喜欢、解决人与人之间关系的能力、坚持不懈、友爱、善良及尊重他人。可以看出，情商指的就是人的社会性。既然情商是可以培养的，是因教育而形成的，那么就会出现儿童发展的不同水平。因此，教育者就有责任培养高情商的儿童，发展儿童的社会性。

(二)学前儿童社会性发展是儿童未来发展的重要基础

学前儿童社会性发展在人一生的社会性发展中占有极其重要的地位，是其未来人格发展的重要基础。这是由于学前期是儿童社会性发展的关键时期，儿童的社会认知、社会情感及社会行为技能在此阶段都得到了迅速发展，并开始逐渐显示出较为明显的个人特点，可以说某些行为方式已经成为比较稳定的个性特征。到入小学前，儿童之间就已经表现出明显的个体差异。如有的孩子对人友好，受人喜欢，能够独立处理和同伴的关系，有的孩子任性、自私，不会和他人交往，也不受小伙伴的欢迎。可以说，学前期社会性发展的好坏，将是以后儿童社会性发展的基础，并对儿童入学以后的学习、交往产生重要的影响。因此，学前期应该注重发展儿童的社会性，为儿童未来的发展奠定一个良好的基础。

第二节　学前儿童自我意识的发展

一、学前儿童自我意识的发生

儿童对自己的意识不是一生下来就有的，而是在其发展过程中逐步形成和发展起来的。人首先是对外部世界、对他人认识，然后才逐步认识自己。自我意识是在与他人交往的过程中，根据他人对自己的看法和评价而发展起来的。

儿童认识自己比认识外部世界更复杂。儿童最初不能意识到自己，不能把自己作为主体去同周围的客体区分开来。例如，我们常见到几个月的婴儿总喜欢咬自己的手指、脚趾，吃得津津有味，就像吃棒棒糖一样，那是因为婴儿还不知道自己身体的各个部分是属于自己的，甚至不能意识到自己身体的存在。这是儿童(0~1 岁)的自我感觉的发展。

1 岁之后，婴儿逐渐知道了手脚是自己身体的一部分，例如，开始用手指拿纸、笔等，知道手指是自己的；能根据大人的提示用手指指向身体的各部分，如妈妈问“你的眼睛在哪里？”。对自己身体的认识，既是儿童认识自我存在的开端，也是认识物我关系的开始，

这样他就把自己的动作和动作的对象区分开来，进一步把自己这个主体和自己的动作区分开来。这是自我意识最初的表现。这是儿童(1~2 岁)的自我认识阶段。

2 岁左右的儿童开始意识到自己身体的内部状态，比如会说“宝宝饿了”“宝宝要喝水”；并逐渐开始知道自己的名字，这时儿童只是把名字理解为自己的代号，遇到叫周围同名的别的孩子时，他会感到困惑。3 岁左右的儿童开始会用人称代词“我”来表示自己，说明他开始意识到了自己心理活动的过程和内容，开始从把自己当作客体转化为把自己当作一个主体的人来认识，这是自我意识发展中的一次质变和飞跃，是自我意识发展中的一个重要转折。此时，儿童开始把自己当作一个与别人不同的人来认识。从此，儿童的独立性开始大大增长起来，儿童经常说我自己来，我要……随着儿童把自己当作主体的人来认识，他们逐步学会了自我评价，懂得了乖或不乖、好或不好的含义。这是自我意识的萌芽阶段，也是自我意识发展中的一次质变和飞跃，人的自我意识从此萌生。这是儿童(2~3 岁)自我意识的萌芽。

二、学前儿童自我意识的发展

学前儿童自我意识的发展是一个渐进的过程，3 岁以后开始各方面的发展，具体包括自我认识、自我评价、自我体验、自我控制等。

(一)自我认识的发展

自我认识的对象包括自己的身体、自己的动作、自己的心理活动。

1. 对自己身体的认识

3 岁左右的儿童可以把名字与身体联系起来并学会用代名词“我”来称呼自己，但是仍倾向用名字称呼自己。例如，儿童跌倒了，在告诉妈妈时，还会经常说“晨晨倒了”，而不是“我倒了”。

2. 对自己动作的认识

动作的发展是儿童产生对自己行动的意识的前提条件。虽在无意中学会了自动化动作，但儿童并不能意识到。例如，皮亚杰曾用实验研究幼儿对自己爬行动作的意识，结果发现 4 岁儿童虽然会爬行，但并不意识到自己是怎样运动的；5~6 岁能意识到自己的行动；7~8 岁对自己的爬行动作有明确的掌握或认知。

3. 对自己的心理活动的认识

儿童从 3 岁左右开始，出现对自己内心活动的意识。例如，儿童开始意识到“愿意”和“应该”的区别。以前他只知道“我愿意怎样做就怎样做”，现在，开始懂得了“愿意”要服从“应该”。

4 岁以后，开始出现对自己的认识活动和语言的意识。他们开始知道怎样去注意、观察、记忆和思维。比如，上课时老师说：“注意了！”自己就应该眼睛看着老师，双手停止活动等。这也是开始有了认知的方法。他们也比较清楚地意识到假想和真实的区别，意识到正确与错误的思想和行为的区别。有时故意做错事、坏事，是为了引起成人的注意，同成人开玩笑。

儿童往往只停留在意识到心理活动的结果，而不能意识到心理活动的过程。他能作出判断，但不知道判断是如何得出来的。因此往往知其然，而不知其所以然。如皮球在水里会浮还是会沉？答：会浮起来。问：为什么？答：它轻。问：小钉子会浮还是会沉？答：会沉。问：它也轻，为什么会沉？幼儿不能正确回答。

掌握“我”字是自我意识形成的主要标志。婴儿从知道自己的名字发展到知道“我”，意味着从行动中实际地成为主体，发展到意识到自己是各种行动和心理活动的主体。

(二)自我评价的发展

自我评价是指个体对自己的生理、心理和社会特征及行为的某一方面或整体的评价过程。幼儿自我评价的发展和幼儿认知及情感的发展密切联系着。儿童自我评价的发展体现出如下趋势特点。

1. 从主要依赖成人的评价，逐渐向自己独立评价发展

婴儿还没有自我评价，自我评价从 2~3 岁开始出现。此时，幼儿的自我评价主要依赖于成人对自己的评价，直接以成人的评价当作自己的评价。特别是幼儿初期，儿童往往不加考虑地轻信成人对自己的评价，自我评价只是简单地重复成人的评价。例如，当评价自己是好孩子之后，若问及原因， 3~4 岁的幼儿会回答说，“因为妈妈说我是好孩子”“因为老师说我是好孩子”等。

到四五岁以后，幼儿初步内化了一些研判行为的标准，开始出现独立的评价。此时，幼儿逐步知道了哪些行为是好的，哪些行为是不好的，并以此进行自我评价。比如，面临类似上述的问题时，5 岁幼儿会说，“因为我扫地很干净”“因为我帮妈妈洗碗”“因为我帮助了小朋友”“因为我的画很漂亮”。

大约 6 岁时，幼儿的自我评价体现出更强的独立性，对成人的评价逐渐持批判的态度。如果成人对他的评价不符合他自己的评价，儿童会提出疑问，甚至表示反感。例如经常以“不公平”抗议成人的评价，认为自己不睡午觉也是乖孩子。

2. 从对个别方面的评价发展到对多个方面的评价

随着年龄的增长，幼儿的自我评价体现出由单一向多元、由局部向整体的发展趋势，评价内容的广泛性逐渐提高。

3~4 岁是依从性评价占主导的年龄段，尚不涉及评价的实质内容。4~5 岁的幼儿虽然已经初步具备了研判行为的标准，但是自我评价还多是从个别方面评价自己。

6 岁以后，幼儿能够从多方面评价自己。比如，询问 6 岁幼儿：“为什么你认为自己很能干呢？”其回答往往包含两个以上的依据。他们可能会说：“因为我会收拾玩具，我也会帮老师搬椅子，我会唱很多歌，会讲故事……”或者“我能够自己一个人睡觉，我给自己洗澡，我还会给外婆倒水喝……”可见，6 岁幼儿的自我评价已经体现出多元、全面的特点。若在成人的启发性提问下，如询问“还有吗？”一些幼儿还能够列举出更多的内容来。

3. 从对外部行为的评价向对内在品质的评价过渡

4~5 岁的幼儿主要从外部评价自己，即还停留在对自己外部行为的评价上，6 岁以后才出现向对内在品质的评价过渡，即表现出从外部行为向内心品质转化的倾向。但是总体来说，在整个幼儿阶段都还不能对内心品质进行深入评价。

以有关道德内容的评价为例：中班幼儿能够初步运用一定的道德行为规则来评价自己和他人行为的好坏，但是评价带有一定的情绪性。大班幼儿能够自觉地模仿成人，从社会意义上来评价道德行为的好坏，但对道德概念的理解还是很肤浅的，比较笼统，还不能很好地理解道德概念。

4. 从具有主观情绪性的评价发展到初步的客观性评价

4 岁前的幼儿对事物的评价往往根据自己的喜好，而不是根据具体事实，到了 4 岁以后，才开始初步运用规则进行评价，而且只能根据具体的、简单的规则进行评价。

苏波特斯基的研究发现，幼儿对美工作品的评价带有相当大的偏向性。实验者让幼儿对自己的绘画和泥工作品同别人的作品作比较性评价。当幼儿知道比较的对方是老师的作品时，尽管那些作品比自己的质量差(这是实验者故意设计的)，幼儿总是评价自己的作品不如对方，而当幼儿把自己的作品和小朋友的作品相比较时，则总是评价自己的作品比别人的好，这一实验结果充分说明了幼儿自我评价的主观性。

在一般情况下，幼儿总是过高地评价自己，但随着年龄的增长，幼儿对自己的过高评价渐趋隐蔽。例如，幼儿想说自己好，又不好意思，于是说“我不知道我做得怎么样”。在良好的教育下，幼儿逐渐能够对自己作出正确的评价，有的儿童则出现谦虚的评价。

(三) 自我体验的发展

自我体验，是指个体是否满足或悦纳自己的情绪。自我体验有积极和消极之分。其中，自爱、自信、自尊等便属于积极的自我体验，自负、自卑、自弃等便属于消极的自我体验。自爱、自信、自尊等积极的自我体验是个体成长和成才都不可或缺的素质。

自我体验是在自我认知的基础上，在社会化的过程中，特别是在成人的评价、引导和暗示过程中发展起来的。韩进之等人以 3~6 岁的 480 名幼儿为对象展开研究，结果发现，3 至 3 岁半、4 至 4 岁半、5 至 5 岁半、6 至 6 岁半的幼儿，出现自我体验的人数分别占各组人数的 23.33%、48.33%、75.00%和 83.33%，而且自我体验的平均得分也呈现出由低到高的发展趋势，在年龄组间差异显著。由此可知，自我体验开始发生于 4 岁左右，到 6 岁时，绝大部分幼儿已经出现了自我体验。

学前儿童的自我体验表现为如下几方面的特点。

1. 出从生理性体验向社会性体验发展

幼儿的愉快和愤怒是生理需要的表现，委屈、自尊和羞愧是社会性体验的表现。前者发展较早，后者发展较晚，约 4 岁以后明显发展。

2. 从暗示性体验向独立体验发展

在幼儿自我体验的产生中，成人暗示起着重要作用，年龄越小表现越明显。例如，问小朋友，做捂眼睛贴鼻子游戏时，如果你私自拉下毛巾，被老师看见，你会觉得怎样？3 岁组儿童只有 3.33%的人有自我体验。而在有暗示时(你做了错事觉得难为情吗？)有 26.67%的人有自我体验。此研究结果对幼儿教育有重要意义。教师和家长应该充分注意幼儿受暗示性强的特点，多采用积极的暗示促进幼儿良好道德情感的发展；同时，要注意避免消极暗示对幼儿行为的不良影响。

3. 幼儿自我体验发展水平不断深化

儿童自我意识中的各个因素的发生和发展并不是同步的，并且幼儿的各种自我体验都随年龄增长而发展，其发展水平不断深化。例如，对愤怒感的情绪体验，从 3~6 岁儿童会有不同的体验程度，从“会哭”“不高兴”“会生气”，到“很生气”“很恨他”这个变化过程，可以看出，幼儿体验的深刻性在逐渐发展。

(四)自我控制的发展

自我控制是指个体对自己的生理和心理活动、思想观念和行为的调节和控制。自我控制是自我意识的重要组成部分，它有助于个体适应环境、符合相应情境的要求。具体而言，它是个体自觉地选择目标，在没有外界监督的情况下，适时地监控自己的行为，克制冲动、抵制诱惑、延迟满足、坚持不懈地确保目标实现的一种综合能力。由此可知，自我控制主要包括自觉性、坚持性、自制力和自我延迟满足四个要素。

自我控制的形成与发展是内外因复杂交互作用的过程。3 岁之前是形成和发展的重要年龄段。一方面，随着大脑皮质的迅速发育，其抑制机能也逐渐发展起来，这给儿童控制自己的动作和抑制多种冲动提供了重要的生理前提。另一方面，在社会化的过程中，重要教养人不断根据情境特点，给儿童提出相应的要求，这也提高了儿童根据外界要求调控自己行为的能力。这两方面因素的复杂交互作用，使得儿童的自我控制能力的发展随着年龄的增长呈上升趋势，幼儿自我延迟满足平均延迟时间随着年龄的增长而延长。3 岁之后，幼儿的皮质抑制机能进一步增强，而且在社会化的过程中，各种行为规则也逐渐内化，因此自我控制能力得以进一步提高。研究还普遍发现，女童的自我控制能力在多个方面均显著高于男童。

自我控制最早发生于出生后 12~18 个月，其早期最典型的表现是儿童对母亲指示的服从和延迟满足。2 岁儿童延迟性自我控制行为已经初步上升到主导地位，已经具备一定的自我控制能力，但水平较低，且具有明显冲动性，主要依靠外界压力而实现。随着年龄的增长，3~4 岁期间儿童的自我控制能力发展较快，质的飞跃期是 4 岁，4~5 岁获得飞速发展。4~5 岁儿童自我控制的特点主要表现在坚持性和自制力上。3~4 岁幼儿的坚持性和自制力都很差，到了 5~6 岁才有一定发展。

总的来说，学前儿童首先要学会按要求停止某些行为，然后才能学会自己控制自己的行为，这对年幼儿童来讲并非易事。学前儿童对自己认知活动和情绪的控制更难。在认知活动中，学前儿童是属于冲动型的；在情绪活动中，也是缺乏自我控制。所以，学前儿童自我控制的能力还是较弱的。

三、学前儿童自我意识的培养

(一)提供充足的交往机会，营造温馨的交往氛围

自我意识是儿童在社会化的过程中逐渐形成和发展的，因此给学前儿童提供充足的亲子交往、师幼交往和同伴交往的机会，并且营造温馨的交往氛围，对其自我意识的形成和发展具有举足轻重的作用。

1. 家长要创设温暖和谐的家庭氛围，给予儿童充分的陪伴

温暖和谐的家庭氛围是孩子自信心建立的前提，父母的精心照顾和爱护能给孩子充分的安全感，让他感到这个世界是温暖的，是可以信任的。如果孩子感受不到父母的关爱，自我怀疑的潮水就会冲蚀自信的基石，引发自信心的垮塌。此外，在家庭里，父母要多陪伴孩子，多进行亲子游戏、亲子阅读等活动，与孩子进行交往，从而促进孩子自我意识的良好发展。

2. 教师要提供宽松民主的集体氛围，有意识地多与儿童交往

在幼儿园，教师要为幼儿提供宽松民主的集体氛围，给予儿童更多的自主权，解放儿童的头脑，解放儿童的双手，解放他们的时间和空间，让他们用自己独特的方式去认识周围世界，要给予他们最大的信任，并提供必要的恰到好处的帮助，才能使他们逐渐建立自信、彰显独立性，才能促进儿童自主性的发展。此外，在集体活动中，教师要尽量关照到每一位幼儿，尽量使每位幼儿都有在教师面前表现自己的机会。教师除了运用口头言语和幼儿进行交流，还可以充分利用眼神、微笑等面部表情和体态言语进行“全面覆盖”的交流。

3. 成人要多创设机会，鼓励儿童多与同伴进行交往

教师可以对幼儿进行随机分组，使幼儿能有机会与不同气质类型、不同能力水平的幼儿交往。还可以有意识地让一些善于交往的幼儿和不善交往的幼儿搭对子合作，以促进不善交往幼儿的交往水平。家长方面，则可以多带孩子到户外跟小朋友一起玩，鼓励孩子邀请小朋友到家里玩等，为孩子提供与同伴交往的机会。当儿童在同伴交往中出现纠纷时，教师和家长都要及时关注，若是小纠纷，尽量鼓励、启发儿童自己解决，以提高其交往的技能。

(二)进行科学的规则教育，赏识和鼓励积极行为

1. 建立合理而必要的规则，培养其规则意识

建立有关法律公德、科学作息和安全卫生的规则，科学地实施规则教育，是儿童自我控制和自我评价顺利发展的重要前提。科学地进行规则教育，是要让儿童明了有哪些规则、遵守和违反相应的规则会有什么结果，并且在儿童违反规则的时候，执行相应的结果。这样，儿童就能够明辨是非、活泼有序，形成良好的习惯与性格，能够依据清晰的规则指导自己的行为、评价自己和他人的行为。

2. 提倡赏识教育，鼓励儿童的积极行为

这有助于儿童获得成功的体验，从而获得独立性和自我控制能力。例如，当儿童自己学着穿衣服，自己系纽扣、系鞋带、铺床、叠被、搬椅子、收拾玩具、帮助老师和家长做事时，成人要及时鼓励和支持这种独立意识，保护其主动性和积极性，这是培养儿童自信心的重要基础。因为当儿童学会做这些事情时，其内心会感到无比自豪，逐渐就会相信自己的能力，进而慢慢形成主动感。成人的积极回应还有助于他们获得积极的自我体验，从而获得后续前进的动力。反之，就会使儿童成为习惯依赖他人、坐享其成、墨守成规、缺乏独立自主和创新精神的人。所以教师和家长要以最大的信任、必要的指导和最低限度的帮助，促使儿童出现越来越多的积极行为，并使他们获得成人和同伴更多积极的回应，从而帮助他们形成良好的自我认知、自我评价、自我体验和自我控制。

第三节　学前儿童依恋的发展

一、依恋的概念

依恋是一个宽泛的概念，一般意义上，依恋指的是个体对生活中特定的人的强烈的情绪关系。在发展心理学中，依恋指的是婴儿与其主要抚养人(主要是父母)之间的强烈的情绪联结。儿童早期最重要的亲子互动，主要涉及的就是父母与婴儿之间进行交流的依恋关系。

依恋是学前儿童社会性发展最重要的方面之一，也是学前儿童良好个性形成的基础。依恋就好比一根情感纽带，把婴幼儿与其父母等主要抚养者密切联系在一起。

二、依恋的特点

婴幼儿依恋突出表现为以下三个特点。

(一)对象具有选择性

婴幼儿的依恋对象通常是父母和陪伴较多的其他家庭成员。一项对 60 名苏格兰婴儿的研究发现，出生后的一年之内，93%的婴儿和母亲发展出了特定的依恋，只有 7%的婴儿对母亲之外的人产生了依恋。 随着年龄的增长，儿童开始对其他家庭成员产生依恋关系。18 个月大时，只依恋母亲一个人的学步儿仅占 5%，其他学步儿在依恋母亲的同时还对父亲(75 %)、祖父母(45 %)和哥哥姐姐(24 %)产生依恋。为何依恋的首选对象是母亲呢？因为正常情况下，母亲是婴儿出生第一年内照料时间最多的人。

(二)寻求亲近

婴幼儿最喜欢跟依恋对象在一起，喜欢亲近和依赖依恋对象。离开依恋对象，会使婴幼儿感到焦虑，如哭闹、不安。

在婴幼儿痛苦、不安时，依恋对象能够比其他任何人都更有效地安抚婴幼儿，能够给其安全感。在依恋对象的身边，婴幼儿较少害怕，愿意与人交往和探索周边环境并感到最大的愉快。当其害怕时，最容易出现依恋行为，寻找依恋对象。

(三)具有稳定性、和谐性

依恋一旦建立，在短期内不会中断，并且依恋的亲子双方应比较默契、融洽。

对儿童婴幼儿来说，寻求亲近是依恋的核心与基本的外在行为表现，而强烈的相互依存的情感则是依恋基本的内在心理表征。依恋在本质上是一种融情绪、情感、态度及信念于一体的复杂系统。

三、依恋的发展

依恋产生的标志是婴儿表现出认生现象，以及对主要教养人的努力接近或接触的行为。依恋进化与发展的基础是未成熟、弱小的儿童趋近父母的需要，其生物意义在于个体可以从中获得关爱、安全感等生存的“必需品”，其社会意义是个体探索外部环境、谋取未来发展的重要“资本”。依恋的发展会经历哪些阶段，不同的研究者对其结论略有差异。精神病学家约翰·鲍尔比研究认为，依恋的发展大致经历了如下四个阶段。

(一)前依恋期(0~2 个月)

这是对人无差别的社会反应阶段。此期婴儿对所有人的反应几乎都是一样的，没有差别。他们喜欢所有的人，喜欢听到所有人的声音，注视所有人的脸，以哭声引起他人的注意，满足自己的生理需要。安静觉醒的时间，婴儿用抓握、微笑、哭泣和凝视成人的眼睛开始与他人的亲密接触。这一年龄的婴儿可以识别自己母亲的气味和声音。但是，他们还没有形成对她的依恋，因此他们可以接受来自陌生人的关注与爱护。

(二)依恋建立期(2、3 个月~6 个月)

这是有差别的社会反应阶段。这时婴儿对人的反应有了区别，对母亲和他所熟悉的人及陌生人的反应是不同的，婴儿对母亲更为偏爱。对待熟悉的人有特殊反应，表示友好，而对亲近的人则特别喜欢接近。他们在亲近的人面前表现出更多的微笑、依偎、接近、咿呀学语，而在其他熟悉的人如家庭成员面前这些反应相对就要少一些，对陌生人反应更少。这一时期的儿童出现了对熟悉人的识别再认，熟人较陌生人更易引起强烈的依恋反应，但仍然接受来自任何人的关注。

实验证明，心理需要的满足才是依恋形成的主要因素。因此，为了帮助儿童形成优质依恋，应该给他们营造温馨舒适的心理氛围，多给他们温馨舒适的爱抚。

(三)依恋明确期(6、7 个月~24 个月)

这是特殊的情感联结阶段。从 6~7 个月起，婴儿出现了明显的对母亲的依恋，形成了专门的对母亲的情感联结。婴儿开始对母亲的存在特别关切，特别愿意与母亲在一起。与此同时，婴儿对陌生人的态度变化很大，见到陌生人，大多不会再微笑、咿呀作语而开始怯生。

7~8 个月时，婴儿形成对父亲的依恋。以后，与主要抚养者的依恋关系进一步加强，依恋范围进一步扩大，除父母亲外，儿童还依恋家庭的其他成员。随后进入集体教养机构，儿童还会对老师形成依恋情感。从此，儿童对特定个体的依恋真正确立。这一时期儿童还表现出分离焦虑，当他们开始依赖的成人离开时变得难过。

(四)目标调整的伙伴关系期(2、3 岁以后)

这时的婴儿已能理解父母的需要，并与之建立起双边的人际关系。他们学会为达到特定目的而有意地行动，并注意考虑他人的情感与目标。这时，婴儿把母亲作为一个交往伙伴，并认识到她有自己的愿望，交往双方都应考虑对方的需要，儿童与依恋对象在空间上的接近逐渐变得不那么要紧了。比如，此期依恋母亲的儿童，当其母亲去干别的事情或者离开一段时间时，他们也能理解。他们可以自己玩，相信母亲一会儿就会回来的。入园以后，幼儿还可以把对父母的依恋行为逐渐转移到教师和同伴身上。此时，幼儿依恋行为的发展进入高级阶段——寻求老师和同龄人的注意和赞许的反应阶段。

四、依恋的类型

1973 年，美国心理学家爱因斯沃斯采用陌生情境实验，通过观察和分析婴儿在陌生情景中的行为表现，将婴儿的依恋分为三种类型：安全型依恋、回避型依恋和焦虑—矛盾型依恋。之后的研究者在其基础上又提出了第四种依恋类型，即混乱型依恋。

(一)安全型依恋

安全型依恋的婴儿表现为明显地依赖母亲，母亲在场时，他们有绝对的安全感，能在陌生的环境中进行探索和操作，对陌生环境中的玩具和其他事物产生好奇心，对陌生人的反应也比较积极。当母亲离开时，其操作、探索行为会受到影响，婴儿明显地表现出苦恼、不安，想寻找母亲回来。当母亲回来时，婴儿会立即寻求与母亲的接触，并很容易抚慰、平静下来，继续去做游戏。

(二)回避型依恋

回避型的婴儿对母亲在不在场都无所谓。母亲离开时，他们并不表示反抗，很少有紧张、不安的表现；当母亲回来时，他们也往往漠视母亲的存在而不是高兴，自己玩自己的，有时也会欢迎母亲的回来，但只是非常短暂的，接近一下就又走开了。有时也会避免与母亲的接触。这类婴儿对母亲并没有形成特别密切的感情联结，并且这类婴儿的母亲对她们孩子的变化也是不敏感的，她们很少与孩子有身体接触。因此，有人也把这类婴儿称作“无依恋婴儿”。

(三)矛盾型依恋

这种类型的婴儿不论母亲是否在他们身边，都经常表现出强烈的不安情绪。他们对与母亲的联系感到矛盾，时而想亲近母亲，时而又抗拒母亲的靠近。每当母亲将要离开时他们就显得很警惕，当母亲离开时表现得非常苦恼、极度反抗，任何一次短暂的分离都会引起大喊大叫。当母亲回来时，他对母亲的态度又是矛盾的，既寻求与母亲的接触，但同时又反抗与母亲的接触，当母亲亲近他如抱他时，会生气地拒绝、推开。但是要他重新回去做游戏似乎又不太容易，不时地朝母亲这里看，也就是说，母亲留下来时也不能完全消除他们的不安全感。所以，这种类型又常被称为反抗。

(四)混乱型依恋

这种类型的婴儿没有固定的模式，他们会对父母产生各种情绪反应，并经常对这种情绪反应感到迷惑。混乱型的婴儿经常会在陌生的环境中表现出杂乱无章和缺乏组织的行为，表现出极大的不安全感。这种类型的婴儿和父母的抑郁情绪或受虐待有关。

总之，依恋的质量有优劣之分。依恋的质量反映了亲子交往的质量。安全型依恋是一种优质的依恋类型，它源自良好、积极的亲子交往。据爱因斯沃斯的研究，美国有60%~65%的婴儿表现出对母亲的安全型依恋，约20%属于回避型不安全依恋，10%~15%属于矛盾型不安全依恋。

五、依恋的影响因素

(一)父母因素

1. 父母的性别

在生命的早年，特别是2岁以前，母亲陪伴儿童的时间通常比父亲更多，所承担的直接照料任务比父亲多，其中母乳喂养更是父亲不可替代的。所以母亲是婴儿最重要的情感源，是婴儿最早的依恋对象，也是儿童早期认知、情感、社会性发展的重要促进者。影响着亲子交往的时间、方式和对儿童发展的具体作用。2岁以后，父亲与婴儿交往的时间逐渐增多，才逐渐成为婴幼儿的依恋对象。他们在儿童认知(特别是数学能力)、情感、社会性等各方面的发展发挥着独特的作用。例如，父亲与婴幼儿亲密关系的建立更注重动力性、探索性和刺激性的游戏，更重视培养他们的自我控制能力、成就动机及责任感等。总的来说，母亲比父亲更常用鼓励理解的方式与孩子交往，与孩子的关系更为和谐，也更注重自我教育。

2. 父母的个性

父母不同的个性特征对婴幼儿的依恋形成具有直接的影响。比如，抑郁的母亲比非抑郁的母亲积极的语调少，提问、解释和建议少；更多地忽视婴幼儿的要求，在与他们谈话和交往中，更有可能使用控制的手段，对婴幼儿的暗示较少做出反应。所以抑郁的母亲很难和婴幼儿建立起亲密的情感联系。又如，脾气温和、情绪稳定、对孩子充满期望，同时认为必要的规则对儿童具有引导和成长价值的父母，在依恋关系中往往体现出权威型的教养方式；而脾气温和、没有原则、容易妥协的父母，往往会溺爱孩子；自私的父母，则往往忽视孩子的存在和需要，体现出忽视型的教养方式。总之，不同个性的父母采取的教养方式是不一样的，他们和婴幼儿之间的亲密关系也是不同的。

3. 父母的生存状态

生存状态包括父母的婚姻状况、受教育水平、社会经济地位等。父母关系不好，经常争吵、挑剔、冲突较多，会潜移默化地影响婴幼儿与父母亲密关系的建立。有研究表明，父母的婚姻冲突与权威教养方式呈显著负相关，与专制型教养方式呈显著正相关。

还有一些研究表明，母亲受教育水平、社会经济地位对其与婴幼儿依恋关系的形成与发展乃至儿童的身心发展都有相当程度的影响。从事知识性、层次较高工作的母亲，在亲子交往中多采用引导、说理和鼓励的抚养方式，亲子间关系比较融洽，儿童发展也比较顺利。相反，如果母亲没有工作、家庭经济比较紧张，或者母亲从事层次较低的体力工作，则母亲在与儿童交往中容易缺乏耐心，多采用简单化的或训斥、拒绝的教养态度，影响亲子关系和儿童的发展。

(二)幼儿因素

依恋关系是亲子双方共同构筑的，因此幼儿自身的特点也决定了建立这种关系的程度。

1. 幼儿的气质

气质在依恋形成与发展中的意义在于，它是影响儿童行为的动力特征的关键因素，它在很大程度上赋予儿童依恋行为以特定的速度和强度，制约着儿童的反应方式和活动水平。一些婴幼儿容易照料，与母亲关系融洽，容易接受抚慰；一些婴幼儿很难照料，异常活跃，拒绝母亲的亲近，不易抚慰。这主要归因于儿童先天特性尤其是气质的作用。有研究表明，儿童的气质特点是母亲抚养困难的重要引发源之一。对于难以照看型气质的儿童和敏感—退缩型儿童，其母亲的抚养困难程度显著高于容易照看型气质的儿童的母亲。

2. 幼儿的性别

性别也影响亲子之间的互动。一般父亲更愿意与儿子进行交流；而母亲则与女儿交流得更多，而且，母亲更倾向于用更富有支持性的言语与女儿交流。在婴儿期和儿童早期，父母会鼓励一系列的“性别适宜”的游戏活动和行为。此外，父母与学龄前男孩和女孩的交流方式存在差异。例如，当与女儿谈话时，母亲经常表达情绪；与儿子谈话时，母亲更经常解释情绪，指出原因和结果。在亲子交往中，婴幼儿性别不同，父母对待的态度与行为也不同，这也是男孩或女孩习得男性化或女性化角色的过程。

3. 幼儿的性情

根据相关研究，专家们把幼儿的性情分为四种不同的父母能够容易辨认的性情类型：容易相处型、难以相处型、慢热型和程度不同的混合型。很多研究表明，幼儿的性情影响父母与幼儿之间的交往关系，并且反之亦然，这也说明了亲子交往的相互性，也被称为“影响同步性”。一定的父母养育类型可能与难以相处型性情有关，可能还会加剧随后出现的问题。例如，母亲与孩子之间紧张的交往模式对那些难以相处型幼儿来说，会使他们表现出连续不断、极端的哭叫行为；这些孩子的母亲表现出更少的自信心、更多的焦虑、更多的失败与抑郁、更容易发怒，并且更有可能经历婚姻上的冲突。

综观亲子交往的影响因素可知，亲子双方是影响因素中的核心。因此要提升亲子交往的质量，构建良好的亲子关系，需要父母亲密切合作，尽量给孩子提供温馨的家庭氛围，让孩子在充满父母关爱的安全环境中健康成长。

六、依恋对学前儿童心理发展的影响

早期亲子依恋的质量影响着儿童后来的行为。

(一)对儿童认知的影响

在认知发展中，这一点很突出地表现在探索行为和问题解决的风格上。早期安全型依恋者在 2 岁时产生更多复杂的探索行为。随着儿童的发展，这种理智上的好奇心在问题解决情境中反映为高度卷入的持久性和愉快感，而早期非安全型依恋的儿童则没有这些表现。

(二)对儿童情感的影响

研究发现，在 12 个月时被测定为安全型和不安全型依恋的儿童以后各自发展为很不相同的社会性和情绪性模式。教师评定安全型依恋的儿童自尊、同情和积极性情感较高，消极性情感较低。并且，安全型依恋的婴儿更多地以积极性情感来发动、响应和维持与他人的相互作用。同样，这些儿童牢骚较少，攻击性更低，对新鲜活动表现出较少的消极反应。

(三)对同伴关系的影响

研究发现，早期母子关系的质量与同伴相互作用存在一定联系。安全型依恋儿童更具社会竞争能力和社会技能，朋友人数更多，并且被他们的同伴认为比不安全型依恋的儿童更容易接触。另有研究发现，男孩 1 岁时的不安全依恋是与 6 岁时的适应不良和行为问题相联系的，女孩婴儿期的依恋类型不能预测以后的问题。同时，那些形成了不安全依恋并且朋友又少的男孩，以后更容易出现问题。

总之，对于父母的健康依恋将会促进儿童对社会环境和物理环境奥秘的探索和好奇。同时，早期依恋增加了儿童对其他社会关系的信任，并使儿童以后能对同伴发展起成熟的情感关系。

七、建立良好亲子依恋关系的策略

(一)注意“母性敏感期”期间的母子接触

有研究者认为，最佳依恋的发展需要在“母性敏感期”婴儿与母亲的接触。他们把正常医院条件下的母子接触和理想条件下的接触作比较。正常医院的条件是：出生时让妈妈看一下孩子，10 个小时后孩子再在妈妈身边稍留一会儿。然后每隔 4 小时喂奶一次。理想条件是：出生后 3 小时起便有定时的母子(女)接触，在开始 3 天里，每天另有 5 小时让妈妈搂抱孩子。结果发现，理想条件下的婴儿与妈妈更密切，面对面注视的次数更多，而且后期依恋关系更好。

(二)尽量避免父母亲与婴幼儿的长期分离

研究表明，婴幼儿与父母的长期分离会造成孩子的“分离焦虑”，从而影响孩子正常的心理发展。特别是 6~8 个月后的分离，会产生严重的影响。因为这个时期，正好是孩子与他人建立情感联系的关键时期。另外，父母对婴幼儿发出的信号要做出及时、恰当的反应，并与他们之间保持经常的身体接触。

第四节　学前儿童攻击性行为的发展

在幼儿的社会化发展过程中，攻击性行为同幼儿的亲社会行为一样，是幼儿社会性发展研究的重要内容。21 世纪以来，这一领域在国际上一直是发展心理学家们最感兴趣的研究课题之一。

一、攻击性行为的概念

攻击性行为又称侵犯性行为，是指故意导致人或动物身体、情感受到伤害的行为，或者是故意导致财物损坏的行为。即指身体上的进攻(打、踢、咬)、言语上的攻击(大声叫嚷、叫喊名字、贬低人)，也可以是侵犯别人的权利(如用暴力抢走别人的东西)。由概念可知，攻击性行为具有一个基本特征，即损害性，无论攻击针对的对象是人还是动物或者财物，都会对被攻击对象造成不同程度的损害。

二、攻击性行为的分类

攻击性行为是学前期常见的负性行为。它有多种分类方式，以下是两种常用的分类方式。

(一)按照攻击者的意图分类

1. 工具性攻击

工具性攻击，是指儿童为了得到某个玩具、物品、权力或者空间而做出的抢夺、推搡、踢打等动作。这类攻击本身不是为了给受攻击者造成身心伤害，攻击在这里被当作一种手段或工具，用以达到伤害以外的其他目的，如获取某一物品等。幼儿间经常出现攻击性行为，年龄越小的幼儿，其攻击性行为越强，主要是为了玩具和其他物品而产生攻击性行为，即他们的攻击性是“工具型”的。

2. 敌意性攻击

敌意性攻击，是指以人为指向，其根本目的是打击、伤害他人。在现实生活中，年龄越大的幼儿，其攻击性更多地表现为以人为中心的攻击或叫“敌意型”攻击。

有时也会同时出现两种攻击的类型。比如，被人抢走玩具的 A 幼儿，立刻以推搡回击，夺回了之前自己玩着的玩具，出于愤怒，又上去给对方一拳。这个情境中，A 幼儿推搡的行为属于工具性攻击，而夺回玩具之后的那一拳，则是故意指向于人的敌意性攻击。

(二)按照攻击的手段来分类

1. 身体性攻击

身体性击包括踢、抓、打、咬、推、拽拉等。

2. 言语性攻击

言语性攻击包括辱骂、贬低、嘲笑、讽刺、给对方取一些侮辱性质的绰号等。在一些情景中，儿童会同时出现身体性攻击和言语性攻击。

三、学前儿童攻击性行为的发展

(一)攻击性行为的出现

心理学家墨森(P. H. Mussen)的研究表明，年仅 12 个月大的婴儿在一起时，已开始显露工具性的攻击行为，他们大多数的攻击行为涉及玩具和所有物，并指向同龄伙伴，有时候儿童也会攻击父母或比他们大的儿童。但是，这类攻击与侵犯年龄相近的伙伴相比，相对要少些。

心理学家霍姆伯格(M. S. Holmberg)在研究中发现，他所观察的 12~16 个月大的婴儿，其相互之间的行为大约有一半可被看作破坏性的或冲突性的。他还发现，随着儿童年龄的增长，儿童之间的冲突行为呈下降趋势。

彪勒(C. Buhler)、格林(E. H. Green)等心理学家的研究表明，儿童与同伴之间的社会性冲突至少在儿童出生后的第二年就开始了。

(二)攻击性行为的发展

1. 从工具性攻击逐渐向敌意性攻击发展

在幼儿园，幼儿发生频率较高的攻击行为主要有争抢玩具、争游戏角色、无意攻击、报复性攻击、为吸引教师的注意而进行的攻击。张文新等采用自然观察法进行研究，结果表明两类攻击性行为在观察期间的出现次数分别为：工具性攻击，小班、中班和大班分别出现 73 次、52 次和 51 次；敌意性攻击，小班、中班和大班分别出现 36 次、 48 次和 79 次。这一结果表明，随着年龄的增长，学前儿童攻击性行为的类型逐渐由工具性攻击转变为敌意性攻击。到了小学阶段，发生频率较高的攻击行为有报复性攻击、打抱不平的攻击、嫉妒性攻击和挫折性攻击，基本上已经以指向于人的敌意性攻击为主。

2. 由身体性攻击逐渐向言语性攻击发展

随着年龄的增长和言语技能的提高，2~5 岁幼儿的身体性攻击逐渐减少，言语性攻击逐渐增多。两三岁的幼儿在争抢玩具、物品或者遭遇同伴冒犯时，受制于自己有限的言语表达水平，往往直接以身体发出攻击。家长和教师通常会干预身体性攻击，并伴随着讲道理，渗透成人的期望和规则的教导。到了 4、5 岁，幼儿的言语表达水平已经有所进步，行为的控制力也有所发展，他们在同伴交往中的身体性攻击行为逐渐下降，言语攻击在人际冲突中表现得越来越多。在现实生活中，相比起儿童的身体性攻击，其唇枪舌剑也更容易被成人忽视。

3. 攻击性行为存在一定的性别差异

学前儿童攻击性行为的性别差异，主要体现为男孩和女孩攻击性行为的发展过程明显不同：幼儿园中的男孩比女孩更多地怂恿和更多地卷入攻击性事件；男孩比女孩更容易在受到攻击以后发动报复行为，对方是男性比对方是女性时更容易发生攻击性行为。研究还发现，男孩的攻击性行为比女孩多。

四、学前儿童攻击性行为的影响因素

遗传基因、激素水平等生物因素，父母的教养方式、大众传播媒介等环境因素，以及儿童自身的交往技能、社会认知能力等，已经被研究证实对儿童的攻击性行为都具有不同程度的影响，而且这些影响因素呈现出复杂的交互作用。

(一)生物因素

近年来，荷兰和美国科学家研究发现，正如许多其他心理与行为受遗传影响一样，人类的攻击性行为也具有遗传基础。一些遗传基因比如MAOA-IJ型基因被认为与暴力倾向、冒险行为强相关，睾酮被认为会增加攻击行为、支配行为、求偶行为、冒险行为和公平行为，减弱共情能力和人际信任。但具有攻击性行为高危基因的个体并不一定表现出攻击性行为，还与其成长环境密切相关。如果这些个体在理想的环境中成长，其生物因素中的危险倾向不仅会得到矫正，而且会令个体展示出勇敢的一面，如合法的冒险行为、令人赞许的公平行为等。相反，如果这些个体生长在不良甚至虐待性质的环境里，其危险性的倾向就会表现出来，甚至被放大。

研究者还指出，神经类型的差异带来了儿童气质上的不同，气质难带型婴儿(即不稳定、不可预测、难以抚慰的婴儿)表现出了一种抵抗控制的模式，并在日后更容易发展攻击性行为模式。在一项研究中，分别在6个月、13个月、24个月时被评为难带的婴儿，到3岁时被评为具有更高的焦虑、活动过度和敌意。这实际与父母后天的教养方式和教养态度有关。父母对难带型婴儿更多地使用禁令、警告和限制，这反过来又可能影响着以后的攻击性行为的出现。

因此，生物因素对一些儿童的攻击性行为存在影响，但这并不意味着生物因素能独立于社会环境之外单独起作用。也就是说，生物因素使得儿童的行为具有某种倾向，而这种倾向在后天的环境中可以得到表现、强化或矫正。

(二)环境的因素

除了社会文化的因素外，对学前儿童影响更为深远的环境因素主要是其每天的生活环境，即家庭环境、幼儿园环境和大众传播媒介。

1. 家庭环境

研究表明，缺乏温暖的家庭、不良的家庭管教方式等家庭因素都可能造成儿童以后的高攻击性。如果家庭成员之间关系冷漠、紧张、冲突不断甚至存在家庭暴力行为，长期身处其中的儿童通常会有情绪问题和品行问题，包括攻击性行为。如果父母惯于使用暴力惩罚方式教育儿童，就给儿童提供了攻击性行为的坏榜样，更会引发儿童模仿而导致其攻击性行为激增。真人榜样对儿童攻击性行为的影响位居第一位。

2. 幼儿园的环境

(1) 物质环境。

在幼儿园，幼儿的攻击性行为主要是围绕争抢玩具、物品、空间等因素而出现的。因此，如果幼儿园中玩具和物品稀缺、空间狭窄、班额大，就会引发幼儿更多的攻击性行为。此外，如果幼儿的攻击性行为未受到及时制止，并且通过攻击性行为经常可以实现自己的目的，这个事实就会强化他们的攻击性行为。而且其他同伴也会因此受到间接强化，从而群起模仿。

(2) 精神环境。

同伴交往的质量也会影响幼儿在园的攻击性行为。特别是如果教师教育方式不当，经常对幼儿进行不必要的横向比较，人为引发幼儿个人之间的竞争，会使其同伴关系紧张而充满敌意。在这种情境中，攻击性行为也会增多。此外，如果教师对幼儿的攻击性行为不但不及时制止，相反自己还经常表现出对某些幼儿的推搡、大声斥责甚至使用侮辱性言语，也会给儿童树立不良的榜样，引发儿童观察模仿。

此外，一个受挫折的幼儿比一个心满意足的幼儿更具攻击性。例如，经常被班里的老师和同伴忽视的某幼儿，为了引起老师和同伴对他的关注，有一天他可能会突然爆发出极强的攻击性行为——这是幼儿被关注的心理追求受挫的结果。又如，某学前班的幼儿因父亲是清洁工，在同伴面前总觉得抬不起头来，同伴一提及他爸爸的职业，他就以拳相对，而老师了解到这一情况后，就特意请他的父亲来到班上向小朋友们介绍环卫工作的意义，还特别介绍了垃圾分类的意义，这使得该班幼儿获得了许多闻所未闻的知识，大家从此都很敬佩这位幼儿的父亲，这样，这位幼儿的尊重需求得到了满足，其攻击性行为也就大大地减少了。

(三)大众传播媒介

大众传播媒介上的攻击性榜样会增加儿童以后的攻击性行为。班杜拉曾做过一个实验：一组孩子观看成人对充气塑料娃娃的攻击行为(拳打、脚踢、口骂)，另一组孩子观察成人平静地玩同样的充气娃娃。然后让两组孩子单独玩这些娃娃，观察其行为表现。结果发现，前者攻击性行为是后者的12倍以上。

儿童不仅能从暴力节目中学习到攻击性行为，更为重要的是电视、电影人物的经历会使许多儿童将武力视为解决人际冲突的有效手段，并在现实生活中实际依靠攻击性行为来解决与他人的矛盾。

(四)儿童的因素

1. 儿童的社会认知

学前儿童的攻击性行为在很大程度上受其社会认知水平的影响。学前儿童处于具体形象思维发展阶段，但同龄儿童之间依然存在明显的个体差异，这种个体差异也体现在社会认知的发展水平当中。有研究者曾对 3~7 岁攻击性儿童的社会认知发展状况进行研究，结果发现攻击性的儿童倾向于认为别人有攻击自己的意图，而非攻击性儿童则认为没有攻击性意图；攻击性儿童不善于从别人的角度认识问题，非攻击性儿童则在一定程度上能够从别人的角度看问题。也就是说，攻击性儿童倾向于将小朋友的意图进行负性解读，认为别人即将攻击自己，所以他比其他幼儿更多地发出攻击性行为。攻击性儿童属于社会认知水平相对有待提高的幼儿。

2. 儿童的交往技能和自控能力

学前儿童人际交往技能欠缺和自我控制能力较弱，也是影响攻击性行为的重要因素。例如，学前儿童的工具性攻击通常具有情境性，在这些情境中，若他们能够拥有更多解决争执和冲突的交往技能，有更多协商的策略，或者他们的自我控制能力稍微更强一些，工具性攻击行为也会有所降低。

五、学前儿童攻击性行为的干预策略

(一)创设和谐、健康的生活环境

幼儿的生活环境主要包括家庭环境、幼儿园环境和社区环境。温馨、和睦、平等、民主的生活环境更有利于儿童亲社会行为的发展，而暴力、不和谐、“专制”型的生活环境则会导致幼儿更多的攻击性行为。所以家长和教师应以幼儿为中心，尊重幼儿的个性差异，与幼儿平等相处和交流，才能减少攻击性行为。此外，要为儿童创设一个和谐、健康的生活环境，不仅需要家庭和幼儿园的共同努力，同时也需要社会各界人士的共同支持和关注。

(二)创设一个尽量避免冲突的空间

幼儿活动中社会性密度的增加、玩具数量的不足都会增加其攻击性行为。因此，为幼儿提供的活动室的面积要适宜，以减少攻击性行为，增加彼此的互动与合作。另外，玩具数量要充足，以减少幼儿彼此争抢玩具的矛盾冲突。同时，还应避免为幼儿提供有攻击性倾向的玩具。

此外，还应为幼儿提供更广阔的心灵空间，尽量避免给他们造成过多的挫折感和压抑感，要注意消除他们的障碍情绪，培养他们的积极情感，从而减少幼儿攻击性行为发生。

(三)允许幼儿合理宣泄

有攻击性行为的幼儿往往面对的是被同伴回避、拒绝，对于他们，烦恼、挫折、愤怒这些攻击性情感是点燃其侵犯性行为的导火索。所以我们应教会幼儿用言语来倾诉内心体验到的攻击性情感，允许他们采取合理的方式进行心理宣泄，如引导他们在适当的场合与时间大哭大叫一通、安排可以发泄的游戏来满足他们的攻击性冲动，从而取代攻击行为，以宣泄其内心无法排遣的挫折、愤怒与烦恼。这样有利于幼儿把不良情绪释放出来，从而维持心理平衡。否则，过分压抑的结果往往会爆发突然的、猛烈的攻击行为。

(四)培养学前儿童的移情能力

移情能力是指在人际交往中，个体感受、理解和体验他人情绪情感状态的能力。有研究表明：移情与学前儿童的攻击性行为存在着一定的负相关，即移情能力越高，攻击性行为越低。在移情反应中，幼儿能够觉察出其他人的情感，感受他人的需要，想象某一行为可能对他人带来的后果，从而更有效地促发友爱行为和抑制可能对人造成伤害的攻击性行为。通过游戏、角色扮演、角色互换、续编故事等方式能够较好地培养学前儿童的移情能力，让他们置于被攻击者的位置，并想象被攻击带来的内心体验。同时移情训练还可以有效地提高孩子的认识水平，使他们更注意自己的行为带给别人的内心体验，进而避免采用攻击性行为来解决问题。

(五)培养学前儿童的交往技能

交往技能是指“采用恰当方式解决交往中所遇问题的策略和技巧”。研究证明，受欢迎的儿童掌握使用的策略多，有效性、主动性、独立性、友好性均较强；被拒绝儿童掌握和使用的策略也较多，较主动，但策略有效性较差；被忽视儿童掌握和使用的策略较少，主动性、独立性和有效性都比较差。所以，交往不利的幼儿需要得到交往策略与技能方面的指导，以学会正确识别交往中问题的原因和特点，并认识到解决某个具体问题可以采取多种方式，如让他们懂得尊重他人是交往的前提，帮助他们熟悉掌握倾听、强调、协商的技巧。

(六)培养学前儿童的自控能力

大量研究和事实表明，学会内在控制的幼儿不太可能使冲动动作化，说理比惩罚更能帮助幼儿明白，并承担非理性行为的责任。所以耐挫心理、勇敢自信、善于克制的心理可以帮助化解冲突，克服那些反应性攻击性行为。教师可以结合社会认知能力的训练有意识地培养幼儿坚强的意志力，以提高其自控能力，从而有效地抑制攻击行为。

第五节　学前儿童亲社会行为的发展

一、亲社会行为的概念

亲社会行为(又称积极社会行为，或亲善行为)是指个体帮助或者打算帮助他人或群体，做有益于他人和社会的行为和倾向。社会交往中所表现出来的谦让、安慰、合作、分享、帮助、营救、捐献等行为都属于亲社会行为。

亲社会行为包括自愿帮助他人、不期望得到任何外部回报的行为以及为了某种目的、有所企图的助人行为。由此可见，由于动机的不同，亲社会行为所体现的道德水平是不同的。其中利他行为，即由同情他人或坚持内化的道德准则而表现出的亲社会行为，其目的只是为了促进他人的幸福，使他人获益，而不是为了获得物质或社会的奖赏。因此，利他行为被看成是更为高尚、道德的亲社会行为。亲社会行为是人与人之间形成和维持良好关系的重要基础，受到人类社会的积极肯定和鼓励。

二、学前儿童亲社会行为的发展

亲社会行为的发展是幼儿道德发展的核心问题。亲社会行为的发展对儿童的发展具有重要的影响，是儿童良好个性品德形成的基础，是提高集体意识、建立良好的人际关系、形成助人为乐等良好道德品质的重要条件。

(一)亲社会行为的发生

亲社会的倾向在个体生命的早年就已经通过多种方式显现出来。研究发现，婴儿在与人交往的过程中，不时体现出早期分享行为的倾向。例如，6~7 个月的婴儿能指向玩具或举起玩具以吸引他人的注意。8~9 个月的婴儿除了通过肢体言语(指点和姿势等)来跟他人分享有趣的信号和物体之外，还能够在引导和讨要的情况下，将手上抓握着的食物分享给依恋的对象。18 个月的学步儿也经常表现出早期的分享行为，比如将玩具递给成人，或将玩具递给父母并与父母一起玩。

除了早期的分享行为，6 个月以后的婴儿也初步体现出了一些具有同情和安慰倾向的行为。他们能够识别哭泣或明显悲痛的儿童，49%的婴儿还能够对处于困境中的同伴做出反应，如向这些小伙伴靠拢，向他们做手势，摸摸他们，或者“咿咿呀呀”地向小伙伴打招呼。1~2 岁的幼儿有时更是会想尽办法主动地与那些处在困境中的人打交道。此期安慰倾向的行为不仅变得更为主动，而且也比 1 岁以前的行为更具有策略性和控制性。除了触摸、轻轻拍、轻轻牵拉等一些具有安慰性质的行为，他们甚至会拿出饼干、玩具等吸引哭泣的同伴的注意，甚至会去请求成人的帮助。

(二)亲社会行为的发展

1. 萌芽阶段(2 岁左右)

研究表明，2 岁左右，儿童的亲社会行为即已萌芽。例如，有人对 15~18 个月的孩子进行了分享行为的观察。他们将分享定义为：把自己的玩具给人看，或送给别人，或拿出玩具参加他人活动。观察结果表明，表现出全部三种分享行为者在 12 名较小儿童中有 1 人，在 12 名较大儿童中有 7 人。

2. 迅速发展阶段，并出现明显的个别差异(3~6、7 岁)

(1) 合作行为迅速发展。

幼儿亲社会行为发生频率最多的是合作行为和合作性游戏。有研究发现，在儿童的亲社会行为中，合作行为的发生频率最高，占一半以上。

(2) 分享行为受物品的特点、数量、分享对象的不同而变化。

分享行为是幼儿期亲社会行为发展的主要方面。有研究发现，幼儿分享行为的发展具有如下特点：幼儿的“均分”观念占主导地位；幼儿的分享水平受分享物品数量的影响；当物品在人手一份之外有多余的时候，幼儿倾向于将多余的那份分给需要的幼儿，非需要的幼儿则不被重视；当分享对象不同时，幼儿的分享反应也不同；与玩具相比，幼儿更注重食物的均分。

(3) 出现明显的个性差异。

有研究考察某幼儿被另一幼儿欺负时，附近其他幼儿对这一事件的反应。结果发现，毫无反应的幼儿极少，只占7%；目睹事件的幼儿有一半呈现面部表情；有17%的幼儿直接去安慰大哭者；其他同情行为包括10%的幼儿去寻找成人帮助，5%的幼儿去威胁肇事者；但有12%的幼儿回避，2%的幼儿表现出了明显的非同情性反应，表明幼儿的亲社会行为存在个别差异。这说明亲社会行为的发展需要适当的引导和教育。

三、学前儿童亲社会行为的影响因素

影响学前儿童亲社会行为的因素很多，既有家庭环境因素，又有社会文化环境、同伴关系因素，还有儿童自身因素。

(一)环境因素

学前儿童生活学习的家庭环境、幼儿园环境以及社会文化环境，都会影响其亲社会行为。

1. 家庭环境

家庭是儿童形成亲社会行为的主要影响因素。家庭对儿童亲社会行为的影响主要表现在两个方面：一是榜样的作用。父母经常表现出的亲社会行为，如关系融洽，相互关心、彼此尊重、乐于分享、合作互助等，会成为幼儿模仿学习的榜样，对幼儿习得亲社会行为会产生良好的潜移默化作用。二是父母的教养方式。霍夫曼关于抚养幼儿的研究表明，父母积极的教养方式，即更多地给予温暖和理解，少给予惩罚和压力的权威型教养方式，有利于幼儿亲社会行为的发展，而且在这一教养方式下成长的幼儿更为活泼快乐，同伴关系也更好。教养方式中的民主、鼓励、爱心、保护等指标与亲社会行为相关。所以，父母要采取科学合理的教养方式，给予较多亲社会行为的示范，对幼儿导以规则、教以智慧，自然会引发儿童更多的亲社会行为。

2. 幼儿园环境

幼儿园生活中教师和同伴也会影响幼儿的亲社会行为。

(1) 教师对幼儿亲社会行为的影响。

教师对幼儿亲社会行为的影响主要表现在三个方面：一是营造温馨舒适的幼儿园环境。如果教师严格按照幼儿身心发展的特点开展科学的保教工作，科学地创设环境、投放材料、组织游戏、评价幼儿等，就能够为幼儿创设温馨舒适的物质和精神环境。身心愉悦的幼儿，自然地体现出更多的亲社会行为。二是有意识地进行亲社会行为的培养和训练。在教学过程中，教师创设的平等、友好、互助的课堂气氛，鼓励幼儿亲社会的生活和学习理念，让幼儿体验快乐和成功等，对幼儿亲社会行为的培养极为重要。三是榜样的作用。教师个人的亲社会行为会在很大程度上影响幼儿对亲社会行为的认知判断和行为习得。教师经常表现出亲社会行为，如富有同情心的、乐于助人的、关心和维护他人利益的行为，对幼儿的态度是真诚的、友好的、关爱的，自然就给幼儿树立了良好的学习榜样。

(2) 同伴关系对幼儿亲社会行为的影响。

美国心理学家对此有较为一致的看法，即在幼儿的安慰、帮助、同情等能力的形成过程中，同龄人起着决定性的作用。有调查表明，对儿童亲社会行为的影响有 60%来自同龄人，40%来自成人。社会学习理论认为，儿童之所以能在特定情境中表现出亲社会行为，是因为他们在先前类似的情境中学会了怎样去做。所以，同伴的影响作用不外乎模仿和强化两个方面。另外，同伴关系质量越高的幼儿不仅是受欢迎的，而且能越多地做出利他行为，更容易形成亲社会价值观。相反，如果同伴关系不良，人际信任度通常较低，亲社会行为也少。

3. 社会环境

社会环境包括社会文化传统及大众传播媒介等。

(1) 社会文化传统对幼儿的亲社会行为的影响。

一项有趣的跨文化研究观察了六种文化背景(肯尼亚、墨西哥、菲律宾、日本、印度及美国)下 3~10 岁儿童的利他行为。其结果表明，不同的文化环境对儿童的亲社会行为的认同和鼓励显然是不同的，来自非工业化社会中的儿童亲社会行为得分高于西方社会的儿童。如东方文化强调团结、和谐、分享、谦让等，这使得在儿童早期，父母和老师就鼓励幼儿形成这类亲社会行为，成为社会所赞许的人，为儿童进入成人社会打下了基础。西方工业社会中的儿童主要进行自我服务(如打扫自己的房间)，与那些在家中被分配做一些家务的同龄儿童相比，他们更具有亲社会倾向。所以可以说，亲社会行为是社会文化的产物。

(2) 大众传媒对是幼儿亲社会行为的影响。

优秀的影视节目和绘本，如葫芦娃、黑猫警长、罗杰斯先生的邻居等都是幼儿学习亲社会行为的优秀影片。有实验表明，观看亲社会行为动画片的幼儿比看中性节目的幼儿表现出更多的亲社会行为。例如，观看亲社会行为动画片的幼儿学会了一些有关亲社会行为的一般规则，而且能将其应用到其他情境。同时研究还发现，角色扮演和观看亲社会节目一起共同进行，能增加男孩和女孩的援助行为，但角色扮演对于男孩最为有效。

4. 人际关系

有研究表明，所有年龄的儿童对他们喜欢的人和与自己有关系的人都更愿意采取亲社会行为。学前儿童也是如此，相对于陌生人，他们与关系亲密的教师、亲人和好朋友在一起的时候，会发生更多的分享、合作、助人等亲社会行为。所以说，当幼儿觉察到有人需要帮助或者陷入困境等情境时，对方与自己的人际关系会影响幼儿的亲社会行为。

(二)儿童自身因素

1. 社会认知

儿童的社会认知对其社会行为具有重要的调节功能。社会认知水平决定了儿童对社会观点的采择和对社会规范的认知。越能充分理解他人的需要、思想、感情、动机的儿童，越懂得有责任帮助别人、有义务回报别人并同情、帮助遭遇不幸的人。能够理解这些社会规范的儿童，在生活情境中越可能表现出亲社会行为。这些社会认知能力中最重要的是观点采择和移情。

(1) 观点采择。

观点采择是个体对特定情境中他人思想、情感、动机、需要的认知理解。在学前儿童的亲社会行为中，观点采择相当于一个信息收集的过程，它为儿童更好地理解情境和他人的需要及情感提供认知前提。通俗地讲，观点采择是“从他人的眼中看世界”或者“站在他人的角度看问题”。观点采择对亲社会行为的影响颇为重要。有观点采择能力的幼儿才能觉察到有人需要帮助或陷入困境，才会意识到分享、帮助、合作、捐赠、安慰等行为是有必要的，才有可能发生亲社会行为。如果儿童缺乏相应的观点采择能力，觉察不到有人需要帮助或者陷入困境，就不会发生亲社会行为。因此，对儿童开展有针对性的训练、提升其观点采择能力是非常有必要的。

(2) 移情。

移情是个体觉察到他人的情绪反应时所体验到的与他人共有的情绪体验。心理学家霍夫曼认为，移情是儿童利他行为和其他亲社会行为的中介。例如，一些年幼儿童在看到他人悲伤或不幸时自己也会有类似的情绪体验，不过，他们可能会为了消除自己的不适而忽略或离开需要帮助的人。艾森伯格等人认为，移情是产生同情他人的动机的基础，通过“移情—同情—亲社会行为”这一模式，实现对助人行为的影响。例如，如果幼儿能够替代性地体验他人的悲哀、痛苦等情绪，并且知道如果自己采取行动来安抚他人能减轻或消除这种情绪，幼儿就会自觉自愿地表现出利他行为。总之，大量的研究表明，移情与各种形式的亲社会行为都呈正相关，移情能力越高，个体做出亲社会行为的可能性越大。

2. 情绪和情感

幼儿的情绪情感与其亲社会行为密切相关。一般情况下，愉快的情绪情感有利于亲社会行为发生，而挫折感、焦虑、烦躁等消极情绪情感则容易诱发攻击行为。例如，刚刚被责备过的幼儿就不太可能做出亲社会行为，这是因为不愉快的心情会使幼儿的注意局限于自身，从而降低助人的愿望；而兴高采烈的幼儿更可能做出亲社会行为，这是因为愉快的心情具有扩散作用，个体更可能回忆起积极的思想、情感和经验，从而激发个体的亲社会行为，而且亲社会行为又能延长这种好心情。还有一种情况是，如果情况危急，幼儿被他人的受困情境吓着了，他们可能会沉溺于自己的恐惧、焦虑等负性情绪中而不会发出亲社会行为。如果幼儿比较冷静或者产生了移情，情况就会好一些。

3. 个性特征

幼儿的个性特征与亲社会行为的关系非常密切，幼儿良好的个性特征能够有效地促进亲社会行为的出现。性格开朗外向，爱社交、容易对周围事物表现出关心的幼儿，其助人行为多于害羞的幼儿；具有爱心、自制力强、能够根据活动的进展调整和控制自己行为的幼儿，能更好地与他人合作；慷慨大方的幼儿比吝啬的幼儿更容易获得同伴的接纳和赞许，与同伴的分享行为也较多。

四、学前儿童亲社会行为的培养

(一)创设良好的生活环境

优美的环境可以使人心旷神怡，不管家庭、幼儿园或社会都应该为他们提供一个优美、清洁的环境，使其感到舒适、愉悦，从而增强其亲社会性。丰富的物质环境能充分支持儿童的自由自主的活动；宽松、融洽的精神环境比外在的物质环境对儿童的影响更深刻和持久；邻里间的和睦、社区的精神文明能激发儿童爱家乡、爱自然、爱社会的情感等。

(二)改善儿童的人际关系

培养学前儿童的亲社会行为，需要立体地改善儿童的多种人际关系。例如，父母采用权威型的教养方式，有助于建立良好的亲子关系；教师公平地对待所有的幼儿，关注到所有幼儿的需要，多传递出积极的期望，多给予幼儿鼓励，有助于建立良好的师幼关系；教师家长多提供幼儿与同伴交往的机会并且适时适当地教给他们交往的技能，有助于提高同伴关系的质量。如此，幼儿才能够生活在优质的人际关系当中，自然也就会出现更多的亲社会性行为。

(三)进行观点采择和移情的训练

观点采择训练可以通过看图讲故事、结合日常生活中的真实情景，以一些引导性的开放式问题启发儿童。比如，“故事里边发生了什么事情”“照片里的兵兵想独占所有的积木，你们想跟他说些什么话来劝告他呢”“晓雨刚刚摔了一跤，你是她的好朋友，你想想可以用哪些办法去安慰她”，等等。这些引发儿童思考和讨论的方式，有助于提升他们的观点采择能力。

移情训练可通过各种活动为幼儿提供移情线索和情感信息，帮助他们站在他人立场上考虑问题，感受他人的愿望，理解他人的处境，从而产生积极的内心体验和亲社会行为。例如，在面对幼儿的时候，成人可以做出各种表情，如开心、生气等，动作可以夸张一点，并且边做边给他们讲解：“看妈妈(或老师)的表情，妈妈(或老师)在笑，因为和你在一起妈妈(或老师)觉得很开心。”

(四)教给儿童有效的情绪情感调节策略

儿童的情绪和情感会影响其亲社会行为。因此，当幼儿遇到负性事件，出现不良情绪的时候，成人要及时帮助他们，教给他们调节情绪的有效策略，从而提升其亲社会行为。这些策略包括做自己喜欢的事情转移注意力、适当跑步宣泄、找人倾诉、看幽默的绘本或影视作品等。例如，平时可以多启发幼儿：“当不开心的时候，我们可以做些什么事情让自己开心起来呢？”引发幼儿思考、讨论。教师适当地进行总结，将情绪调节的多种策略教给幼儿。

此外，在危急或者异常情况时，幼儿虽然觉知到对方需要帮助，但是如果他们缺乏经验，可能会被吓着而难以出现亲社会行为。因此，平时在健康教育中，就要拓展儿童应对危急情况或异常情况的经验。例如，所有的急救电话的含义及其拨打方式要及早让儿童熟知，而且要多进行模拟练习，确保他们掌握。此外，还可以分别创设一些诸如“小朋友受伤了”“小朋友哭了”“小朋友的玩具摔坏了”等情境，引发幼儿思考和讨论，最好能够进行模拟练习，以便幼儿积累相应的经验，提升他们在危急或者异常情况时的保护能力和亲社会行为。

第六节　学前儿童性别角色的发展

一、性别角色的概念

性别是学前儿童最早掌握并用于对他人进行分类的社会范畴之一。儿童要成为合格的社会成员，首先必须明确自己的性别角色。性别角色是社会规范和他人期望所要求于男女两性的行为模式。

社会所期望的具有男性和女性特有行为模式的人，形成于原始人类时期，主要与种属和两性的生理特性有关。随着社会的发展，性别角色的行为模式随社会文化和男女两性社会分工的变化而演变。并且人们会依据性别角色来对男性和女性如何行为、思考和感受进行一系列预期。

社会学家用工具性角色与情感性角色来描述人的性别角色。工具性角色的特质是指理性的、商业的、目标导向的行为，使男人能担当并完成工作目标，也使男人得以成就来扶持家庭里的妻子、儿女；相对地，情感性角色是指情绪的、关怀的、支持的与辅助的行为，其目的在于辅助男人社会地位的维持与工作的完成。

二、学前儿童性别角色的发展

性别角色在人的整个生命历程中是不断发展的，目前性别角色的发展研究集中在三个方面：性别认同的发展；性别角色的刻板印象的发展；性别适宜行为的发展。

学前期儿童性别角色的发展一般要经历三个发展阶段：性别认同；性别稳定性，性别恒常性。性别认同是幼儿对自己和他人的性别的正确标定。性别稳定性是幼儿对人一生性别保持不变的认识。性别恒常性是幼儿对人的性别不因为其外表和活动的改变而改变的认识。性别认同出现得最早，然后是性别稳定性，最后则是性别恒常性。

(一)性别认同

学前儿童的性别认同发展得很早，婴儿 6 个月左右就能从男性声音中区分出女性的声音，1 岁婴儿能够区分男人和女人的照片，并初步能够把男人和女人的声音和照片匹配起来。2~3 岁的儿童能够清楚地认定自己是男孩还是女孩，但是不能认识到性别是不变的属性。

研究发现，儿童最初对性别的理解源于父母，从婴儿期开始父母就以不同的态度对待男孩和女孩，父母提供给孩子的玩具、衣服都是有性别差异的，对不同性别的孩子的期望也不同，通过这种方式，成人的性别角色刻板印象作用于孩子，研究发现，儿童对玩具的偏好与父母按性别分类教育的方式存在显著相关。因此，儿童往往先依据发型特别是头发的长度，然后就是服饰的特点来判断他人的性别。在生活中，父母往往给男孩更多的自由和独立的机会，而对女孩的控制则较多。有研究发现，在性别认同阶段，儿童虽然知道自己是男孩还是女孩，但并不清楚自己的性别不会随年龄的增长而变化。

(二)性别稳定性

儿童 5 岁左右时，才开始认识到性别为稳定不变的特质，男、女儿童性别稳定性的发展没有显著差异。性别稳定性逐步发展，当儿童到这一年龄阶段时，能够认识到一个人的性别终身稳定不变。这一发展依赖于儿童对其心理方面的特征的感知。心理、个性方面的特点变化较小，使儿童对心理这方面的性别信息的判断相对简单，如对女性的温柔、男性的攻击性等心理特点的感知较早。这个时期正是儿童初步达到个体和数量守恒的阶段，儿童首先理解自我的性别的稳定性，继而理解同性别他人的性别稳定性，最后理解异性他人的性别稳定性。

(三)性别恒常性

性别恒常性是指对性别基于生物特性的永久性认识，不依赖于事物的表面特征，不会因人的发式、衣着、活动的变化而改变。性别恒常性是儿童性别认知发展中的一个重要里程碑。史拉比和弗雷认为，幼儿性别恒常性的发展可以分为三个阶段：第一个阶段(2~3 岁)，幼儿首先形成性别认同，即识别自己和他人性别的能力；第二个阶段(4 岁)，性别稳定性阶段，幼儿认识到随着年龄的增长，人们的性别是稳定不变的；第三个阶段(5~7 岁)，性别一致性阶段，幼儿认识到，性别不会随外界条件的改变而改变。性别一致性的获得意味着幼儿完全获得性别恒常性。一般到六七岁才能获得性别恒常性的认识。这一阶段的儿童能够认识到，即使女孩穿男孩的衣服也依然是女孩，而男孩留长发或喜欢绣花等也依然是男孩。性别恒常性发展是幼儿对其活动、外表特征的认识。这方面的特点比心理方面的特点变化大，是可见的，使幼儿对这些方面反映的性别信息的判断复杂化，所以，性别恒常性的发展要晚于性别的稳定性发展。国内有研究表明，五六岁可能是我国幼儿性别恒常性发展的快速期。对于性别恒常性的测试，可以采用古特曼量表。

三、学前儿童性别间的差异

现今的一些研究发现，学前儿童性别间主要存在以下几方面的差异。

(一)认知方面

婴儿在出生后不久便显示出在感知觉能力方面的性别差异。研究表明，女孩的触觉、痛觉敏感，有比较灵敏的嗅觉，对声音的辨别和定位能力也比男孩好。她们发音器官的质量和发育、对语言的听觉辨别能力均超过男孩。婴儿期女孩就在词汇、阅读理解和言语创造性等方面表现出明显的优势。女孩开口说话早，平均比男孩早 2~4 个月，而且女孩的词汇较男孩子多，言语缺陷少。研究表明，3~4 岁女孩通常要花 25%的时间与人以口头形式进行交往。女孩的言语能力的领先一直保持到青春期。

但在视觉方面，男孩却占有明显的优势，他们的视觉和辨别方位的能力强于女孩。女孩出生时身体和神经方面较男孩发育好，较早学会行走。男孩出生时肌肉发展较成熟，肺和心脏较大，对痛的敏感性较低。随着年龄的增长，男孩在需要力量和大动作技能的活动中占据优势。另外，流行病学研究发现，男胎流产较多，男婴死亡率较高，对疾病、营养不良和许多遗传异常较为敏感。

(二)智力方面

1982 年的一项研究发现，两性在婴儿时期的学习能力、记忆力、语文能力或空间能力并无差别，直到十一二岁后才出现明显的差异：女性的语文能力较强，男性则在空间能力上表现较佳。但是，研究者认为这种差异是养育方式所致。在整个学前期，幼儿的观察能力发展较快，女孩的观察力明显优于男孩，但思维能力发展较慢，男女儿童的思维能力没有明显差异。R. 梅(Richard May)等人对男女儿童的回忆与再认这两种记忆能力进行了研究，结果表明，女孩都比男孩好。麦考比(Maccoby)研究了学前男女儿童辨别比较复杂的地区结构图的能力，结果发现，4~8 岁男女儿童没有明显差异，8 岁以后男孩就超过了女孩。还有人对幼儿的音乐能力进行了研究的结果表明，3 岁左右表现出的音乐能力，女孩比男孩高 9%。国内的研究表明，学前期男女幼儿智力发展没有明显差异。这与包括智力测验专家推孟等人在内的研究结果相一致。

(三)人格特质方面

有研究发现，男婴比女婴爱动，较常使用肌肉，女婴则比较爱笑。但从攻击性来比较男女的差异，却有一半以上的研究发现男生并没有较高的攻击行为或敌意(Frodi & Macaulay，1977)。其他研究发现有差异的可能原因是它们都采用自我报告的方式收集数据。由于社会较不赞许女性的攻击行为，因此，女性可能害怕受到社会处罚，而没有报告出真实情形。可见，男女天生在攻击性的差异并没有太大的不同，社会化的影响才是促使二者差异益加扩大的原因。在被动性、顺从性与自信心方面，研究结果却显示出，两性出生两小时后，其时是有相同程度的自信、好奇与探索外界的行为，受人影响的程度也相同(McMahon，1982)。大概至高中之后才有明显的男女差异。在母性行为方面，研究发现无论男女似乎都具有母性本能，女性较明显的原因可能是使她们较早和婴儿建立依附关系，而生产时荷尔蒙的改变也使她们对婴儿的反应更敏感，但并不表示男女在照顾人的能力上有差别。

综上所述，男女虽然有生理上天生的生物学差异，但是造成男女特性不同的原因是在后天环境的综合影响下所形成的。

四、影响学前儿童性别发展的因素

影响幼儿性别角色发展的因素，概括地说，有生物的、认知的和社会性的因素，它们相互作用，共同影响着性别角色的发展和行为中的性别差异。

(一)生物因素

生物因素是性别角色获得与发展的基础。男女之间遗传基因的差异在于男性具有一个 X 染色体和一个 Y 染色体，而女性则有两个 X 染色体。由于性别染色体导致了个体毕生的生物机理差异。同时，雄性激素和雌性激素虽然同时存在于男女两性的体内，但是二者在男女两性体内的分布是不均等的。性激素对于性行为和攻击行为会产生影响。此外，脑是行为的主要调节器官，男性的下丘脑控制着相对稳定的垂体激素分泌，而女性的下丘脑则控制着垂体周期性地分泌激素。以第一性征、第二性征为代表的差异，以及男女在大脑机能、内分泌机能方面的差异，成为其他影响因素的基础。这些都影响着幼儿自我概念的形成以及他人的反应，而自我概念的形成和他人的反应又反过来影响着性别角色的社会化。

(二)家庭因素

社会所提供的性别角色模式决定了父母对不同性别子女的抚育方式。孩子还没有出生，父母就按照社会所流行的性别角色价值观对孩子的性别抱有一定的期望，例如，现在很多家庭都还抱有生男孩的期望。等孩子出生以后，父母又从孩子的名字、衣着、玩具等方面进一步区分了男女角色。不仅如此，父母还对不同性别的孩子提出了不同的期望，要求男孩勇敢、独立，而要求女孩温柔、乖巧。父母的态度强化了儿童关于性别角色的初步印象，使得儿童更有意识地将这种印象加以巩固和深化，具有“刻板”的性质。

(三)幼儿园因素

幼儿园是幼儿性别角色知识扩展和加深的场所。在这里，对幼儿的性别角色起重要作用的是教师对幼儿的性别角色期待。从最初的教育生活开始，教师就以各种方式将各种关于性别角色的信息传递给幼儿，例如，按照性别来分组，鼓励男孩多参加体力活动等。这种有差别的对待无疑助长了幼儿的性别角色发展。此外，幼儿园里所使用的教材里的男、女角色也会对幼儿性别角色的发展起着刻板的作用。

(四)社会因素

很多社会学家将心理上的性别差异归因于社会因素，认为是社会经历的不同对性别角色的发展产生了重大的影响。研究发现，随着年龄增大，同龄人变得日趋重要。他们对性别行为进行广泛的强化和惩罚(Lott & Maluso，2001)。4~12 岁期间，儿童大部分时间只和同性别伙伴玩耍(Maccoby，2002)。

此外，大众媒体在一定程度上也会强化儿童的性别角色差异。它们对人们的社会生活影响巨大，是传播性别角色观念的有效途径。通过观看电影、电视，阅读报纸杂志等，人们看到其塑造的男性角色大都刚强稳健、女性角色大都多情温顺。这必然也会影响到男、女幼儿对性别角色的模仿学习。

拓展阅读

请扫描前言中的拓展阅读二维码。

第七节　学前儿童同伴关系的发展

一、同伴关系的概念

同伴关系是与年龄相同或相近的儿童在共同活动中相互协作的关系。它是同龄人之间或心理发展水平相当的个体之间在交往过程中建立和发展起来的一种人际关系。儿童与他人的交往存在两种不同性质的关系：垂直关系和水平关系。垂直关系是指比儿童拥有更多知识和权利的父母或教师等成人与儿童之间的关系；水平关系是指儿童和与他具有相同社会权利的同伴之间的关系。之前谈到的亲子关系和师幼关系属于垂直关系，而同伴关系属于水平关系。前者为儿童提供安全、保护，使儿童习得知识和技能；后者为儿童提供互相交流和学习的机会。

在哈瑞·哈洛(Harry Harlow，1969)的恒河猴实验中，由母猴抚养的幼猴如果断绝了与其他同龄幼猴的接触，成年后会有很多不成熟的行为表现，如过度的攻击行为与恐惧以及缺乏合作等；而没有母猴照顾的幼猴在其成长环境中，和它喜欢的同伴形成了情感联结，在一定程度上弥补了亲子关系的损失，得到了一定的慰藉。同伴关系和亲子关系对于儿童的社会交往的发展具有互补的性质。当儿童处于不安的环境中时，同伴关系是儿童安全感的重要来源。

二、学前儿童同伴关系的特点

和亲子关系和师幼关系相比，同伴关系的特点主要表现在以下两个方面。

(一)自由性、平等性

同伴交往的同伴群体本身是由儿童自己自由选择、建构的。没有成人权威的干涉、社会身份之差，儿童享有充分的平等和自由，因而儿童更容易和乐于接受。儿童往往会根据自己在兴趣、爱好、性别等方面的特点与不同的同伴进行交往。在相处中，同伴交往双方都处于平等的地位，需要儿童特别关注同伴的反应和态度，同时提高自己的行为表现性和反应灵活性，以保证顺利实现双方的交流和交往活动。

(二)高参照性

即同伴关系的目的能真正成为儿童个体的活动指向，其规范也能真正成为儿童个体的言行准则。学前儿童通常喜欢与同伴交往，多半会心甘情愿地接受同伴的影响，并且在同伴交往中充分展现自己。随着儿童年龄的增长、心理成熟度的逐渐提高和独立性的不断增强，儿童与成人的交往持续减少，而与其他儿童的交往则持续增加。同伴关系在儿童的社会关系中的地位逐渐提高，影响力也越来越大。

三、学前儿童同伴关系的类型

根据儿童被同伴接纳的程度，可以把学前儿童的同伴交往分为四种类型。

(一)受欢迎型

受欢迎型儿童喜欢与人交往，在交往中积极主动，且常常表现出友好、积极的交往行为，因而受到大多数同伴的接纳、喜爱，在同伴中享有较高的地位，具有较强的影响力。

(二)被拒绝型

这类儿童与受欢迎型儿童一样，喜欢交往，在交往中活跃、主动，但常常采取不友好的交往方式。如强行加入其他小朋友的活动等，攻击性行为较多，友好行为较少，因而常常被多数儿童所排斥、拒绝，在同伴中地位较低，关系紧张。

(三)被忽视型

与前两类儿童不同的是，这类儿童不喜欢交往，他们常常独处或一人活动，在交往中表现得退缩或畏缩，他们既很少对同伴做出友好、合作的行为，也很少表现出不友好、侵犯性的行为。因此既没有很多同伴主动喜欢他们，也没有很多同伴主动排斥他们，他们在同伴心目中似乎是不存在的，被大多数同伴所忽视或冷落。

(四)一般型

这类儿童在同伴交往中行为表现一般，既不是特别主动或友好，也不是特别不主动或不友好；同伴有的喜欢他们，有的不喜欢他们，在同伴心目中的地位一般。从发展的角度看，在 4~6 岁范围内，随着儿童年龄的增长，受欢迎儿童人数呈增多趋势，而被拒绝儿童、被忽视儿童人数呈减少趋势。在性别维度上，在受欢迎儿童中，女孩明显多于男孩；在被拒绝儿童中，男孩显著多于女孩；而在被忽视儿童中，女孩多于男孩。

四、学前儿童同伴关系的发展

(一)同伴关系的产生

婴儿很早就能对同伴的出现和行为做出反应。2 个月左右的宝宝能够注视同伴；3～6 个月的宝宝能相互触摸和观望，但这时的反应并不具有真正的社会性质，他们可能仅仅是把同伴当作物体或活的玩具(如抓对方的头发、鼻子)，这时的行为往往是单向的；6 个月以后，宝宝看见旁边的婴儿时，能发出微笑以及“唯呀”的声音，虽然这种接触是短暂而单向的，但是从发展的过程看，这种互动已经开始有了社会意义，这也可以说是向同伴交往迈出的第一步，真正具有社会性的相互作用才开始出现。

(二)同伴关系的发展

1. 1~1.5 岁儿童的发展

随着身体运动能力和言语能力的发展，幼儿的社会性交往变得越来越复杂，交往的回合也越来越长。这时候孩子幼儿之间的简单交往最突出的特征是出现应答性的社交行为，即一个孩子幼儿对另一个幼儿发出的微笑、语言或非语言的声音，抚摸、轻拍或递给玩具的动作，能引起对方的反应。比如，对方会报以微笑，发出声音，注视他的行动等。从此，幼儿之间最初的直接接触和互动开始发生。

2. 1.5~2 岁儿童的发展

1 岁半以后，随着身体运动能力和言语能力的发展，幼儿的社会性交往变得越来越复杂，交往的回合也越来越长(Bronson，1981；Eckennan & Stein，1990；Ross & Conant，1992)。Ross (1982)的研究表明：1~2 岁幼儿的游戏中包括了大量的、模式化的社会性交往，比如眼神上的相互交流、指向于他人的行为以及轮流行为的出现等。其游戏最显著的特征就是幼儿相互模仿对方的动作。这种相互模仿不仅意味着某个幼儿对同伴感兴趣，愿意模仿同伴的行为，而且意味着这个幼儿知道他的同伴对他是有兴趣的(即知道被模仿)。这种相互模仿的行为的数量在出生的第二年快速增加，为今后出现包含假装的合作提供了基础(Howes, 1992)。

3. 2 岁以后儿童的发展

2 岁以后，幼儿与同伴交往的最主要形式是游戏。最初他们交往的目的主要是为了获取玩具或寻求帮助。随着年龄的增长，幼儿交往的目的也越来越倾向于同伴本身，即他们是为了引起同伴的注意，或者为使同伴与自己合作、交流而发出交往的信号。

五、学前儿童同伴关系的影响因素

综合已有的研究成果，影响幼儿同伴关系的因素主要有以下几个方面。

(一)早期亲子交往的经验

早期亲子之间的依恋关系对今后的同伴关系有预告和定型的作用，而更近一些的观点则认为二者是相互影响的。西方大量的研究证明了这一观点。研究认为，通过幼儿与母亲依恋关系的特质和由此形成的“内部工作模式”，可以预测幼儿与同伴的社会交往方式。与母亲依恋安全性高的幼儿与同伴也容易建立具有相同特质的依恋关系。而与母亲依恋关系安全性较低的幼儿则会与同伴交往困难。由此可见，良好的亲子关系对幼儿与同伴的社会交往能力有积极的影响。而安全性高的依恋关系是建立在成人对幼儿良好行为反应基础上的，幼儿在与成人交往过程中，习得成人对待自己的方式，在与同伴的交往中，他以同样的方式去对待同伴，就会获得同伴的喜爱。

(二)儿童自身的特征

1. 行为特征

通过研究幼儿不同的行为特点对同伴交往的影响，发现受欢迎的幼儿是凭借看着或接近其他儿童来发动社交的，当其他儿童发出社交信号时，他会做出积极的反应。而不受欢迎的儿童在行为上表现得很专断，他通过抓住别人或别人的玩具来发动交往，当其他儿童发出社交信号时，他对这些信号不加理睬或以不恰当的方式做出反应。

2. 性格特点

研究发现，幼儿的性格特点也会对幼儿同伴交往的类型产生影响。受欢迎的幼儿性格一般较外向，不易冲动和发脾气，活泼、爱说话、胆子较大；被拒绝的幼儿性格外向、性子急、脾气大、易冲动、非常活泼好动、爱说话、胆子大；被忽视的幼儿性格内向、好静、慢性、脾气小、不易冲动与兴奋、不爱说话、胆子较小；一般幼儿在各方面基本处于中等偏下的状态。

3. 社交技能与策略

幼儿的社交技能与策略对幼儿同伴交往也有重要的影响。在幼儿同伴交往过程中，当幼儿掌握、运用一定的有效的社交技能与策略时，他的行为才能很好地被其同伴认可和接纳，才能与同伴相处融洽。

这一点在庞丽娟的研究中得到证实。其研究发现受欢迎幼儿掌握、使用的策略多，有效性、主动性、独立性、友好性均强；被拒绝幼儿掌握和使用的策略也较多，独立、主动，但策略的有效性较差；被忽略幼儿掌握和使用的策略较少，主动性、独立性、有效性均较差，较多地使用退缩性、依赖性策略；一般幼儿在交往技能及策略上均处于中间水平。

拓展阅读

请扫描前言中的拓展阅读二维码。

六、同伴关系对学前儿童心理发展的意义

(一)有利于认知能力的发展

萧伯纳说过："你有一个苹果，我有一个苹果，我们彼此交换，每人还是一个苹果；你有一种思想，我有一种思想，我们彼此交换，每人可拥有两种思想。"在同伴交往中，不同的幼儿有着各自不同的生活经验和认知基础，他们在共同活动中也会有各不相同的具体表现，如面对同样的一个游戏活动，不同的孩子有各自不同的玩法。因此，同伴交往可为幼儿提供分享经验、互相学习和模仿的重要机会。另外，同伴交往也可为儿童提供大量的同伴交流、直接教导、协商、讨论的机会。如在幼儿园中，可以经常看到几个孩子围在一起共同"探索"一个物体的多种用途或一个问题的多种解决方式。这些都非常有助于扩展儿童的知识面、丰富认知，发展孩子的思维，提高其操作和解决问题的能力。

(二)有利于社会技能的发展

与亲子交往相比，幼儿在与同伴的交往中不仅需要自己去引发和维持，而且他从同伴那儿得到的反应远比从父母那得到的反应要模糊和缺乏指导性，因此，儿童必须提高自己的社交技能，使其信号和行为反应更富有表现性，以使交往活动得以顺利进行。由此可见，同伴交往系统比亲子交往系统更能促进儿童社交技能的提高。此外，同伴交往的场合和情景是多样化的，要求儿童能根据这些场合与情景性质的不同来确定自己的行为、反应，发展多种社交技能和策略，以适应这种变化。

另外，与亲子交往相比较，同伴交往中同伴反馈更及时、真实。幼儿积极、友好的行为，能马上得到其他幼儿的积极反应；而消极、不友好行为，如抢夺、抓人等，则正好相反，会马上引发其他儿童的反感，或引起相应的行为。不同的反馈会使幼儿不断地调整、修正自己的行为方式，掌握、巩固较为适宜的交往方式。

(三)有利于积极情感的形成

幼儿与幼儿之间良好的交往关系能使幼儿产生安全感和归属感，从而使得幼儿的心情比较轻松、活泼、愉快。幼儿在与同伴交往时往往表现出更多的、更明显的愉快、兴奋和

无拘无束的交谈，并且能更轻松、更自主地投入各种活动。同时，良好的同伴关系也能成为儿童幼儿的一种情感依赖，对他们具有重要的情感支持作用。例如，一个害怕小兔的小朋友，如果发现身边有许多其他幼儿共同与小兔在一起，并看到其他幼儿与小兔“和平共处”，表情坦然、愉快，那么慢慢地他就会减弱对小兔的恐惧感，减少紧张和不安。与同伴共同接触小兔的次数增多以后，他的恐惧感就会越来越弱甚至消失。因此，同伴交往对学前儿童积极情感的形成有着十分重要的意义。

拓展阅读

请扫描前言中的拓展阅读二维码。

本章小结

学前儿童的社会化发展是儿童由一个生物人，逐渐掌握社会中的道德行为规范和社会行为技能，成长为一个社会人，逐渐步入社会的过程。自我意识和同伴关系是儿童社会化发展的两个重要内容，对学前儿童的情感、认知、社会行为等方面有着十分重要的意义。其中，影响学前儿童亲子依恋关系的因素主要有父母和儿童自身两个方面。父母应树立正确的亲子依恋观念。选择正确的家庭教育方式，营造和谐的家庭环境。

各年龄阶段的幼儿其同伴关系的特点及交往能力培养的目标存在着一定的差异性；同伴交往的类型有受欢迎型、被拒绝型、被忽略型和一般性四类。社会化行为，根据其动机和目的，可以分为亲社会行为和反社会行为两大类，其中儿童的社会化行为主要表现在亲社会性行为和攻击性行为(儿童主要以工具性攻击行为为主)两个方面，要多鼓励儿童的亲社会行为，抑制儿童的攻击性行为。通过鼓励学前儿童的亲社会行为，培养学前儿童的移情能力，创设和谐、健康的生活环境，提高学前儿童的社会交往技能等方式，促进学前儿童良好社会化的发展。

性别角色是社会规范和他人期望所要求于男女两性的行为模式。性别角色在人的整个生命历程中是不断发展的，目前性别角色的发展研究集中在三个方面：性别认同的发展；性别角色的刻板印象的发展；性别适宜行为的发展。影响幼儿性别角色发展的因素有生物的、认知的和社会性的因素，它们相互作用，共同影响着性别角色的发展和行为中的性别差异。

【推荐阅读】

[1] [美]格里格(Gerrig, R. J.)，津巴多(Zimbardo, P. G.). 心理学与生活.王垒、王甦等译. 北京：人民邮电出版社，2003

[2] [美]帕克，克拉克·斯图尔特. 社会性发展. 俞国良，郑璞译. 北京：中国人民大学出版社，2013

[3] 胡英娣，张玉暖，李龙启. 学前儿童发展心理学. 镇江：江苏大学出版社， 2014

[4] 王萍. 学前心理学. 长春：东北师范大学出版社，2011

思 考 题

1. 影响亲子依恋的因素有哪些？
2. 同伴关系的类型包括哪几种？影响同伴关系的因素有哪些？
3. 影响学前儿童亲社会行为的因素有哪些？如何培养他们的亲社会行为？
4. 学前儿童自我意识的发展有哪些特点？应如何培养学前儿童的自我意识？

学前心理学

微信扫天下 课程掌中观

第十二章.pptx

如果你的孩子总是故意打扰你，其实是因为你和他缺乏肢体接触，缺乏亲密感。

——佚名

第十三章　学前儿童的心理健康

本章学习目标

- 了解心理健康的概念和标准。
- 理解学前儿童常见心理问题出现的原因。
- 掌握学前儿童常见心理问题的矫正方法。
- 掌握感觉统合失调的概念与类型。
- 了解感觉统合失调的表现和原因。
- 掌握感觉统合训练的原则和方法。

核心概念

心理健康(mental health) 心理问题(psychological problems) 分离焦虑(separation anxiety) 感觉统合(sensory integration) 感觉统合失调(sensory integrative dysfunction)

案例导读

梦涵是一位年轻的幼儿园老师，热情、开朗，多才多艺，工作能力强，深得领导的器重和小朋友的喜爱。不过她今年接了个新班，有几个小朋友让她头疼不已。一个小朋友总是啃指甲，手都啃出血了，给她讲过很多次这样不卫生容易得病之类的道理，孩子都明白地点头，但就是不改；另一个小朋友 4 岁半入园，直接上中班，每天上幼儿园哭闹不止，需要很长时间才能把他哄好；还有一个小朋友特别不喜欢别人碰他，其他小朋友正常拽他一下，他就动手打人，老师碰他也会大喊大叫。梦涵实在不知道该怎样应对这几个孩子。

本章将介绍学前儿童常见的心理健康问题和应对方法。

第一节 学前儿童心理健康概述

一、心理健康的标准

早期人们对于健康的认识往往停留在“无疾病即健康”的水平，如20世纪初《简明不列颠百科全书》对健康的定义是：“没有疾病和营养不良以及虚弱状态。”随着时代的发展，健康的内涵和外延都发生了重大的变化，1948年，联合国世界卫生组织通过的宪章提出：“健康是身体、心理和社会适应的健全状态，而不只是没有疾病或虚弱现象。”把健康的含义拓展到了心理领域。

世界卫生组织提出了“五快三良好”的健康标准。

“五快”标准是针对人的生理健康而言的，内容如下。

(1) 吃得快。指人在进食吃饭时，有良好的胃口，不挑剔食物，能快速吃完一顿饭。

(2) 便得快。指人有便欲，能很快排完大小便，而且感觉良好。

(3) 睡得快。指人有睡意，上床即能很快入睡，而且睡得很好，醒后精神饱满，头脑清楚。

(4) 说得快。指人的思维敏捷，语言运用准确，言语表达流畅。

(5) 走得快。指人的走路步行时，脚步自如，活动灵敏。

“三良”的标准是针对人的心理健康而言，内容如下。

(1) 良好的个人性格。这一标准包括个人情绪稳定，性格温和，意志坚强，感情丰富，胸怀坦荡，豁达乐观。

(2) 良好的处事能力。这一标准包括个人能观察问题所在，具有较好的自控能力，能适应复杂的社会环境。

(3) 良好的人际关系。这一标准包括个人在人际交往和待人接物时能助人为乐，与人为善，对人充满热情。

我国学者马建青(1992)从临床表现方面考察，提出了心理健康的七条基本标准。

(1) 智力正常。智力是人的观察力、注意力、想象力、思维力和实践活动能力等的综合。智力正常是人的正常生活最基本的心理条件，是心理健康的首要标准。无论是国际疾病分类体系、美国精神疾病诊断手册，还是中国精神疾病分类，都把智力发育不全或阻滞视为一种心理障碍和异常行为。事实上，智力的异常常导致其他心理功能出现异常。

(2) 情绪协调，心境良好。情绪在心理活动中起着核心的作用。心理健康者能经常保持愉快、开朗、自信、满足的心情，善于从生活中寻求乐趣，对生活充满希望。更重要的是情绪稳定性好，具有调节控制自己的情绪以保持与周围环境动态平衡的能力。

(3) 具备一定的意志品质。意志是一个人能动性的集中体现，是个体重要的精神支柱。健康的意志品质往往具有如下特点：目的明确合理，自觉性高；善于分析情况，意志果断；意志坚韧，有毅力，心理承受能力强；自制力好，既有实现目标的坚定性，又能克制干扰目标实现的愿望、动机、情绪和行为，不放纵任性。

(4) 人际关系和谐。个体的心理健康状况主要是在与他人的交往中表现出来的。和谐的人际关系既是心理健康不可缺少的条件，也是获得心理健康的重要途径，其表现：一是乐于与人交往；二是在交往中保持独立而完整的人格；三是能够客观地评价别人，与人友好相处，乐于助人；四是交往中积极态度多于消极态度。

(5) 能动地适应环境。不能有效地处理与周围现实环境的关系，是导致心理障碍乃至心理疾病的重要原因。心理健康者对现实环境能动地适应和改造，有积极的处世态度。与社会广泛接触，对社会现状有较清晰正确的认识，其心理行为能顺应社会文化的进步趋势，勇于改造现实环境，以达到自我实现与社会奉献的协调统一。

(6) 保持人格完整。人格是个人比较稳定的心理特征的总和。心理健康的最终目标是使人保持人格的完整性，培养健全的人格。

(7) 符合年龄特征。与人生各阶段生理发展相对应的是心理行为表现，从而形成不同年龄阶段独特的心理行为模式。心理健康者应具有与同龄多数人相符合的心理行为特征。如果一个人的心理行为经常严重偏离自己的年龄特征，就意味着心理发育有问题，要进行自我调节。人们的环境适应能力往往标志着一个人的精神活动的健康水平。

二、学前儿童心理健康的标准

学前儿童心理健康是指心理发展达到相应年龄组学前儿童的正常水平，情绪积极、性格开朗，无心理障碍，对环境有较快的适应能力。我国学者赵明昆认为幼儿心理健康可归纳为四个内容：积极的情绪特征；良好的意志特征；对现实的态度特征，包括对社会、集体、他人、自己；良好的社会适应能力。其中以培养积极的情绪情感为幼儿心理健康教育的核心内容。

根据上述概述，学前儿童心理健康的标准有以下几个方面。

(一)动作发展正常

学前儿童的动作发展与其大脑的形态及功能的发育密切相关，因此学前儿童心理健康的基本条件是其躯体大动作和手指精细动作的发展水平处于正常范围内。

(二)认知发展正常

学前儿童的认知能力是影响斯今后学习与生活的重要条件。虽然学前儿童的认知发展存在个体差异，但若某个幼儿的认知发展水平明显低于同年龄组幼儿，那么该幼儿的认知能力是低下的，心理也是不健康的。幼儿期是认知发展极为迅速的时期，应避免因各种原因造成的脑损伤或不适宜的环境刺激，防止导致幼儿不健康的心理。

(三)情绪积极向上

积极的情绪状态反映了中枢神经系统功能的协调性，也表明个体的身心处于良好的平衡状态。学前儿童经常保持、愉快、稳定、协调的情绪和良好的心理状态，可使整个身心处于积极向上的状态，从而提高心理功能，有助于发挥自身的内在学习潜能。幼儿的情绪具有很大的冲动性和易变性，但随着年龄的增长，情绪的自我调节能力有所增强，稳定性逐渐提高，并开始学习合理地疏泄消极的情绪。如果经常出现紧张、焦虑、抑郁、恐惧等不良情绪，则会影响其潜能的发挥，也表明该幼儿的心理处于不健康的状态。

(四)人际关系融洽

学前儿童之间的交往是维持心理健康的重要条件，也是获得心理健康的必要途径。心理健康的幼儿能与同龄人建立平等、互助、和睦相处的伙伴关系，能在游戏中相互谦让；心理不健康的幼儿，其人际关系往往是失调的，或自己远离同伴，或成为群体中不受欢迎的人。如果早期社会交往被剥夺，家庭不和睦、接受较多的消极影响，就易形成孤僻、敏感、过度警觉、以自我为中心、妒忌、自私等不合群的不良个性，进而导致人际关系不协调。

(五)反应能力适度与行为协调

心理健康的学前儿童的心理活动和行为模式和谐统一，对外部刺激反应适度，表现既不异常敏感也不异常迟钝，并具有一定的应变、应对能力。

(六)较好的社会适应性

对环境的适应能力标志着一个人的心理健康水平。一个心理健康的幼儿能够较快地适应变化了的环境，包括学习环境、生活环境、自然环境及人际环境等。即使环境突然发生变化或身处恶劣环境中，也能较快地顺应环境并保持心理平衡。有些独生子女由于早期娇生惯养，生活处理能力低下，不能有效地处理与现实环境的关系，往往导致适应性障碍。

(七)自我意识良好

自我意识是个性中最核心和本质的成分。自我意识反映在个体对现实和自我关系的态度以及习惯化的行为方式中。心理健康的学前儿童一般具有正常发展的自我评价、自我控制和自我体验，以及自信、自尊、主动、合作等特征。如果幼儿常常具有冷漠、胆怯、自卑、被动、孤僻等特征，则表明其自我意识水平较低，心理健康水平较差。

(八)心理年龄符合实际年龄

心理健康的学前儿童应具有与其实际年龄相符合的心理、行为特征，并形成与其年龄阶段相适应的心理行为模式。如果心理、行为严重偏离相应的年龄段特征，如发展严重滞后或超前，可能存在心理发育问题，是心理不健康的表现。

(九)没有严重的心理卫生问题

学前儿童不健康的心理往往以各种行为方式表现出来，诸如吸吮手指、遗尿、多动、口吃等。心理健康的幼儿则没有上述严重或复杂的心理卫生问题。

第二节　学前儿童常见的心理问题及调适

一、吮吸手指

(一)吮吸手指的表现及影响

吮吸手指，是指儿童将手指放入口中进行吮吸的习惯性行为。对于较小的婴儿来说，吮吸手指是一种常见的行为，也属正常现象。奥地利著名的心理学家弗洛伊德认为，0~1 岁的儿童处于“口唇期”，即通过口部(即吸吮、吃喝、吃手等)来满足欲望。我们会见到婴儿喜欢把手或是抓到的物体放进嘴里，其实这是他们感知、认识外在事物的一种途径。因此，婴儿吮吸手指是一种正常现象。如果成人强行制止，婴儿的口腔刺激得不到满足，轻则会让他们产生暴躁、消沉的负面情绪，重则会影响其身心发展。有研究表明，婴儿长大后喜欢啃笔头、吃书、咬指甲、吮吸手指、贪吃、抽烟、喝酒、饶舌、唠叨等一些难改的坏习惯，都可能和 1 岁以内没能很好地度过口唇期有关。随着婴儿年龄的增长，到了两岁以后，这一行为会逐渐地自行消失，但如果在幼儿期仍保留着吮吸手指的习惯，则应该视为一种心理问题。

吮吸手指会给幼儿带来许多不利的影响。例如，会引起同伴的嘲笑，致使幼儿产生胆怯、紧张、自卑等心理问题；同时也会将手指上的细菌、病毒、寄生虫卵等通过口腔带入体内，引起肠炎、肠道寄生虫等疾病；会导致手指肿胀、脱皮、发炎甚至变形等；会引起下颌部发育不良，导致牙齿排列不整，影响面部的美观。

(二)吮吸手指的原因

1. 养育方式不当

前面说过对于 0~1 岁的儿童而言，饮食、吸吮等口唇需要成为支配儿童行为的主导性力量，口腔的经验成为儿童最基本的快乐源。1 岁以内的儿童，会不断地把舌头从嘴里吐出来缩进去地玩耍，见到什么就要咬一口，在不是因为饥饿而啼哭的时候，如果把乳头、奶嘴放在嘴里，他们做出吸吮的动作后情绪就会稳定下来。当父母忽视孩子“口唇期”需要的时候，孩子便会以吮吸手指的行为作为补偿。长此以往便会形成吮吸手指的习惯。有吮吸手指行为的幼儿如果受到简单粗暴的制止，会感到更大的压力，吮吸行为可能会更严重。另外，如果缺乏家长的陪伴与爱抚，也会导致儿童以吮吸手指来进行自我娱乐。

2. 压力过大

有研究表明，如果家长对幼儿的活动限制过多，期望过高、要求过严，会造成孩子压力过大，内心焦虑。长此以往，不仅会让孩子学习、生活的主动性慢慢减弱，严重的还会迫使孩子退回到婴儿状态，让他们在吮吸手指中寻求安慰，进而养成吮吸手指的不良习惯。

3. 社会适应不良

儿童入园前几乎所有的事情都由父母做好了，但过分包办，会阻碍幼儿生活自理能力的发展。有的家长对孩子百依百顺，缺少规则，容易养成孩子自我中心的个性。但是，幼儿园不同于家庭，作为一个集体，它有很多规则来约束这个集体中的成员，如要求幼儿学会自己穿衣吃饭，学会等待、学会分享、学会轮流、学会合作等。老师也不同于家长，他们不仅是照顾者，更是教育者、管理者。除了教给幼儿一定的知识，他们还要培养幼儿完善的人格。生活环境的改变让有些儿童难以适应，于是就退行到婴儿状态吮吸手指。

(三)吮吸手指行为的矫正方法

(1) 采用儿童行为观察记录法找出孩子吮吸手指的背后原因。日记法、轶事记录法、样本描述法、事件取样法、时间取样法等都可以在一定程度上反映儿童的真实生活。比如，可以通过样本描述总结儿童一般在什么时候会吮吸手指，什么时候吮吸手指的频率会增加，以此推断出背后的原因，然后针对这些原因做出有针对性的改善。

(2) 转移注意力。家长可以为孩子提供合适的替代性玩具，如小口哨、橡皮泥。和孩子一起进行一些游戏和活动，用玩具、游戏等方法让孩子的手忙碌起来；或者设计一些孩子感兴趣的活动去吸引其注意力，分散对这一固有行为习惯的注意，从而达到纠正的目的。

(3) 适当“忽视”孩子吮吸手指的行为。如果孩子在学习或活动的过程中出现吮吸手指的行为，家长可以暂时不予关注，等到孩子再次投入到学习或活动中时，马上给予表扬，作为奖励，可以让孩子先休息一会儿或是跟他一起玩个游戏。这种适当的“忽视”可以让孩子明白吮吸手指并不能成为逃避的手段，能够休息或者玩游戏不是因为自己吮吸手指，而是因为自己能坚持学习和参与活动。

二、任性

(一)任性的表现及影响

任性是指孩子放任自己的性子，随心所欲，不加约束。常表现为需求无度，无法克制或延迟满足；常借助打滚、不停地哭闹、乱扔东西等行为来表达自己的情绪和要求；以自我为中心，很少关心和理解他人的想法和情绪；缺乏集体观念与合作意识。

如果这些消极行为经常发生，会强化儿童的不良个性品质。同时，孩子任性时通常会伴随烦躁、愤怒的情绪，经常性的情绪失控会对健康产生不良影响。在幼儿园里也会因此成为老师和同伴排斥的对象。对于这种以自我为中心、为所欲为、不分情况随意放任自己、毫无约束的孩子，家长应该及时发现，并帮助他矫正，否则就会使孩子交不到朋友，在社交上遭到排挤，受到冷落，使其难以顺利地适应社会，从而产生心理压力。

(二)任性的原因

1. 家庭的教养方式不当

现代社会，由于人们思想意识的提高和计划生育政策的实施，绝大多数家庭的生儿育女观已经大大地改变了，已经由过去的“多子多福”、孩子越多越好，转变为只生一个(或两个)。以前儿女众多的家庭容易形成团结互助的团队意识，孩子没那么娇气。现在生活条件提高了，有些家庭把独生子女视为珍宝，“有爱无教”或“重爱轻教”，一味娇惯溺爱，把孩子的地位摆得过高，使之处于特殊化的地位，成为家庭的“中心”，让孩子的自我中心意识过度膨胀。家长一切由着孩子，迁就放任；一切服从孩子，让孩子指挥一切。这种溺爱型的教养方式必然会造成孩子任性的不良行为。

2. 缺乏同伴交往机会

随着社会生活水平的提高，居住条件的改善，出现了不少“高楼儿童”，孩子很少有机会与其他孩子一起玩耍，缺乏与同伴交往的机会，导致孩子的玩伴由成人来替代，这就会使孩子缺少互助、合作的意识，缺乏谦让、自制的行为。还有的家长怕孩子在同伴交往中吃亏，会替代或干涉孩子与同伴的交往，使儿童形成以自我为中心、唯我独尊的不良个性。

3. 心理需求未满足

有的家长因工作等原因，没时间陪伴孩子，缺少沟通，不了解孩子真正的心理需求，而是一味地说教或从物质上来满足孩子的需要，导致孩子因心理需要被忽视而又不会表达，就造成孩子变本加厉的任性。

(三)任性行为的矫正方法

(1) 明确要求和规矩。家长在日常生活在中应对孩子的行为有明确的要求，如制定一些简单、明确的规则。规则一旦制定，就要坚决执行，以此来规范他们的行为，如作息时间的安排、待人接物的基本礼貌等。这可以使孩子明白自己的行为并不是随心所欲的，而应该受到一定的约束。

(2) 及时奖励儿童的积极行为，以削弱其消极的任性行为。在家庭生活中，家长应该善于使用表扬的方法，即使是孩子做出微不足道的有益的事情，如帮妈妈倒垃圾，也应给予目光接触、微笑、拍肩、口头表扬等精神性奖励，或者给予小红星、粘贴纸、手工纸、糖果以及飞翔玩具等物质奖励，以强化其正面的、积极的、良好的行为，使其任性行为逐渐消退。

(3) 角色转换，削弱孩子自我中心的意识。孩子的任性在很大程度上源于自我中心意识。通过游戏让他们扮演各种角色，如家长和孩子互换角色，对削弱其自我中心意识有一定的作用。因为在扮演角色的过程中，模仿的是角色的言行，所以孩子在模仿家长平时的言行的过程中，家长可以将他们平时的任性行为表现出来，让孩子认识到自己的无理，削弱和淡化其自我中心意识。

(4) 对孩子无理的要求不予理睬。孩子提出无理的要求没有得到满足而发脾气或打滚撒泼时，大人可暂时不予理睬，给孩子造成一个无人相助的环境，不要露出心疼、怜悯或迁就的表情，更不能和孩子讨价还价。当无人理睬时，孩子自己会感到无趣而做出让步。事后，家长对孩子简单而认真地说明这件事不能做的原因，并对孩子说“相信你以后会听话的”之类的话来鼓励孩子。

(5) 利用转移注意力的方法，避免和孩子发生直接冲突。学前儿童的年龄还小，思维以直观、形象思维为主，事物不在眼前，就会很容易忘记。因此，当孩子在发脾气时，他们的神经系统处于高度的兴奋状态，容易引起爆发，所以不应火上浇油。这时，家长可以让孩子做能够吸引注意力的事情(如看动画片)，以此来安定孩子的情绪。

(6) 运用适当惩罚的手段。对于年龄小的孩子，只靠正面教育是不够的，适当惩罚也是一种极为有效的教育手段。运用惩罚的手段要注意：首先，惩罚的行为必须具体、明确。比如，孩子不爱护图书，乱扔图书，就不买新书，只许他看旧的图书等；其次，惩罚要及时，这样才能让孩子在不良行为和消极体验之间建立神经联系，以避免以后犯类似的错误；最后，惩罚物和惩罚力度要恰当，应在幼儿可接受的范围内。

三、攻击

(一)攻击的表现及影响

攻击性行为又被称为侵犯性行为，是针对他人的敌视、伤害或破坏性行为。它可以是对他人身体的侵犯、言语的攻击，也可以是对他人权利的侵犯。

在儿童的活动中，我们可以看到，儿童之间经常发生攻击性行为。例如，幼儿园小班的儿童喜欢将玩具据为己有，他们或用手搂住或用身体压住玩具，宁可自己不玩，也不让别的孩子拿走玩具。这时，想要玩玩具的其他儿童就会对霸占玩具的儿童采取攻击性行动，或掰他的手或动手打他。儿童间的攻击性行为是儿童成长中不可避免的，是他们在社会化过程中必须要经历的。因此，如果自家的孩子偶尔对其他小朋友采取了攻击性行为且后果并不严重，那么家长就不必大惊小怪，可以“闭一只眼”，放手让孩子们自己解决。但是，如果自家的孩子经常对其他小朋友发动攻击性行为，那么家长可就要注意了。因为儿童的攻击性行为一旦成为习惯后，不仅对儿童的同伴交往不利，还有可能造成他们长大后社会适应不良，妨碍他们的人际交往，甚至导致他们做一些违法行为，如斗殴、凶杀等。

(二)攻击的原因

引起儿童攻击性行为的原因随着儿童年龄的增长而变化：学前早期的儿童多数是因物品或空间争夺而引发攻击性行为；到了学前中、晚期，具有社会意义的事件，如帮助好朋友、受他人指使、报复还击等，所引发的攻击性行为逐渐增多。由此可见，同是攻击性行为，不同年龄段的孩子的行为的动机却不尽相同。因此，当自家的孩子对其他小朋友发动攻击性行为时，家长首先要做的就是了解清楚他为什么这么做，然后采取适宜的解决措施。只有“对症下药”，才能“药到病除”。

1. 因需求得不到满足而攻击他人

心理学研究结果表明：三四岁的孩子，其神经系统的发展仍然是兴奋过程占优势，导致一些细微事件就能引起他们强烈的情感反应，所以幼儿在行为上容易引起兴奋，又不能控制自己，从而发生冲动行为。

2. 因家长的错误引导而攻击他人

幼儿之间在相处过程中总会出现一些冲突和矛盾，这是因为幼儿都是以自我为中心的，加上他们的语言表达能力发展有限和交往经验不足，导致他们缺乏处理矛盾冲突的技巧，这就需要家长给予他们正确的引导和帮助。如果家长因为自己的孩子受了委屈吃了亏，就教孩子“他打你，你就打他”，会让孩子把攻击当作解决矛盾的方法，甚至因为在攻击行为中获得了“成就感”而变得爱上攻击行为，成为一个具有攻击性的孩子。

3. 因不懂社交技巧而攻击他人

4 岁以前的孩子因为语言表达能力有限，社交技巧也很缺乏，经常会因为正当的动机而做出不恰当的事情。比如，午睡时间有的孩子为了制止其他小朋友说话而动手打人。所以，教给年幼的儿童一些简单的社交技巧——如讲道理以及社交中的基本原则——如不伤害别人——是非常重要的，同时也要提高他们的表达能力、沟通能力，如说怎样的话提醒别人、怎样表达不满、怎样和别人商量、怎样说服别人等，只有提高他们的表达能力和社交能力，才能帮助他们适应幼儿园的生活，学会与其他小朋友相处，发展良好的同伴关系。

(三)攻击行为的矫正方法

1. 延迟满足法

在家里，孩子们提出的要求家长往往是第一时间予以满足，所以，他们基本上没有等待的经验。幼儿园与在家里不同。首先，在幼儿园里，一个老师面对的是多个孩子，这就决定了老师不可能同时关注到所有孩子的需要；其次，幼儿园有自己的规章制度，小朋友在幼儿园的活动必须遵从一定的顺序和规则。因此，在幼儿园里，有些时候孩子是需要等待的。这就要求家长在孩子入园前培养孩子延迟满足的能力，让他们从小就认识到：要想时时事事得到满足是不可能的。家长可以延迟满足孩子的一些要求，让孩子学会等待。

培养延迟满足能力有两个小技巧。一是转移注意力。比如，家长正在做蛋糕，孩子很想马上吃到香喷喷的蛋糕，但是蛋糕得 40 分钟以后才能烤好，这就是一个让孩子学习等待的机会。在等待的这段时间里，为了让孩子过得轻松一些，家长可以带他去跑步、打球、玩玩具，或做一些他感兴趣的事，以转移他的注意力。二是自我对话法。家长可以和孩子一起玩有轮换规则的游戏，如跳皮筋、跳绳、踢毽子，在孩子等待的过程中，教孩子进行自我对话，如“我可以等轮到我的时候”。教孩子进行自我对话就是教他们有耐心。

2. 角色扮演法

家长可以和孩子玩游戏，通过轮换角色扮演，让孩子认识到攻击性行为对别人的影响，体会到被攻击的感受，同时学会用正确的方法表达自己。

3. 教孩子学会正确的沟通方法

当性格冲动的孩子邀请其他小朋友和他一起做游戏而遭到拒绝时，他可能会很生气、很难过，进而想通过攻击对方来强迫对方与他一起玩或发泄受挫的消极情绪。遇到这种情况，家长可以告诉孩子一些与其他小朋友沟通的方式，以增强他的沟通能力。例如，家长可以教孩子说：“如果你愿意和我玩这个游戏，我就可以和你玩你喜欢的游戏。”或者说：“我可以先和你玩你喜欢的游戏，然后再一起玩我喜欢的游戏，好吗？”

4. 提高孩子的社会交往能力

一些孩子因“说不清楚”而采用攻击行为来解决争端或达到与他人交往的目的，这是孩子缺少社会交往技能的表现。对于这类孩子，父母有责任教会他们正确的表达方法，尽量多地让孩子练习一些适宜的表达，提高他们处理一般问题的能力。父母可以教孩子学会用适当的语言，如“你别哭了，我的玩具给你玩吧”，正确地表达自己的要求，而不是打人或咬人；再比如，别人弄倒了孩子搭的城堡，可以教孩子说：“请你小心一点，这是我花了很长时间才搭起来的！”别人很吵闹，可以教孩子说：“请小声一点，别吵着别人！”别人不守规矩，可以教孩子提醒他：“老师说，好孩子要好好排队。”孩子懂得越多适宜的表达方式，就越不会使用打人这种给自己带来麻烦的表达方式。

四、说谎

(一)说谎的表现及影响

说谎行为是儿童一种比较普遍和频繁的现象。研究发现，2~3 岁的幼儿已经出现说谎行为，并在学前期迅速发展。说谎可以分为无意识的说谎和有意识的说谎。无意识说谎也叫幻想式说谎，这种情况一般发生在年幼的孩子身上，因为幼儿对经历过的事情记忆不清晰或时间概念掌握不准造成说话不真实；或把想象当成了现实而说了假话；或因控制能力差、道德认识不清而说谎。比如，圣诞节有的小朋友会说“这是圣诞老人送给我的礼物，他从我家窗户进来的”，这就是把想象当成了现实。严格说来，这不应该被纳入“说谎”之列。

有意识的说谎可以按动机分为积极和消极两种。例如，孩子生病了，怕妈妈着急，对妈妈说：“我没有病，不难受。”这种说谎有积极的因素。而动机是消极的时，就是一种真正意义上的说谎，是一种欺骗的方式，是需要家长和老师注意的。

儿童说谎的危害性是明显的。可以把儿童说谎的具体害处归纳为以下几个方面：第一，增加心理负荷。儿童说谎后，经常会陷入自相矛盾中，因难以自圆其说而烦恼；有的担心谎言被人识破而焦虑、恐惧，甚至产生躯体症状。第二，影响人际关系。经常说谎的人，无法让人相信他，就是说他让人失去了信任感，即使有时他说的是真话，也没有人敢轻易相信了，容易造成与父母、老师、同伴和其他人的误解和隔阂。第三，形成畸形人格。经常说谎会滋长儿童的虚伪性，养成不诚实的人格品质。第四，增加犯罪风险。长时期说谎，会形成一种说谎的习惯，变成嗜好，难以彻底改掉。研究发现，经常说谎的人往往也有较高的破坏性和攻击性倾向。

拓展阅读

请扫描前言中的拓展阅读二维码。

(二)说谎的原因

1. 获取某种好处

儿童的需求不能得到满足时，有可能用编造谎言达到自己的目的。例如，孩子很爱玩枪，多次要求家长给他买，但家长却始终没把这件事放在心上。为了得到一把心爱的枪，孩子可能会谎称：“我们老师说明天每个男孩要带一把枪表演节目。”家长把老师的话当“圣旨”，马上到商店给他买了一把枪，孩子终于通过说谎达到了自己的目的。

2. 害怕指责批评、逃避惩罚

在儿童说谎行为中，有一部分是因为做错了事情或者没有达到成人的期望，害怕受到指责、批评与惩罚，因此才说了谎。例如，在一次自主游戏活动中，有两个幼儿在“医院”当“医生”，当一个“病人”过去看病时，两个“医生”因都想给“病人”诊断病情而在争夺中把“听诊器”扯断了。当老师询问是谁把“听诊器”扯断的时候，那两个幼儿都不肯承认是自己扯断的，还说是对方扯坏的。

3. 取悦大人，得到奖励

幼儿有时想取悦于家长和老师，往往会出现有意说谎的现象。比如，一个经常挨批评而让家长头疼的孩子可能谎称在幼儿园表现好，被老师表扬了。

4. 受家长不良言行的影响

孩子在成长过程中，时常会观察和模仿家长的言行。有些幼儿说谎，往往与家长的影响有关，家长是幼儿心目中的权威人物，如果在孩子面前说了谎，就会使孩子产生说谎也没什么的错觉。

(三)说谎行为的矫正方法

1. 满足孩子的合理要求

家长要多关注孩子的需求，如果孩子的要求是合理的，而且又容易办到，就应该及时予以满足。如果孩子提出的要求不合理，或者虽然合理，但是目前做不到，就要耐心地向孩子解释，使他暂时放弃这些要求。简单粗暴的拒绝或忽视只能迫使孩子通过说谎达到目的。

2. 创设安全的心理环境

由于孩子说谎的动机多种多样，家长和老师应分辨其说谎的原因。如果是属于无意识说谎，要意识到是正常现象，不能用成人一贯的思维模式和道德标准来衡量幼儿的行为。成人对孩子应保持宽容的态度，给幼儿创设一个安全的心理环境，让他们能正常面对自己的失误，不必通过说谎逃避批评。要给孩子讲清楚谁都可能犯错误，而说谎是比没做好事情更严重的错误。

3. 阳性强化法

家长和老师可以多关注孩子的诚实行为，并对其及时表扬和奖励，强化孩子诚实、勇于承认错误的良好品质。

4. 维护自尊，提升自信

自信的孩子是不需要过分讨好父母和老师的。所以平时多发现孩子的优点，多表扬，多鼓励，表现出对孩子的喜爱之情，遵循“当众表扬，背后批评”的原则，有助于维护孩子的自尊，提升自信，可以有效地改善其讨好式说谎的行为。

5. 父母要以身作则，树立良好的榜样

父母是孩子成长路上的榜样，所以父母的一言一行都会影响到幼儿。由于种种主客观因素的影响，家长有时当着孩子的面说了谎，随着时间的积累，幼儿慢慢也会学着家长的样子说谎。所以，发现孩子说谎话，家长应该先做自我检查。当幼儿第一次说谎时其实内心已经有内疚和不安的感觉，这时候家长一定要理解幼儿，耐心地对待幼儿，以身作则，为自己过去的说谎行为道歉，为孩子改正说谎行为树立榜样，避免幼儿不良行为的再次发生。

五、分离焦虑

(一)分离焦虑的表现及影响

分离焦虑是婴幼儿与父母或其他依恋对象分离后对陌生环境和陌生人所产生的不安全感和害怕的反应。实际上，分离焦虑在某个年龄阶段对儿童的生存是重要的，也是正常的。从 7 个月到学龄前，几乎所有儿童都曾因与父母或其他亲近的人分离而焦躁不安。但在此年龄段后依然持续地表现出这种焦虑，当焦虑持续时间超过 4 周，并影响日常生活或娱乐活动时，幼儿就有可能患上了分离焦虑症。每个孩子因为亲子依恋关系的质量、个性和习惯的差异，分离焦虑的具体表现也各不相同。有些孩子只是表现为情绪不稳定、哭泣，有些孩子会饮食减少、睡眠不安、少言寡语，更严重的甚至会出现拒绝进食、身体不适症状等。

现代医学研究表明，焦虑会引起孩子生理上的应激反应，长时间焦虑，容易使孩子抵抗力下降。所以刚入园的孩子常常很容易感冒、发烧、肚子疼等。同时过度焦虑会降低幼儿的智力发育，甚至会影响他们将来的创造力以及社会的适应能力，还会诱发和加重许多疾病。因此，我们有必要对婴幼儿分离焦虑引起足够的重视。

(二)分离焦虑的原因

1. 教养方式不当

父母教养方式，指父母对子女抚养、教育过程中所表现出来的一种相对稳定的行为方式和行为倾向。父母亲的拒绝否认、过度保护、过分干涉、严厉惩罚与儿童的焦虑水平有显著的正相关。过于保护儿童的教育方式会影响儿童的行为问题并导致儿童焦虑[①]。对儿童来说，养育者最重要的特征是专心留意、身体接触、言语刺激、物质刺激、回应性照顾以及对儿童做出较少限制。如果能关注并正确理解孩子的需求，做出及时回应，有助于儿童与主要抚养人形成安全型依恋关系。相反，不安全型依恋会加剧孩子的分离焦虑。

黄睿(2015)在戴安娜·鲍姆林德提出的权威型、专制型、放任型、忽视型四种教养方式的框架下研究发现，在权威型教养方式下，儿童的内心情感需要得到关注和理解，内心容易建立安全的心理模型，入园分离焦虑是最低的。而其他三种教养方式都很难使儿童在心理上建立起稳定的安全模型，入园焦虑都比较严重。

① 沙晶莹等. 幼儿入园分离焦虑的研究述评. 中国健康心理学杂志，2014(6)

2. 环境的巨大变化

一般来说，幼儿 3 岁左右上幼儿园，会面临环境的巨大改变。首先是生活规律和生活习惯的改变。幼儿园有相对固定的活动时间表，吃饭、睡觉、起床、上课等都会打破原有家庭的规律。其次，幼儿面对陌生的环境、陌生的面孔时往往会引发或增加不安全感。而且幼儿教师同时面对多个孩子，孩子不可能像在家里一样得到无微不至的关怀和照顾。最后，幼儿园的新规则和新要求会在一定程度上增加孩子的心理压力，增加焦虑程度。

3. 个体气质类型与经验

托马斯·切斯根据婴儿在活动水平、规律性、心境类型等八个维度上的表现把婴儿气质划分为容易型、迟缓型和困难型。研究发现，容易型儿童生活规律，适应性强，喜欢接受新鲜刺激，以积极情绪为主，容易与他人建立友好关系，是属于容易被人喜欢的类型，能更快地接受与父母的分离。而迟缓型儿童和困难型儿童适应速度都比较慢，消极情绪较多，特别是困难型儿童对变化反应强烈，很难形成一定的生活规律，在入园与家长分离时，会表现出明显而持久的焦虑情绪，很难安抚。

另外，在入园之前有与家长分离经验的幼儿比较容易适应幼儿园的生活；相反，很少离开家长的幼儿在入园时分离焦虑严重。

(三)分离焦虑的心理调适

(1) 扩大幼儿的社交圈。心理学研究表明，幼儿对亲人的依恋一方面与家庭教育方式有关，另一方面与幼儿成长过程中接触社会的程度有关。幼儿如果平时较少接触家庭成员以外的人，较少参与外界的活动和接触外界的事物，在面对陌生人、陌生的环境时就很容易产生分离焦虑。现在的幼儿大都是独生子女，同伴之间的交流十分缺乏，所以在幼儿入园前，家长应有意识地扩大幼儿活动的空间和交往的范围，使幼儿初步建立起人与人之间的信任感和交往的安全感。

(2) 提前让幼儿熟悉幼儿园生活环境。美国心理学家阿诺德在 20 世纪 50 年代提出情绪与个体对客观事物的评估相联系。她强调来自外界环境的影响要经过人的评价与估量才产生情绪。可以简单表示为“情境—评估—情绪”。根据这个理论，在幼儿入园前的 7、8 月份，父母可以利用星期六、星期日或吃完晚饭散步的时间带幼儿步行到幼儿园参观、游玩，以熟悉环境，产生安全感。家长也可以在平常的生活中增加一些有关幼儿园的话题，让其对幼儿园产生一种良好的印象，有利于幼儿入园时良好情绪的产生。

(3) 提前与幼儿园的生活习惯接轨。陈帼眉教授曾提出：幼儿在家的生活习惯与作息制度以及幼儿独立的生活能力，会影响幼儿的分离焦虑。所以，在幼儿入园前，家长应给予幼儿生活技能上的指导，如独立如厕、独立穿衣、独立吃饭、独立入睡等，这样不仅可以培养幼儿的独立性，还可增强幼儿的信心，从而减轻幼儿的心理负担，使分离焦虑有所缓解。

(4) 适时分离。为了避免孩子产生被遗弃感，在入园前，家长可以与孩子玩“捉迷藏”的游戏，通过这个游戏让孩子知道妈妈是存在的，即使有一会儿或一段时间不见了，妈妈最后还是会出现的，以减轻孩子对“妈妈不见了”的担忧，为亲子分离做准备。送孩子入园时，若孩子哭泣不止，不愿离开家长，家长可以适当安慰孩子：“妈妈知道你舍不得离开妈妈，但是你已经是大孩子了，大孩子就要上幼儿园的啊！”同时与其商量：“妈妈现在要去上班，等你放学的时候就会来接你。”然后微笑着跟孩子说再见。当然，家长要切记准时接孩子回家。

(5) 坚持送幼儿入园。据调查，幼儿在初入园过程中存在不同程度的分离焦虑，其中哭闹是幼儿入园初期最普遍、最典型的情绪反应和行为表现。有的家长坚持天天送幼儿入园，经过一段时间，幼儿就会完全适应幼儿园生活。有少数幼儿由于父母的一时不忍心，而“三天打鱼，两天晒网”，导致每次来园都哭闹不止，形成恶性循环。所以，在幼儿入园前，家长也应做好充足的心理准备，坚持每天送幼儿入园，帮助幼儿迅速融入集体生活。

第三节　感觉统合失调

很多时候，前面提及的学前儿童心理和行为问题不是单独存在的，也不都是不良习惯或个性缺陷。有许多家长和老师反映孩子的注意力不集中、学习成绩差、做作业拖拉、多动、紧张、胆小、退缩、爱哭、不合群、吃饭挑食等，但去医院做各种检查，却发现大脑发育没有任何缺陷，做智力测试属正常甚至优秀，也没有其他躯体疾病，孩子也常为自己的这些行为而感到羞愧和内疚，却很难改正。其实这可能是由于孩子大脑的整合功能发育不良造成的，这种现象称为感觉统合失调。

一、感觉统合失调概述

感觉统合(sensory integration)最早是美国南加州大学爱尔丝博士(Dr. Jean Aryes)在 1969 年提出的一个研究观点，用以矫治儿童学习障碍，了解其原因，并提出预防和改善的方法。爱尔丝博士认为，感觉统合是指将人体器官各部分的感觉信息输入组合起来，经大脑整合作用，完成对身体内外知觉，并做出反应。只有经过感觉统合，神经系统的不同部分才能协调整体工作，使个体与环境接触顺利。反之，当感觉系统无法正常运作时，感觉信息无法在大脑有效整合，称为感觉统合失调(sensory integrative dysfunction)，也称为“神经运动机能不全症”。

国外有报道人群中有 10%~30%的儿童存在不同程度的感觉统合失调[①]。而感觉统合失调会导致大脑无法合理安排身体的动作，包括注意力、自我控制能力、协调能力等，这在不同程度上削弱了孩子的认知能力与适应能力，使其无法完成更高级、更复杂的认知活动。久而久之，易造成儿童学习困难、社会交往和行为障碍，影响其心理的健康发展。

二、感觉统合失调的类型

依据爱尔丝博士的感觉统合理论，可以将感觉统合失调的表现分为五大方面。

---

① 贾晓等. 学龄前儿童感觉统合失调影响因素分析. 中国学校卫生，2016(5)

(一)身体运动协调障碍

指身体运动的协调能力出现问题，继而导致运动障碍。儿童早期可能表现为在系鞋带、穿脱衣服和裤子、扣扣子等方面动作迟缓而笨拙，在就餐时常掉米粒，发音和语言表达发展迟缓，运动协调不佳等现象。

(二)结构和空间知觉障碍

指儿童在认知世界的结构和空间上出现问题，主要表现为视知觉问题。对空间距离知觉不准确，分辨不清左右；视觉的不平顺，看书会跳字和跳行，眼睛易疲劳，严重时无法进行阅读，严重影响学习效果和学习能力的发展。

(三)前庭平衡功能障碍

指儿童的前庭功能正常，但对前庭刺激的统合出现问题。在这方面失调的儿童表现为喜欢旋转、易摔跤、手脚笨拙、走路不稳；无法安静地坐在椅子上，喜欢上下爬动；不喜欢整理自己的环境，经常把东西弄乱等现象。

(四)听觉语言障碍

指由于听觉问题而导致语言问题的障碍。听觉神经形成比较早，但成熟相对比较晚。因此，儿童的听觉相对较弱。如果父母在儿童抚养过程中使幼儿长期处于嘈杂的声音环境中，或在家庭中经常大吼大叫、大声责骂幼儿，容易使儿童的听力出现问题，甚至语言发展受阻，语言表达能力也将会大大削弱。

(五)触觉防御障碍

指与触觉有关的障碍，分为触觉过分敏感和触觉过分迟钝两大类。触觉过分敏感的儿童对环境变化过分敏感，担心、害羞、怕黑、害怕陌生环境；咬指甲、咬手指、偏食、挑食；触觉迟钝的儿童往往表现为缺乏自我意识、学习积极性低、笨手笨脚等现象。

三、感觉统合失调的原因

感觉统合失调属于轻度的脑功能失调，其产生的原因主要有以下几个方面。

(1) 胎位不正产生的固有平衡失常。

(2) 因剖腹产导致孩子在出生过程中没有经过正常产道的挤压，从而失去了第一次触觉学习的机会。

(3) 天生的中枢神经系统不健全，如轻度大脑功能失常。

(4) 保护过度或活动空间太小，缺少各种运动的机会，如爬行不足等。

(5) 过早地使用代步车，造成前庭觉和本体觉没有很好地得到训练。

(6) 父母忙碌，对儿童缺少足够的触摸、爱抚和情感交流，造成儿童大脑感觉刺激不足。

(7) 过多地考虑安全因素，限制孩子的活动范围。

(8) 家长不注重孩子的感觉统合能力的训练。

(9) 缺少同伴互动环境，造成语言发育迟缓。

四、感觉统合失调的识别

感觉统合失调会逐渐在孩子的成长过程中表现出来，但因其症状比较隐蔽，一般不易察觉。所以，家长要细心观察孩子的日常行为表现，一旦发现孩子有以下感觉统合失调的行为特征时，应及早提供适当的感觉刺激，以改善其感觉统合失调的问题。

(1) 不喜欢被人触摸或抚摩；常拒绝理发、洗头或洗脸；大热天也要穿长袖衣服。

(2) 不喜欢碰触某些粗糙的衣料或物品。

(3) 意外碰伤或流血时，自己常未察觉。

(4) 需要父母特别多的抚摩；过分喜欢碰触各种东西；有强迫性的行为(一再地重复某个动作)。

(5) 害怕搭乘电梯；不喜欢玩秋千、跷跷板、旋转木马等。特别喜欢玩转圈或摇动的游戏，不会感到头晕。

(6) 常有头晕或跌倒的感觉；怕上高处或跨越水沟；不喜欢被高举。

(7) 特别怕黑，在暗处经常不知所措而哭闹。

(8) 经常碰撞瘀血或碰伤；拿东西时，容易失手掉落。

(9) 动作笨拙，活动中经常发生困难。

(10) 不会自己穿衣服、扣扣子、系鞋带、拿筷子、写字或绘画。或者虽然会做这些，但比同年龄的孩子慢很多。

(11) 分辨不出相似的图形或物品；不会玩拼图游戏。左右常混淆。

(12) 常把数或字颠倒写，例如，把 9 写成 6，把 79 写成 97，把“朋友”写成“友朋”。

(13) 经常迷路或迷失方向。

(14) 两三岁以后才会说话；有口吃或口齿不清的现象。

(15) 有重听或语音分辨不清的现象。

(16) 特别好动，容易分散注意力。

(17) 个性孤僻、不合群，在团体中很难交到朋友。

(18) 常觉得自己很笨，容易遭受挫折，甚至会自我伤害。

(19) 个性顽固，容易冲动与人争吵；攻击性强，经常欺负别人。

五、感觉统合训练

人类大脑的快速发育期是从孕期的第 3 个月开始，至少一直持续到出生后 2 岁，学龄前(3~6 岁)作为儿童发育的关键期，是儿童感觉统合发育的关键时期，也是感觉统合失调的最佳预防期。感觉统合训练则是预防或纠正感觉统合失调症状的有效方法。

(一)感觉统合训练的概念及作用

感觉统合训练简称“感统训练”，其本质是以游戏的形式来丰富孩子的感觉刺激，针对孩子感觉统合发展的水平而精心设计的感觉统合活动项目。孩子在与特定的环境相互作用时，做出适应性反应，以促进大脑功能的完善，从而刺激其感觉统合能力的发展。

感觉统合训练可以直接刺激到儿童脑干层次的细胞，协调儿童神经系统的组织及手眼功能的发展。因此，从新生儿开始，就可以进行感觉统合训练，以促进儿童手眼协调能力的发展，提高期注意力及动作协调能力，学会表达情绪，增进人际交往，树立自信，以及培养积极的人生态度。

感觉统合训练对孩子成长的作用主要体现在以下几个方面。

(1) 提高自控能力。感觉统合训练不仅是对生理功能的训练，还涉及心理、大脑和身体之间的相互关系，儿童通过训练可增强自信心和自我控制能力，稳定情绪，提高注意稳定性。

(2) 提高学习能力。感觉统合训练的关键是同时给予孩子视、听、嗅、角、关节、肌肉、前庭等多种刺激，并将这些刺激与运动相结合，让孩子做出正确的反应，从而提高理解力、记忆力等，对新经验的学习具有促进作用。

(3) 提高身体的协调能力。前庭觉掌管人体平衡和对空间方位的感应，感统训练可以通过刺激前庭觉达到改善儿童运动平衡能力和动作协调性的作用。

(4) 提高适应环境的能力。通过感觉统合训练，儿童与环境产生互动，接收颜色、形状、质感、声音等信息的丰富刺激，有助于提高儿童的应变能力、协调能力，从而更好地适应环境。

(5) 促进儿童身心健康成长。在感觉统合游戏中，儿童有大量与同伴玩耍的机会，可以培养儿童的合群、开朗的性格；当孩子能够掌握并独立完成各种游戏和活动任务时，会获得成就感，有助于提升自尊水平；在活动中还可以宣泄情绪、释放能量，有助于儿童身心健康发展。

(二)感觉统合训练的原则

感觉统合训练应遵循以下原则。

(1) 安全性原则：感统训练要保证儿童的安全，同时，家长和老师也要注意自身安全。

(2) 快乐原则：训练中可适当降低活动强度或改变游戏规则，让孩子有机会体会到成功的喜悦。

(3) 积极反馈原则：训练过程中，给孩子以积极的反馈，并分享成功的喜悦。

(4) 因人而异原则：感觉统合训练的内容应根据孩子的年龄和推敲的特点进行选择和设计，即训练活动要具有针对性。

(5) 循序渐进原则：训练活动的安排应从儿童感兴趣的活动入手，由易到难，循序渐进，这样可以避免孩子一开始就遭遇挫折而拒绝训练。

(6) 游戏性原则：训练中要把感觉统合训练的器械当作玩具，要使每一种器械创造出更多生动有趣、轻松愉快、一物多用的玩法。把训练寓于游戏之中，唤起孩子强烈的活动欲望，提高感统训练的效率。

(三)感统训练游戏

感觉统合训练并非只能在专业机构用专门的器械才能进行，家长也可以利用家里和周围的环境资源来进行训练。下面将分类介绍一些适用于 2~6 岁儿童、简单易行的感统训练游戏。

1. 身体协调性训练

游戏 1：练习接球

适合年龄：2~3 岁

玩法一：找一条长方形的毛巾，大人和孩子用双手分别握着毛巾的一角，把球放在毛巾中央。两人一起将毛巾抖一下使球跳起来再接住；或者将毛巾向一个方向倾斜使球滚到最低点再把球救起。两人合作使球在毛巾中到处滚动或蹦跳，但不掉到地上。玩得熟练之后可让孩子同其他小朋友一起玩。

玩法二：同孩子来回滚球，要求孩子把球接住，避免让球滚远了再跑去捡回来。

玩法三：孩子学会很快接到滚球后，再教孩子接住扔到地上反跳起来的球。从地上反跳起来的球比直接抛来的球速度缓和，容易接住。

游戏提示：孩子应该多在户外活动，玩球是户外活动最有趣的游戏之一。游戏从静到动，渐渐地让孩子捡球学跑，也要学会预测球的方向，提高接球技巧而减少跑动的辛劳。

游戏 2：玩转大龙球

适合年龄：2~3 岁

这个游戏可刺激孩子的前庭和触觉，促进全身的感觉统合。

玩法一：让孩子趴于球(光面球)上，手脚自然放直，父母抓住孩子的脚做前后左右旋转；或让孩子仰卧于球上，父母协助其做前后左右旋转。

玩法二：让孩子平躺于地上，球从孩子的踝关节处旋转而上，父母用整个小手臂压于球上弹动；或让孩子翻过来趴在地上，身体自然放平，用同样的方法进行游戏。

玩法三：让孩子站在墙角，父母与其面对面，中间夹一大龙球，同时用力；或让孩子面对墙站，用大龙球先对他进行背部挤压，再做正面的挤压。

玩法四：妈妈抱着孩子坐在球上弹动，开始时弹跳力别太高；然后让孩子自己坐在大龙球上，妈妈扶住孩子，辅助其弹跳；或者让孩子站在球上，辅助其弹跳。

玩法五：让孩子坐在大龙球上抛接物品。

玩法六：让孩子仰卧或俯卧在大龙球上，练习手脚离地，令双手、双脚和头部的力量保持平衡。

玩法七：让孩子俯卧大龙球上抓东西，或让孩子仰卧大龙球上抓东西。

游戏提示：对触觉敏感的孩子，压背部(趴卧)更容易接受些。刚接触游戏时球的滚动速度不要太快，熟练后可以逐渐改变速度，让孩子体会身体的平衡感。要从简单的玩法开始，循序渐进，游戏不可超出孩子的接受能力。

游戏 3：钻山洞

适合年龄：2~3 岁

准备一个两边通透的长纸箱子，里面可放沙包或其他玩具，甚至好吃的食物，让孩子正着爬进去，再退着爬出来。可以在山洞中增加一些障碍物，让孩子从中爬过，并考察孩子是否先清除障碍或直接越过障碍，如果孩子不知所措就要增强引导。

这个游戏可强化触觉学习，提升本体感，刺激并高速前庭系统，促进平衡发展。在相对比较暗的环境中爬行，对孩子的视觉、听觉、方向感等都是不错的挑战，同时也能锻炼胆量。

游戏 4：小羊过河

适合年龄：3~5 岁

这个游戏的目的是练习迈长步越过障碍。孩子要踏到不同距离的砖上保持身体平衡才能不掉到“河”中。在初学迈长步和后来的不规则步伐中要保持身体平衡，这是视觉统合的身体训练。

游戏玩法：用 10 块砖，每块间隔 15 厘米。假设地上是河，要用脚踏到每块砖上才能走到河岸。孩子要看着每块砖的位置，小心地踏砖走。初学时砖摆成直线，距离相等。孩子练习几次之后，可以把砖放歪或放横，有些距离 10 厘米，有些距离 20 厘米，摆放不规则，难度加大，促进孩子克服困难而越过“河”。

游戏提示：刚开始时可以牵着孩子的手做一遍，然后让他自己过。注意手脚不能接触地面。

游戏 5：玩蹦床

适合年龄：3~6 岁

这个游戏可使孩子增进空间认知，促进方向概念的形成，体验重力感。同时加强内耳前庭系统的刺激，有助于语言的发展。还能增强脚部的肌肉力量，提升粗大动作的协调能力，提升身体控制能力，提升平衡感、韵律感。

游戏玩法：先教孩子双脚原地往上跳，前脚掌着地。能双脚跳后可改单脚跳、旋转跳。随着年龄的增长和运动协调性的提高，可以不断加大难度、高度，如跳高传接皮球或按节拍边唱歌边弹跳等。

游戏 6：好玩的绳子

适合年龄：5~6 岁

通过创造性玩绳，培养孩子对绳类体育活动的兴趣。练习跳绳、钻、跨、跳等动作技能，培养动作的协调性。能健脑益智，提高思维能力，培养孩子的合作精神。

准备 3 根短绳、1 根长绳，然后做热身运动。父母先教会孩子跳绳，并和孩子共同探索绳子的玩法。父母进行跳绳比赛，让孩子在一边数数。孩子和妈妈或者爸爸进行跳绳比赛，另一个人数数。一起表演跳长绳，练习各种不同的玩法。跳绳累了休息时，可以尝试用绳子拼搭不同的图形，如数字、动物等。

游戏提示：跳绳运动有一定的技巧性，也容易消耗体力，和孩子玩时一定要循序渐进。跳绳时孩子很容易跌倒，一定要注意安全。

2. 手—眼协调性训练

游戏 1：给玩具娃娃穿脱衣服

适合年龄：2 岁以上

通过替娃娃更衣练习穿脱衣服的步骤和每一个细节，如解系扣子、拉开或合上粘扣等。每一种技巧都对孩子自己穿脱衣服有用，这是培养自理能力的游戏。让孩子在游戏时懂得在不同情况下应穿不一样的衣服。

游戏玩法：买一个可以更衣的娃娃，购买或者自制一些易于穿脱的娃娃衣服供孩子练习。让孩子提出给娃娃换衣服的理由，如要上街、要洗澡或者天气冷了要穿厚衣服等。如果开始有困难，大人先帮助孩子给娃娃脱去第一只袖子，其余由孩子自己想办法完成。练习解扣和系扣，孩子会拉开拉锁，但拉锁末端不会合上，要大人帮助。

游戏提示：衣服尽量宽大，要根据孩子的不同年龄和动作发展水平选择不同任务难度的衣服。比如粘扣的比较简单，系扣子或拉锁的有点难度，需要系带子的衣服难度更大；穿多层比穿单层衣服更复杂。

游戏 2：走迷宫

适合年龄：3 岁以上

走迷宫可以培养孩子的观察、判断、预测和思考能力。

游戏玩法：买适合不同年龄孩子使用的迷宫图册，让孩子看迷宫数秒钟，并把图册上的情境告诉孩子，如“小鸡要到小鸭子家里去玩儿，你看如何走，才能避开狐狸，不被吃掉呢？”

游戏提示：如果开始孩子不能自己完成，家长可先握着孩子的手指指出路线，多试几次，然后让他自己找出最佳路线。当孩子可以用手指出路线后，再让孩子用笔画出相应的路线，可以进一步提高孩子的眼手协调能力。

游戏 3：折小狗

适合年龄：3 岁以上

折纸是一种手眼协调的技巧练习，要按照步骤去完成，要求有顺序记忆的能力。所以折纸也是一种益智游戏。

游戏玩法：准备裁成方形的两张白纸，大人用一张做示范。先将方形下边上折，上下两个边对齐，纸角也要对齐，边和角都对齐后将纸的中间压平，原来的方形纸变成长方形。如果孩子学得顺利，可再对折一次，将长方形的两个短边对齐，纸角对齐之后压平，长方形变成了两个小正方形。

最基本的折叠方法学会后，就可以学着折简单的玩具了。准备正方形纸，大人一张，孩子一张。将两个对角对齐，纸边也对齐，然后压平成为一个大三角形；再将两个锐角对齐，压平纸边成为一个小三角形。将小三角形再打开，将两个锐角向内折成狗的两个耳朵；再将直角向上折出嘴。画上眼睛和鼻子，就能看出是一个小狗的头了。这是折纸能做出的最简单的玩具。孩子自己完成一个作品，会非常高兴，自信心也会增强。

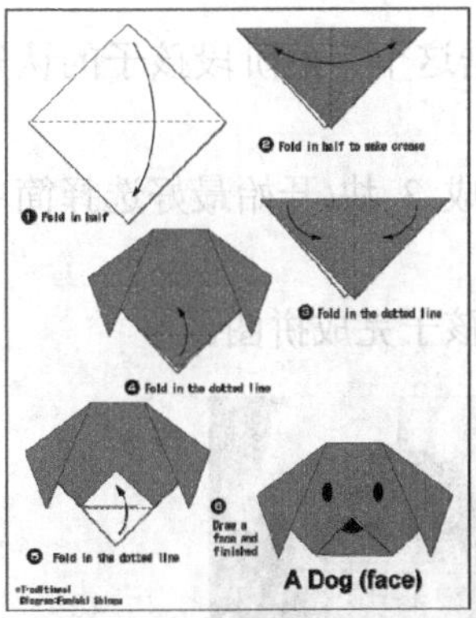

游戏提示：让孩子从最基本的方法学起，要学会对齐边和角，使纸对齐。先学对折成长方形和三角形，最后学会折一个简单的玩具，使孩子感到成功的喜悦。随着年龄的增长，可以教孩子折更复杂的东西。

游戏 4：搭积木

适合年龄：2 岁以上

玩法一：家长和孩子一起用不同数量的积木砌高楼或金字塔，也可以几个小朋友一起比赛，看谁砌得高。可以用搭桥的方法，也可以连续搭建。搭积木要求边角对正，才能垒得高而不易倒塌。砌金字塔时要求下面的积木之间要留有适当的空隙，使两块积木之间能搭上一块，搭得稳而且每个空隙大小相仿，才能使金字塔更好看。

玩法二：搭楼梯。先从两层做起，在搭两块的高楼旁边摆 1 块积木，构成两级楼梯。

再在两块的旁边摆上搭 3 块的高楼，组成三级楼梯。再在三级的旁边摆上搭 4 块的高楼，组成四级楼梯。个别孩子能自己出主意把搭 5 块的高楼放在四级楼梯旁边组成 5 级楼梯。家长给孩子示范一次后最好离开让孩子自己玩，在无人指导的情况下自己搭建。

游戏提示：孩子搭积木要经过多次倒塌、再砌的过程，经过反复无数次的练习才能积累经验，越搭越高。要让孩子自己注意观察，不必过多指点，使孩子渐渐养成独立操作、集中注意力的良好习惯。搭楼梯比搭金字塔困难。金字塔是两边对称，楼梯是不对称的，一边高一边低，即在孩子心目中构成第一个不对称的概念。不少孩子把楼梯摆成没有空隙的金字塔，不能构成楼梯。经过几次模仿才能学会。美国儿童专家格塞尔认为 5 岁之前的孩子不能学会搭 4 层大楼梯，但是经过几年观察，我国许多孩子是在 4 岁第一个季度时学会的。如果不成功可以留在以后再慢慢练习，家长切不可因心急而训斥孩子。

游戏 5：钓瓶子

适合年龄：5~6 岁

游戏玩法：准备几个纯净水瓶或者其他塑料空瓶，一根结实的细线，一根方便筷子，一根比瓶子口小的钉子。

将细绳的一端在方便筷子的一端缠好，然后将细绳的另一端绑在钉子头上。将瓶子装上半瓶水，放在比较宽敞、平坦的地面，让孩子站在远处。家长可与孩子比赛，在规定的时间、范围内，谁钓得多谁为胜利者。

游戏 6：学拼图

适合年龄：2 岁以上

拼图能锻炼孩子的想象力和思维推理能力，即从局部推断整体。摆放碎片时要具有方位感，知道片块应放在上还是下、左还是右，图片中的颜色和片块的形状都可提示孩子将片块放在适宜的位置。所以练习拼图是一种综合的训练，既练手的技巧，又锻炼思维能力，是一种很好的益智游戏。

游戏玩法：拼图游戏宜从简单的开始，逐渐增加难度。根据这个年龄阶段孩子的认知发展特点，可进行如下设计。

(1) 横切法：如图一所示，把贺年片或杂志上的图片上下分成 3 块(开始最好选择简单的人物图片或动物图片)，打乱顺序，让孩子学习拼图。

(2) 横竖切法：如图二所示，将图切成 3 块，打乱顺序，让孩子完成拼图。

图一

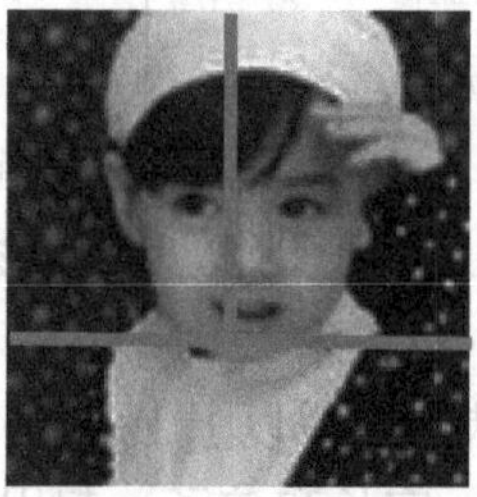

图二

(3) 斜切法：用斜线将图切成 3 块，如图三所示，打乱顺序，让孩子完成拼图。

(4) 曲线分法：当孩子能够顺利地完成直线分割的 3 块拼图后，可将图片用曲线分割成 3 块，如图四所示，让孩子完成拼图。

图三

图四

当孩子可以顺利完成 3 块拼图后，可按上述方法把图片切成 4 块，让孩子尝试练习。

游戏提示：切分图形时要将图中主要部分切开，如头可分成两块，两只眼睛各在一块上，或者将牌子或耳朵切分开，指导孩子根据这些明显的线索来拼接。刚开始练习时，可以先让孩子看完整的图片，然后打乱，让他先形成关于图像的整体表象，从而便于这个年龄段儿童更好地理解整体与部分的关系，顺利地完成拼图游戏任务。当然也可以根据孩子的年龄直接买难度适宜的拼图玩具给孩子玩。

3. 视—听统合训练

游戏 1：小动物找妈妈

适合年龄：2~3 岁

准备猫、狗、牛、羊、鸭子和青蛙的卡片，先让孩子熟悉每一种动物的叫声，如“小猫小猫喵喵”“小狗小狗汪汪”“小鸭小鸭嘎嘎”……然后拿出每一张卡片询问孩子上面的动物怎么叫，确定孩子都知道后，游戏正式开始。

游戏玩法：把猫、狗、牛、羊、鸭子和青蛙的卡片随机放在桌子上，大人学其中一种动物的叫声，比如：“喵喵喵，喵喵喵，我的妈妈在哪里？”然后要求孩子找出相应的动物卡片，并且说：“喵喵喵，喵喵喵，猫妈妈，在这里。”玩儿的过程中，大人和孩子可以互换角色，增加游戏的趣味性。

由于这个游戏要求孩子既要听大人发出的动物声音，又要寻找相应的卡片，嘴里还要说，因此是对视觉—听觉协调性和语言能力的综合训练，是个非常好的游戏。

游戏 2：玩具回家

适合年龄：4 岁以上

孩子玩过玩具后往往散落得到处都是，这时可以和孩子一起玩“玩具回家”的游戏，将散乱的玩具放回到玩具架子上。

游戏玩法：大人可以先在架子中间放一个玩具，如小熊，然后拿另一个玩具告诉孩子：“汽车的家在小熊家的下面”，“小猴子的家在小熊家左面”……让孩子把玩具放到相应的位置。如果孩子放错了，大人可以说：“小猴子的家不在那里，小猴子找不到家了，都急哭了，好好想想，小熊家左边是哪儿呢？”

游戏时，可以把已经放到架子上的某个玩具作为参照，用上、下、左、右、里、外、前、后等提示，引导孩子把玩具放到正确的地方。

游戏提示：这个年龄段的孩子还不能理解左右的相对性，只能以自己为参照分辨左右，所以大人在提示左右方向时，要考虑到这一点。

游戏 3：按吩咐拿玩具

适合年龄：3~4 岁

游戏玩法：先让孩子拿取已知的 1 件或 2 件玩具，在会拿 2 件玩具的基础上，再多拿 1 件，放在一起告诉他这是 3 件。让他点数几遍，再拿另外的 3 件东西，与刚才拿到的玩具逐件排放，看看是否拿对。孩子拿得不对可以增减，拿对了要表扬。孩子对拿取食物有更大的兴趣，让他拿糖果、饼干、花生、核桃等食物会觉得快些。可以一件一件逐渐往上加，直到拿对为止。

游戏提示：听数取物才是真正理解了数的意义，可趁机把数字放在所拿取的物品旁边，使孩子在认识数的同时也学会认识物品。平日让孩子分食物也可以培养孩子更快地识数。由于这个阶段的儿童处在形象思维阶段，切忌过早地要求孩子学习抽象的数字计算。

游戏 4：伸右手摸左耳

适合年龄：4 岁以上

这个游戏要求儿童快速地分清左右，找到要摸的部位，可以练习空间方位的感知觉，并训练动作的灵敏性。方位知觉正确才有可能分辨符号和文字，对阅读能力有帮助。

游戏玩法：家长同孩子一起站在镜子前，轮流发口令，用一只手去摸另一侧的耳朵。家长先开始喊“伸右手摸左耳”，家长故意迟一步，看看孩子是否做对，然后正确示范。如果孩子对了就可以发口令，还未做对可先跟家长去做。一旦做对一次能争取发口令，孩子就会特别兴奋，他会故意找一些难的部位，使大人和孩子都感到快乐。如果爸爸妈妈都同时参加，游戏就更加有趣。

游戏 5：抢椅子

适合年龄：5 岁以上

这是听觉与活动统合的游戏，孩子通过玩学会听觉注意。听觉注意力的培养对以后遵守课堂纪律和课上注意力的集中都有帮助。

这个游戏要求儿童动作灵敏，同时理解游戏规则。

游戏玩法：家长和孩子或者邻居小朋友一起游戏。椅子比人数少一张，把椅子一正一反方向排成行。参加游戏的人围着椅子按音乐节拍拍手走步，一旦音乐停止马上坐到椅子上。坐不到的人算输了，可以拿出一把椅子坐在圈外观看游戏，看谁能坚持到最后，那个坐上唯一的椅子的人就算得胜。

游戏提示：有的孩子不明白游戏规则，当坐不上椅子时会哭闹以为受人欺负，家长就让孩子观察那些理解游戏规则的孩子是怎样注意音乐的节奏，随时准备音乐停止时坐上椅子的。

本章小结

本章主要阐述了学前儿童的心理健康问题，讨论了心理健康的标准，描述并分析了学前儿童常见的心理问题，并提出了相应的对策。

学前儿童心理健康的标准有：动作发展正常；认知发展正常；情绪积极向上；人际关

系融洽；反应能力适度与行为协调；较好的社会适应性；自我意识良好；心理年龄符合实际年龄；没有严重的心理卫生问题。

啃指甲、任性、攻击、说谎、分离焦虑等是学前儿童常见的心理问题。除因自身生理因素和环境因素之外，这些问题往往与家庭教养方式有关。成人可通过科学的育儿策略或行为矫正技术加以改善。

感觉统合失调是一种“神经运动机能不全症”，表现为身体运动协调障碍、 结构和空间知觉障碍、前庭平衡功能障碍、听觉语言障碍和触觉防御障碍五大方面。对儿童进行感觉统合训练可有效预防或改善感觉统合失调症状，促进儿童健康成长。

【推荐阅读】

[1] 梁培勇. 儿童偏差行为. 北京：首都师范大学出版社，2016

[2] [美]Eva Essa. 幼儿问题行为的识别与应对(教师篇). 第 6 版. 王玲艳，张凤，刘昊 译. 北京：中国轻工业出版社，2011

[3] 冯夏婷. 幼儿问题行为的识别与应对(家长篇). 北京：中国轻工业出版社，2011

[4] 于帆. 中国儿童感觉统合游戏(0~6 岁). 北京：中国妇女出版社，2011

[5] 王萍，高宏伟. 家庭中的感觉统合训练. 北京：清华大学出版社，2011

思　考　题

1. 什么是心理健康？学前儿童心理健康的标准与成人的心理健康标准有何不同？
2. 你认为应如何正确地看待学前儿童常见的行为问题？怎样调适？
3. 什么是分离焦虑？分离焦虑产生的原因有哪些？应如何应对？
4. 什么是感觉统合失调？感觉统合失调的类型有哪些？
5. 如何识别感觉统合失调？
6. 如何早期预防感觉统合失调？

学前心理学

微信扫天下　课程掌中观

第十三章.pptx

学前心理学

微信扫天下　课程掌中观

思考题与参考答案.docx